C++11

Hier eine Auswahl:

Clean Coder
Verhaltensregeln für professionelle Programmierer

Robert C. Martin
240 Seiten
€ 34,80 [D] € 35,80 [A]
ISBN 978-3-8273-3104-5

Programmiersprachen und Entwicklungsplattformen kommen und gehen. Eine Zeitlang wird der Markt von einer bestimmten Software dominiert bis zur Veröffentlichung eines neuen Produkts. Methoden werden ausführlich diskutiert, bis eine Einigung erzielt wird - die letzten Endes doch bald wieder verworfen wird. Wen wundert es da, dass die Entwicklung von Software einer hohen Fluktuation unterliegt. Diejenigen Programmierer, die in diesem von stetigem Wandel geprägten Berufsfeld beständigen Erfolg vorweisen, haben alle eine Sache gemeinsam: Sie schaffen ihre Software mit größter Sorgfalt und sehen ihre Tätigkeit als Kunsthandwerk.

In diesem Buch erklärt Software-Legende Robert C. Martin, weshalb sich Programmierer bei ihrem Job viel Mühe geben sollten, wie Firmen ein Umfeld pflegen können, welches man zum erfolgreichen Programmieren braucht und was für den einzelnen Software-Entwickler bedeutet, wirklich wie ein Kunsthandwerker zu arbeiten. Das Buch zeichnet ein komplettes Bild vom Berufsfeld des Programmierers, indem neben einem gewissen Berufsethos auch verschiedene Fachrichtungen, Techniken, Tools und Anwendungen beschrieben werden, die man als erfolgreicher Software-Entwickler braucht.

Effektiv C++ programmieren

Scott Meyers
336 Seiten
€ 34,80 [D] € 35,80 [A]
ISBN 978-3-8273-3078-9

Dieses Buch ist in 55 Themen gegliedert, die jeweils eine Maßnahme beschreiben, um besseren C++-Code zu schreiben. Jedes dieser Themen wird durch Beispiele illustriert. Mehr als die Hälfte des Inhalts dieser dritten Ausgabe ist neu, unter anderem die Kapitel über die Verwaltung von Ressourcen und die Verwendung von Templates. Die Themen aus der zweiten Ausgabe wurden sorgfältig überarbeitet, um die Anforderungen modernen Softwaredesigns widerzuspiegeln - darunter Ausnahmen, Entwurfsmuster und Multithreading.

Rainer Grimm

C++11

> Der Leitfaden für Programmierer zum neuen Standard

ADDISON-WESLEY

An imprint of Pearson

München • Boston • San Francisco • Harlow, England
Don Mills, Ontario • Sydney • Mexico City
Madrid • Amsterdam

Bibliografische Information der Deutschen Nationalbibliothek

Die Deutsche Nationalbibliothek verzeichnet diese Publikation in der Deutschen Nationalbibliografie;
detaillierte bibliografische Daten sind im Internet über <http://dnb.d-nb.de> abrufbar.

10 9 8 7 6 5 4 3 2 1

14 13 12

ISBN 978-3-8273-3088-8

© 2012 by Addison-Wesley Verlag,
ein Imprint der Pearson Deutschland GmbH,
Martin-Kollar-Straße 10–12, D-81829 München/Germany
Alle Rechte vorbehalten
Lektorat: Brigitte Bauer-Schiewek, bbauer@pearson.de
Fachlektorat: Dirk Frischalowski
Korrektorat: Petra Kienle
Herstellung: Martha Kürzl-Harrison, mkuerzl@pearson.de
Coverkonzeption und -gestaltung: Marco Lindenbeck, webwo GmbH, mlindenbeck@webwo.de
Satz: Reemers Publishing Services GmbH, Krefeld, www.reemers.de
Druck und Verarbeitung: Drukarnia Dimograf, Bielsko-Biala
Printed in Poland

Übersicht

Einführung 15

Teil I   Tour de C++11 27

1   Die Standardisierung 29

2   Ziele von C++11 33

3   Kernsprache 35

4   Multithreading 69

5   Die Standardbibliothek 87

Teil II   Kernsprache 117

6   Usability 119

7   Entwurf von Klassen 147

8   Rvalue-Referenzen 173

9   Generische Programmierung 197

10 Erweiterte Datenkonzepte und Literale 209

11 Removed und Deprecated 239

Teil III   Multithreading 243

12 Das C++11-Speichermodell 245

13 Atomare Datentypen 249

14 Threads 255

15 Gemeinsam von Threads genutzte Daten 267

16 Thread-lokale Daten 287

17 Synchronisation der Threads 291

18 Asynchrone Aufgaben 301

Teil IV Standardbibliothek 319

19 Neue Bibliotheken 321

20 Verbesserte Bibliotheken 397

Teil V Ausblick 481

21 Der nächste C++ Standard 483

Teil VI Anhang 493

A Build-Umgebung installieren 495

B Funktionsobjekte 499

C Resource Acquisition Is Initialization 503

D Promotion Trait 507

E Implizit erzeugte Methoden und Operatoren 511

F Funktionale Programmierung 515

Praxistipps 535

Literaturverzeichnis 537

Index 543

Inhalt

Einführung 15

    Fragen und Antworten. 15

        Was ist C++11? 15

        Warum ein Buch über C++11? 16

        Welches Ziel verfolgt das Buch? 17

    Übersicht 17

    Didaktik. 18

        Übungsaufgaben. 18

        Exkurse 19

        Anhang 19

    Praxis 19

        Codekonventionen 19

        Viele Beispiele. 19

        Zusatzmaterial 19

    Aktuelle Compiler-Unterstützung 20

        GCC 21

        Microsoft Visual C++ 23

    Standard 25

    Danksagung 25

    Kontakt 25

Teil I   Tour de C++11 27

1   Die Standardisierung 29

2   Ziele von C++11 33

3   Kernsprache 35

    3.1   Usability. 35

        3.1.1   Die Range-basierte For-Schleife 36

        3.1.2   Das automatische Ableiten von Typen 38

        3.1.3   Lambda-Funktionen 40

        3.1.4   Vereinheitlichte Initialisierung 43

3.2		Entwurf von Klassen	45
	3.2.1	Mächtigere Initialisierung	45
	3.2.2	Explizite Klassendefinitionen	51
3.3		Rvalue-Referenzen	54
3.4		Generische Programmierung	58
	3.4.1	Variadic Templates	58
	3.4.2	Zusicherungen zur Compile-Zeit	62
	3.4.3	Aliase Templates	62
3.5		Erweiterte Datenkonzepte und Literale	64
	3.5.1	Konstante Ausdrücke	64
	3.5.2	Plain Old Data (POD)	65
	3.5.3	Unbeschränkte Unions	65
	3.5.4	Streng typisierte Aufzählungstypen	65
	3.5.5	Neue String-Literale	66
	3.5.6	nullptr	66
3.6		Weitere Aufräumarbeiten und Integration von C99	67
	3.6.1	Aufräumarbeiten	67
	3.6.2	Integration von C99	67
4		**Multithreading**	69
4.1		Threads	71
	4.1.1	Erzeugung von Threads	71
	4.1.2	Schutz von Daten	75
	4.1.3	Sichere Initialisierung der Daten	78
4.2		Thread-lokale Daten	80
4.3		Synchronisation von Threads	80
4.4		Asynchrone Aufgaben	83
5		**Die Standardbibliothek**	87
5.1		Neue Bibliotheken	89
	5.1.1	Reguläre Ausdrücke	89
	5.1.2	Type Traits	93
	5.1.3	Zufallszahlen	96
	5.1.4	Zeitbibliothek	97
	5.1.5	Referenz-Wrapper	98
5.2		Verbesserte Bibliotheken	100
	5.2.1	Smart Pointer	100
	5.2.2	Neue Container	106
	5.2.3	Neue Algorithmen	114
	5.2.4	bind and function	115

Teil II Kernsprache 117

6 Usability 119
  6.1 Die Range-basierte For-Schleife. 119
  6.2 Automatische Typableitung 122
    6.2.1 auto 122
    6.2.2 decltype 126
    6.2.3 Alternative Funktionssyntax 128
  6.3 Lambda-Funktionen 131
    6.3.1 Lambda-Funktionen als temporäre Funktionsobjekte 132
    6.3.2 Bindung an den lokalen Bereich: [ ] 134
    6.3.3 Argumente: ( ) 139
    6.3.4 Rückgabewert: → 139
    6.3.5 Funktionskörper: { } 139
  6.4 Vereinheitlichte Initialisierung 142

7 Entwurf von Klassen 147
  7.1 Initialisierung von Objekten 147
    7.1.1 Initialisiererlisten für Konstruktoren 147
    7.1.2 Delegation von Konstruktoren 151
    7.1.3 Vererbung von Konstruktoren 152
    7.1.4 Direktes Initialisieren von Klassenelementen 155
  7.2 Explizite Klassendefinitionen 157
    7.2.1 default und delete 157
    7.2.2 override und final 165
    7.2.3 Expliziter Konvertierungsoperator 167

8 Rvalue-Referenzen 173
  8.1 Move-Semantik 180
  8.2 Perfect Forwarding 191

9 Generische Programmierung 197
  9.1 Variadic Templates 197
  9.2 Zusicherungen zur Compile-Zeit 203
  9.3 Aliase Templates 206

10 Erweiterte Datenkonzepte und Literale 209
  10.1 Konstante Ausdrücke 209
  10.2 Plain Old Data (POD) 215

10.3   Unbeschränkte Unions 218
10.4   Streng typisierte Aufzählungstypen 221
10.5   Raw-String-Literale 225
10.6   Unicode-Unterstützung 226
10.7   Benutzerdefinierte Literale 230
10.8   nullptr 234

11   Removed und Deprecated 239
11.1   Removed 239
11.2   Deprecated 240

Teil III   Multithreading 243

12 Das C++11-Speichermodell 245

13 Atomare Datentypen 249

14 Threads 255
14.1   Erzeugen von Threads 255
14.2   Lebenszeit der Daten 257
14.3   Operationen auf Threads 262

15 Gemeinsam von Threads genutzte Daten 267
15.1   Schutz der Daten 267
        15.1.1   Mutexe 267
        15.1.2   Locks 272
15.2   Sichere Initialisierung der Daten 280
        15.2.1   Konstante Ausdrücke 280
        15.2.2   call_once und once_flag 284
        15.2.3   Statische Variablen in einem Blockbereich 285

16 Thread-lokale Daten 287

17 Synchronisation der Threads 291

18 Asynchrone Aufgaben 301
18.1   async 302
18.2   packaged_task 305
18.3   future und promise 310

Teil IV   Standardbibliothek 319

19 Neue Bibliotheken 321

19.1   Reguläre Ausdrücke 321

19.1.1   Syntax der regulären Ausdrücke 324

19.1.2   Objekte vom Typ regulärer Ausdruck 331

19.1.3   Analyse des Suchergebnisses mit match_results 334

19.1.4   Exakte Treffer mit regex_match 338

19.1.5   Suchen mit regex_search 340

19.1.6   Ersetzen mit regex_replace 343

19.1.7   Formatieren mit regex_replace und match_results.format 346

19.1.8   Wiederholtes Suchen mit regex_iterator und
regex_token_iterator 349

19.2   Type-Traits 357

19.2.1   Typeigenschaften abfragen 361

19.2.2   Typen vergleichen 369

19.2.3   Typen transformieren 369

19.3   Zufallszahlen 373

19.3.1   Zufallszahlenerzeuger 377

19.3.2   Zufallszahlenverteilung 379

19.4   Zeitbibliothek 381

19.4.1   Zeitdauer 383

19.4.2   Zeitgeber 387

19.4.3   Zeitpunkt 389

19.5   Referenz-Wrapper 390

19.5.1   Die Hilfsfunktionen ref und cref 393

20 Verbesserte Bibliotheken 397

20.1   Smart Pointer 397

20.1.1   unique_ptr 397

20.1.2   shared_ptr 407

20.1.3   weak_ptr 420

20.2   Neue Container 430

20.2.1   Tupel 430

20.2.2   Array 441

20.2.3   Einfach verkettete Liste 445

20.2.4   Hashtabellen 448

20.3   Neue Algorithmen 464

20.3.1   Praktische Helferlein 468

20.4   bind und function 471
        20.4.1   bind 472
        20.4.2   function 473

Teil V   Ausblick 481

21 Der nächste C++ Standard 483

21.1   Für C++11 geplant 484
        21.1.1   Module 484
        21.1.2   Spezielle mathematische Funktionen 484
        21.1.3   Concepts 485
21.2   Technical Report 2 487
        21.2.1   Erweiterte Thread-Funktionalität 488
        21.2.2   Netzwerkunterstützung 488
        21.2.3   Signale und Slots 489
        21.2.4   Dateisystem-Bibliothek 489
        21.2.5   Boost Any-Bibliothek 490
        21.2.6   Bibliothek zur lexikalischen Konvertierung 491
        21.2.7   Neue String-Algorithmen 492

Teil VI   Anhang 493

A   Build-Umgebung installieren 495

A.1   Aktueller C++-Compiler 496
        A.1.1   GNU Compiler Collection (GCC) 496
        A.1.2   Visual C++ 2010 Express 497
A.2   Boost-Bibliothek 497

B   Funktionsobjekte 499

B.1   Wie funktioniert ein Funktionsobjekt? 499
B.2   Welche Vorteile bietet ein Funktionsobjekt? 500

C **Resource Acquisition Is Initialization** 503

D **Promotion Trait** 507

E **Implizit erzeugte Methoden und Operatoren** 511

F **Funktionale Programmierung** 515

    F.1 Programmieren mit mathematischen Funktionen 516
    F.2 Charakteristiken funktionaler Programmierung 517
        F.2.1 First-class functions 517
        F.2.2 Funktionen höherer Ordnung 519
        F.2.3 Reine Funktionen 525
        F.2.4 Rekursion 527
        F.2.5 Verarbeitung von Listen 530
        F.2.6 Bedarfsauswertung 531

Praxistipps 535

Literaturverzeichnis 537

Index 543

Einführung

Fragen und Antworten

Was ist C++11?

2011 wird der neue C++-Standard C++11 veröffentlicht (Stroustrup, C++0x – the next ISO C++ standard, 2011). Dieser ist nach einem guten Jahrzehnt die erste große C++-Neuerung, mit der C++ fit für die neuen Anforderungen gemacht wird. Rein quantitativ gesprochen, verdoppelt sich der C++-Standard nahezu von knapp 800 Seiten auf gut 1300 Seiten. Da verwundert es nicht, wie Bjarne Stroustrup, der Erfinder von C++, C++11 charakterisiert:

Bjarne Stroustrup
über C++11

Surprisingly, C++11 feels like a new language: The pieces just fit together better than they used to and I find a higher-level style of programming more natural than before and as efficient as ever. (Erstaunlich, C++11 fühlt sich wie eine neue Sprache an: Die Einzelteile passen einfach besser zusammen als gewohnt und ich finde das Programmieren auf abstrakterer Ebene natürlicher als früher und so effizient wie immer.) (Stroustrup, C++0x – the next ISO C++ standard, 2011)

Threading, funktionale Programmierung, automatisches Speichermanagement, reguläre Ausdrücke ... dies alles und noch viel, viel mehr ist nun inklusive. Damit hat C++ an seine zwei Zielgruppen gedacht.

» Für den Einsteiger: einfacher zu lehren und zu lernen durch die vereinheitlichte Syntax und mächtige Bibliotheken, mit denen Standardaufgaben leichter erledigt werden können.

» Für den Profi: eine bessere Programmiersprache für die Systemprogrammierung und das Schreiben von Bibliotheken durch neue und verbesserte Features der Kernsprache und der Bibliotheken.

EXKURS   **C++0x versus C++11**

Die bisherigen C++-Standards heißen C++98 und C++03, wobei C++03 nur eine technische Korrektur darstellt. Da war es natürlich naheliegend, dem neuen Standard einen ähnlichen Namen zu geben. Als Arbeitstitel wurde der Name C++0x gewählt. Somit war festgelegt, dass der neue Standard spätestens 2009 erscheinen musste. Leider ließ sich der Zeitplan nicht halten. Kurzerhand wurde das Zeichen x in C++0x zur hexadezimalen Zahl erklärt. Sechs zusätzliche Jahre waren durch diesen Kunstgriff gewonnen. Es blieb abzuwarten, welcher Name sich für den neuen Standard durchsetzen wird. Der offizielle Name C++11 oder der sehr etablierte Name C++0x.

Vier Monate später, kurz vor dem Abschluss des Buchs, hat sich die Namensverwirrung zu Gunsten von C++11 in Wohlgefallen aufgelöst. Bjarne Stroustrup bringt es auf den Punkt und nennt den neuen Standard C++11: *Following convention, the new standard is called C++11 (because it was published in 2011)* (Stroustrup, C++0x – the next ISO C++ standard, 2011). Daher werden Sie gelegentlich in dem Buch und in vielen Publikationen zum neuen C++-Standard den langjährigen Arbeitstitel C++0x finden. Lassen Sie sich nicht verwirren. Das Problem lässt sich einfach lösen: **C++0x ist C++11**.

Warum ein Buch über C++11?

Leider existiert bis zum heutigen Zeitpunkt kein Buch, das das neue C++ umfassend darstellt. Zwar gibt es für die neue Standardbibliothek das Werk »The C++ Standard Library Extension« von Pete Becker (Becker, The C++ Standard Library Extension, 2006), für die neue Threading-Funktionalität das Online-Buch »C++ Concurrency in Action: Practical Multithreading« von Anthony Williams (Williams, 2011) oder auch die Online-Artikelserie

»C++0X: The New Face of Standard C++« von Danny Kalev (Kalev, 2004). Viele Fragen bleiben aber durch diese Werke offen, da sie zum einen nur Einzelaspekte des neuen C++-Standards thematisieren und zum anderen vor der C++11-Standardisierung entstanden sind.

Welches Ziel verfolgt das Buch?

Die entscheidenden Fragen, die sich ein C++-Entwickler stellt, wenn er sich der Herausforderung des neuen C++11 gegenübersieht, sind meines Erachtens:

» Welche Erweiterungen und Neuerungen bringt C++11 mit sich?

» Warum ist C++11 das bessere C++?

» Wie können die neuen Features möglichst effizient eingesetzt werden?

Daher will dieses Buch überzeugen. Überzeugen, dass sich der Aufwand lohnt, sich mit dem neuen C++11 auseinanderzusetzen. Denn was bleibt, ist die Fähigkeit, die anspruchsvolle Programmiersprache C++ auf einem höheren Niveau zu beherrschen.

Übersicht

Das Buch besteht aus den vier großen Themenblöcken: Tour de C++11, den Neuerungen der Kernsprache, Multithreading mit C++11 und den Verbesserungen der Standardbibliothek.

Einen ersten Überblick über C++11 gibt **Tour de C++11** in rund 100 Seiten. Hier werden wir uns mit den Neuerungen von C++11 beschäftigen, ohne die Details genauer zu betrachten. Diese folgen in den nächsten drei Teilen des Buchs.

Die Neuerungen der Kernsprache betreffen mehrere Aspekte in C++11. In diesem wichtigen Kapitel werden die verbesserte Usability, der Entwurf von Klassen, das Arbeiten mit Containern, die generische Programmierung, aber auch erweiterte Datenkonzepte und Literale, einige Aufräumarbeiten und die Integration von C99, dem aktuellen C-Standard, unser Thema sein.

Multithreading ist der zweite Teil des Buchs, der sich den Details widmet. Dies betrifft die atomaren Datentypen von C++11, den Umgang mit Threads und asynchrone Operationen.

Bezogen sich die vorherigen Themenblöcke vorwiegend auf den C++11-Kern, so ist im letzten Teil des Buchs die **Standardbibliothek** das zentrale

Thema. Sowohl neue Bibliotheken für reguläre Ausdrücke als auch verbesserte Bibliotheken für Smart Pointer oder auch neue Container hat C++11 zu bieten.

Was ist ein C++11-Buch ohne Ausblick auf die weitere Entwicklung von C++? Genau diese Vorschau will das letzte kleine **Kapitel Ausblick** geben. Darin erfahren Sie einerseits, warum die wohl wichtigste Neuerung von C++11 Concepts, einem Typsystem für Templates, aus dem C++11-Standard gestrichen wurde, und andererseits, welche Ziele C++1y verfolgt.

PRAXISTIPP

Wie das Buch zu lesen ist

Den ersten Überblick gibt das Kapitel Tour de C++11. Auf rund 90 Seiten werden die neuen Features von C++11 vorgestellt, ohne allzu sehr in die Tiefe zu gehen. Ist das große Bild gezeichnet, ist es Zeit, sich in die einzelnen Komponenten weiter zu vertiefen und die Tastatur in die Hand zu nehmen. Die drei weiteren Komponenten zu den Neuerungen der Kernsprache, zur neuen Threading-Mächtigkeit und zu Verbesserungen der Standardbibliothek bilden den Kern des Buchs.

Didaktik

Auf die Suche in der Breite folgt die in die Tiefe. Diesem einfachen Muster aus der Graphentheorie werde ich folgen. Zuerst werde ich die neuen Features vorstellen, anschließend genauer auf die Details eingehen, um dann abschließend in dem einen oder anderen Beispiel und das besonders mit den Übungsaufgaben weiter in die Tiefe zu stoßen.

Diese Strategie, sich der unbekannten Materie von verschiedenen Aspekten und mit immer tieferem Anspruch zu nähern, halte ich für einen idealen Ansatz, das Neue zum Vertrauten zu machen. Die größte Gefahr in diesem Ansatz besteht darin, die Redundanz zu übertreiben. Ich hoffe, es ist mir gelungen, diese in Grenzen zu halten.

Übungsaufgaben

WEBSITE

Um den größtmöglichen Nutzen aus den Übungsaufgaben zu ziehen, stehen die *Musterlösungen* der Übungsaufgaben unter *Aufgaben* auf der Webseite zum Buch zur Verfügung. Denn nichts hat mich in meinem Mathematikstudium mehr gestört als eine Übungsaufgabe, die nicht lösbar war.

Exkurse

Die vielen Exkurse sind zum Schmökern da. Sie sollen Hintergrundinformationen liefern, ohne den roten Faden des Buchs zu verlieren. Es schadet daher auch nicht, sie beim ersten Lesen des Werks zu ignorieren.

Anhang

Sind die Hintergrundinformationen zu C++11 zu umfangreich für einen Exkurs, finden sie sich im Anhang wieder. Dies betrifft Punkte wie Funktionsobjekte in C++, das bekannte C++-Idiom Resource Acquisition Is Initialization, Promotion Traits, implizit erzeugte Methoden und Operatoren und insbesondere die funktionale Programmierung.

Praxis

Codekonventionen

Entgegen meiner normalen Konvention werde ich die Codeblöcke nur um zwei Leerzeichen einrücken, um Platz zu sparen. Die Namensraumbezeichner wie std werde ich, wenn möglich, im Quellcode verwenden. Damit ist eindeutig, zu welchem Namensraum eine Funktion oder Klasse gehört. Zur besseren Orientierung im Quellcode werde ich diesen nummeriert darstellen.

Viele Beispiele

Der größte Nutzen lässt sich aus einem Buch zur Programmierung ziehen, wenn die neuen Features in der Anwendung dargestellt werden. Daher werde ich viele Codeschnipsel und lauffähige Programme in dem Werk verwenden und deren Ausgabe präsentieren. Noch mehr Nutzen besitzt das Buch, wenn Sie mit den Codebeispielen arbeiten, sie modifizieren und erweitern. Zur weiteren Vertiefung der neuen Funktionalität schließe ich die Kapitel mit Übungsaufgaben ab, die sich mit den neuen C++11-Features in der Regel komfortabel lösen lassen.

Zusatzmaterial

Alle Programme und die Musterlösungen der Übungsaufgaben des Buchs stehen zur Verfügung. Dies trifft auch auf die Programme zu, die mit dem aktuellen GCC 4.6 noch nicht lauffähig sind. Trotz großer Sorgfalt kann es insbesondere bei diesen Programmen vorkommen, dass sich noch der eine oder andere Bug in ihnen eingenistet hat.

EXKURS

Die Beispielprogramme für die regulären Ausdrücke sind auch für die TR1-Erweiterung von Boost vorhanden.

Die Programme und Musterlösungen zur neuen Bibliothek für reguläre Ausdrücke stehen auch für die Boost-Bibliothek-Erweiterung (Boost.TR1) zur Verfügung. Diese ist in den Fällen notwendig (inklusiv aktuellem GCC (C++0x Support in GCC, 2011)), in denen der Compiler die neue Funktionalität noch nicht anbietet. Der Name der zusätzlichen Quelldatei ist um den Bezeichner Boost erweitert. So wird aus `regex.cpp` `regexBoost.cpp`.

Zwei kleine Eingriffe in den Sourcecode von `regexBoost.cpp` sind notwendig, um diesen von der Boost- auf die C++11-Notation zu portieren.

1. Ersetzen Sie den Boost- in den C++11-Header (01 → 02):

```
01 #include <boost/tr1/regex.hpp>
02 #include <regex>
```

2. Ersetzen Sie die TR1- in den C++11-Namensräumen (01 → 02):

```
01 std::tr1::
02 std::
```

Genaugenommen ist Schritt 2 nicht immer notwendig, da Sie – falls verfügbar – durch `std::tr1::` die TR1-Erweiterung des C++-Standards verwenden, der dem neuen C++11-Standard in diesem Fall entspricht.

Im Anhang gehe ich darauf ein, wie Sie eine aktuelle Build-Umgebung für Windows oder Linux erhalten.

Aktuelle Compiler-Unterstützung

Einen aktuellen C++-Compiler (C++ 0x FEATURE, 2011) vorausgesetzt und Sie können sofort loslegen, denn viele der Features des neuen Standards stehen schon zur Verfügung.

Dies trifft vor allem auf den GCC 4.6 C++-Compiler (C++0x Support in GCC 4.6, 2011) zu. Deckt dieser doch nahezu den ganzen C++11-Standard ab. Um möglichst viele neue Features in Aktion zu sehen, werde ich daher auf den GCC 4.6 zurückgreifen. Viele Beispiele, insbesondere Übungsaufgaben, habe ich mit dem aktuellen C++-Compiler von Microsoft VC10 entwickelt.

				Status Of C++ 0x Language Features in Compilers							
C++ 0x FEATURE	PAPER(S)	HP aCC	EDG eccp	GCC	Intel C++	MSVC	IBM XLC++	Sun/ Oracle C++	C++ Builder 2009/10	Digital Mars C++	Clang
alignas	N2341			4.3							
alignof	N2341			4.3					Yes		
auto	N1984		4.1	4.4	11.0	10.0	11.1				Yes
C99 preprocessor	N1653			4.3			10.1	5.9		Yes	Yes
Concepts [removed]	N2617			ConceptGcc							
constexpr	N2235			4.5							
decltype	N2343		4.1	4.3	11.0	10.0	11.1		Yes		
Defaulted And Deleted Functions	N2346		4.1	4.4	12.0						
Delegating Constructors	N1986			(p)**			11.1				
Explicit conversion operators	N2437			4.5					Yes		
Extended friend Declarations	N1791		4.1	4.7	11.0	10.0***	V1R11,11.1				
extern template	N1987	3, 5, 6		3.3	9	6.0	V1R11,11.1		Yes		Yes
Inheriting Constructors	N2540										
Initializer Lists	N2672			4.4							
Lambda expressions and closures	N2550		4.1	4.5	11.0	10.0					
Local and Unnamed Types as Template Arguments	N2657			4.5	12.0	10.0					
long long	N1811	Yes	Yes	Yes	Yes	Yes	Yes	Yes	Yes	Yes	Yes
Namespace Association	N2535			4.4			11.1				
New function declaration syntax for deduced return types	N2541		4.1	4.4		10.0					
nullptr	N2431			4.6		10.0					
Raw String Literals	N2442			4.5							
Unicode String Literals	N2442			4.4	11.0*			5.7	Yes		
Right Angle Brackets	N1757		4.1	4.3	11.0	8.0					Yes
R-Value References	N2118		4.1	4.3	11.1	10.0			Yes		Yes
static_assert	N1720		4.1	4.3	11.0	10.0	11.1		Yes		
Strongly-typed enums	N2347			4.4	12.0	10.0***			Yes		
Template aliases	N2258			(p)**							
Thread-Local Storage	N2659					10.0***		5.9***			
Unrestricted Unions	N2544			4.6							
Built-in Type Traits	N1836	6.16	4.0	4.3	10.0	8.0			Yes		
Variadic Templates	N2242		4.1	4.3			11.1				Yes

* — Unicode string literals is a feature of the EDG frontend, but it is undocumented at Intel C++ compiler (/Qoption,cpp,"--uliterals" option enables it)

** — available in separate patch

*** — Partial support

Abbildung 1: Aktuelle Compiler-Unterstützung für C++11

GCC

Wird bei aktuellen GCC-Compilern (mindestens GCC 4.3) das Flag `-std=c++0x` angegeben, verwendet dieser neben der neuen Kernfunktionalität auch die neuen Bibliotheken. Lediglich für die Regulär-Expression und die Threading-Bibliothek ist noch Bastelarbeit notwendig. Hierzu müssen Sie die Header-Dateien und Bibliotheken aus Boost (Boost.TR1) verwenden. Das ist aber durchaus legitim, dienen diese doch als Grundlage für die aktuelle C++-Bibliothekserweiterung TR1.

Fehlt die Ausgabe eines Listings, ist der Grund darin zu sehen, dass der aktuelle GCC 4.6 dieses Feature noch nicht unterstützt. Schwarz auf Weiß die detaillierte Übersicht zu den aktuellen GCCs in Abbildung 2 und Abbildung 3.

Language Feature	Proposal	Available in GCC?
Rvalue references	N2118	GCC 4.3
Rvalue references for *this	N2439	No [Note]
Initialization of class objects by rvalues	N1610	Yes
Non-static data member initializers	N2756	No
Variadic templates	N2242	GCC 4.3
Extending variadic template template parameters	N2555	GCC 4.4
Initializer lists	N2672	GCC 4.4
Static assertions	N1720	GCC 4.3
auto-typed variables	N1984	GCC 4.4
Multi-declarator auto	N1737	GCC 4.4
Removal of auto as a storage-class specifier	N2546	GCC 4.4
New function declarator syntax	N2541	GCC 4.4
New wording for C++0x lambdas	N2927	GCC 4.5
Declared type of an expression	N2343	GCC 4.3
Right angle brackets	N1757	GCC 4.3
Default template arguments for function templates	DR226	GCC 4.3
Solving the SFINAE problem for expressions	DR339	GCC 4.4
Template aliases	N2258	No [Bug]
Extern templates	N1987	Yes
Null pointer constant	N2431	GCC 4.6
Strongly-typed enums	N2347	GCC 4.4
Forward declarations for enums	N2764	GCC 4.6
Generalized attributes	N2761	No
Generalized constant expressions	N2235	GCC 4.6
Alignment support	N2341	No
Delegating constructors	N1986	No [Partial Patch]
Inheriting constructors	N2540	No
Explicit conversion operators	N2437	GCC 4.5
New character types	N2249	GCC 4.4
Unicode string literals	N2442	GCC 4.5

Abbildung 2: Aktuelle GCC-Unterstützung (Teil 1)

New character types	N2249	GCC 4.4
Unicode string literals	N2442	GCC 4.5
Raw string literals	N2442	GCC 4.5
Universal character name literals	N2170	GCC 4.5
User-defined literals	N2765	No [Note]
Standard Layout Types	N2342	GCC 4.5
Defaulted and deleted functions	N2346	GCC 4.4
Extended friend declarations	N1791	GCC 4.7
Extending sizeof	N2253	GCC 4.4
Inline namespaces	N2535	GCC 4.4
Unrestricted unions	N2544	GCC 4.6
Local and unnamed types as template arguments	N2657	GCC 4.5
Range-based for	N2930	GCC 4.6
Explicit virtual overrides	N2928 N3206 N3272	GCC 4.7
Minimal support for garbage collection and reachability-based leak detection	N2670	No
Allowing move constructors to throw [noexcept]	N3050	GCC 4.6 (core language only)
Defining move special member functions	N3053	GCC 4.6
Concepts [no longer part of C++0x]	N2773	Some development [Branch]
Concurrency		
Sequence points	N2239	No
Atomic operations	N2427	GCC 4.4
Strong Compare and Exchange	N2748	No
Bidirectional Fences	N2752	No
Memory model	N2429	No
Data-dependency ordering: atomics and memory model	N2664	No
Propagating exceptions	N2179	GCC 4.4
Abandoning a process and at_quick_exit	N2440	No
Allow atomics use in signal handlers	N2547	No
Thread-local storage	N2659	No
Dynamic initialization and destruction with concurrency	N2660	No
C99 Features in C++0x		
__func__ predefined identifier	N2340	GCC 4.3
C99 preprocessor	N1653	GCC 4.3
long long	N1811	GCC 4.3
Extended integral types	N1988	No

Abbildung 3: Aktuelle GCC-Unterstützung (Teil 2)

Microsoft Visual C++

Neben dem aktuellen GCC ist der aktuelle Visual C++ 10.0 sehr weit in seiner Unterstützung des modernen C++11. Tabelle 1.1: C++0x Core Language Features in VC9 und VC10 (Lavavej, 2010) von Stephan T. Lavavej, die der Struktur der Abbildung 2: Aktuelle GCC-Unterstützung (Teil 1) folgt, gibt einen genauen Überblick über den Visual C++ 9.0 und Visual C++ 10.0.

C++0x Core Language Features	VC9	VC10
Rvalue references	No	Yes
Rvalue references v2	No	v2
Rvalue references for *this	No	v2
Initialization of class objects by rvalues	Yes	Yes
static_assert	No	Yes
Auto	No	Yes
Multi-declarator auto	No	Yes
Removing old auto	No	Yes
Trailing return types	No	Yes
Lambdas	No	v1.0
Decltype	No	Yes
Right angle brackets	Yes	Yes
Extern templates	Yes	Yes
Nullptr	No	Yes
Strongly typed enums	Partial	Partial
Forward declared enums	No	No
Extended friend declarations	Partial	Partial
Local and unnamed types as template arguments	Yes	Yes
Concurrency		
exception_ptr	No	Yes
Thread-local storage	Partial	Partial
C99		
__func__	Partial	Partial
C99 preprocessor	Partial	Partial
long long	Yes	Yes

Tabelle 1: C++0x Core Language Features in VC9 und VC10

Zwei kleine Anmerkungen noch zu der Tabelle. Rvalue-Referenzen Version 2 (v2) beschreibt die Implementierung, die im kommenden C++11 Standard sein werden. Diese Version 2 ist auch Grundlage dieses Buchs. Lambda-Funktionen in VC10 weichen nur in Feinheiten (*subleties*) (Lavavej, 2010) von den C++11-Lambda-Funktionen ab.

Standard

Bei meiner Vorstellung des neuen C++11-Standards habe ich mich auf den letzten aktuellen Entwurf (*current draft*) N3242 vom 28.02.2011 bezogen (Becker, Working Draft, Standard for Programming Language C++ (N3242), 2011), der öffentlich zugänglich ist. Sein Nachfolger N3291 ist identisch zum Final Draft International Standard (FDIS) und wurde formal im August 2011 als neuer Standard zugelassen.

Danksagung

Im Jahr 2009 hielt ich einige Vorträge über C++0x bei meinem Arbeitgeber science + computing ag (science + computing ag, 2011). Für die reichlich konstruktive Kritik danke ich Mathias Fröhlich, Peter Hrenka, Götz Isenmann, Marc Lohrer, Ove Sommer, Daniel Trstenjak, Milosz Walter und den weiteren Teilnehmern der internen Fortbildungsrunde.

Mein Dank gilt Mathias Huber vom Linux Magazin (Linux Magazin), der mich bei meinen zwei Artikeln zu C++0x (Grimm, Erfrischend neu, 2010) und (Grimm, Reichhaltiges Angebot, 2010) redaktionell begleitete.

Danken möchte ich Johannes Schaub und Stefan Reuther, die mir einige Erläuterungen zum neuen C++11-Standard gegeben haben. Mein besonderer Dank gilt Daniel Krügler, Moderator der Newsgruppe de.comp.lang. iso-c++ (de.comp.lang.iso-c++, 2011), der mir zu einem tieferen Einblick in die C++11-Materie verhalf.

Ich danke meiner Lektorin Brigitte Bauer-Schiewek, meinem Fachlektor Dirk Frischalowski und meiner Sprachlektorin Petra Kienle, die mich bei dem neuen Abenteuer, ein Buch zu schreiben, begleitet haben.

Mein größter Dank gilt natürlich meiner Frau Beatrix und unseren zwei Kindern Juliette und Marius, die mich dabei unterstützten, meinen ganzen Tagesablauf dem Buchprojekt C++11 unterzuordnen.

Kontakt

Für Anregungen, Verbesserungen, Kritiken, positiv wie negativ, können Sie mich direkt unter meiner E-Mail-Adresse erreichen:

rainer@grimm-jaud.de

Teil I

Tour de C++11

1
Die Standardisierung

Ein neuer C++-Standard ist kein alltägliches Ereignis für die C++-Program-
miersprache, muss sie doch einen langwierigen Prozess durchlaufen, der
in einem neuen ISO-Standard endet. Genau dieser Prozess fand mit C++11
im Jahr 2011 seinen Abschluss. Die einfache Zeitachse in Abbildung 1.1
hilft, den Überblick über die Standardisierung von C++ zu bewahren.

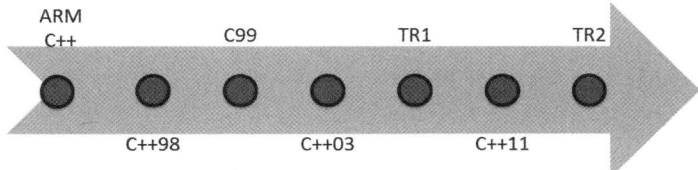

Abbildung 1.1: Zeitachse C++

ARM C++   Ende der 80er Jahre gab es mehrere unabhängige C++-Implementierun-
gen. Daher legte Bjarne Stroustrup 1989 in seinem Buch »The Annotated
C++ Reference Manual« (ARM C++) den Funktionsumfang von C++ fest.
Dieser erste C++-Standard umfasste insbesondere die zwei wichtigen Features Templates und Ausnahmebehandlungen.

C++98   Darüber hinaus erfüllte ARM C++ noch eine zweite, wichtige Aufgabe. Er
C++03   bildete die Grundlage für den heute gültigen ISO-C++-Standard ISO/IEC
14882:1998 (C++98). Die Initiative, C++ zu standardisieren, wurde von Hew-
lett-Packard zusammen mit AT&T, DEC und IBM aufgegriffen. C++98 ist
der bis heute gültige C++-Standard, sieht man von seiner kleinen techni-
schen Korrektur 2003 (C++03), formal ISO/IEC 14882:2003, ab.

C99   Der aktuell gültige C-Standard, formal ISO/IEC 9899:1999 (C99), erschien
nach dem C++-Standard C++98. Dies hat zur Folge, dass der neue C++-
Standard C++11 teilweise um die Features von C99 erweitert wurde.

TR1   Der C++ Technical Report 1 (TR1) war der erste große Schritt hin zum neuen
Standard C++11. Die C++-Bibliothek-Erweiterung ISO/IEC TR 19768 wurde
2005 verabschiedet. TR1 ist zwar kein offizieller Standard, beschreibt aber
viele Komponenten, die in den offiziellen Standard C++11 aufgenommen
werden. Die neuen Bibliotheken zu regulären Ausdrücken, Smart Pointern,
Hashtabellen oder Zufallszahlengeneratoren basieren alle auf TR1 und somit auf den entsprechenden Boost-Bibliotheken. Das Boost-Projekt (boost,
2011), das von Mitgliedern des C++-Standardisierungskomitees gegründet
wurde, ist die eigentliche Ideenwerkstatt für die aktuellen Erweiterungen
der C++-Bibliothek.

C++11   Zum jetzigen Zeitpunkt – Ende 2011 – zeichnet es sich ab, welcher Name
sich für den für den neuen C++-Standard durchsetzen wird. Der inoffizielle
Name C++0x, der sich in den letzten Jahren etabliert hat, muss dem offiziellen Namen C++11 weichen, der den neuen Namen des ISO-C++-Stan-
dards beschreibt.

TR2   Vor der Standardisierung ist nach der Standardisierung. In diesem Sinne
geht die neue Arbeit an C++ weiter. Die neue Erweiterung der Bibliothek
wird sich C++ Technical Report 2 (TR2) nennen und wiederum auf der
Boost-Bibliothekssammlung basieren. Nach heutigem Kenntnisstand wird
C++ mehr Unterstützung für die Kommunikation mit dem Netzwerk und
dem Dateisystem erhalten. Neue String-Algorithmen stehen auch auf der
Agenda. Mehr dazu im Kapitel Ausblick.

Hinter dem neuen Standard C++11 und auch C++98 stehen so viel Aufwand und Zeit, weil er nicht auf einer zentralen Autorität wie Sun/Oracle bei Java oder wie Guido van Rossum, dem wohlwollenden Diktator auf Lebenszeit bei Python, basiert, sondern aus einem demokratischen Prozess hervorgeht. Bjarne Stroustrup beschreibt in seiner Vorstellung bei Google den Prozess als »[...] *formal, slow, bureaucratic, and democratic* [...]« und fügt noch hinzu: »*The worst way, except for all the rest*« (Stroustrup, 2007).

Demokratischer Prozess

Das ISO-Standardisierungskomitee besteht aus 160 Mitgliedern, zu denen sich ca. 60 Mitglieder dreimal jährlich weltweit zusammenfinden. Diese Teilnehmer kommen aus mehreren Nationen und Organisationen. Jede Organisation besitzt maximal eine Stimme. Die hauptsächliche Arbeit wird in den Arbeitsgruppen zur Kernsprache, zur Evolution und zur Bibliothek von C++ vollbracht. Genaueres lässt sich auf der Homepage des C++-Standard-Komitees (C++ Standard Komitee, 2011) nachlesen.

Das ISO-Standardisierungskomitee

2

Ziele von C++11

C++11 hat viel zu bieten:

» Für den Einsteiger: einfacher zu lehren und zu lernen durch die vereinheitlichte Syntax und mächtige Bibliotheken, mit denen Standardaufgaben leichter gemeistert werden können

Für den Einsteiger

» Für den Profi: eine bessere Programmiersprache für die Systemprogrammierung und das Schreiben von Bibliotheken durch neue und verbesserte Features der Kernsprache und der Bibliotheken

Für den Profi

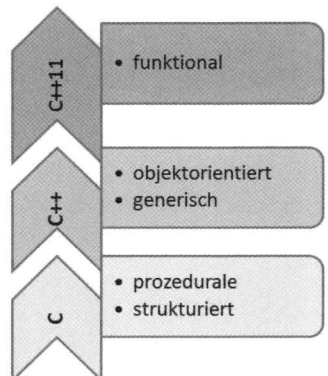

Abbildung 2.1: Von C über C++ nach C++11

Dabei baut die Multiparadigmen-Programmiersprache C++11 auf den Prinzipien von C++ auf.

» Vertraue dem Programmierer.

» Zahle nicht für etwas, das Du nicht nutzt.

» Brich keinen funktionierenden Code.

» Kontrolle zur Übersetzungszeit ist besser als zur Laufzeit.

EXKURS

Multiparadigmen-Programmiersprache

Eine Multiparadigmen-Programmiersprache ist eine Sprache, die das Programmieren mit verschiedenen Programmiertechniken unterstützt. Hier kommt die wahre Stärke von C++ und insbesondere C++11 zum Tragen. Die wichtigsten Programmiertechniken in C++ sind schnell genannt.

Als Sprache mit seinen Wurzeln in C unterstützt es:

» Prozedurale Programmierung

» Strukturierte Programmierung

C++ erweitert C um die Abstraktion:

» Objektorientierte Programmierung

» Generische Programmierung mit Templates

C++11 führt eine neue Programmiertechnik in die imperative Programmiersprache C++ ein:

» Funktionale Programmierung

Stärken und
Schwächen von C++

Dies ist die große Stärke und zugleich Schwäche von C++. Der Einsteiger wird vor lauter Werkzeugen nicht wissen, welches am besten geeignet ist, sein Problem zu lösen. Der Profi schätzt die Mächtigkeit, für jedes Problem das adäquate Werkzeug zur Verfügung zu haben.

3 Kernsprache

Vergleichen wir C++ mit einer modernen Interpretersprache wie Python oder einer Compiler-Sprache wie Java, dann sind die Hürden, um die Sprache zu meistern, die es in C++ zu überwinden gibt, viel höher. Klar, der Vergleich ist ungerecht, muss sich doch Python nicht mit statischer Typisierung auseinandersetzen und verfolgt Java relativ streng die objektorientierte Programmiertechnik. Doch die Hürde wird mit C++11 deutlich niedriger als mit C++. Die Usability steht bei C++11 im Fokus.

3.1 Usability

Usability

Usability wird auf Wikipedia als die einfache Handhabung und Erlernbarkeit eines von Menschen geschaffenen Objekts bezeichnet. (»*Usability is the ease of use and learnability of a human-made object.*«) (Usability)

3.1.1   Die Range-basierte For-Schleife

Ein kleines, aber feines Feature ist die Range-basierte For-Schleife, die das Iterieren über Container deutlich einfacher von der Hand gehen lässt. Sie ist dem einen oder anderen sicher aus Python oder Java schon bekannt.

Wird diese Schleife mit dem Schlüsselwort auto kombiniert, so lässt sich sehr kompakt über die Elemente eines C-Arrays, der Standard Library Container oder auch einer Initialisiererliste iterieren (Listing 3.1: Range-basierte For-Schleife). Auch wenn die automatische Typableitung mit auto und die praktische Initialisierung eines Containers mit Initialisiererlisten noch nicht dargestellt wurden (wie sollte dies auch möglich sein?), sollte sich ihre Anwendung intuitiv erschließen.

rangeBased-
ForLoop.cpp

```
01 #include <iostream>
02 #include <map>
03 #include <vector>
04
05
06 int main(){
07
08    std::cout << "\n";
09
10    // iterating over a C-Array
11    int myArray[5] = {1, 2, 3, 4, 5};
12    for (int &x : myArray) x *= 2;
13    for (int x: myArray) std::cout << x << " ";
14    std::cout << std::endl;
15
16    // iterating over a std::vector
17    std::vector<int> vecInt({1, 2, 3, 4, 5});
18    for (int &x: vecInt) x *= 2;
19    for (int x: vecInt) std::cout << x << " ";
20    std::cout << std::endl;
21
22    // iterating over a initializer list
23    for (const auto x : {1,2,3,5,8,13,21,34}) std::cout << x << " ";
24    std::cout << std::endl;
25
26    // iterating over a initialiser list
27    std::initializer_list<std::string>initList{"Only","For",
          "Testing","Purpose"};
28    for ( const auto x: initList) std::cout << x << " ";
29    std::cout << std::endl;
30
31    //iterating over a std::map
32    std::map<std::string,std::string> phonebook{
          {"Bjarne Stroustrup","+1 (212) 555-1212"},
          {"Gabriel Dos Reis", "+1 (858) 555-9734"},
          {"Daveed Vandevoorde","+44 99 74855424"}};
```

```
33    for ( auto mapIt: phonebook) std::cout << mapIt.first << ": " <<
mapIt.second << std::endl;
34
35    std::cout << "\n";
36
37 }
```

Listing 3.1: Range-basierte For-Schleife

Tour de C++11: rangeBasedForLoop.cpp   **WEBSITE**

Werden die Elemente des C-Arrays oder STL-Containers als Referenzen angenommen, so können die Elemente direkt modifiziert werden (Listing 3.1, Zeile 12 und Zeile 18). Selbst das Iterieren über ein std::map geht schnell von der Hand. Sehr beeindruckend ist es, die neue C++11-Syntax (Zeile 33)

```
for ( auto mapIt: phonebook) std::cout << mapIt.first << ": "
<< mapIt.second << std::endl;
```

der klassischen C++-Syntax gegenüberzustellen:

```
std::map <std::string,std::string>::iterator mapIt;
for (mapIt= phonebook.begin();mapIt!= phonebook.end();++mapIt){
    std::cout << mapIt->first << ": " <<
                  mapIt->second << std::endl;
}
```

Nun fehlt noch die Ausgabe des Programms.

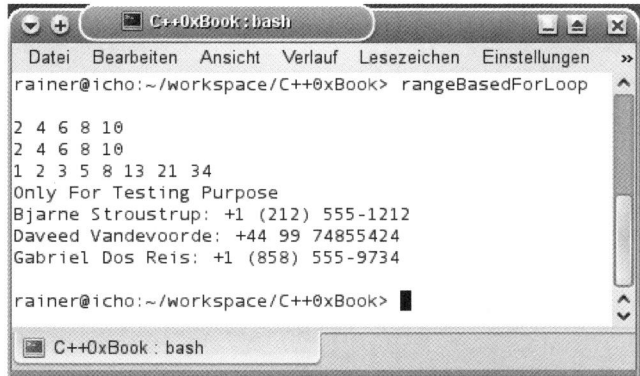

Abbildung 3.1: Range-basierte For-Schleife

Wie versprochen, das erste Geheimnis zum neuen Schlüsselwort auto in C++11 wird aufgelöst.

3.1.2   Das automatische Ableiten von Typen

Das automatische Ableiten von Typen, bisher vor allem aus funktionalen Sprachen wie Haskell bekannt, verbindet die dynamische Typisierung einer Interpreter- mit der statischen Typisierung einer Compiler-Sprache. Dafür führt C++11 zwei neue Schlüsselwörter ein, auto und decltype.

auto und decltype   Der feine Unterschied ist, dass auto den Typ automatisch aus einem Initialisierer ableitet, während decltype einen Ausdruck benötigt, um den Typ zur Übersetzungszeit zu ermitteln. Dabei ist diese automatische Typableitung (*type inference*) deutlich mehr als *syntactic sugar*. Können doch Rückgabewerte von Templates so komplex sein, dass es nicht trivial ist, den richtigen Typ zu spezifizieren.

> **DEFINITION**
>
> **Syntactic sugar**
>
> *Syntactic sugar* bezeichnet die Syntaxerweiterung einer Programmiersprache, um ein bestimmtes Sprachfeature einfacher ausdrücken zu können. Syntactic sugar erweitert daher nicht die Funktionalität der Programmiersprache. Der Begriff geht nach Edsger W. Dijkstra (Edsger_W.Dijkstra) auf Peter J. Landin zurück.
>
> Ein bekanntes Beispiel ist das Überladen von Operatoren. Sind die Operatoren für den eigenen Datentyp richtig implementiert, so lässt sich mit zwei Instanzen des eigenen Datentyps a und b auf natürliche Weise rechnen:
>
> ```
> a * ((b * 60) + 31) + a
> ```
>
> Im Gegensatz hierzu ist die äquivalente Schreibweise mit expliziten Methoden deutlich schwieriger zu lesen und daher wesentlich fehleranfälliger:
>
> ```
> a.mul(b.mul(60).add(31)).add(a)
> ```

auto und decltype   Mit auto oder auch decltype lässt sich schnell eine neue Variable, Referenz oder auch ein Iterator auf einen Container der Standard Template Library definieren.

In den drei folgenden Listings habe ich als Erstes die aktuell gültige C++98-Syntax in Listing 3.2 verwendet. Es folgt die zukünftige C++11-Syntax, zuerst mit decltype in Listing 3.3 und anschließend mit auto in Listing 3.4.

```
int a= 5;

int b;
int& bRef= b;

const std::vector<int> v;
std::vector<int>::const_iterator itV= v.begin();
```

Listing 3.2: Variablen definieren mit C++98

```
decltype(5) a= 5;

int b;
decltype(b)& bRef = b;

const std::vector<int> v;
decltype(v.begin()) itV= v.begir();
```
Listing 3.3: Variablen definieren mit C++11 und `decltype`

```
auto a= 5;

int b;
auto& bRef= b;

const std::vector<int> v;
auto itV= v.begin();
```
Listing 3.4: Variablen definieren mit C++11 und `auto`

Es wird noch mächtiger. Um eine anonyme Funktion oder auch Lamb-da-Funktion in einer Variablen zu speichern, muss in klassischem C++ ein Funktionszeiger definiert werden. In C++11 reduziert sich die ganze Schreibarbeit auf das Schlüsselwort `auto`.

```
01 #include <iostream>                                    myAdd.cpp
02
03 int main(){
04
05   // define the function pointer
06   int (*myAdd1)(int,int)= [](int a, int b){return a + b;};
07
08   // use type inference of the C++11 compiler
09   auto myAdd2= [](int a, int b){return a + b;};
10
11   std::cout << "\n";
12
13   // use the function pointer
14   std::cout << "myAdd1(1,2)= " << myAdd1(1,2) << std::endl;
15
16   // use the auto variable
17   std::cout << "myAdd2(1,2)= " << myAdd2(1,2) << std::endl;
18
19   std::cout << "\n";
20
21 }
```
Listing 3.5: Funktionszeiger und `auto` für Lambda-Funktionen

Tour de C++11: myAdd.cpp **WEBSITE**

Neben `auto` enthält das Listing noch ein weiteres, neues Feature von C++11. Die Lambda-Funktion `[](int a, int b){return a + b;}` nimmt zwei natürliche Zahlen `a` und `b` an, addiert sie und gibt das Ergebnis zurück (Abbildung 3.2).

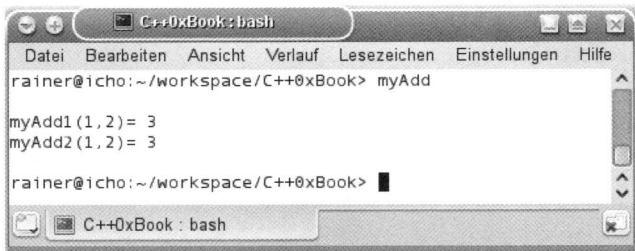

Abbildung 3.2: Funktionszeiger und `auto` für Lambda-Funktionen

3.1.3   Lambda-Funktionen

Lambda-Funktionen sind eine Anleihe aus der funktionalen Programmierung. Da sie Funktionen ohne Namen sind, werden sie auch gerne anonyme Funktionen genannt.

Die Struktur einer Lambda-Funktion ist schnell erklärt.

$$[\ ]()_{optional} \rightarrow_{optional} \{\}$$

Komponente	Bereich der Lambda-Funktion
[ ]	Bindung an die Variablen des lokalen Bereichs [] keine Bindung [=] die Werte werden kopiert [&] die Werte werden referenziert
( )	Argumente des Funktionskörpers (optional)
->	Rückgabewert (optional)
{ }	Funktionskörper

Tabelle 3.1: Struktur einer Lambda-Funktion in C++11

> **INFO**
> Die Details zu Lambda-Funktionen folgen im Kapitel Kernsprache.

Streng genommen sind Lambda-Funktionen lediglich *syntactic sugar* in C++11, kann mit ihnen doch nichts ausgedrückt werden, was mit klassischem C++ nicht schon möglich ist. Richtig eingesetzt, erhöhen sie deutlich die Lesbarkeit des Codes, da durch sie die Funktionalität genau auf den Punkt gebracht wird. Beispiel gefällig?

Aufrufbare Einheit   DEFINITION

Eine aufrufbare Einheit bezeichnet in diesem Buch eine Struktur, die sich wie eine Funktion verhält. Diese kann insbesondere aufgerufen werden.

Aufrufbare Einheiten umfassen in diesem Werk Funktionen, Referenzen und Zeiger auf Funktionen, aber auch Funktionsobjekte und Lambda-Funktionen. Aufrufbare Einheiten sind ein sehr mächtiges Konzept in C++11, denn durch sie werden die Algorithmen der Standard Template Library oder auch Threads parametrisiert.

Der Begriff *callable object* aus der Python Community verwirrt in C++, da Funktionen in C++ keine speziellen Objekte wie in Python sind.

Duck-Typing   EXKURS

Aufrufbare Einheiten erlauben es dem statisch typisierten C++, eine Flexibilität anzubieten, die nur aus dynamisch typisierten Programmiersprachen wie Python bekannt ist. Ein bisschen Duck-Typing in C++, denn alles, was sich wie eine Funktion verhält, ist eine Funktion oder um es mit James Whitcomb Rileys Gedicht auszudrücken, dem das Idiom seinen Namen verdankt:

»When I see a bird that walks like a duck and swims like a duck and quacks like a duck, I call that bird a duck.« (»Wenn ich einen Vogel sehe, der wie eine Ente läuft, wie eine Ente schwimmt und wie eine Ente schnattert, dann nenne ich diesen Vogel eine Ente.«) (James Whitcomb Riley, 2010)

In Listing 3.6 wird ein Vektor von Strings sortiert, wobei das Sortierkriterium die Länge der Strings ist. Das erste Sortierkriterium ist die Funktion lessLength, die an die Sortierfunktion in Zeile 26 std::sort(myStrVec.begin(),myStrVec.end(),lessLength) übergeben wird. Das Funktionsobjekt GreaterLength in Zeile 11 kommt in der nächsten Sortierroutine in Zeile 31 zum Einsatz. Die Lambda-Funktion in Zeile 36 bringt es ohne Definition einer Funktion oder eines Funktionsobjekts direkt auf den Punkt.

Die Details rund um Funktionsobjekte sind im Anhang genauer erklärt.

```
01 #include <algorithm                                          mySort.cpp
02 #include <iostream>
03 #include <iterator>
04 #include <string>
05 #include <vector>
06
07 bool lessLength(const std::string& f, const std::string& s){
08   return f.length() < s.length();
```

```
09 }
10
11 class GreaterLength{
12   public:
13     bool operator()(const std::string& f,
                      const std::string& s) const{
14       return f.length() > s.length();
15     }
16 };
17
18 int main(){
19
20   // initializing with a initializer lists
21   std::vector<std::string> myStrVec=
       {"12345","123456","1234","1","12","123","12345"};
22
23   std::cout << "\n";
24
25   // sorting with the function
26   std::sort(myStrVec.begin(),myStrVec.end(),lessLength);.
27   std::copy(myStrVec.begin(),myStrVec.end(),
       std::ostream_iterator<std::string>(std::cout, " "));
28   std::cout << "\n";
29
30   // sorting with the function object
31   std::sort(myStrVec.begin(),myStrVec.end(),
       GreaterLength());
32   std::copy(myStrVec.begin(),myStrVec.end(),
       std::ostream_iterator<std::string>(std::cout, " "));
33   std::cout << "\n";
34
35   // sorting with the lambda function
36   std::sort(myStrVec.begin(),myStrVec.end(),
       [](const std::string& f,const std::string& s)
       {return f.length() < s.length();});
37   std::copy(myStrVec.begin(),myStrVec.end(),
       std::ostream_iterator<std::string>(std::cout, " "));
38   std::cout << "\n";
39
40   // using the lambda function for output
41   std::for_each(myStrVec.begin(), myStrVec.end(),
       [](const std::string& s {std::cout << s << ",";});
42
43   std::cout << "\n\n";
44
45 }
```

Listing 3.6: Sortieren mit einer Funktion, einem Funktionsobjekt und einer Lambda-Funktion

WEBSITE Tour de C++11: mySort.cpp

Noch ein paar Worte zur Ausgabe des Programms auf der Konsole. Durch `std::copy` ist es möglich, die Ausgabe direkt nach `std::cout` zu kopieren (Zeile 32). Das geht mit Lambda-Funktionen einfacher. In Zeile 41 benutze ich `std::for_each`, um die Strings direkt nach `std::cout` zu schreiben.

Die Ausgabe des Programms zeigt die sortierten Strings.

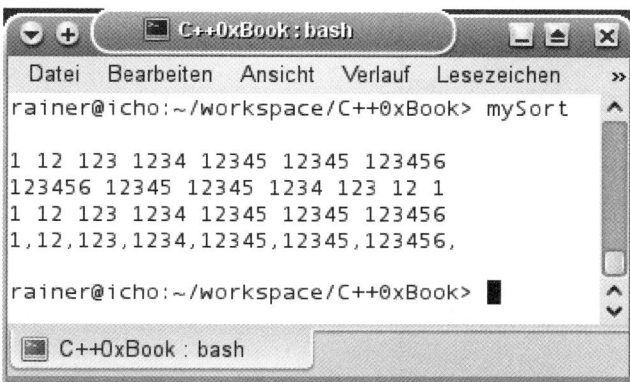

Abbildung 3.3: Sortieren mit einer Funktion, einem Funktionsobjekt und einer Lambda-Funktion

Dem aufmerksamen Leser wird die sehr kompakte Definition eines Vektors `myStrVec={"12345","123456",... ,"12345"}` in Listing 3.6 nicht entgangen sein. Durch Initialisiererlisten wird das Initialisieren von Datentypen nicht nur für den C++-Novizen deutlich einfacher in C++11. Das moderne C++ hat einiges rund um die vereinheitlichte Initialisierung zu bieten.

3.1.4   Vereinheitlichte Initialisierung

Die Initialisierung von Objekten in klassischem C++ setzt einiges Wissen voraus, gibt es doch viele verschiedene Arten, diese zu initialisieren. So lassen sich die C-Strukturen `struct` und Arrays über Initialisiererlisten initialisieren (Listing 3.7, Zeile 7 und 10), C++-Container der Standard Template Library aber nicht. Als Alternative bietet es sich an, jedes Element beim `std::vector` einzeln (Listing 3.7, Zeile 14 – 18) oder die Elemente indirekt über ein Array (Listing 3.7, Zeile 21) zu initialisieren.

Strukturen, Arrays und Container

```
01 struct MyStruct{
02   int a;
03   double b;
04 };
05
06 // direct initialization with initializer list
07 MyStruct myStruct = {4,5.5};
```

```
08
09 // direct in initialization with initializer list
10 int intArray[]= {1,2,3,4,5};
11
12 // elementwise initialization
13 std::vector <int> myIntVec;
14 myIntVec.push_back(1);
15 myIntVec.push_back(2);
16 myIntVec.push_back(3);
17 myIntVec.push_back(4);
18 myIntVec.push_back(5);
19
20 // using intArray for initialization
21 std::vector<int> myIntVec2(intArray,intArray+4);
```

Listing 3.7: Strukturen, Arrays und Vektoren initialisieren

Konstante Element-
und Heap-Arrays

Es wird noch komplizierter. C++ kann kein Array `myData` als Datenelement und ein konstantes Heap-Array `pData` initialisieren (Listing 3.8), da es dafür keine Syntax gibt.

```
// impossible to initialize myData
class Array{
  public:
    Array(): myData( ... ) {}
  private:
    int myData[5];
};

// impossible to initialize pData
int* const pData = new const int[5];
```

Listing 3.8: C++ kann keine Element- und Heap-Arrays initialisieren.

{}-Initialisiererlisten

Hier räumt C++11 auf. C++11 erlaubt {}-Initialisiererlisten für alle Initialisierungen. Damit ist die Initialisierung von Strukturen, Arrays und Containern vereinheitlicht und Element- und konstante Heap-Arrays lassen sich in C++11 einfach initialisieren.

uniformInitialisation.
cpp

```
01 #include <vector>
02
03 struct MyStruct{
04   int a;
05   double b;
06 };
07
08 class Array{
09   public:
10     Array(): myData{1,2,3,4,5} {}
11   private:
12     int myData[5];
13 };
```

```
14
15 int main(){
16
17   // valid for C++
18   MyStruct myStruct = {4,5.5};
19
20   // valid for C++
21   int invArray[]= {1,2,3,4,5};
22
23   // valid for C++11
24   std::vector <int> myIntVec{1,2,3,4,5};
25
26   // valid for C++11
27   Array myArray;
28
29   // valid for C++11
30   const float* pData = new const float[5]{1,2,3,4,5};
31 }
```

Listing 3.9: Vereinheitlichte Initialisierung mit {}-Initialisiererlisten

Tour de C++11: uniformInitialisation.cpp   **WEBSITE**

Da stellt sich natürlich die Frage, was muss ein Datentyp bieten, damit er mit Initialisiererlisten initialisiert werden kann. Diese Frage führt uns direkt zum nächsten Kapitel.

3.2 Entwurf von Klassen

Der Entwurf von Klassen wird in C++11 viel mächtiger und expliziter. Einerseits gibt es neue Features rund um die Definition von Konstruktoren, andererseits können Methoden mit Bezeichnern annotiert werden, so dass der Compiler dies prüft.

3.2.1 Mächtigere Initialisierung

Neben der Initialisiererliste für Konstruktoren, die wir im letzten Kapitel in Aktion gesehen haben, unterstützt C++11 jetzt auch deren Delegation und Vererbung. Aber nicht nur der Umgang mit Konstruktoren ist mächtiger, einfacher und mit weniger Schreibaufwand verbunden, auch das direkte Initialisieren von Klassenelementen ist jetzt möglich.

Initialisiererliste-Konstruktoren sind der Widerpart zu den Initialisiererlisten in Listing 3.9. Das Schöne ist, dass die Container der Standard Template Library diese speziellen Konstruktoren schon definiert haben, so dass ein Vektor über eine Initialisiererliste direkt initialisiert werden kann. Aber

Initialisiererliste-Konstruktor

auch eigene Datentypen lassen sich mit diesen Konstruktoren einfach ausstatten (Listing 3.10).

initializerList-
Constructor.cp

```
01 #include <iostream>
02 #include <map>
03 #include <string>
04
05 // class template, parametrized with T
06 template <typename T>
07 class MyContainer{
08   public:
09     MyContainer(std::initializer_list<T> values){
10
11       for (auto v : values) std::cout << v << " ";
12
13     }
14 };
15
16 int main(){
17
18   // using a initialiser list for a string
19   std::string cppInventor={"Bjarne Stroustrup"};
20
21   std::cout << "\n";
22   std::cout << "Name of the cpp Inventor: "
               << cppInventor << std::endl;
23
24   // using a initializer list for a map
25   std::cout << "\nA few import cpp developer: "
               << std::endl;
26   std::map<std::string,std::string> phonebook{
         {cppInventor,"+1 (212) 555-1212"},
         {"Gabriel Dos Reis", "+1 (858) 555-9734"},
         {"Daveed Vandevoorde","+44 99 74855424"}};
27
28   for (auto mapIt= phonebook.begin();
          mapIt!= phonebook.end();++mapIt){
29     std::cout << mapIt->first << ": "
                 << mapIt->second << std::endl;
30   }
31
32   std::cout << "\n";
33
34   // using MyContainer with int
35   MyContainer<int> myIntCont{1,2,3,4,5,6,7,8,9,10};
36   std::cout << "\n";
37
38   // using MyContainer with string
39   MyContainer<std::string>
         myStringCont{"Range","based","for","loop."};
40
```

```
41   std::cout << "\n\n";
42
43 }
```

Listing 3.10: Initialisiererlisten-Konstruktor

Tour de C++11: InitialiserListConstructor.cpp   WEBSITE

Sowohl ein String (Zeile 19) als auch der Standardcontainer std::map (Zeile 26) in Listing 3.10 lassen sich über eine Initialisiererliste initialisieren. Das Klassen-Template MyContainer in Zeile 6 nimmt als Argument eine Initialisiererliste von Ganzzahlen und Strings (Zeile 35 und 39) an. Im Initialisiererlisten-Konstruktor von MyContainer (Zeile 9) wird die Initialisiererliste direkt ausgegeben. Hier sehen wir eine generische Range-based For-Schleife im Einsatz. In Kombination mit auto lässt sich so äußerst kompakt über STL-Container iterieren.

Nun fehlt nur noch die Ausgabe des Programms.

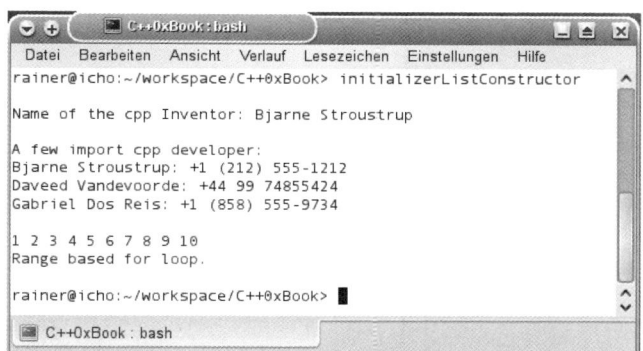

Abbildung 3.4: Initialisiererliste-Konstruktor

Java oder auch D kennen die Delegation von Konstruktoren. C++ führt sie mit C++11 ein.

Delegation von Konstruktoren

Besitzt in klassischem C++ eine Klasse mehrere Konstruktoren, die ähnliche Initialisierungsschritte ausführen müssen, gibt es zwei Lösungen. Die naheliegende Lösung ist es, den Initialisierungscode in jedem Konstruktor zu duplizieren. Dies ist fehleranfällig und mit viel Schreibaufwand verbunden. Da ist es schon deutlich besser, eine private Methode init zu definieren, in diese den gemeinsamen Code auszulagern und die Initialisierungsmethode in jedem Konstruktor aufzurufen.

Im neuen C++11 kann der Initialisierungscode in einem Konstruktor definiert werden, der dann von allen anderen Konstruktoren verwendet wird.

```
01 #include <cmath>
02 #include <iostream>
03
04 class MyHour{
05   int myHour_;
06   public:
07
08     // constructor validating the data
09     MyHour(int hour){
10       if (0 <=hour and (hour<=23)) myHour_= hour;
11       else myHour_=0;
12       std::cout << "hour= " << hour << std::endl;
13     }
14
15     // default constructor for setting hour to 0
16     MyHour(): MyHour(0){};
17
18     // accept also doubles
19     MyHour(double hour)
20         :MyHour( static_cast<int>(ceil(hour))) {};
21 };
22
23 int main(){
24
25   // use the validating constructor
26   MyHour(10);              // hour= 10
27
28   // use the validating constructor
29   MyHour(100);             // hour= 0
30
31   // use the default constructor
32   MyHour();                // hour= 0
33
34   // use the constructor accepting doubles
35   MyHour(22.45);           // hour= 23
36
37 }
```

Listing 3.11: Delegation von Konstruktoren

WEBSITE
Tour de C++11: delegatingConstructor.cpp

Der Konstruktor MyHour(int hour) (Listing 3.11, Zeile 9) validiert seinen Eingabewert. Daher können die zwei folgenden Konstruktoren in Zeile 16 und 19 ihre Validierung der Daten direkt an diesen durch MyHour():MyHour(0) beziehungsweise MyHour(double hour):MyHour(…)delegieren.

ACHTUNG

Da der aktuelle GCC 4.6 (C++0x Support in GCC) weder die Delegation und Vererbung von Konstruktoren noch die direkte Initialisierung von Klassen-elementen unterstützt, sind die Ausgaben in den entsprechenden Kommentaren der main-Funktion enthalten. Dies betrifft Listing 3.11, Listing 3.12 und Listing 3.13.

Dieses Vererben von Konstruktoren erspart einige Schreibarbeit. Ein einfaches using Base::Base in der Definition der Klasse Derived (Listing 3.12) reicht aus und alle Konstruktoren der Basisklasse stehen in der abgeleiteten Klasse zur Verfügung.

Vererbung von
Konstruktoren

inheritingConstructor.
cpp

```
01 #include <iostream>
02 #include <string>
03
04 class Base{
05  public:
06
07    Base(int i){
08      std::cout << "Base::Base("<< i << ")" << std::endl;
09    }
10
11    Base(std::string s){
12      std::cout << "Base::Base("<< s << ")" << std::endl;
13    }
14 };
15
16 class Derived: public Base{
17  public:
18
19    using Base::Base;
20
21    Derived(double d){
22      std::cout << "Derived::Derived("<< d << ")" << std::endl;
23    }
24
25 };
26
27 int main(){
28
29  // inheriting Base
30  Derived(2011);         // Base::Base(2011)
31
32  // inheriting Base      // Base::Base(C++11)
33  Derived("C++11");
34
35  // using Derived
36  Derived(0.33);         // Derived::Derived(0.33)
37
38 }
```

Listing 3.12: Vererben von Konstruktoren

WEBSITE
Tour de C++11: inheritingConstructor.cpp

Direktes Initialisieren
der Klassenelemente

Aber nicht nur das Initialisieren mit Hilfe des Konstruktors, auch das direkte Initialisieren der Klassenelemente wird in modernem C++ unterstützt. Konnten in C++98 nur statische, konstante Elemente integralen Typs initialisiert werden, so gilt die Einschränkung in C++11 nicht mehr. Diese Einschränkung stellte sicher, dass die Initialisierung zur Übersetzungszeit möglich ist. Falls ein Klassenelement sowohl direkt als auch über den Konstruktor initialisiert wird, wird nur Letzteres angewandt.

Ein paar Beispiele zeigen die neue Funktionalität. Der Einfachheit halber verwende ich den Datentyp `struct`, da hier alle Klassenelemente öffentlich sind.

```
01 #include <iostream>
02 #include <string>
03 #include <vector>
04
05 struct ClassMemberInitializer{
06
07     ClassMemberInitializer(int override):x(override){};
08
09     //valid with C++98
10     const static int oldX=5;
11
12     // valid with C++11
13     int X=5; //class member initializer
14
15     // valid with C++11
16     std::string s="Hello C++11";
17
18     // valid with C++11
19     std::vector<int> myVec{1,2,3,4,5};
20
21 };
22
23
24 int main(){
25
26     std::cout << "\n";
27
28     // class member initialization
29     ClassMemberInitializer cMI;
30     std::cout << "cMI.oldX " << cMI.oldX << "\n";      // 0
31     std::cout << "cMI.x " << cMI.x << "\n";            // 5
32     std::cout << "cMI.s " << cMI.s << "\n";   // Hello C++11
33     for (auto vecIt= CMi.myVec.begin(), myVec)
34                     std::cout << *vecIt << " ";  //1 2 3 4 5
35
36     std::cout << "\n";
```

```
37
38     // class member initialization
39     // x will be overriden by the constructor value
40     ClassMemberInitializer cMI2(10);
41     std::cout << "cMI2.oldX " << cMI2.oldX << "\n";    // 0
42     std::cout << "cMI2.x " << cMI2.x << "\n";          // 10
43     std::cout << "cMI2.s " << cMI2.s << "\n"; // Hello C++11
44     for (auto vecIt= CMi2.myVec.begin(), myVec)
45                    std::cout << *vecIt << " ";  // 1 2 3 4 5
46
47     std::cout << "\n\n";
48
49 }
```

Listing 3.13: Direkte Initialisierung der Klassenelemente

Tour de C++11: classMemberInitializer.cpp   **WEBSITE**

Gibt es rund um die Initialisierung von Objekten und Klassenelementen viele neue Features, so können Methoden in C++11 mit Bezeichnern annotiert werden, die das Verhalten der Methode explizit beschreiben.

3.2.2 Explizite Klassendefinitionen

Wieso soll Pythons Designprinzip »*Explicit is better then implicit.*« von Tim Peters (Peters, 2004) nicht auch für C++11 gelten?

Methoden können in modernem C++ mit den Identifiers default, delete, override, final oder auch explicit ausgezeichnet werden. Der Compiler sorgt dafür, dass der Vertrag eingehalten wird.

default und delete

Für eine Klasse werden viele spezielle Methoden vom Compiler erzeugt, um den Lebenszyklus seiner Instanzen zu gewährleisten. Dies betrifft den Standard- und den Kopierkonstruktor, den Zuweisungsoperator und den Destruktor. Aber auch spezielle Methoden wie der operator new werden vom Compiler bei Bedarf erzeugt.

Für C++-Entwickler gibt es viele Idiome in klassischem C++, um den Lebenszyklus eines Objekts direkt zu kontrollieren. Diese Idiome setzen viel Wissen und noch mehr Disziplin voraus. Mit den Bezeichnern default und delete hat sich der C++-Standard dieser Problematik angenommen.

EXKURS

Design Pattern und Idiome

Ein Design Pattern oder auch Entwurfsmuster beschreibt eine bewährte Lösung für ein in einem bestimmten Kontext wiederkehrendes Entwurfsproblem. Bekannte Design Pattern sind das Singleton Pattern, die Template-Methode oder auch das Visitor Pattern. Sie gehen auf den Architekten und Philosophen Christopher Alexander (Christopher Alexander, 2011) zurück. Richtig populär sind Design Pattern aber erst seit dem Buch »Entwurfsmuster. Elemente wiederverwendbarer objektorientierter Software« von Erich Gamma, Richard Helm, Ralph Johnson und John Vlissides (Entwurfsmuster (Buch), 2011), gemeinhin bekannt als die Gang of Four (Gof).

Ist ein Design Pattern darauf ausgelegt, eine Lösung unabhängig von der verwendeten Sprache anzubieten, so beschreibt ein Idiom ein bewährtes programmiersprachenspezifisches Lösungsrezept.

Soll eine Klasse zum Beispiel nicht kopierbar sein, werden der Kopierkonstruktor und der Zuweisungsoperator lediglich privat deklariert, aber nicht definiert. Hier setzt der delete-Bezeichner an. Ein Name delete hinter dem Methodennamen und die Methode wird vom Compiler nicht mehr erzeugt.

Aber es lauern auch Gefahren rund um den Lebenszyklus eines Objekts. Wird in einer Klasse ein Konstruktor definiert, erzeugt der Compiler keinen Standardkonstruktor mehr. Genau dies kann der Klassendesigner dem Compiler aber durch den Bezeichner default vorschreiben. default sorgt dafür, dass der Compiler seine Default-Version der Methode erzeugt.

Der Lebenszyklus eines Objekts lässt sich in C++11 rein deklarativ beschreiben.

defaultedDeleted-
Methods.cpp

```
01 #include <iostream>
02
03 class NonCopyableClass{
04   public:
05
06     // state the compiler generated default constructor
07   NonCopyableClass()= default;
08
09     // disallow copying
10   NonCopyableClass& operator=
11               (const NonCopyableClass&)= delete;
12   NonCopyableClass(const NonCopyableClass&)= delete;
13 };
14
15 class SomeType{
16   public:
17
18     // state the compiler generated default constructor
19   SomeType()= default;
20
21     // constructor for int
```

```
22    SomeType(int value){};
23
24 };
25
26 class TypeOnStack {
27    public:
28
29      void* operator new(std::size_t)= delete;
30 };
31
32 int main(){
33
34    NonCopyableClass nonCopyableClass;
35    SomeType someType;
36    TypeOnStack typeOnStack;
37
38    // force the compiler error
39    NonCopyableClass nonCopyableClass2(nonCopyableClass);
40
41    // force the compiler error
42    TypeOnStack* typeOnHeap= new TypeOnStack;
43
44 }
```

Listing 3.14: default und delete für Methoden

Tour de C++11: defaultedDeletedMethods.cpp   **WEBSITE**

Vor der Übersetzung des Programms in Listing 3.14 noch ein paar Worte zum Sourcecode.

In der Klasse NonCopyableClass (Zeile 3) werden sowohl der Kopier-Zuweisungsoperator als auch der Kopierkonstruktor als delete erklärt und der Standardkonstruktor des Compilers verwendet. Der Standardkonstruktor wird in der Klasse NonCopyableClass nicht automatisch vom Compiler erzeugt, da der Kopierzuweisungsoperator und der Kopierkonstruktor als delete deklariert wurden. Damit lassen sich Objekte der Klasse nur direkt instanziieren. Auch die Klasse SomeType (Zeile 15) nutzt den vom Compiler erzeugten Standardkonstruktor, den der Compiler in diesem Fall nicht erzeugt, da ein spezieller Konstruktor für int vorhanden ist. Interessant ist auch die Klasse TypeOnStack (Zeile 26), denn das Setzen des new-Operators auf delete bewirkt, dass deren Instanzen nicht mehr mit new erzeugt werden können. Der interessanteste Teil des Programms ist aber die main-Funktion, denn in ihr wird sowohl ein nicht kopierbares Objekt kopiert als auch ein Objekt auf dem Heap angelegt, obwohl dessen new-Operator auf delete gesetzt ist.

Wie geht der GCC-Compiler mit dem Vertragsbruch um?

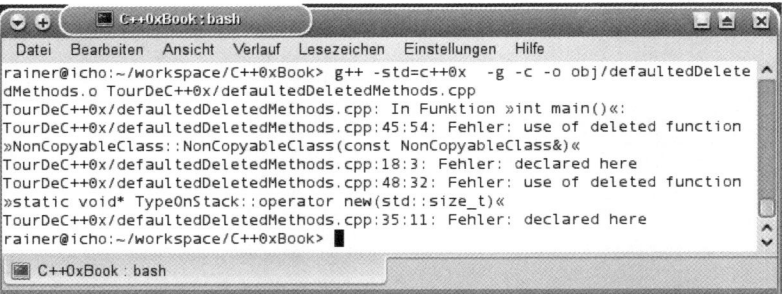

Abbildung 3.5: Compiler-Fehler beim Übersetzen von defaultedDeletedMethods.cpp

Der GCC 4.6 schreibt eine aussagekräftige Fehlermeldung. Was will man mehr?

Explizite Virtualität

Es bleibt deklarativ. Eine beliebte Fehlerquelle beim Überschreiben von virtuellen Funktionen ist, dass die Signatur der neuen Methode nicht der der überschriebenen Methode entspricht. Das Ergebnis zeigt sich erst sehr viel später zur Laufzeit, wenn sich das Programm unerwartet verhält. Diese Fehlerquelle lässt sich mit C++11 elegant beseitigen. Wird die neue Funktion mit dem Schlüsselwort override versehen, stellt der Compiler sicher, dass diese auch tatsächlich eine Methode der Basisklasse überschreibt. Der Compiler stellt auch sicher, dass Methoden, die als final deklariert sind, nicht überschrieben werden können.

Vom Novizen zum Profi

Bisher hatte C++11 viel für den C++-Novizen zu bieten: das automatische Ableiten von Typen, die vereinheitlichte Initialisierung von Datentypen, die mächtigere Initialisierung von Objekten, die deklarativen Klassendefinitionen. Selbst Lambda-Funktionen sind, ist die erste Fremdheit überwunden, einfach zu schreiben und zu lesen. Nun ist der Profi an der Reihe. In den nächsten beiden Themenblöcken Rvalue-Referenzen und Generische Programmierung findet dieser die Werkzeuge, um seine Datentypen und Bibliotheken genau auf seine Bedürfnisse abzustimmen.

3.3   Rvalue-Referenzen

Zwei spezielle Methoden sind im Kapitel Mächtigere Initialisierung nicht genannt worden: der neue Move-Konstruktor und der Move-Zuweisungsoperator, den jeder STL-Container und auch der Datentyp String besitzt.

Betrachten wir die vereinfachte Implementierung des std::vector-Containers in Listing 3.15, dann fällt auf, dass neben dem klassischen Kopierkonstruktor (Zeile 6) und Zuweisungsoperator (Zeile 7) zwei sehr ähnliche, neue Methodendeklarationen in Zeile 10 und 11 existieren. Der auffälligste Unterschied ist, dass die traditionellen Methoden ihre Argumente als

Lvalue-Referenz mit einem & annehmen, während die neuen Methoden ihre Argumente als Rvalue-Referenz mit && annehmen.

```
01  template<typename T>
02  class vector {
03    public:
04
05      // copy semantic
06      vector(const vector& v);
07      vector& operator=(const vector& v);
08
09      // move semantic
10      vector(vector&& v);
11      vector& operator=(vector&& v);
12
13      // …
14  }
```

Listing 3.15: Copy-Semantik und Move-Semantik

Beides sind Referenzen im klassischen C++-Sinn. Der C++-Compiler entscheidet aber, welche Implementierung bei der Konstruktion oder auch Zuweisungsoperation verwendet wird, denn mit Lvalue-Referenzen wird die klassische und bekannte Copy-Semantik implementiert, mit Rvalue-Referenzen die neue Move-Semantik.

Unterscheiden Sie die Copy- von der Move-Semantik.　　　PRAXISTIPP

Beim Erzeugen von neuen aus bestehenden Objekten werden die Inhalte der Objekte bei der Move-Semantik transferiert, hingegen bei der Copy-Semantik kopiert. Damit wird bei der Move-Semantik kein neues Objekt erzeugt.

Verwirrt? Verständlich! Das kleine Beispiel in Listing 3.16 soll für Aufklärung sorgen.

```
01  #include <iostream>
02  #include <string>
03
04  int main(){
05
06    std::string str1{"ABCEF"};
07    std::string str2;
08
09    std::cout << "\n";
10
11    // initial value
12    std::cout << "str1= " << str1 << std::endl;
13    std::cout << "str2= " << str2 << std::endl;
14
15    // copy semantik
16    str2= str1;
```

copyMoveSemantic.
cpp

```
17   std::cout << "str2= str1;\n";
18   std::cout << "str1= " << str1 << std::endl;
19   std::cout << "str2= " << str2 << std::endl;
20
21   std::cout << "\n";
22
23   std::string str3;
24
25   // initial value
26   std::cout << "str1= " << str1 << std::endl;
27   std::cout << "str3= " << str3 << std::endl;
28
29   // move semantik
30   str3= std::move(str1);
31   std::cout << "str3= std::move(str1);\n";
32   std::cout << "str1= " << str1 << std::endl;
33   std::cout << "str3= " << str3 << std::endl;
34
35   std::cout << "\n";
36
37 }
```

Listing 3.16: Copy- und Move-Semantik im Vergleich

WEBSITE Tour de C++11: copyMoveSemantic.cpp

Die neue C++11-Funktion std::move in Zeile 30 hat zur Folge, dass der String str1 als Rvalue vom C++-Compiler interpretiert wird. Damit wird der Inhalt von str1 nach str3 transferiert.

In den nächsten zwei Abbildungen ist der Unterschied zwischen der Copy- und der Move-Semantik dargestellt. Während nach dem Kopieren sowohl die Quelle str1 als auch das Ziel str2 den gleichen Inhalt besitzen, ist die Quelle str1 nach dem Transferieren des Inhalts leer.

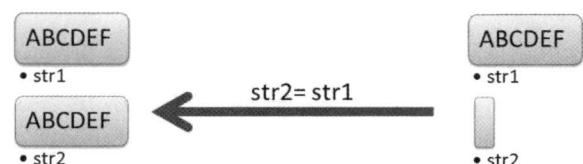

Abbildung 3.6: Copy-Semantik

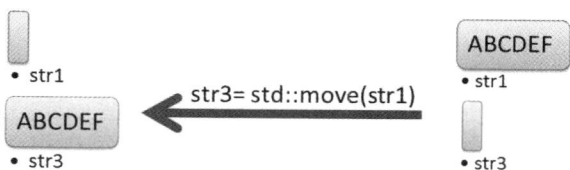

Abbildung 3.7: Move-Semantik

Die Ausgabe des Programmlaufs zeigt die Ergebnisse auf der Konsole.

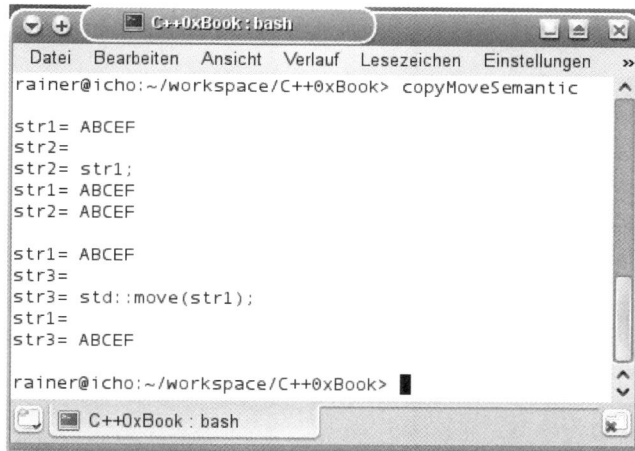

Abbildung 3.8: Copy- und Move-Semantik

Die Grundlage für diese Optimierungen sind die Rvalues. Anhand dieser kann der C++-Compiler entscheiden, welche Implementierung der Methode verwendet werden soll.

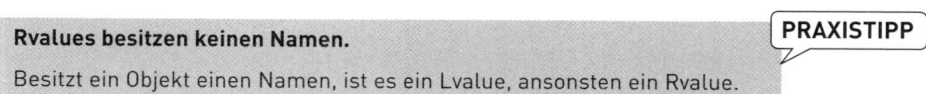

Rvalues besitzen keinen Namen.

Besitzt ein Objekt einen Namen, ist es ein Lvalue, ansonsten ein Rvalue.

Wie der C++-Entwickler eigene Datentypen entwirft, die mit Move-Semantik ausgestattet sind, das wird in dem Buchabschnitt Kernsprache erläutert. Dies gilt auch für *Perfect Forwarding*, bei dem Argumente an eine andere Funktion weitergegeben werden, ohne ihre Lvalue- oder Rvalue-Eigenschaft zu verändern. Ein bisher ungelöstes Problem in C++.

Perfect Forwarding

Weiter geht es mit neuen Features für den C++-Profi. Das Programmieren mit Templates wird deutlich mächtiger in C++11.

3.4   Generische Programmierung

Das generische Programmieren, auf dem die Standard Template Library basiert, ist in C++ ein wichtiges Paradigma. Daher verwundert es nicht, dass hier C++11 einiges Neues zu bieten hat:

» Templates, die beliebig viele Parameter annehmen,

» Zusicherungen, die zur Compile-Zeit ausgewertet werden,

» Konstanten, die zur Compile-Zeit evaluiert werden,

» Aliase Templates, um einfache Namen für teilweise gebundene Templates zu definieren.

3.4.1   Variadic Templates

Variadic Templates erlauben es in C++11, Templates zu schreiben, die beliebig viele Argumente annehmen können. Ein prominentes Beispiel für den Einsatz von Variadic Templates ist der neue heterogene, sequentielle Datentyp std::tuple, der eine beliebige Länge haben kann.

Da die neue Syntax der Variadic Templates doch recht ungewohnt wirkt, zuerst ein einfaches Beispiel. Das Funktions-Template countMe in Listing 3.17 zählt die Anzahl seiner Argumente.

countMe.cpp
```
01 #include <iostream>
02 #include <list>
03
04 template <typename ... Args>
05 int countMe(Args ... args){
06   return (sizeof ... args);
07 }
08
09 int main(){
10
11   std::cout << "\n";
12
13   std::list<int> myList{1,2,3,4,5,6,7,8,9};
14
15   std::cout << "countMe() has " << countMe()
               << " arguments" << std::endl;
16   std::cout << "countMe(\"one\", 3.14 , myList ) has "
               << countMe("one", 3.14 , myList )
               << " arguments" << std::endl;
17   std::cout << "countMe(myList) has " << countMe(myList)
               << " argument" << std::endl;
18
```

```
19    std::cout << "\n";
20
21 }
```

Listing 3.17: Variadic Templates und `sizeof`

> Tour de C++11: countMe.cpp   `WEBSITE`

Ungewohnt an dem Funktions-Template `countMe` sind zuallererst die drei Punkte ... . Dabei gilt es aufmerksam zu sein, ob diese links `<typename ... Args>` (Zeile 4) oder rechts `(Args ... args)` (Zeile 5) von `Args` stehen. Links packt der Ellipsen-Operator `...` das sogenannte Parameter Pack, rechts entpackt er es wieder. Neu ist auch der Operator `sizeof ...` (Zeile 6), der direkt mit Parameter Packs umgehen kann.

Jetzt fehlt nur noch die Ausgabe des Programms.

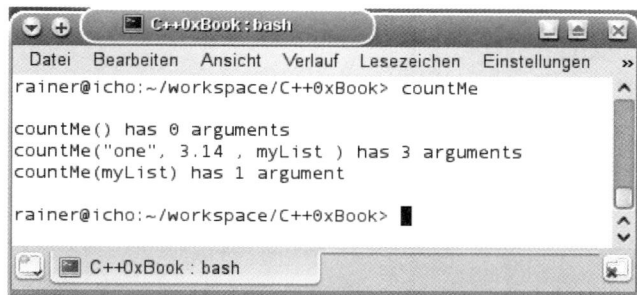

Abbildung 3.9: Variadic Templates und `sizeof`

Das Programm `countMe` in Listing 3.17 ist aber nicht der typische Anwendungsfall für Variadic Templates. Deutlich typischer ist das folgende Muster aus der funktionalen Programmierung, wenn es um die Verarbeitung beliebig langer Listen geht.

Dazu wird die Liste in zwei Teile `first` und `rest` getrennt. Dabei bezeichnet:

» first: das erste Element der Liste,

» rest: den Rest der Liste.

Für beide Bereiche der Liste werden zwei Aktionen registriert.

1. Aktion (first): Verarbeite first.

2. Aktion (rest): Verarbeite first und führe Aktion(rest) auf der verbleibenden Liste aus.

Der Trick ist, dass `rest` bei jeder Rekursion um das erste Element `first` gekürzt wird.

Genau diesem Muster folgt das Programm in Listing 3.18. Als Aktion auf dem Kopf der Liste first wird dessen Typinformation und Größe herausgegeben.

printInfo.cpp

```
01 #include <iomanip>
02 #include <iostream>
03 #include <typeinfo>
04
05 template <typename T>
06 void printInfoFor(T value){
07
08   std::cout << std::boolalpha;
09   std::cout << std::setw(5) << value << ": " << "(type: "
                << std::setw(3) << typeid(value).name()
                << ",size: " << sizeof(value) << ")\n";
10
11 }
12
13 template<typename T>
14 void printValueInfo(T value){
15
16     // print the information of the value
17     printInfoFor(value);
18
19 }
20
21 template<typename First,typename ... Rest>
22 void printValueInfo(First first,Rest ... rest){
23
24     // print the information of the value
25     printInfoFor(first);
26
27     // invoke value Information for the rest,
          excluding first
28     printValueInfo(rest...);
29
30 }
31
32 int main(){
33
34   std::cout << std::endl;
35
36   printValueInfo(); // => compile error
37
38   printValueInfo(true,42,2.3,'c',"C++11");
39
40   std::cout << std::endl;
41
42 }
```

Listing 3.18: Typinformation und -größe eines Werts

Tour de C++11: printInfo.cpp  WEBSITE

In Zeile 38 wird die Aktion `printValueInfo` auf der ganzen Liste angestoßen. Die Liste besitzt mehr als ein Element, so dass das Funktions-Template `printValueInfo(First first, Rest ... rest )` in Zeile 22 aufgerufen wird. Dabei wird `true` an `first` und die verbleibenden Argumente werden an `rest` gebunden. `true` wird über die Hilfsfunktion `printInfoFor` (Zeile 5) ausgegeben und `rest` wird rekursiv wieder aufgerufen (Zeile 28). Die Rekursion terminiert, sobald `rest` nur noch ein Element besitzt, denn in diesem Fall wird das Funktions-Template für ein Argument `printValueInfo(T value)` in Zeile 13 aufgerufen.

ACHTUNG

In der funktionalen Programmierung hat sich für das Paar (first,rest) einer Liste das Namenspaar (head,tail) oder auch (car,cdr) etabliert.

Die Ausgabe zeigt die Typ- und Größeninformationen der Werte.

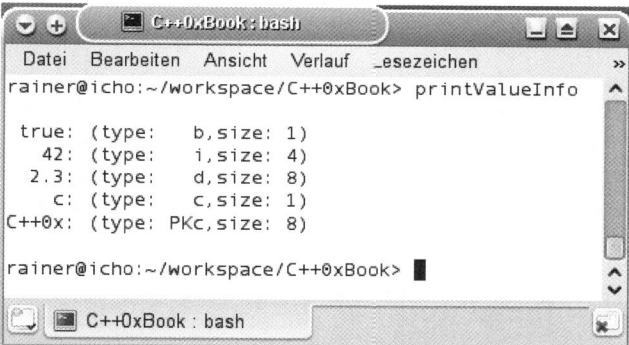

```
rainer@icho:~/workspace/C++0xBook> printValueInfo

 true:  (type:    b,size: 1)
   42:  (type:    i,size: 4)
  2.3:  (type:    d,size: 8)
    c:  (type:    c,size: 1)
C++0x:  (type: PKc,size: 8)

rainer@icho:~/workspace/C++0xBook>
```

Abbildung 3.10: Typ- und Größeninformation von Werten

ACHTUNG

Leider ist das vorgestellte Programm nicht sehr robust. Zum einen setzt es voraus, dass `printValueInfo` mindestens ein Argument erhält, und zum anderen, dass die Argumente direkt auf `std::cout` ausgegeben werden können.

Wird das Programm mit den falschen oder keinen Argumenten aufgerufen, moniert dies der Compiler sofort mit einer Fehlermeldung.

Es gilt als Codierungsstandard in C++, beschrieben von Herb Sutter und Andrei Alexandrescu in ihrem Buch »C++ Coding Standards« (Sutter & Alexandrescu, 2005), Fehler zur Übersetzungszeit denen zur Laufzeit vorzuziehen. C++11 führt für die Zusicherung zur Übersetzungszeit das neue Schlüsselwort `static_assert` ein.

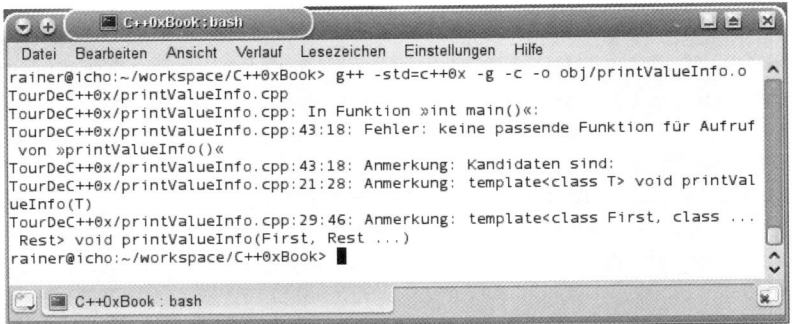

Abbildung 3.11: Compiler-Fehler beim Übersetzen von printValueInfo.cpp

3.4.2   Zusicherungen zur Compile-Zeit

static_assert   Zwar gibt es schon Werkzeuge in C++, um Zusicherung an den Programmcode zu formulieren. So wirkt die Präprozessordirektive #error während
der Ausführung des Präprozessors, hingegen das Makro assert während
der Laufzeit des Programms. Die Lücke zwischen Präprozessorlauf und
Ausführung des Programms schließt das neue C++11-Schlüsselwort
static_assert, denn es wird zur Übersetzungszeit ausgeführt. Daher ist es
sehr nützlich, wenn es darum geht, Bedingungen an den Template-Code
zu verifizieren. Dies trifft umso mehr zu, da Concepts, ein Typsystem für
Templates, aus dem aktuellen Standard entfernt wurden.

3.4.3   Aliase Templates

Dienen static_assert dazu, den Template-Code robuster zu machen, so
adressieren *Aliase Templates* vor allem die Lesbarkeit des Codes. *Aliase
Templates* erlauben es, mittels des Schlüsselworts using Synonyme auf
Templates zu erzeugen, die ihre Template-Parameter teilweise gebunden
haben.

```
01 template< typename T, int V>
02 class MyType;
03
04 template< typename T>
05 using MyType10 = MyType<T,10>;
06
07 template<typename T>
08 using VecMyAlloc = std::vector<T,MyAllocator<T>>;
```

In MyType10 wird der zweite Template-Parameter von MyType mit 10 gebunden (Zeile 5). VecMyAlloc geht aus std::vector hervor, indem als zweites
Element der Speicheranforderer (Zeile 8) gebunden wird.

Allgemeine, partiell spezialisierte und vollständig spezialisierte Templates

Die kleine Gegenüberstellung in Listing 3.19 soll die Unterschiede der drei Spezialisierungen anhand des Klassen-Template `Matrix` verdeutlichen.

```
01 template <int line, int column>
02 class Matrix{
03 . . .
04 };
05
06 template <int line>
07 class Matrix<line,1>{
08 . . .
09 };
10
11 template <>
12 class Matrix<3,3>{
13 . . .
14 };
15 . . .
16 int main(){
17
18    Matrix<3,4> rectangle;
19
20    Matrix<20,1> vector;
21
22    Matrix<3,3> cube;
23
24 };
```

Listing 3.19: Das allgemeine, partiell und vollständig spezialisierte Klassen-Template Matrix

In Zeile 1 wird das primäre oder auch allgemeine Klassen-Template definiert. In ihm sind keine Bedingungen an die Anzahl der Zeilen oder Spalten definiert. Das ändert sich mit dem partiell spezialisierten Klassen-Template in Zeile 6, das einen Vektor beschreibt. Dieses Klassen-Template drückt durch `class Matrix<line,1>` (Zeile 7) aus, dass die Anzahl der Spalten auf 1 gesetzt ist. Vollständig spezifiziert ist das Klassen-Template in Zeile 11, denn sowohl die Anzahl der Spalten als auch die Anzahl der Zeilen sind auf 3 gesetzt. Im Hauptprogramm werden die Klassen-Templates verwendet – zuerst die allgemeine (Zeile 18), dann die partiell spezialisierte (Zeile 20) und zuletzt die vollständig spezialisierte Form (Zeile 22). Die Regel, welches Klassen-Template zum Einsatz kommt, ist sehr einprägsam. Das am meisten spezialisierte Klassen-Template wird verwendet.

Die Template-Instanziierung ist ein Prozess, der zur Übersetzungszeit stattfindet. Genauso verhält es sich mit den folgenden konstanten Ausdrücken.

3.5   Erweiterte Datenkonzepte und Literale

Viele Datenkonzepte aus dem klassischen C++ wurden in C++11 aufgegriffen und erweitert. Diese Erweiterungen betreffen die konstanten Ausdrücke, die sogenannten Plain Old Data (POD), aber auch Enums. Neben den neuen String-Literalen R»raw string« und U»unicode string« kann der C++-Entwickler eigene Literale definieren.

EXKURS

Literale

Literale sind Zeichenfolgen, die zur Darstellung von Basistypen verwendet werden. Sie sind sogenannte Rvalues, besitzen keine Adresse und können nur auf der rechten Seite einer Zuweisung stehen. Die bekanntesten Beispiele aus klassischem C++:

Datentyp	Untertypen	Literale
Wahrheitswerte		true false
Zeichen	char wchar_t	'c' L'c'
Integer	Dezimal Oktal Hexadezimal	2 02 0x2
Fließkommazahlen	double float long double	0.123, 1.23e-1 6.7f, 6.7F 6.7l, 6.7L
Zeichenketten	char const* wchar_t const*	"Text" L"Text"

Tabelle 3.2: Einige klassische Literale

3.5.1   Konstante Ausdrücke

constexpr   In C++11 wird das Konzept von konstanten Ausdrücken (***constexpr***) erweitert. Variablen, Funktionen oder auch Objekte können, insofern sie strenge Bedingungen einhalten, als constexpr deklariert werden. Damit lassen sich Funktionen als konstante Ausdrücke verwenden und Objekte zur Übersetzungszeit evaluieren. In C++11 ist es erlaubt, Arrays über Funktionen zu initialisieren, die als constexpr deklariert wurden.

```
constexpr int getSize() {return 10;}
int someValue[getSize() + 7];
```

> Der große Vorteil der konstanten Ausdrücke ist, dass sie der Compiler optimieren kann, denn sie werden schon zur Übersetzungszeit evaluiert.
>
> **ACHTUNG**

Um die Optimierung geht es auch bei den Erweiterungen der Plain Old Data (POD).

3.5.2   Plain Old Data (POD)

Plain Old Data sind Datenstrukturen, die ein C-Standardlayout besitzen. Damit können sie direkt mit den effizienten C-Funktionen memcpy, memmove kopiert oder auch mit memset initialisiert werden. C++11 erweitert die Regeln, da nun Klassen und Strukturen als POD gelten, wenn sie drei Bedingungen erfüllen. Sie müssen trivial sein, ein Standardlayout besitzen und ihre nichtstatischen Datenelemente müssen auch PODs sein. Genauer lässt sich das im Kapitel Plain Old Data im Buchabschnitt Kernsprache nachlesen.

Ähnlich zu POD, erfahren Unions mit C++11 einige Erweiterungen.

3.5.3   Unbeschränkte Unions

Mit C++11 erfahren Unions eine Erweiterung. Sie können Elemente von Datentypen wie std::string mit nicht trivialen speziellen Elementfunktionen besitzen. Spezielle Elementfunktionen sind Funktionen, die der Compiler automatisch erzeugt.

Wird die Anwendung von Unions erweitert, so wird die von Enums typsicherer.

3.5.4   Streng typisierte Aufzählungstypen

Die klassische Aufzählungstypen enums haben drei Probleme.

1. Sie konvertieren implizit zu int.

2. Sie führen ihre Bezeichner in dem umgebenden Bereich ein.

3. Der zugrunde liegende Typ kann nicht angegeben werden.

Mit diesen Problemen räumen die neuen, streng typisierten Aufzählungstypen auf, auf die nur über den Namen des Aufzählungstyps zugegriffen werden kann. Sie vereinen die Funktionalität der klassischen enum-Datenstruktur mit Aspekten von Klassen. Eine streng typisierte enum-Color vom zugrunde liegenden Datentyp unsigned int ist kompakt definiert.

```
Enum class Color: unsigned int {red, green, blue};
```

Optional kann statt `class` `struct` verwendet werden und der Datentyp `unsigned` `int` weggelassen werden, so dass `red`, `green` und `blue` vom Typ `int` sind.

Neben streng typisierten Aufzählungstypen gibt es auch neue String-Literale in C++11. Dies sind Raw-String-Literale und Unicode-Literale.

3.5.5   Neue String-Literale

Raw-String-Literale

Raw-String-Literale haben sich in Python als äußerst praktisch erwiesen, wenn es darum geht, den Inhalt eines Strings nicht zu interpretieren. Typische Anwendungsfälle für Raw Strings sind reguläre Ausdrücke oder auch Dateipfade unter Windows. Ein Raw String wird in C++11 durch `R"(raw string")` definiert.

Unicode-String-Literale

Der zweite neue Typ von String-Literalen sind die Unicode-String-Literale. C++11 unterstützt die drei Unicode-Kodierungen: UTF-8, UTF-16 und UTF-32. Für UTF-16 und UTF-32 wurde C++11 um zwei neue Zeichentypen `char16_6` und `char32_t` erweitert.

Benutzerdefinierte Literale

Darüber hinaus unterstützt C++11 benutzerdefinierte Suffix-Literale. Dies ist für natürliche Zahlen, Fließkommazahlen, Strings und Zeichen möglich. Damit lassen sich Literale wie 130.3km oder auch »978-3-16-148410-0«ISBN definieren. Interpretiert werden diese Literale durch die Literale-Operatoren, die die Anwendungslogik implementieren.

Von der C++11-Laufzeit wird das Literal 130.3km auf den Literale-Operator abgebildet.

```
Kilometer operator ""km(long double d){
  return Kilometer(d);
}
```

3.5.6   nullptr

Das neue Schlüsselwort `nullptr` definiert eine Nullzeigerkonstante in C++11. Damit räumt es mit der Mehrdeutigkeit der Zahl 0 in C++ und dem C-Makro `NULL` auf. Denn abhängig vom Kontext bezeichnet 0 den Nullzeiger (`(void*)0`) oder die natürliche Zahl 0. `NULL` hingegen lässt sich in der Regel nach `int` konvertieren. Der `nullptr` kann aber nur als Zeiger oder in einem booleschen Ausdruck verwendet werden.

Neben dem C++11-Literal `nullptr` gibt es noch weitere Verbesserungen in C++11, die die Sprache klarer machen. Auch der aktuelle C-Standard C99 Standard ist größtenteils in C++11 integriert.

3.6 Weitere Aufräumarbeiten und Integration von C99

3.6.1 Aufräumarbeiten

C++98 hat Probleme, einen Ausdruck der Form `std::vector<std::vector<int>>` richtig zu parsen, denn >> wird vom ihm irrtümlich als ein Token und damit als Rechts-Shift-Operator interpretiert. Daher war es erforderlich, zwischen den zwei abschließenden >> ein Leerzeichen zu verwenden. Dies ist mit C++11 nicht mehr notwendig.

Parser-Probleme mit >>

3.6.2 Integration von C99

Da der alte C++-Standard C++98 vor dem aktuell gültigen C99-Standard verabschiedet wurde, werden dessen Features in den neuen C++-Standard C++11 aufgenommen.

C++11 erbt den Datentyp `long long int` von C99, der zumindest 64 Bit (Listing 3.20, Zeile 14) groß ist.

long long int

Der Präprozessor kann den Namen __func__ (Zeile 4 und 17) evaluieren.

__func__

c99.cpp

```
01 #include <iostream>
02
03 void showFuncName(){
04   std::cout << "__func__= " << __func__ << std::endl;
05 }
06
07 int main(){
08
09   std::cout << std::endl;
10
11   long long int ll=10;
12   int i= 10;
13
14   std::cout << "sizeof(long long int)= " << sizeof(ll)
              << std::endl;
15   std::cout << "sizeof(int))= " << sizeof(i) << std::endl;
16
17   std::cout << "__func__= " << __func__ << std::endl;
18   showFuncName();
19
20   std::cout << std::endl;
21
22 }
```

Listing 3.20: C99-Features in C++11

WEBSITE
Tour de C++11: c99.cpp

Abbildung 3.12: C99-Features in der Anwendung zeigt die Ausgabe des Programms.

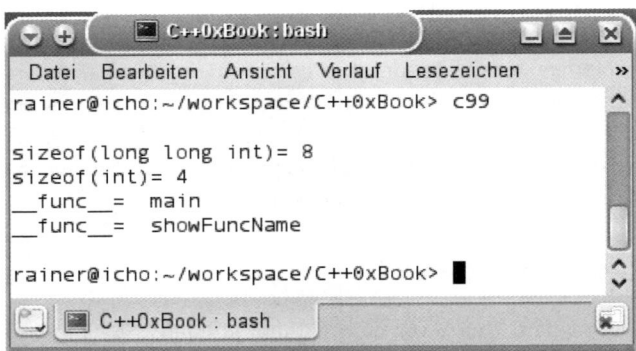

Abbildung 3.12: C99-Features in der Anwendung

Damit verlassen wir den Bereich der Kernsprache von C++11. Es folgt die neue Threading-Funktionalität von C++11, die ihre Erweiterungen insbesondere in den neuen Bibliotheken anbietet.

4
Multithreading

Mehrkernprozessoren sind der Standard, wenn es um den Arbeitsplatzrechner, den heimischen PC oder den Laptop geht. Daher ist es von existenzieller Bedeutung für eine moderne Programmiersprache, auf die Anforderungen der modernen Rechnerarchitekturen adäquate Antworten zu geben. Zumal funktionale Programmiersprachen wie Clojure (Clojure, 2011) oder auch Haskell (The Haskell Programming Language, 2011) die Messlatte sehr hoch bei der Unterstützung von Nebenläufigkeit gelegt haben. Sowohl Clojure als auch Haskell bieten Software Transactional Memory (STM) an.

Software Transactional Memory   EXKURS

Transaktionen sind eine bewährte Technik aus dem Datenbankumfeld, wenn es darum geht, konkurrierende Zugriffe auf Daten zu koordinieren. Die besondere Eigenschaft von Transaktionen ist, dass sie entweder vollständig oder gar nicht ausgeführt werden. Am Ende der Transaktion wird daher vom Transaktionssystem entschieden, ob die Transaktion veröffentlicht wird oder nicht. Falls die Veröffentlichung der Transaktion nicht möglich ist, wird diese in der Regel neu angestoßen.

ACID

Eine Transaktion zeichnet sich durch das Akronym ACID aus. ACID steht für:

Akronym	Eigenschaft	Beschreibung
A	atomar	Transaktionen erfolgen in einem Schritt.
C	konsistent	Das System ist immer in einem konsistenten Zustand.
I	isoliert	Jede Transaktion verläuft in sich abgeschlossen.
D	dauerhaft	Das Ergebnis der erfolgreichen Transaktion wird automatisch gesichert.

Tabelle 4.1: Eigenschaften von Transaktionen – ACID

Das ACID-Modell lässt sich, abgesehen von der Dauerhaftigkeit, auf den konkurrierenden Zugriff gemeinsam genutzter Daten verschiedener Threads übertragen. Im Gegensatz zum bekannten Locking, in dem die konkurrierende Ressource auf Verdacht gelockt wird, bevor ein Zugriff auf sie erfolgt, findet dieser beim optimistischen Ansatz von STM nicht statt. Beim STM werden die Daten verändert und am Ende der Transaktion wird entschieden, ob das Ergebnis der Transaktion veröffentlicht wird.

Dieser optimistische Ansatz und das weitere Charakteristikum von STM, dass es sehr einfach zu verstehen und anzuwenden ist, sind zwei große Vorteile von STM. Im Gegensatz hierzu stehen der erhöhte Speicherverbrauch und die erhöhte CPU-Auslastung. Der Speicherverbrauch steigt beim STM, da jede Transaktion alle Daten, auf denen sie arbeitet, kopieren muss. Sind die Transaktionen sehr ungünstig strukturiert, kann dies zur häufigen Wiederholung einer Transaktion führen, bis sie erfolgreich durchgeführt wurde, und somit die CPU-Auslastung deutlich erhöhen.

Diese Abstraktion der Multithreading-Unterstützung erreicht C++11 noch nicht, aber es befindet sich auf dem richtigen Weg. Die neuen Features sind:

» eine standardisierte Threading-Schnittstelle, unabhängig vom Betriebssystem und Compiler,

» ein definiertes Speichermodell und atomare Datentypen,

» mehrere Techniken zum Schutz der Daten vor konkurrierendem Zugriff,

» Bedingungsvariablen, um Threads durch Events zu synchronisieren,

» Threads, die lokale Daten halten,

» asynchrone Tasks in Form von Futures.

Die Darstellung des Speichermodells und der atomaren Datentypen wird erst im Kapitel Multithreading Thema sein, da diese neuen Features deutlich das Niveau einer ersten Tour durch C++11 überschreiten.

4.1 Threads

Der Header <thread> inkludiert und die neue Funktion std::thread steht zur Verfügung, um einen Thread zu erzeugen und sofort zu starten.

4.1.1 Erzeugung von Threads

Ein Thread std::thread benötigt die Funktionalität, die in ihm ausgeführt werden soll. Dazu bieten sich drei Möglichkeiten an:

» Funktionen,

» Funktionsobjekte,

» Lambda-Funktionen.

Das Programm in Listing 4.1 stellt die drei Möglichkeiten dar.

createThread.cpp

```
01 #include <iostream>
02 #include <thread>
03
04 void helloFunction(){
05   std::cout << "Hello C++11 from function." << std::endl;
06 }
07
08 class HelloFunctionObject  {
09   public:
10     void operator()() const {
11       std::cout << "Hello C++11 from a function object."
                     << std::endl;
12     }
13 };
14
15
16 int main(){
17
18   std::cout << std::endl;
19
20   // thread executing helloFunction
21   std::thread t1(helloFunction);
22
23   // thread executing helloFunctionObject
24   HelloFunctionObject helloFunctionObject;
25   std::thread t2(helloFunctionObject);
26
```

```
27    // thread executing lambda function
28    std::thread t3([]
         {std::cout << "Hello C++11 from lambda function."
                    << std::endl;});
29
30    // ensure that t1, t2 and t3 have finished before main terminates
31    t1.join();
32    t2.join();
33    t3.join();
34
35    std::cout << std::endl;
36
37 }
```

Listing 4.1: Erzeugen von Threads mit einer Funktion, einem Funktionsobjekt und einer Lambda-Funktion

WEBSITE ⌐ Tour de C++11: createThread.cpp

Sowohl der erste Thread t1 als auch der zweite Thread t2 in Listing 4.1 sollten relativ vertraut wirken. Anders verhält es sich mit dem letzten Thread t3 (Zeile 28), dessen Funktionalität direkt in der Lambda-Funktion angegeben ist. Da in diesem konkreten Fall die Lambda-Funktion keine Argumente erwartet, ist es nicht notwendig, die Klammerpaare für die Argumente anzugeben. Die Lambda-Funktion [](){ ... ;} lässt sich daher auf []{ ... ;} verkürzen. Threads, die nur ein paar Anweisungen ausführen müssen, sind ein idealer Kandidat für Lambda-Funktionen, denn sie bieten entscheidende Vorteile:

» Die Code-Funktionalität wird direkt dort definiert, wo sie benötigt wird.

» Keine unnötigen Funktionen oder Funktionsobjekte werden erzeugt.

join   Eine Funktion fehlt noch in der Erläuterung. In den Zeilen 31 – 33 wird auf jedem Thread join aufgerufen. Dies bewirkt, dass der Vater-Thread auf die Beendigung der drei Threads wartet, so dass diese ihre Aufgabe vollständig ausführen können, bevor der Vater-Thread sich beendet.

detach   Durch detach wird das Gegenteil erreicht, denn diese Methode löst die Lebenszeit des neuen Threads vom Vater-Thread.

Das Ergebnis der Programmausführung ist, wie erwartet, nicht deterministisch.

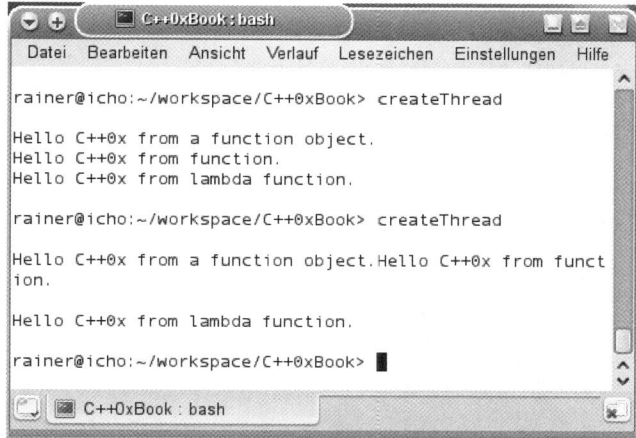

Abbildung 4.1: Ausführung von Threads mit einer Funktion, einem Funktionsobjekt und einer Lambda-Funktion

Zwei Dinge fallen auf:

1. Es ist nicht vorhersagbar, welcher Thread am schnellsten seinen Code
    ausführt. Im ersten Durchlauf war das Funktionsobjekt der schnellste,
    im zweiten die Lambda-Funktion.

2. Alle Threads schreiben nach std::cout. Dies ist die gemeinsam ge-
    nutzte Variable aller drei Threads. Dies ist der Grund dafür, dass sich
    die Ausgabeoperationen der Funktion und des Funktionsobjekts über-
    schneiden. Bevor die Funktion ihr std::endl nach std::cout schreiben
    kann, schreibt das Funktionsobjekt seine Ausgabe nach std::cout. Das
    fehlende std::endl wird daher zum Schluss des Programmlaufs aus-
    gegeben.

Die korrekte Programmausführung setzt voraus, dass std::cout nur exklusiv von einem Thread verwendet werden kann. Die naheliegende Lösung ist
Locking. Dazu bald mehr im Abschnitt Schutz von Daten.

Die Threads waren sehr einfach strukturiert. Nun sollen die Threads Argumente erhalten. Als Grundlage dient das Programm in Listing 4.1.

Argumentübergabe

```
01 #include <iostream>
02 #include <string>
03 #include <thread>
04
05 void helloFunction(const std::string& s){
06    std::cout << s << std::endl;
07 }
08
```

createThreadWith-
Arguments.cpp

```
09 class HelloFunctionObject{
10   public:
11     void operator()(const std::string& s) const {
12       std::cout << s << std::endl;
13     }
14 };
15
16
17 int main(){
18
19   std::cout << std::endl;
20
21   // thread executing helloFunction
22   std::thread t1(helloFunction,
                     "Hello C++11 from function.");
23
24   // thread executing helloFunctionObject
25   HelloFunctionObject helloFunctionObject;
26   std::thread t2(helloFunctionObject,
                     "Hello C++11 from function object.");
27
28   // thread executing lambda function
29   std::thread t3([](const std::string& s)
       {std::cout << s << std::endl;},
       "Hello C++11 from lambda function.");
30
31   // ensure that t1, t2 and t3 have finished before main
       terminates
32   t1.join();
33   t2.join();
34   t3.join();
35
36   std::cout << std::endl;
37
38 }
```

Listing 4.2: Threads mit Argumentübergabe

WEBSITE Tour de C++11: createThreadWithArguments.cpp

Die Ausgabe des Programmlaufs entspricht im Wesentlichen der von Abbildung 4.1. Das nicht deterministische Verhalten besteht weiter darin, welcher Thread als Erster zum Zuge kommt und ob sich die Ausgaben auf die Konsole überschneiden. Interessanter ist da schon die Übergabe der Parameter an die Funktion (Zeile 22), an das Funktionsobjekt (Zeile 26) und vor allem an die Lambda-Funktion (Zeile 29).

Gemeinsam von Threads genutzte Daten wie std::cout müssen geschützt werden. Dafür gibt es in C++11 Mutexe und Locks.

4.1.2   Schutz von Daten

Mutex steht für den englischen Ausdruck **mut**ual **ex**clusion. Durch wech-
selseitigen Ausschluss stellt der Mutex sicher, dass nur ein Thread Zugriff
auf einen gemeinsam genutzten, kritischen Bereich besitzt. Dieser kritische Bereich kann aus einem Variablenzugriff oder auch mehreren Anweisungen bestehen, die es zu schützen gilt.

Mutex

Will ein Thread in den kritischen Bereich eintreten, muss er den Mutex
locken. Dies ist aber nur möglich, wenn dieser nicht gelockt ist. Erhält der
Thread den Lock nicht, wird dieser geblockt.

Die Nutzung ist denkbar einfach.

mutex timed_mutex

```
std::mutex m;
// ...
m.lock();
//critical region
m.unlock();
```

Trotz dieser einfachen Nutzung sollte ein Mutex nicht direkt verwendet
werden, denn er ist nur ein einfaches Werkzeug. Da ein Mutex in der Regel
an mehreren Stellen im Sourcecode verwendet wird, ist die Gefahr sehr
groß, dass er nicht mehr freigegeben wird. Dies kann durch eine Nachläs-
sigkeit oder durch eine Ausnahme passieren. Das Ergebnis ist das Gleiche.
Der Thread erhält den Mutex nicht mehr und bleibt geblockt.

> **PRAXISTIPP**
>
> **Erzeugen Sie einen künstlichen Bereich, um die Lebenszeit einer auto-
> matischen Variablen genau vorzugeben.**
>
> ```
> 01 . . .
> 02 MyData myData;
> 03 . . .
> 04 myData.doSomething();
> 05 . . .
> 06 doMore();
> ```
> **Listing 4.3:** Codeschnipsel künstlicher Bereich (davor)
>
> Wollen Sie explizit sicherstellen, dass eine automatische Variable wie
> MyData myData; in dem Codeschnipsel in Listing 4.3 vor Zeile 5 ihre Gültigkeit
> verliert und ihr Destruktor automatisch aufgerufen wird, führen Sie einen
> künstlichen Bereich wie im Listing 4.4 ein.
>
> ```
> 01 . . .
> 02 {
> 03    MyData myData;
> 04    . . .
> 05    myData.doSomething();
> 06    . . .
> 07 }
> 08 doMore();
> ```
> **Listing 4.4:** Codeschnipsel künstlicher Bereich (danach)

Lock

Aus diesem Grund werden Mutexe in C++11 in Locks gepackt. Diese funktionieren nach dem bekannten C++-RAII-Idiom. RAII steht dabei für Resource Acquisition Is Initialization. Wie das RAII-Idiom funktioniert, ist im Anhang erklärt.

lock_guard

std::lock_guard und std::unique_lock sind das Mittel der Wahl in C++11, wenn es darum geht, den Zugriff auf einen kritischen Bereich durch Threads zu synchronisieren. Beide halten eine Referenz auf einen Mutex. Dabei ist std::lock_guard für den einfachen Einsatz ausgelegt, denn es bindet den Mutex in seinem Konstruktor und gibt ihn wieder im Destruktor frei, gemäß dem RAII-Idiom. Damit lässt sich die Race Condition aus Listing 4.1, in dem die Threads unkoordiniert auf die Konsole schreiben, einfach lösen.

DEFINITION

Race Condition

Eine Race Condition oder auch data race (kritischer Wettlauf) ist eine Situation, in der mindestens zwei Threads versuchen, gleichzeitig gemeinsame Daten zu modifizieren, so dass das Ergebnis vom Laufzeitverhalten der Threads abhängt.

Race Conditions sind schwer auffindbare Fehler, da eine leichte Modifikation des Programms dessen Verhalten vollständig verändern kann.

lockStdout.cpp

```
01 #include <iostream>
02 #include <mutex>
03 #include <string>
04 #include <thread>
05
06 std::mutex coutMutex;
07
08 void helloFunction(const std::string& s){
09
10   // acquire lock
11   std::lock_guard<std::mutex> guard(coutMutex);
12   std::cout << s << std::endl;
13
14 } // release lock automatically
15
16
17 class HelloFunctionObject{
18   public:
19     void operator()(const std::string& s) const {
20
21       // acquire lock
22       std::lock_guard<std::mutex> guard(coutMutex);
23       std::cout << s << std::endl;
24
25     } // release lock automatically
26 };
27
```

```
28
29  int main(){
30
31    std::cout << std::endl;
32
33    // thread executing helloFunction
34    std::thread t1(helloFunction,
                      "Hello C++11 from function.");
35
36    // thread executing HelloFunctionObject
37    HelloFunctionObject helloFunctionObject;
38    std::thread t2(helloFunctionObject,
                      "Hello C++11 from function object.");
39
40    // thread executing lambda function
41    std::thread t3([&]{std::lock_guard<std::mutex>
        guard(coutMutex);
        std::cout << "Hello C++11 from lambda function."
                  << std::endl;});
42
43    // ensure that t1, t2 and t3 have finished before main terminates
44    t1.join();
45    t2.join();
46    t3.join();
47
48    std::cout << std::endl;
49
50  }
```

Listing 4.5: Koordiniertes Schreiben auf die Konsole

Tour de C++11: lockStdout.cpp

WEBSITE

Listing 4.5 wartet mit ein paar Neuheiten auf. So wird in Zeile 6 der cout-Mutex angelegt, der durch std::lock_guard sowohl von der Funktion (Zeile 11), vom Funktionsobjekt (Zeile 22) als auch von der Lambda-Funktion (Zeile 41) verwendet wird. Diese Lambda-Funktion ist deutlich anspruchsvoller als alle bisher verwendeten anonymen Funktionen:

» **[]**: Sie bindet den Aufrufkontext per Referenz [&], so dass im Rumpf des Funktionskörpers der Mutex coutMutex verwendet werden kann.

» **()**: Der optionale Argumentbereich () fehlt. Dies ist möglich, da die Lambda-Funktion kein Argument erwartet.

» **{}**: Ihr Funktionskörper besteht aus zwei Anweisungen.

Die Freigabe des Mutex geschieht automatisch, so dass die drei Aufrufe von std::lock_guard für das koordinierte Schreiben nach std::cout sorgen.

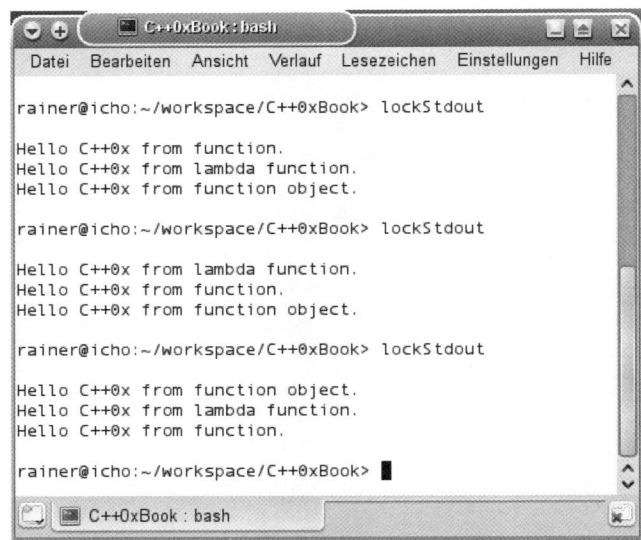

Abbildung 4.2: Koordiniertes Schreiben nach std::cout der drei Threads

unique_lock   Der std::lock_guard besitzt aber nur eine sehr eingeschränkte Funktionalität. Reicht dieses einfache Interface nicht aus, sollte der std::unique_
lock verwendet werden. Vereinfachend gesagt, besitzt dieser nicht mehr
die strenge 1:1-Beziehung zu seinem Mutex wie std::lock_guard. Dieser
Aufbruch der engen Assoziation zwischen dem Mutex und seinem Lock besitzt mächtige Auswirkungen auf den std::lock_guard. So lassen sich mit
ihm Deadlocks elegant verhindern oder zeitliche Bedingungen mit Locks
verknüpfen. Die ganzen Details folgen in dem Kapitel Multithreading.

Oft ist es nicht nötig, eine Variable während ihres ganzen Lebenszyklus zu
schützen, sondern nur ihre geschützte Initialisierung sicherzustellen.

4.1.3   Sichere Initialisierung der Daten

Die einfachste Art, Daten geschützt zu initialisieren, sollte nicht vergessen
werden, bevor die neuen C++11-Techniken folgen. Das Programm startet
im Main-Thread. Daten, die in diesem initialisiert werden, solange noch
kein Kind-Thread instanziiert wurde, werden zwangsläufig geschützt initialisiert.

C++11 kennt drei Arten, Variablen geschützt zu initialisieren. Dies sind:

1. Objekte, deren Konstruktor als konstante Ausdrücke (constexpr) definiert wurden

2. Statische Variable mit Block-Gültigkeit

3. `std::call_once` wird über eine Funktion und ein Flag `std::once_flag` parametrisiert; dabei stellt das Flag sicher, dass die Funktion nur einmal ausgeführt wird.

In Listing 4.6 sind alle drei Variationen der Initialisierung von Daten dargestellt.

threadingInitialization.cpp

```
01 #include <thread>
02
03 class MyClass{
04   int i;
05   public:
06
07     constexpr MyClass():i(0){}
08     MyClass(int i_):i(i_){}
09
10 };
11
12 void blockScope(){
13
14   // statically initialized
15   static MyClass myClass(1);
16
17 }
18
19 MyClass* myClass3=nullptr;
20
21 void createInstance(){
22
23   myClass3=new MyClass(2);
24
25 }
26
27
28
29 int main(){
30
31   // protected initialized, because of
32
33   // constexpr
34   MyClass myClass;
35
36   // block scope
37   blockScope();
38
39   // threading library functions
40   std::once_flag initFlag;
41   std::call_once(initFlag,createInstance);
42
43 }
```

Listing 4.6: Sichere Dateninitialisierung mit C++11

WEBSITE   Tour de C++11: threadInitialization.cpp

Durch `constexpr` (Zeile 7) wird der Standardkonstruktoraufruf (Zeile 34) zur Übersetzungszeit ausgeführt. `myClass` (Zeile 15) ist eine statische Variable mit Block-Gültigkeit. In diesem Fall stellt der C++11-Compiler sicher, dass die Funktion nur einmal und atomar ausgeführt wird. Aber auch zur Laufzeit lässt sich eine Variable geschützt initialisieren. Die Funktion `createInstance` (Zeile 21) initialisiert mit Hilfe des Flags `initFlag` die Variable `myClass3` (Zeile 23) genau einmal.

Schutz von Daten ist aber nur notwendig, wenn diese von den Threads gemeinsam genutzt werden. Thread-lokale Daten verlangen keinen Schutz.

4.2   Thread-lokale Daten

Durch das Schlüsselwort `thread_local` wird eine Thread-lokale Variable definiert. Jeder Thread besitzt eine Kopie der Variablen, die an die Lebenszeit des Threads gebunden ist.

Oft ist es aber nicht ausreichend, dass Threads koordiniert werden, sondern es ist notwendig, dass sie synchronisiert auf gemeinsam genutzten Daten arbeiten. Ein Thread kann mit seiner Arbeit erst beginnen, wenn ihm ein anderer Thread das entsprechende Signal sendet.

4.3   Synchronisation von Threads

Für die Synchronisation von Threads sollen zwei Anforderungen erfüllt sein:

1. Die Zeit zwischen Arbeit aufnehmendem Thread (Arbeiter) und dem Signal sendenden Thread (Sender) soll möglichst kurz sein.

2. Das Warten des Arbeiters soll möglichst wenig CPU-Zeit verbrauchen.

Mit dem Lock `std::unique_lock`, der die zu bearbeitenden Daten schützt, der Methode `std::this_thread::sleep_for`, die einen Thread für eine angegebene Zeit schlafen legt, und der neuen Zeitmethode `std::chrono::milliseconds` sind alle Bausteine parat, um einen Thread zu implementieren, der durch einen anderen Thread aufgeweckt wird. Ein einfacher Wahrheitswert dient zur Synchronisation der Threads in Listing 4.7.

```
01 std::mutex mutex_;
02 bool dataReady;
03
04 void waitingForWork(){
05
```

```
06    std::unique_lock<std::mutex> lck(mutex_);
07
08    while(!dataReady){
09
10      lck.unlock();
11      std::this_thread::sleep_for(
          std::chrono::milliseconds(50));
12      lck.lock(); // need the lock for the while test
13
14    }
15
16    doTheWork(); // require the lock
17
18 }
```

Listing 4.7: Einfache Methode für einen Arbeiter-Thread

Über den Wahrheitswert dataRead signalisiert der Sender, dass die Daten bereit sind. Bevor der Arbeiter den Wahrheitswert prüft und gegebenenfalls seine Arbeit in doTheWork (Zeile 16) aufnimmt, setzt er den Lock mit std::unique_lock (Zeile 6). Sind die Daten nicht bereit, löst er den Lock, legt sich für 50 Millisekunden schlafen und setzt den Lock wieder, um dataReady (Zeile 8) zu testen.

Die Funktion waitingForWork (Zeile 4) erfüllt die zwei Anforderungen aber nicht optimal. Zwischen dem Senden des Signals und dem Zeitpunkt, zu dem der Worker seine Arbeit aufnimmt, vergehen im Mittel 25 ms (50 ms/2). Zwar lässt sich die Schlafphase einfach verkürzen, indem die Konstante verkleinert wird. Dies geht aber auf Kosten der CPU, denn das Sperren und Entsperren des Lock benötigt CPU-Ressourcen.

Beide Bedingungen, kurzes Warten und geringe CPU-Auslastung, lassen sich aber mit den neuen Bedingungsvariablen in C++11 einfach erfüllen (Listing 4.8).

conditionVariable.cpp

```
01 #include <iostream>
02 #include <thread>
03
04 std::mutex mutex_;
05 std::condition_variable condVar;
06
07 bool dataReady;
08
09 void doTheWork(){
10   std::cout << "Processing shared data." << std::endl;
11 }
12
13 void waitingForWork(){
14
15    std::cout << "Worker: Waiting for work." << std::endl;
```

```
16
17     std::unique_lock<std::mutex> lck(mutex_);
18     condVar.wait(lck,[]{return dataReady;});
19     doTheWork();
20
21     std::cout << "Work done." << std::endl;
22
23 }
24
25 void setDataReady(){
26
27     std::cout << "Sender: Data is ready."  << std::endl;
28
29     std::lock_guard<std::mutex> lck(mutex_);
30     dataReady=true;
31     condVar.notify_one();
32
33 }
34
35 int main(){
36
37   std::cout << std::endl;
38
39   std::thread t1(waitingForWork);
40   std::thread t2(setDataReady);
41
42   t1.join();
43   t2.join();
44
45   std::cout << std::endl;
46 }
```

Listing 4.8: Sender- und Arbeiter-Thread

WEBSITE
Tour de C++11: conditionVariable.cpp

Thread t1 verwendet die Funktion setDataReady (Zeile 25), um dem Thread t2 zu signalisieren, dass die Daten bereit sind. Durch condVar.notify_one (Zeile 31) weckt er den Worker auf. condVar.wait(lck,[]{return dataReady;} (Zeile 18) sperrt den Lock, prüft mit der Lambda-Funktion, ob die Bedingung erfüllt ist, und arbeitet doTheWork (Zeile 19) ab.

Die Programmausgabe zeigt die Interaktion von Arbeiter und Sender.

Neben notify_one kennt die Bedingungsvariable auch die Methode notify_all. Damit werden alle Threads, die gerade im Zustand *wait* sind, aufgeweckt.

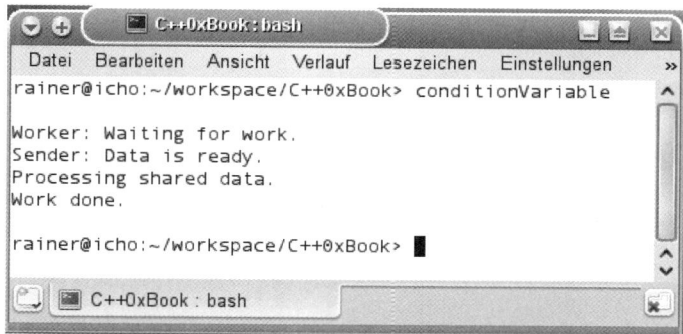

Abbildung 4.3: Arbeiter- und Sender-Thread in Aktion

Ob es die Basiswerkzeuge zum Erzeugen von Threads, zum Koordinieren von Threads wie Lock, zum Synchronisieren von Threads wie Bedingungsvariablen, Thread-lokale Daten oder auch atomare Datentypen waren, dies sind die einfachen Grundwerkzeuge, die jede Threading-Bibliothek mitbringen muss. Komfortabler wird der Umgang mit Threads aber erst, wenn nur die reine Funktionalität spezifiziert werden muss, die im Thread ausgeführt werden soll. Alle anderen Aspekte rund um das Thread-Handling werden vom System abgenommen. Letztendlich will der Anwender nur das Ergebnis der Task abfragen.

Genau dieses High-Level-API bietet C++11 mit den asynchronen Tasks.

4.4 Asynchrone Aufgaben

Die asynchrone Funktionalität kam relativ spät in den neuen C++11-Standard. Eine asynchrone Aufgabe besteht aus zwei Komponenten:

» **Promise**: Produziert das Ergebnis in der Regel in einem anderen Thread.

Promise

» **Future**: Fordert das Ergebnis des Promise an.

Future

Das Programm in Listing 4.5: Koordiniertes Schreiben auf die Konsole ist ein einfaches Beispiel dafür, wie viel Tipparbeit investiert werden muss, um drei Threads zu erzeugen, die Ausgaben der Threads nach std::cout zu koordinieren und letztendlich mittels join zu gewährleisten, dass die Threads ihre Aufgabe vollenden können. Da ein Thread keinen Wert zurückgeben kann, wurde std::cout als Ergebniskanal missbraucht. Sollte das Programm noch die Ergebnisse der Threads in einer definierten Reihenfolge schreiben, müssten wir noch Bedingungsvariablen anwenden. Damit wäre das Programm vollkommen serialisiert und vom Programmablauf einem Single-Threaded-Programm sehr ähnlich.

Ganz schön viel Aufwand. Das geht deutlich einfacher mit `std::async` zum Starten einer asynchronen Aufgabe (Listing 4.9).

asyncStdout.cpp

```
01 #include <future>
02 #include <iostream>
03 #include <string>
04
05 std::string helloFunction(const std::string& s){
06
07   return "Hello C++11 from " + s + ".";
08
09 }
10
11
12 class HelloFunctionObject{
13   public:
14     std::string operator()(const std::string& s) const {
15
16       return "Hello C++11 from " + s + ".";
17
18     }
19 };
20
21 int main(){
22
23   std::cout << std::endl;
24
25   // future with function
26   auto futureFunction= std::async(helloFunction,"function");
27
28   // future with function object
29   HelloFunctionObject helloFunctionObject;
30   auto futureFunctionObject=
        std::async(helloFunctionObject,"function object");
31
32   // future with lambda function
33   auto futureLambda= std::async([](const std::string& s )
        {return "Hello C++11 from " + s + ".";},
        "lambda function");
34
35   std::cout << futureFunction.get() << "\n"
               << futureFunctionObject.get() << "\n"
               << futureLambda.get() << std::endl;
36
37   std::cout << std::endl;
38
39 }
```

Listing 4.9: Asynchrone Tasks mit einer Funktion, einem Funktionsobjekt und einer Lambda-Funktion

WEBSITE   Tour de C++11: asyncStdout.cpp

Der Aufruf `std::async` lässt sich sowohl über eine Funktion (Zeile 26), ein Funktionsobjekt (Zeile 29) als auch eine Lambda-Funktion (Zeile 33) parametrisieren. Der Rückgabewert des Aufrufs, der vom expliziten Typ `std::future<std::string>` ist, wird durch das Schlüsselwort `auto` an die entsprechende Variable gebunden. Mit dem Future lässt sich das Ergebnis der asynchronen Task durch den `get`-Aufruf (Zeile 35) abholen. Der `get`-Aufruf eines Future ist blockierend.

Die Ausgabe ist mittlerweile vertraut.

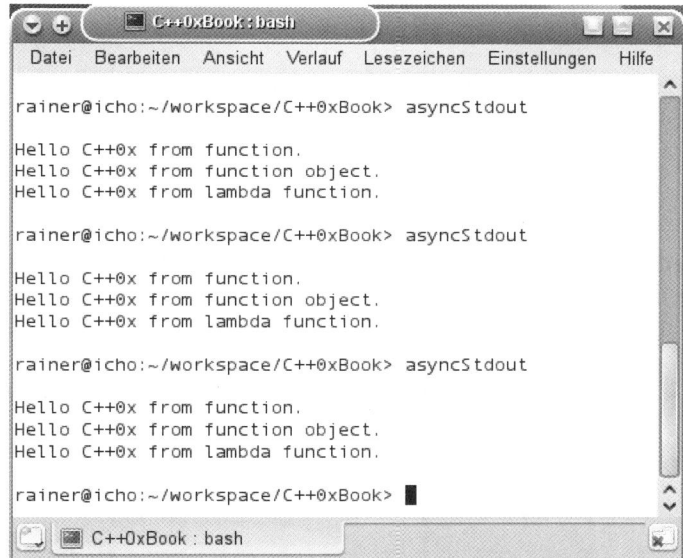

Abbildung 4.4: Asynchrone Ausgabe nach `std::cout`

Noch ein paar Worte zu Futures und Promises, die Details folgen im Kapitel Asynchrone Aufgaben im Buchabschnitt Multithreading.

Im Gegensatz zu `std::future` aus Listing 4.9 bietet `std::shared_future` an, dass das Ergebnis öfter angefordert werden kann.

Future

Neben dem automatischen Starten einer Task mit `std::async` ist dies in C++11 auch explizit mit der Funktion `std::thread` möglich. Dazu wird in Listing 4.10 ein Promise definiert. Über die `get_future`-Methode des Promise wird ein Future erzeugt und mit dem Promise verbunden. Der neue Thread erhält die Funktion `asyncFunc` und als Parameter den transferierten Promise: `std::move(intPromise)`. Das Ergebnis wird in gewohnter Weise durch den `get`-Aufruf des Future eingefordert.

Promis

```
std::promise<int> intPromise;
std::future<int> intFuture = intPromise.get_future();
std::thread t(asyncFunc, std::move(intPromise));
int result = intFuture.get();
```
Listing 4.10: Starten eines Promise

Die einzige Unbekannte in dem Listing 4.10 ist nur noch die Funktion asyncFunc.

```
void asyncFunc(std::promise<int>& intPromise){
  int result;
  try{
    intPromise.set_value(result);
  }
  catch (MyException e) {
    intPromise.set_exception(std::copy_exception(e));
  }
}
```
Listing 4.11: Funktion mit Promise

asyncFunc erhält als Argument den Promise. Über seine Methode set_value oder gegebenenfalls set_exception steht der Rückgabewert für den Future zu Verfügung.

Damit verlassen wir das Feld der neuen Threading-Funktionalität in C++11 und kommen zu all den Erweiterungen, die die Standardbibliothek mit sich bringt.

5

Die Standardbibliothek

Die meisten Erweiterungen der Standardbibliothek haben sich schon lange im Einsatz bewährt, sind sie doch aus dem Boost-Projekt (boost, 2011) hervorgegangen und im Technical Report 1 (C++ Technical Report 1, 2011) 2005 als Ergänzung zum aktuellen C++-Standard hinzugefügt worden. Aber auch neue Komponenten kamen hinzu und die Funktionalität der C++98-Bibliothek wurde an die mächtigere Kernfunktionalität von C++11 angepasst (Abbildung 5.1).

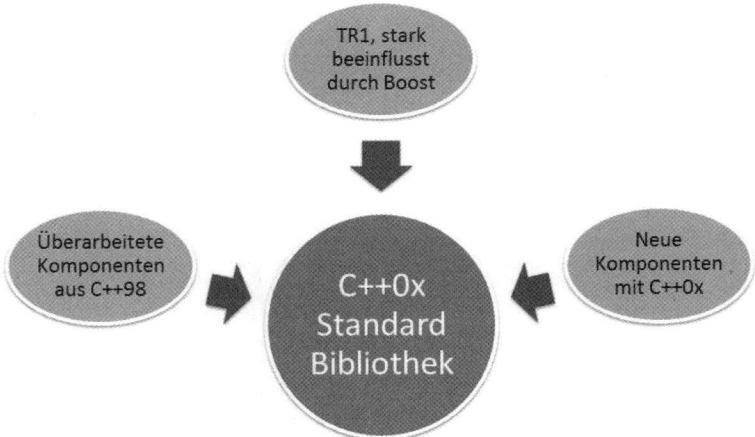

Abbildung 5.1: Einflüsse auf die neue C++11-Standardbibliothek

Die großen Highlights im Überblick:

» TR1

› Array

› Hash-Tabellen

› Reguläre Ausdrücke

› Smart Pointer (shared_ptr, weak_ptr)

› Tuple

› Type Traits

› Zufallszahlen

» Neue Komponenten mit C++11

› Algorithmen

› Multithreading

› Smart Pointer (unique_ptr)

Nach diesem kurzen historischen Abriss über die neue C++11-Standard-
bibliothek folgt die neue Funktionalität in kompakter Form. Zuerst stelle
ich die neuen Bibliotheken dar und anschließend die Bibliotheken, die bestehende Konzepte von C++98 aufgreifen, erweitern und abrunden.

5.1 Neue Bibliotheken

5.1.1 Reguläre Ausdrücke

Die Motivation für eine Bibliothek für reguläre Ausdrücke ähnelt in gewisser Weise der der Multithreading-Bibliothek. Viele Plattformen haben proprietäre Erweiterungen, um mit regulären Ausdrücken zu arbeiten. In C++11 gibt es eine standardisierte Bibliothek. Die neue regex-Bibliothek bietet eine einheitliche Schnittstelle an, um reguläre Ausdrücke anzuwenden, so dass die resultierenden C++11-Programme per se portabel sind.

Der Umgang mit regulären Ausdrücken in C++11 erfolgt typischerweise in drei Schritten.

Drei Schritte

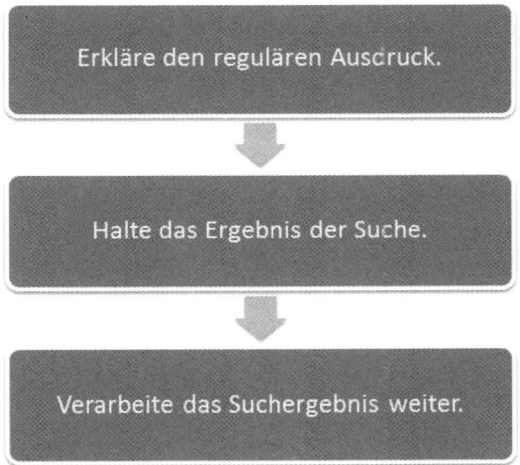

Abbildung 5.2: Verarbeitung von regulären Ausdrücken in C++11

In Listing 5.1 sind diese drei Schritte exemplarisch dargestellt. rgx ist der reguläre Ausdruck, der über den Raw String initialisiert wird. Dabei repräsentiert »\d+« eine Zahl, die aus mindestens einer Ziffer besteht. smatch soll das Ergebnis der Suche halten. Dieses Ergebnis wird durch die letzte Zeile angefordert. smatch.prefix() gibt als Ergebnis das Präfix »abc« zurück.

```
01 std::regex rgx(std::string(R"(\d+)");
02 std::smatch smatch;
03 if (std::regex_search(std::string("abc1234"), smatch, rgx))
      std::cout << smatch.prefix();
```

Listing 5.1: Typischer Umgang mit regulären Ausdrücken

Neben regex_search sind regex_match und regex_replace klassische Anwendungsfälle für reguläre Ausdrücke:

» **std::regex_match**: Prüfe, ob der String dem regulären Ausdruck entspricht.

» **std::regex_search**: Suche nach regulärem Ausdruck im Text.

» **std::regex_replace**: Ersetze jedes Vorkommen des regulären Ausdrucks im Text.

In Listing 5.2 sind der regex_seach-Codeschnipsel aus Listing 5.1, aber auch regex_match und regex_replace im Einsatz.

regexNumber.cpp

```
01 #include <regex>
02
03 #include <iostream>
04 #include <string>
05
06 int main(){
07
08   std::cout << std::endl;
09
10   std::string text="abc1234def567";
11
12   std::string regExprStr(R"(\d+)");
13
14   // regular expression holder
15   std::regex rgx(regExprStr);
16
17   // looking for a total match
18   if (std::regex_match(std::string("1234"),rgx))
19     std::cout << regExprStr << " match 1234" << '\n';
20
21   // search result holder
22   std::smatch smatch;
23   // looking for a partial match
24   if (std::regex_search(text,smatch,rgx))
25     std::cout << "The first match of " << regExprStr
                 << " after " << smatch.prefix() << " in "
                 << text <<  '\n';
26
27   // replace the match
28   std::string result;
29   std::string replString{"ABC"};
30   std::regex_replace(back_inserter(result),
        text.begin(),text.end(),rgx,replString);
31   std::cout << "replace " << regExprStr << " in "
                 << text << " with " << replString << ": "
                 << result  << std::endl;
32
```

```
33   std::cout << std::endl;
34
35 }
```

Listing 5.2: std::regex_search, std::regex_match und std::regex_replace im Einsatz

Tour de C++11: regexNumber.cpp   **WEBSITE**

std::regex_match (Zeile 18) kommt in diesem Anwendungsfall genauso wie std::regex_replace (Zeile 30) ohne ein Objekt aus, das das Ergebnis der Suche hält. Gerade der regex_replace-Ausdruck ist relativ anspruchsvoll zu lesen. Paraphrasiert lautet er: Ersetze im String von text.begin() bis text.end() alle Vorkommen des regulären Ausdrucks rgx mit replString, indem Du das Ergebnis an den String result hinten anhängst: back_inserter(result). In diesem konkreten Fall werden auch die nicht modifizierten Teilstrings von text mit hinten angehängt. Genau das zeigt die Ausgabe des Programms in Abbildung 5.3.

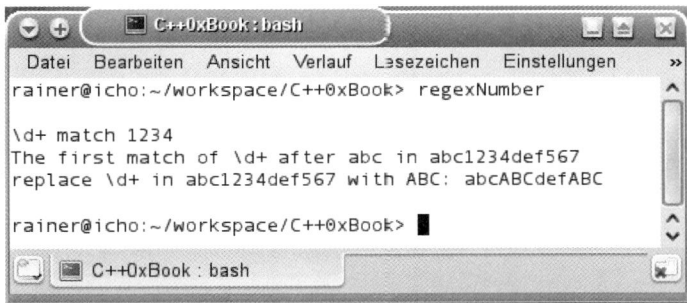

Abbildung 5.3: Ausgabe std::regex_search, std::regex_match und std::regex_replace

Die regulären Ausdrücke in C++11 können noch viel mehr. Ein paar Punkte, die in dem Kapitel reguläre Ausdrücke im Buchabschnitt »Die Standardbibliothek« unser Thema sein werden:

Mächtigkeit von regulären Ausdrücken

» Regular-Expression-Syntax

» Umgang mit anderen Zeichentypen als char

» Arbeiten mit Erfassungsgruppen

» Charakter- und Token-Ströme über Match-Objekten

Ein kleines Beispiel soll aber noch zum Abschluss folgen. Iteriere über die Zahlen (Tokens) eines Strings.

regexTokenStream.
cpp

```
01 #include <regex>
02
03 #include <iostream>
04 #include <string>
05
06 int main(){
07
08    std::cout << std::endl;
09
10    // regular expression
11    std::regex rgx(R"(\d+)");
12
13    std::string str="C++98 ist der bis heute gültig C++
          Standard, sieht man von seiner kleinen technischen
          Korrektur 2003 (C++03), formal ISO/IEC 14882:2003, ab.";
14
15    // define the iterator range
16    std::sregex_token_iterator
          it(str.begin(),str.end(),rgx);
17    std::sregex_token_iterator end;
18
19    // iterate over the tokens
20    while (it != end) std::cout << *it++ << " ";
21
22    std::cout << "\n\n";
23
24 }
```

Listing 5.3: Iteriere über die Zahlen eines Strings

WEBSITE Tour de C++11: rexegTokenStream.cpp

Der Sourcecode ist ungewöhnlich kompakt für C++. Das einzig Neue ist der Token-Iterator (Zeile 16), über den, mittels des regulären Ausdrucks parametrisiert, in der while-Schleife (Zeile 20) iteriert wird. Der Programmlauf gibt die natürlichen Zahlen aus.

Abbildung 5.4: Ausgabe des Token Stream-Iterators

Ist die Bibliothek für reguläre Ausdrücke sowohl für den Einsteiger als auch für den Profi von großem Nutzen, so war Template-Metaprogrammierung bisher dem C++-Profi vorbehalten. Das ändert sich aber mit der neuen Type Traits-Bibliothek.

5.1.2 Type Traits

Template-Metaprogrammierung   ⌐ **DEFINITION** ⌐

Ein Programm, das ein anderes Programm erzeugt, nennt sich Metaprogramm. Tut dies das Programm auch noch mit Templates, dann nennt sich diese Technik Template-Metaprogrammierung. Um zu unterstreichen, dass dieser Prozess zur Übersetzungszeit geschieht, ist auch der Ausdruck *static template metaprogramming* geläufig.

C++ ist eine Zwei-Level-Sprache, da der statische Code zur Übersetzungszeit, der resultierende Code zur Laufzeit ausgeführt wird.

Wie funktioniert Template-Metaprogrammierung?

Bei der Template-Metaprogrammierung instanziiert der Compiler die Templates und erzeugt durch diesen Prozess den temporären C++-Sourcecode, der zusammen mit dem restlichen Sourcecode übersetzt wird.

Ein Klassiker in der C++-Template-Metaprogrammierung sind Klassen-Templates, die zur Übersetzungszeit Charakteristiken eines Typs evaluieren. Das Programm typeTraits cpp in Listing 5.4 evaluiert zur Übersetzungszeit, ob der abgefragte Typ eine Klasse darstellt, so dass das Ergebnis zur Laufzeit zur Verfügung steht.

Klassiker der Template-Meta-programmierung

typeTraits.cpp

```
01 #include <string>
02 #include <iostream>
03 #include <type_traits>
04
05 template<typename T>
06 class IsClass{
07   private:
08
09     typedef char One;
10     typedef struct { char a[2]; } Two;
11
12     template<typename C> static One test(int C::*);
13     template<typename C> static Two test(...);
14
15   public:
16     static const bool Yes=
17         sizeof(IsClass<T>::test<T>(0))==1;
17     static const bool No= (!Yes);
18 };
```

```
19
20 int main(){
21
22   std::cout << std::boolalpha << std::endl;
23
24   // use IsClass
25   std::cout << "IsClass<std::string>::Yes: "
               << IsClass<std::string>::Yes << std::endl;
26   std::cout << "IsClass<std::string>::No: "
               << IsClass<std::string>::No << std::endl;
27   std::cout << "IsClass<int>::Yes: " << IsClass<int>::Yes
               << std::endl;
28   std::cout << "IsClass<int>::No: " << IsClass<int>::No
               << std::endl;
29
30   std::cout << std::endl;
31
32   // the C++11 functionality
33   std::cout << "std::is_class<std::string>::value: "
               << std::is_class<std::string>::value
               << std::endl;
34   std::cout << "!(std::is_class<std::string>::value): "
               << !(std::is_class<std::string>::value)
               << std::endl;
35   std::cout << "std::is_class<int>::value: "
               << std::is_class<int>::value
               << std::endl;
36   std::cout << "!(std::is_class<int>::value): "
               << (!std::is_class<int>::value)
               << std::endl;
37
38   std::cout << std::endl;
39
40 }
```

Listing 5.4: Type-Evaluation zur Übersetzungszeit

WEBSITE
Tour de C++11: typeTraits.cpp

Das Programm in Listing 5.4 ermittelt für die Datentypen std::string und
int, dass std::string eine Klasse darstellt, der built-in-Datentyp int aber
nicht. Sowohl das Klassen-Template IsClass (Zeile 25 – 28) als auch die
neue C++11-Funktionalität std::is_class (Zeile 33 – 36) ergeben das erwartete Ergebnis.

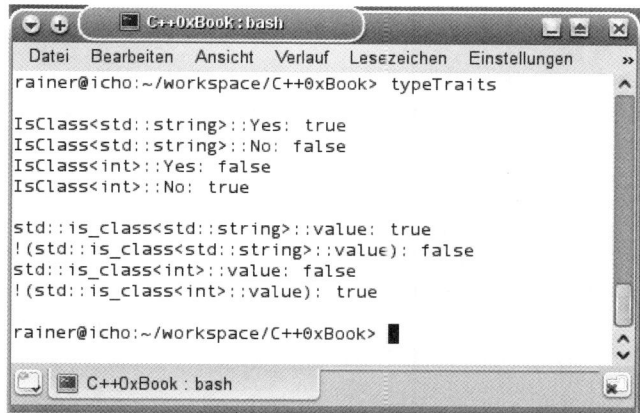

Abbildung 5.5: Type Traits zur Typermittlung

Relativ schwierig zu verstehen ist das Klassen-Template IsClass, das über einen Typ parametrisiert wird. Die Magie der Template-Instanziierung ist aber schnell aufgedeckt. Dazu betrachten wir IsClass<T>::Yes für die zwei Fälle:

Magie der Template-Metaprogrammierung

1. Der Template-Parameter T ist eine Klasse.

   1.1. IsClass<T>::test<T>(0) wird durch Template-Deduktion auf test(int C::*) abgebildet, denn (int C::*) ist ein Zeiger auf eine Methode, die int zurückgibt; diese Eigenschaft kann nur von Klassen erfüllt werden.

   1.2. Der Rückgabewert der test-Methode ist static One.

   1.3. sizeof(static One) == 1 ergibt true, so dass Yes auf true gesetzt wird.

2. Der Template-Parameter T ist keine Klasse.

   2.1. IsClass<T>::test<T>(0) wird auf test (...) abgebildet, denn dieser fängt alle Datentypen auf, die nicht vom Typ (int C::*) sind.

   2.2. Der Rückgabewert der test-Methode ist static Two.

   2.3. sizeof(static Two) == 1 ergibt false, so dass Yes auf false gesetzt wird.

Neben Typabfragen sind mit der Type Traits-Bibliothek Vergleiche und sogar Transformationen von Datentypen möglich. Dies sind die Werkzeuge für den fortgeschrittenen C++-Programmierer, um Algorithmen zu schreiben, die auf seinen Datentyp optimal angepasst sind.

Neu ist auch die Zufallszahlenbibliothek in C++11.

5.1.3   Zufallszahlen

Zufallszahlen werden in vielen Bereichen in der Softwareentwicklung benötigt, sei es für das Testen der Software oder zum Erzeugen von kryptografischen Schlüsseln.

Zufallszahlen-
generator

Der Zufallszahlengenerator in C+11 besteht aus zwei Teilen: einem Generator, der einen Strom von Zufallszahlen erzeugt, und einer Verteilung, die die Werte in einem vorgegebenen Bereich verteilt. Die Verteilung wird über den Generator parametrisiert. Damit der Generator nicht jedes Mal mit der gleichen Zufallszahl startet und somit die gleiche Folge von Zufallszahlen erzeugt, wird der sogenannte *seed* benötigt.

Das Spiel kann beginnen:

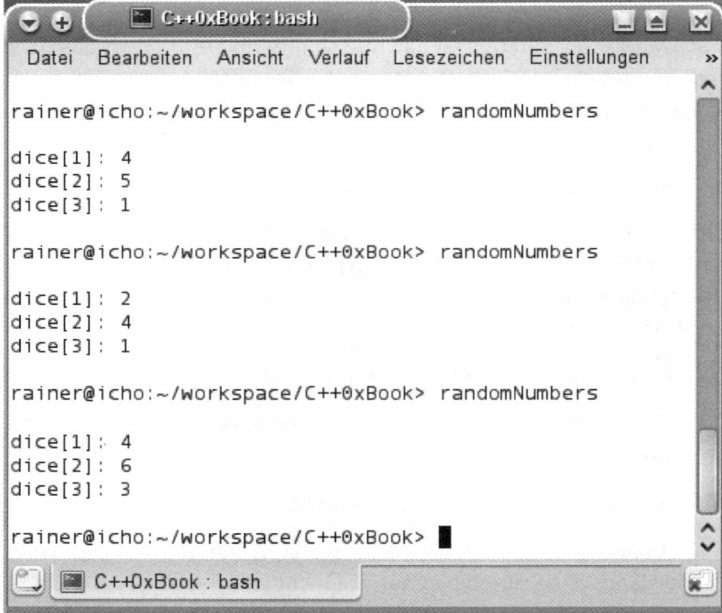

Abbildung 5.6: Zufallszahlen mit dem Würfel

Das Programm dazu in Listing 5.5 ist kurz und bündig:

randomNumbers.cpp

```
01 #include <iostream>
02 #include <random>
03
04 int main(){
05
06   std::cout << std::endl;
07
```

```
08   std::random_device seed;
09
10   // generator
11   std::mt19937 engine(seed());
12
13   // distribution
14   std::uniform_int_distribution<int> six(1,6);
15
16   for ( int i=1; i<= 3; ++i){
17     std::cout << "dice["<< i << "]: " << six(engine)
                 << std::endl;
18   }
19
20   std::cout << std::endl;
21
22 }
```

Listing 5.5: Dreimal Würfeln

Tour de C++11: randomNumbers.cpp

WEBSITE

Mit dem *seed*-Aufruf (Zeile 11) wird in Listing 5.5 der Generator initialisiert. Dieser Generator wird an die Verteilung übergeben (Zeile 14), so dass der resultierende Zufallsgenerator (Zeile 17) auf Anfrage die Zufallszahlen produziert.

seed

Tiefere Einsichten in die Erzeugung von Zufallszahlen gibt es im Kapitel Zufallszahlen. Dies umfasst vor allem die vielen verschiedenen Generatoren und Verteilungen, die C++11 von Hause aus mitbringt.

Ähnlich nützlich wie die Zufallszahlenbibliothek ist die neue Zeitbibliothek.

5.1.4 Zeitbibliothek

Die C++11-Zeitbibliothek besteht aus drei Komponenten: einer Komponente für Zeitpunkte, einer für die Dauer zwischen Zeitpunkten und letztendlich dem Takt, in dem der Zeitpunkt gemessen wird.

Komponente	Klasse
Zeitpunkt	std::chrono::time_point
Dauer	std::chrono::duration
Takt	std::chrono::system_clock std::chrono::steady_clock std::chrono::high_resolution_clock

Tabelle 5.1: Komponenten der Zeitbibliothek

Die Hauptmotivation für die Zeitbibliothek war die neue Multithreading-Funktionalität, in der Timeouts für Locks oder asynchrone Aufrufe, in der Schlafperiode für Threads in eine relative oder absolute Zeit gesetzt werden können.

Für die einfache Performancemessung des Programms sind die Zeittools in Kombination mit `auto` sehr praktisch.

```
auto begin = std::chrono::system_clock::now();
X yCopy(x);
auto end = std::chrono::system_clock::now() - begin;
std::cout << "copying takes "
          << std::chrono::duration<double>(end).count()
          << " seconds time\n";
```

Listing 5.6: Einfache Performancemessung mit den Zeittools

In Listing 5.6 lässt sich die verstrichene Zeit für `X yCopy(x)` in Sekunden mit `std::chrono::duration<double>(end).count()` praktisch abfragen.

Praktisch ist eine gute Überleitung. Denn genau dies ist ein Referenz-Wrapper.

5.1.5   Referenz-Wrapper

Ein Referenz-Wrapper ist ein kopierkonstruierbarer und zuweisbarer Wrapper um ein Objekt vom Typ `T&`. Damit lösen Sie das bekannte Problem in C++, dass Referenzen nicht die notwendigen Eigenschaften für Standardcontainer mitbringen. Ein Ausdruck der Form `std::vector<int&>` quittiert der GCC-Compiler mit einer langen Fehlermeldung. Durch die Verwendungen eines `std::reference_wrapper<int>` in Listing 5.7 ist dies aber möglich.

referenceWrapper.cpp

```
01 #include <functional>
02 #include <iostream>
03 #include <vector>
04
05 int main(){
06
07   std::cout << std::endl;
08
09   // will not compile
10   //std::vector<int&> myIntRefVector;
11
12   int a= 0;
13   int b= 0;
14   int c= 0;
15
16   std::vector< std::reference_wrapper<int>> myIntRefVector=
     {std::ref(a),std::ref(b),std::ref(c)};
```

```
17
18    for (auto b: myIntRefVector ) std::cout << b << " ";
19
20    std::cout << std::endl;
21
22    // modify b and also myIntRefVec[1] !!!!
23    b=2011;
24
25    for (auto b: myIntRefVector ) std::cout << b << " ";
26
27    std::cout << "\n\n";
28
29  }
```

Listing 5.7: Referenz-Wrapper im Standardcontainer Vektor

Tour de C++11: referenceWrapper.cpp   **WEBSITE**

Mit der Initialisiererliste (Listing 5.7, Zeile 16) wird der Vektor mit dem Referenz-Wrapper über die drei natürlichen Zahlen initialisiert. std::ref und std::cref sind zwei Hilfsfunkt onen, die einfach eine Referenz oder einen konstanten Referenz-Wrapper erzeugen. Der entscheidende Punkt ist die Zeile 23, denn durch diese wird die Referenz von b auch im Container myIntRefVector modifiziert, so dass dessen Wert auf 2011 verändert wird.

Abbildung 5.7: Ein Vektor des Referenz-Wrapper

Damit verlassen wir das Gebiet der neuen Bibliotheken in C++11 und widmen uns den überarbeiteten C++11-Bibliotheken. Diese bieten bewährte C++-Funktionalität in generischer Form an. Sowohl der Novize als auch der Profi profitieren von diesen Erweiterungen. Der Novize, da sich die Bibliotheken einfacher ansprechen lassen und daher deren Benutzung weniger fehleranfällig ist. Der Profi, da das Laufzeitverhalten seines Programms insbesondere mit den neuen Containern profitiert.

5.2   Verbesserte Bibliotheken

Viele bewährte C++-Bibliotheken wurden in C++11 runderneuert. Dies betrifft die Smart Pointer, die neben dem C++ Smart Pointer `std::auto_ptr` die neuen Smart Pointer `std::shared_ptr`, `std::weak_ptr` und `std::unique_ptr` enthalten. Dies betrifft die neuen Container, indem dem `std::pair` ein `std::tuple`, dem `std::vector` ein `std::array` und dem `std::map` ein `std::unordered_map` in C++11 gegenübergestellt wurden. Dies betrifft den C++11-Funktionsadapter `std::bind`, der die klassischen Funktionsadapter `std::bind1st` und `std::bind2nd` in C++ deutlich erweitert und dessen resultierende Objekte an `std::function` gebunden werden können.

5.2.1   Smart Pointer

DEFINITION

Smart Pointer

Smart Pointer oder auch intelligente Zeiger sind spezielle Zeiger, die als Wrapper Aufrufe transparent an die eingepackte Ressource weiterreichen und diese außerdem mit zusätzlicher Funktionalität ausstatten.

Die C++- und C++11-Smart Pointer verwalten den Lebenszyklus ihrer Ressource nach dem RAII-Idiom. Genaueres dazu lässt sich im Anhang nachlesen.

shared_ptr, weak_ptr und unique_ptr

Die neuen Smart Pointer `std::shared_ptr` und `std::weak_ptr`, die schon lange in der Boost (boost, 2011)-Bibliothek im Einsatz sind, und der neue Smart Pointer `std::unique_ptr` gelten als eine, wenn nicht gar die wichtigste Erweiterung im neuen C++11-Standard. Diese drei erweitern deutlich die Funktionalität des klassischen `std::auto_ptr` und räumen mit seinen konzeptionellen Schwächen auf. Dies ist der Grund, warum dieser in C++11 als *deprecated* erklärt wird und stattdessen ein `std::unique_ptr` verwendet werden sollte. In der Tabelle 5.2 sind die wichtigsten Charakteristiken der Smart Pointer von C++11 zusammengefasst.

Name	Im C++-Standard	Beschreibung
std:auto_ptr	C++98	Besitzt eine Ressource exklusiv. Wendet implizite (heimliche) Move-Semantik an.
std::shared_ptr	C++11	Referenzzähler auf eine gemeinsam genutzte Ressource
std::weak_ptr	C++11	Hilft, zyklische Referenzen zu brechen.
std::unique_ptr	C++11	Besitzt eine Ressource exklusiv. Unterstützt keine implizite (heimliche) Move-Semantik.

Tabelle 5.2: Gegenüberstellung der Smart Pointer in C++

Was war der Grund, warum der std::auto_ptr als *deprecated* erklärt wurde?

Der std::auto_ptr besitzt zwei Eigenschaften, die leicht zu undefiniertem   auto_ptr
Verhalten des Programms führen:

» Beim Kopieren eines std::auto_ptr wird dessen Inhalt transferiert.
   → Das Kopieren verändert die Quellressource.

» Er ist weder kopierkonstruierbar noch zuweisbar. → Er kann nicht in
   den Containern der STL verwendet werden.

Während der Compiler in der Regel bemerkt, wann ein std::auto_ptr in
einem STL-Container verwendet wird, ist das implizite Transferieren der
Ressource beim Kopieren eine häufige Fehlerquelle.

```
#include <memory>

int main(){

  std::auto_ptr<int> auto1(new int(5));

  // implicit transfer of ownership
  std::auto_ptr<int> auto2(auto1);

  // undefined behaviour
  int a= *auto1;

}
```

autoPtrCopy.cpp

Listing 5.8: Kopieren eines std::auto_ptr

Tour de C++11: autoPtrCopy.cpp   **WEBSITE**

Listing 5.8 bringt es auf den Punkt. In dem Ausdruck auto2(auto1) wird der
Inhalt von auto1 nach auto2 transferiert (Abbildung 5.8).

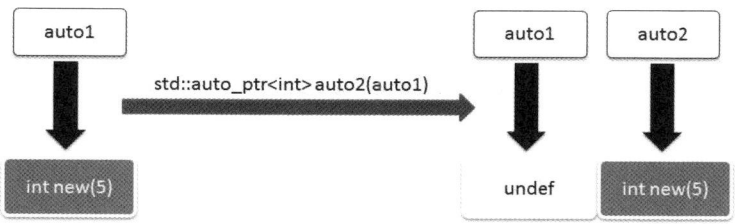

Abbildung 5.8: Impliziertes Transferieren der Ressource durch std::auto_ptr

Interessant sind sowohl das Kompilieren als auch das Ausführen des Programms.

Der Compiler moniert die Verwendung von `std::auto_ptr` mit einer *deprecated*-Warnung.

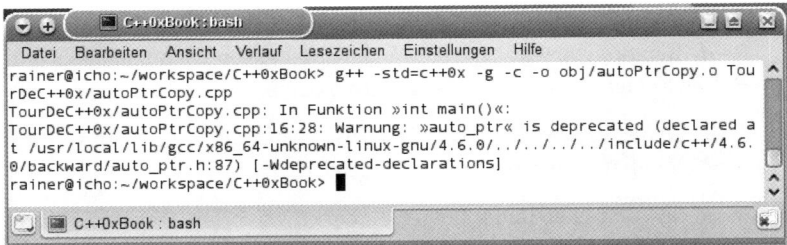

Abbildung 5.9: deprecated-Warnung für *std::auto_ptr*

Das Ausführen des Programms führt zu einem Laufzeitfehler.

Abbildung 5.10: Speicherzugriffsfehler durch Kopieren eines `std::auto_ptr`

unique_ptr

Als der `std::auto_ptr` *deprecated* erklärt wurde, musste ein Ersatz geschaffen werden. Dies ist der neue C++11-Smart Pointer `std:unique_ptr`. Dieser ist nahezu aufrufkompatibel zum `std::auto_ptr` und besitzt auch seine Ressource exklusiv. Wenn der `std::unique_ptr` seine Gültigkeit verliert (*out of scope*), wird sein Destruktor aufgerufen und gleichzeitig die Ressource des `std::unique_ptr` zerstört. Im Gegensatz zum `std::auto_ptr` unterstützt der `std::unique_ptr` kein Kopieren, sondern nur das explizite Transferieren seiner Ressource durch die neue Funktion `std::move`. Das explizite Transferieren einer Ressource mit `std::unique_ptr` entsprechend zum impliziten Kopieren einer Ressource mit `std::auto_ptr` (Listing 5.8: Kopieren eines std::auto_ptr) ist schnell implementiert.

uniquePtrMove.cpp

```
#include <memory>

int main(){

    std::unique_ptr<int> unique1(new int(5));

    // explicit transfer of ownership
    std::unique_ptr<int> unique2(std::move(unique1));

}
```

Listing 5.9: Explizites Transferieren einer Ressource mit `std::move`

In Abbildung 5.11 ist das explizite Transferieren der Ressource grafisch dargestellt.

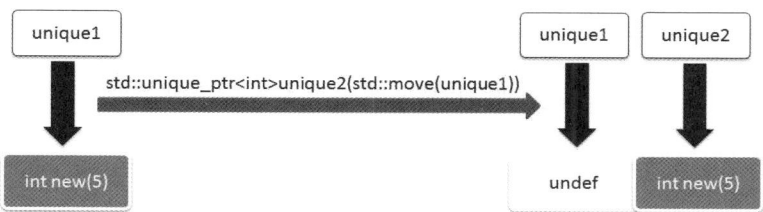

Abbildung 5.11: Explizites Transferieren einer Ressource mit *std::move*

Während der `std::unique_ptr` eine 1:1-Beziehung zu seiner Ressource be-   shared_ptr
sitzt, ist der typische Einsatzbereich des `std:shared_ptr`, eine gemeinsame
Ressource zu nutzen. Jeder `std::shared_ptr` besitzt einen Zeiger auf seine
Ressource und den Referenzzähler. Wird nun ein `std::shared_ptr` kopiert,
referenziert dieser sowohl die gemeinsame Ressource als auch den Referenzzähler. Beim Erzeugen eines `std::shared_ptr` wird dessen Referenzzähler um 1 inkrementiert, beim Löschen um 1 dekrementiert. Erreicht
der Referenzzähler den Wert 0, führt dies zum automatischen Löschen der
Ressource. Damit ist er kopierkonstruierbar und zuweisbar und kann in
den Containern als STL-Bibliothek verwendet werden.

Abbildung 5.12 zeigt exemplarisch das Kopieren eines `std::shared_ptr`.

Abbildung 5.12: Kopieren eines `std:: shared_ptr`

weak_ptr

Abgerundet wird die Funktionalität des `std::shared_ptr` durch den `std::weak_ptr`, denn dieser hilft, zyklische Referenzen von `std::shared_ptr` aufzubrechen. Der `std::weak_ptr` verändert nicht den Zähler auf die gemeinsam genutzte Ressource. Genau genommen ist der `std::weak_ptr` kein Smart Pointer, denn er bietet keinen transparenten Zugriff auf die Ressource an. Er verfügt nur über ein einfaches Interface auf eine Ressource, die von einem `std::shared_ptr` verwaltet wird. Um die Ressource eines `std::weak_ptr` zu adressieren, muss dieser zuerst gelockt werden, so dass anschließend über einen initialisierten `std:shared_ptr` auf dessen Ressource zugegriffen werden kann.

Listing 5.10 zeigt den einfachen Umgang mit `std:shared_ptr` und `std:weak_ptr`.

sharedWeakPtr.cpp

```
01 #include <iostream>
02 #include <memory>
03
04 int main(){
05
06   std::cout << std::endl;
07
08   std::shared_ptr<int> sharedPtr(new int(5));
09
10   std::cout << "sharedPtr.use_count(): "
               << sharedPtr.use_count() << std::endl;
11
12   // block scope
13   {
14     std::shared_ptr<int> localSharedPtr(sharedPtr);
15
16     std::cout << "localSharedPtr.use_count(): "
                 << localSharedPtr.use_count() << std::endl;
17
18   }
19   std::cout << "sharedPtr.use_count(): "
               << sharedPtr.use_count() << std::endl;
20
21   std::weak_ptr<int> weakPtr(sharedPtr);
22   std::cout << "sharedPtr.use_count(): "
               << sharedPtr.use_count() << std::endl;
23
24   // if block scope
25   if(std::shared_ptr<int> localSharedPtr = weakPtr.lock()){
26
27     std::cout << "localSharedPtr.use_count(): "
                 << localSharedPtr.use_count() << std::endl;
28   }
29
30   std::cout << "sharedPtr.use_count(): "
               << sharedPtr.use_count() << std::endl;
```

```
31
32    std::cout << std::endl;
33
34  }
```

Listing 5.10: Einfacher Umgang mit `std::shared_ptr` und `std::weak_ptr`

Tour de C++11: sharedWeakPtr.cpp   **WEBSITE**

Die Methode `use_count` des `std:shared_ptr` in Listing 5.10 gibt den Wert des Referenzzählers aus. In Zeile 8 wird der `sharedPtr` erzeugt. Der Referenzzähler besitzt den Wert 1. `localSharedPtr` (Zeile 14) erhöht den Referenzzähler um 1. Am Ende des lokalen Blocks verliert dieser seinen Gültigkeitsbereich, so dass er um 1 dekrementiert wird (Zeile 19). Der `weakPtr`, der über den `sharedPtr` initialisiert wird, erhöht nicht den Referenzzähler (Zeile 22). Wird die Ressource des `weakPtr` verwendet, um damit den `localSharedPtr` zu initialisieren, wird dessen Ressourcenzähler inkrementiert (Zeile 27).

Genau dieses Verhalten zeigt das Programm:

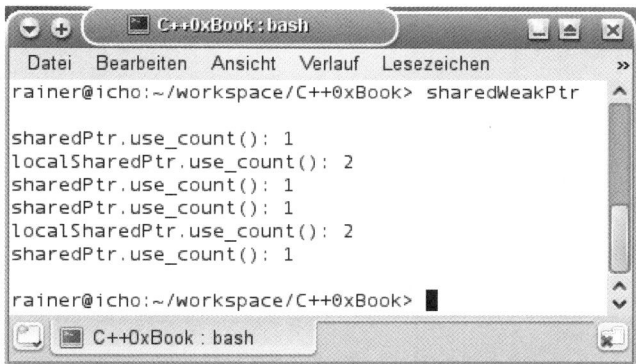

Abbildung 5.13: Zusammenspiel der Referenzzähler von *std:: shared_ptr* und *std:: weak_ptr*

Neben dem Smart Pointer erweitern die neuen Container in C++11 die bestehenden C++-Container deutlich. Dies betrifft beim `std::tuple` dessen Mächtigkeit, da es im Gegensatz zum `std::pair` beliebig viele Argumente annehmen kann, dies betrifft bei `std::array` und den Hashtabellen deren Performance gegenüber den klassischen sequentiellen Containern oder assoziativen Arrays.

5.2.2   Neue Container

Tuple

tuple   std::tuple ist ein heterogener Container fester Länge. Er kann beliebig viele Argumente annehmen. Dies ist möglich, da std::tuple ein Variadic Templates ist. Ein Tuple lässt sich über einen Konstruktoraufruf oder die Hilfsfunktion std::make_tuple einfach erzeugen. Die instanziierten Tupel können verglichen, gelesen und modifiziert werden (Listing 5.11).

```
01 #include <iostream>
02 #include <string>
03 #include <tuple>
04
05 int main(){
06
07   std::cout << std::boolalpha << std::endl;
08
09   // create two tuples
10   std::tuple<std::string,int,float> tup1("first",3,4.17);
11   std::tuple<std::string,int,double> tup2=
       std::make_tuple("second",4,1.1);
12
13   // read the values
14   std::cout << "tup1: "
               << std::get<0>(tup1) << ","
               << std::get<1>(tup1) << ","
               << std::get<2>(tup1) << std::endl;
15   std::cout << "tup2: "
               << std::get<0>(tup2) << ","
               << std::get<1>(tup2) << ","
               << std::get<2>(tup2) << std::endl;
16
17   // compare them
18   std::cout << "tup1 < tup2: " << (tup1 < tup2)
               << std::endl;
19
20   std::cout << std::endl;
21
22   // modify a tuple value
23   std::get<0>(tup2)= "Second";
24
25   // read the values
26   std::cout << "tup1: "
               << std::get<0>(tup1) << ","
               << std::get<1>(tup1) << ","
               << std::get<2>(tup1) << std::endl;
27   std::cout << "tup2: "
               << std::get<0>(tup2) << ","
               << std::get<1>(tup2) << ","
```

```
                 << std::get<2>(tup2) << std::endl;
28
29   // compare them
30   std::cout << "tup1 < tup2: " << (tup1 < tup2)
                 << std::endl;
31
32   std::cout << std::endl;
33
34 }
```

Listing 5.11: Lesen, Schreiben und Modifizieren eines `std::tuple`   tuple.cpp

Tour de C++11: tuple.cpp   WEBSITE

Der umständliche Zugriff auf die Elemente des Tupels `std::get<0>(tup1)`
(Zeile 14) ist der Tatsache geschuldet, dass `get` ein Template und der Index
eine Compile-Zeitkonstante ist.

Abbildung 5.14 zeigt die Ausgabe des Programms.

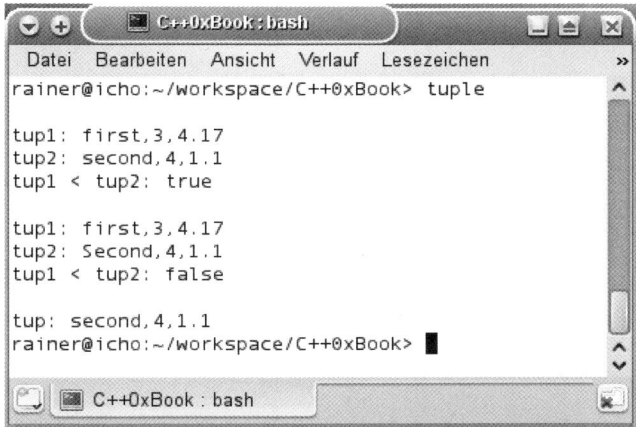

Abbildung 5.14: Vergleichen, Lesen und Schreiben von *std::tuple*

Dank `auto` geht das Definieren eines Tupels deutlich einfacher von der
Hand.

```
auto tup= std::make_tuple("second",4,1.1,true,'a');
```

Array

Der neue sequentielle Container Array hat mit dem Tupel gemein, dass   array
er eine feste Länge besitzt. `std::array` bietet das Laufzeitverhalten des C-
Arrays mit der Schnittstelle des C++-Vektors an. Damit ist er STL-konform
und kann deren Algorithmen verwenden (Listing 5.12).

array.cpp
```
01 #include <algorithm>
02 #include <array>
03 #include <iostream>
04
05
06 int main(){
07
08   std::cout << std::endl;
09
10   // output the array
11   std::array <int,8> array{{1,2,3,4,5,6,7,8}};
12   std::for_each( array1.begin(),array1.end(),
        [](int v){std::cout << v << " ";});
13
14   std::cout << std::endl;
15
16   // calculate the sum of the array by using a global variable
17   int sum = 0;
18   std::for_each(array1.begin(), array1.end(),
        [&sum](int v) { sum += v; });
19   std::cout << "sum of array{1,2,3,4,5,6,7,8}: "
              << sum << std::endl;
20
21   // change each array element to the second power
22   std::for_each(array1.begin(), array1.end(),
        [](int& v) { v=v*v; });
23   std::for_each( array1.begin(),array1.end(),
        [](int v){std::cout << v << " ";});
24   std::cout << std::endl;
25
26   std::cout << std::endl;
27
28 }
```

Listing 5.12: *std::array* und *std::for_each* im Einsatz

WEBSITE
Tour de C++11: array.cpp

Zu der einfachen Arithmetik in Listing 5.12 noch ein paar Bemerkungen. Die Lambda-Funktion `[&sum](int v) { sum += v; }` (Zeile 19) bindet sich per Referenz an die globale Variable `sum`, die die Zahlen aufsummiert. Durch die Lambda-Funktion `[](int& v) { v=v*v; }` (Zeile 22) lassen sich die Elemente des Arrays direkt quadrieren, da die Argumente per Referenz adressiert werden. Nun fehlt nur noch die Ausgabe.

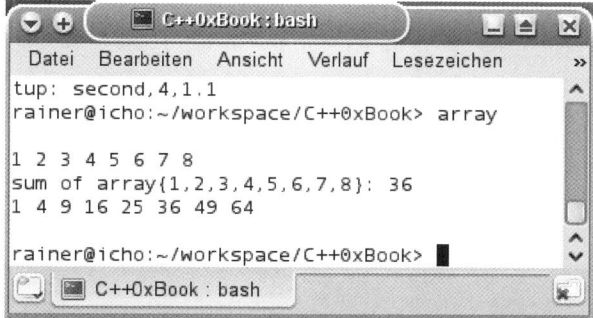

Abbildung 5.15: Ein bisschen Arithmetik mit *std::array* und *std::for_each*

Tabelle 5.3 stellte die Charakteristiken der drei sequentiellen Datentypen C-Array, C++-Vektor und C++11-Array gegenüber.

Datentyp	Dynamische Größe	STL-konform	Kontinuierlicher Speicherbereich
C-Array	nein	nein	ja
C++-Vektor	ja	ja	ja
C++11-Array	nein	ja	ja

Tabelle 5.3: Vergleich der drei sequentiellen Datentypen

Einfach verkettete Liste

Der neue Container `std::forward_list` ist eine einfach verkettete Liste und kann nur vorwärts durchlaufen werden.

Abbildung 5.16: Die einfach verkettete Liste `std::forward_list`

`std:forward_list` ist optimiert für schnelles Einfügen und Entfernen von Elementen, bietet aber keinen wahlfreien Zugriff auf seine Elemente an. Bedingt durch seine Struktur, besitzt sie ein eingeschränktes und eigenwilliges Interface und bricht mit bekannten Konventionen aus der Standard Template Library. So sucht man bei ihr beispielsweise vergeblich eine `size`- oder `push_back`-Methode.

Den einfachen Umgang mit der `std::forward_list` zeigt Listing 5.13: Hinzufügen in und Entfernen aus Elementen einer std::forward_list.

forwardList.cpp

```
01 #include <forward_list>
02 #include <iostream>
03
04 int main(){
05
06   std::cout << std::endl;
07
08   //std::forward_list<int> myForList{1,2,3,4,5,6,7};
09   std::forward_list<int> myForList;
10   myForList.push_front(7);
11   myForList.push_front(6);
12   myForList.push_front(5);
13   myForList.push_front(4);
14   myForList.push_front(3);
15   myForList.push_front(2);
16   myForList.push_front(1);
17
18   std::cout << "forward list: " << std::endl;
19   //for (auto f: myForList) std::cout << f << " ";
20   for (auto It= myForList.cbegin();
          It != myForList.cend();++It) std::cout << *It << " ";
21   std::cout << "\n\n";
22
23   std::cout << "remove the 4-th element: " << std::endl;
24   auto begin= myForList.begin();
25   begin++;
26   begin++;
27   myForList.erase_after(begin);
28
29   //for (auto f: myForList) std::cout << f << " ";
30   for (auto It= myForList.cbegin();
         It != myForList.cend();++It) std::cout << *It << " ";
31   std::cout << "\n\n";
32
33   std::cout << "remove the first element: " << std::endl;
34   myForList.erase_after(myForList.before_begin());
35
36   //for (auto f: myForList) std::cout << f << " ";
37   for (auto It= myForList.cbegin();
          It != myForList.cend();++It) std::cout << *It << " ";
38   std::cout << "\n";
39
40   std::cout << std::endl;
41
42 }
```

Listing 5.13: Hinzufügen in und Entfernen aus Elementen einer `std::forward_list`

Tour de C++11: forwardList.cpp

Das umständliche Initialisieren der std::forward_list in Listing 5.13 (Zeile 10 – 16) ist der Tatsache geschuldet, dass das Programm mit dem VC10-Compiler von Microsoft übersetzt wurde. VC10 unterstützt keine Initialisiererlisten (Zeile 8) und auch keine Range-basierte For-Schleife in den Zeilen 19, 29 und 36. Da die std::forward_list keinen wahlfreien Zugriff erlaubt, setzt das Entfernen eines Elements einen Iterator auf einem Element (Zeile 27 und 34) voraus. myForList.before_begin() gibt einen Iterator **vor** dem ersten Element zurück. Abbildung 5.16 zeigt die Ausführung des Programms.

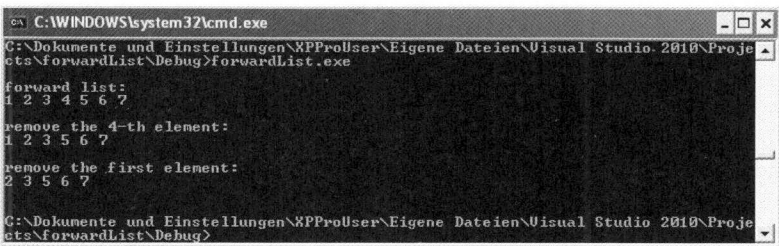

Abbildung 5.17: Hinzufügen und Entfernen von Elementen aus einer std::forward_list

---

Berücksichtigen Sie das spezielle Einsatzgebiet der forward_list. PRAXISTIPP

Sobald Sie einen Container benötigen, mit dem Sie wahlfrei auf dessen Elemente zugreifen können oder den Sie rückwärts durchlaufen wollen, sollten Sie über einen anderen Container nachdenken.

Hashtabellen

Eines der im C++98-Standard am häufigsten vermissten Features sind Hashtabellen, auch unter dem Namen Dictionary oder assoziatives Array bekannt.

Betrachten Sie ein assoziatives Array als eine Verallgemeinerung eines Arrays. PRAXISTIPP

Der einfachste Zugang zu einem assoziativen Array ist es meines Erachtens, dieses als ein verallgemeinertes Array zu betrachten. Die Verallgemeinerung besteht darin, dass nicht nur natürliche Zahlen als Indizes erlaubt sind. Ungewohnt ist dann einzig nur noch, dass die Indizes beim assoziativen Array Schlüssel genannt werden.

> ┌─────────────┐
> │ **DEFINITION** │ **Hashtabelle**
> └─────────────┘
>
> Eine Hashtabelle ist eine Datenstruktur bestehend aus Paaren (Schlüssel, Wert), so dass jeder Wert über seinen assoziierten Schlüssel adressiert werden kann.
>
> Die Schlüssel sind nicht sortiert.

C++ versus C++11 assoziative Arrays

Es wiegt aber nicht so schwer, dass es keine Hashtabellen in C++98 gibt, denn mit `std::map` und `std::set` bzw. `std::multimap` und `std::multiset` gibt es Datenstrukturen, die sich nahezu wie Hashtabellen verhalten, denn sie erlauben den schlüsselbasierten Zugriff auf ihre Elemente. Doch in zwei Punkten unterscheiden sie sich davon. Die klassischen Maps und Sets

1. besitzen eine Ordnung auf dem Schlüssel,

2. ermöglichen eine Zugriffszeit, die logarithmisch von der Anzahl der Schlüssel abhängt, während Hashtabellen konstante Zugriffszeit anbieten.

Aus diesem Grund stellten viele Compiler-Hersteller eigene Bibliotheken zur Verfügung. Damit waren die intuitiven Namen für die neuen C++11-Hashtabellen vergeben und die C++11-Hashtabellen erhielten recht sperrige Namen:

»   `std::unordered_map`

»   `std::unordered_set`

»   `std::unordered_multimap`

»   `std::unordered_multiset`

Zwei Tabellen helfen, den Überblick über die acht Container zu behalten, die doch sehr ähnlich sind. Zuerst eine Gegenüberstellung der Container, die ein ähnliches Interface anbieten.

C++98	C++11
std::map	std::unordered_map
std::set	std::unordered_set
std::multimap	std:unordered_multimap
std::multiset	std::unordered_multiset

Tabelle 5.4: Vergleich der assoziativen Container von C++98 und C++11

Die zweite Charakteristik der assoziativen Container lässt sich am besten als Frage formulieren.

1. Ist dem Schlüssel ein Wert zugeordnet?

2. Darf ein Schlüssel öfter als einmal vorkommen?

Exemplarisch ist dies an den neuen C++11-Containern in der Tabelle 5.5 dargestellt.

Assoziative Container	Ist dem Schlüssel ein Wert zuge- ordnet?	Darf ein Schlüssel öfter als einmal vorkommen?
std::unordered_map	ja	nein
std::unordered_set	nein	nein
std::unordered_multimap	ja	ja
std::unordered_multiset	nein	ja

Tabelle 5.5: Vergleich der assoziativen Container von C++11

Der Einsatz der neuen assoziativen Container ist immer dann überlegens-wert, wenn die Datenstruktur relativ groß ist und keine Ordnung auf den Schlüsseln benötigt wird. Der Umstieg von den alten auf die neuen asso-ziativen Container wird dadurch erleichtert, dass beide ein sehr ähnliches Interface anbieten (Listing 5.14).

unorderedMap.cpp

```
01 #include <iostream>
02 #include <map>
03 #include <unordered_map>
04
05 int main(){
06
07   std::cout << std::endl;
08
09   // using the C++ map
10   std::map<std::string,int> m {{"Dijkstra",1972},
      {"Scott",1976},{"Wilkes",1967},{"Hamming",1968}};
11   m["Ritchie"] = 1983;
12   for(auto p : m) std::cout << ,{, << p.first << ,,'
                      << p.second << ,}';
13
14   std::cout << std::endl;
15
16   // using the C++11 unordered_map
17   std::unordered_map<std::string,int> um {{"Dijkstra",1972},
      {"Scott",1976},{"Wilkes",1967},{"Hamming",1968} };
18   um["Ritchie"] = 1983;
19   for(auto p : um) std::cout << ,{, << p.first << ,,'
                      << p.second << ,}';
20
21   std::cout << std::endl;
```

```
22   std::cout << std::endl;
23
24 }
```

Listing 5.14: Interface-Vergleich von `std::map` und `std::unordered_map`

WEBSITE
Tour de C++11: unorderedMap.cpp

Listing 5.14 zeigt, dass das Initialisieren, das Schreiben und das Lesen der Elemente von `std::map` und `std::unordered_map` der gleichen Syntax folgen. Lediglich bei der Ausgabe variiert es, denn die (Schlüssel,Wert)-Paare sind beim `std::map` nach den Schlüsseln aufsteigend sortiert.

Abbildung 5.18: *std::map* und *std::unordered_map* im Einsatz

5.2.3   Neue Algorithmen

EXKURS

Container und Algorithmen in der Standard Template Library

Die zwei zentralen Komponenten der Standard Template Library (STL) sind die Container und die Algorithmen. Container und Algorithmen sind disjunkt, denn mit der STL wird ein generischer und kein objektorientierter Ansatz verfolgt. Eine zentrale Idee der Objektorientierung ist es, dass in der Datenstruktur die für sie notwendigen Algorithmen gekapselt sind.

Die lockerere Bindung zwischen Containern und Algorithmen wird in der STL dadurch erreicht, dass die Container auf Bereichen definiert sind. Diese Bereiche werden durch zwei Iteratoren, einem Anfang und einem Ende, beschrieben. Der entscheidende Punkt ist nun, dass jeder Container den passenden Iterator auf Anfrage zur Verfügung stellt. Damit schließt sich die Lücke. Um die Algorithmen anzupassen, können die generischen Algorithmen mit Prädikaten oder auch aufrufbaren Einheiten weiter parametrisiert werden.

Zu den vielen bekannten bringt C++11 noch knapp 20 neue Algorithmen mit. Diese Algorithmen helfen, einfache logische Zusicherungen auf Bereichen zu verifizieren, Bereiche zu kopieren oder schnell neue Werte in einem Bereich zu erzeugen. Aber auch neue Algorithmen rund um Partitionen, rund ums Sortieren, rund um die Datenstruktur Heap stehen zur Verfügung.

`std::all_of`, `std::any_of` und `std::none_of` für die logische Zusicherung auf Bereichen, `std::copy_if` und `std::copy_n` als weitere Kopieralgorithmen, `std::iota` für das schnelle Erzeugen von Werten sind nur ein paar der neuen Algorithmen.

5.2.4   bind and function

`std::bind` und `std::function` ergänzen sich ideal. Während `std::bind` neue Funktionsobjekte aus bestehenden Funktionsobjekten oder Funktionen erzeugt, indem es Argumente und auch Platzhalter bindet, kann `std::function` diesem Funktionsobjekt auf einfache Art und Weise einen Namen zuweisen, so dass ein aufrufbares Objekt entsteht.

`std::bind` erweitert die beiden C++98 Templates `std::bind1st` und `std::bind2nd`, die nur ein Argument binden können und dann auch nur das erste oder das zweite.

bind

Das kann `std::bind` viel besser, denn es erlaubt Folgendes:

» die Argumente an beliebiger Position zu binden,

» die Reihenfolge der Argumente umzustellen,

» Platzhalter für Argumente einzuführen,

» Funktionen nur teilweise zu evaluieren,

» Das resultierende Funktionsobjekt direkt aufzurufen, in den Algorithmen der STL zu verwenden oder in `std::function` zu speichern.

`std::function` nimmt die Funktionsobjekte von `std::bind` an und bindet sie unter einem neuen Namen. Damit können die resultierenden Funktionsobjekte wie gewöhnliche Werte kopiert oder auch als Callback verwendet werden.

function

Die Tour de C++11 ist beendet. Die nächsten drei Kapitel widmen sich den Details zum neuen C++11-Standard. Auf die Suche in die Breite folgt die in die Tiefe. Der Anspruch steigt.

Teil II

Kernsprache

6 Usability

6.1 Die Range-basierte For-Schleife

Jeder Datentyp, für den `begin()` und `end()` so definiert ist, dass er Iteratoren zurückgibt, unterstützt die Range-basierte For-Schleife. Das sind insbesondere alle STL-Container, `std::string`, die neuen Datentypen array und Initialisierlisten.

In Kombination mit `auto` lässt sich so äußert kompakt über einen Bereich *(range)* iterieren.

`auto`

```
for (auto x : {1,2,3,5,8,13,21,34}) std::cout << x << " ";
```

Werden die Elemente des Bereichs per Referenz angenommen, können diese gleich direkt modifiziert werden. Im Kapitel Range-basierte For-Schleife im Buchabschnitt Tour de C++11 sind viele Anwendungsfälle für die Range-basierte For-Schleife zu finden.

Dabei ist ein Ausdruck der Form

```
for (iterVariable: expression) statement
```

im Wesentlichen äquivalent zu (Komitee, 2008):

```
{
  auto&& range= expression;
  for (auto begin= begin(range), end= end(range);
       begin != end; ++begin){
    iterVariable= *begin
    statement
  }
}
```

Mit der Range-basierten For-Schleife kann man durch einen String iterieren und ihn modifizieren (Listing 6.1).

forLoop.cpp

```
01 #include <cctype>
02 #include <iostream>
03 #include <string>
04
05 int main(){
06
07   std::cout << std::endl;
08
09   // initial string
10   std::string testStr{"Only for Testing Purpose."};
11   for (auto c: testStr) std::cout << c;
12   std::cout << std::endl;
13
14   // each character upper
15   for (auto& c: testStr) c=std::toupper(c);
16   for (auto c: testStr) std::cout << c;
17   std::cout << std::endl;
18
19   // switch each character from upper to lower case and vice versa
20   testStr= {"Only for Testing Purpose."};
21   for (auto& c: testStr) c=
       std::isupper(c)? std::tolower(c): std::toupper(c);
22   for (auto c: testStr) std::cout << c;
23   std::cout << std::endl;
24
25   std::cout << std::endl;
26
27 }
```

Listing 6.1: Range-basierte For-Schleife auf einen String angewandt

WEBSITE Kernsprache: forLoop.cpp

In Listing 6.1 wird die neue For-Schleife sowohl für die Ausgabe (Zeile 11) als auch für die Modifikation des Strings (Zeile 15 und 21) verwendet. Dabei gibt der ternäre Ausdruck in Zeile 21 den Groß- oder Kleinbuchstaben des Zeichens c abhängig davon zurück, ob das Prädikat `std::isupper(c)` zu wahr oder falsch evaluiert.

Die Ausgabe zeigt den originalen String, den String in Großbuchstaben und den String, bei dem alle Groß- zu Kleinbuchstaben und Klein- zu Großbuchstaben werden.

Abbildung 6.1: Modifikation eines `std::string` mit der Range-basierten For-Schleife

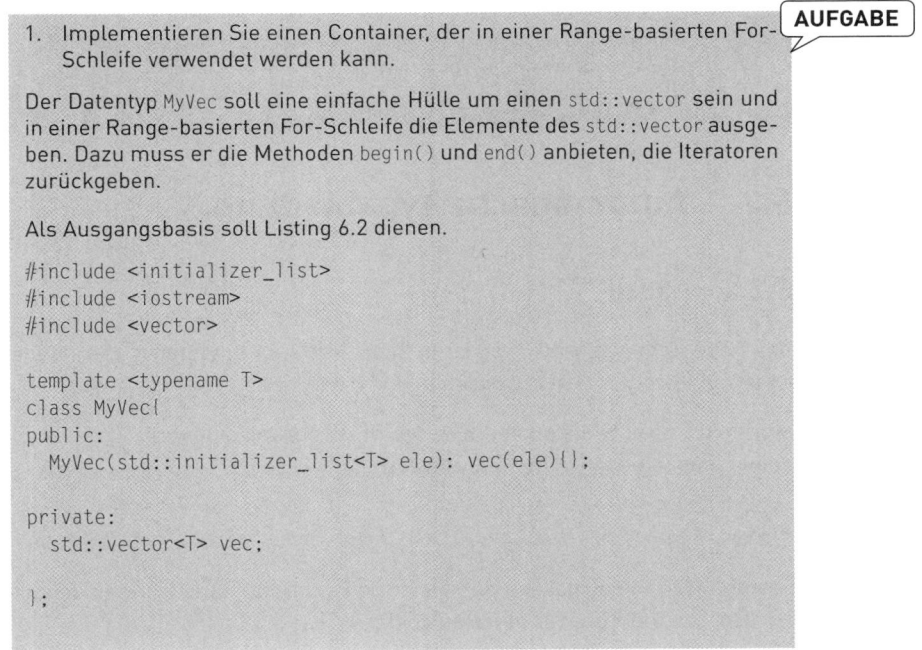

AUFGABE

1. Implementieren Sie einen Container, der in einer Range-basierten For-Schleife verwendet werden kann.

Der Datentyp `MyVec` soll eine einfache Hülle um einen `std::vector` sein und in einer Range-basierten For-Schleife die Elemente des `std::vector` ausgeben. Dazu muss er die Methoden `begin()` und `end()` anbieten, die Iteratoren zurückgeben.

Als Ausgangsbasis soll Listing 6.2 dienen.

```cpp
#include <initializer_list>
#include <iostream>
#include <vector>

template <typename T>
class MyVec{
public:
  MyVec(std::initializer_list<T> ele): vec(ele){};

private:
  std::vector<T> vec;

};
```

AUFGABE

```
int main(){

  MyVec<int> myVec{1,2,3,4,5};

  // that should work
  //for (auto m : myVec) std::cout << m << std::endl;

}
```

Listing 6.2: MyVec als Hülle um `std::vector`

WEBSITE

Kernsprache: Aufgaben: myVec.cpp
Kernsprache: Aufgaben: myVecSolution.cpp

Inkrementieren Sie in einem sequentiellen Container den Wert jedes Elements.

Ihre Liste `std::list<int>` besitzt 20 Elemente mit den Werten 0. Inkrementieren Sie die Werte der Liste sukzessive um 1, so dass die Liste die Werte von 1 – 20 enthält. Geben Sie die modifizierten Werte der Liste aus.

WEBSITE

Kernsprache: Aufgaben: incrementListForLoop.cpp

Vergleichen Sie die Range-basierte For-Schleife mit dem STL-Algorithmus `std::for_each`.

Iterieren Sie dazu über einen Container der Zahlen von 1 – 10 und ersetzen Sie jede Zahl durch ihr Quadrat. Lösen Sie die Aufgabe mit der Range-basierten For-Schleife und dem STL-Algorithmus `std::for_each`. Geben Sie zur Kontrolle die veränderten Container aus.

WEBSITE

Kernsprache: Aufgaben: compRangeForEach.cpp

6.2 Automatische Typableitung

6.2.1 auto

Das neue Schlüsselwort `auto` ist in Tour de C++11 eingeführt und häufig angewandt worden. Was noch fehlt, sind die Details.

Direkte und Kopier-initialisierung

Sowohl die direkte als auch die Kopierinitialisierung sind mit `auto` erlaubt und erzeugen den gleichen Datentyp:

```
auto myIntDirect(1);
auto myIntCopy= 1;
```

Deklaration mehrerer Variablen

Solange jede Initialisierung den gleichen Typ ergibt, kann `auto` verwendet werden, um mehrere Variablen zu deklarieren.

```
double d= 5.5;
auto f= 5.0, *pf= &f, *pd= &d;
```

Der kurze Codeschnipsel erklärt eine Variable f vom Typ double und zwei Zeiger pf und pd auf Variablen vom Typ double. In der Typdeklaration mit mehreren Variablen setze ich explizit voraus, dass der Ausdruck von links nach rechts verarbeitet wird.

Automatische Typableitung mit auto ist in C++ kein neues Feature. Das Ableiten der Parameter von Funktions-Templates ist schon lange im Einsatz und folgt den gleichen Regeln wie auto.

Automatische Typableitung in Funktions-Templates

```
01 template <typename T>
02 void myFunc(T var);
03 …
04 myFunc(expression);
05 auto var= expression;
```
Listing 6.3: Gegenüberstellung von auto und Funktions-Templates

So wie das Argument expression in Zeile 4 den Typ von var in Zeile 2 bestimmt, so bestimmt ihn expression für auto var in Zeile 5.

Der Typ der automatisch abgeleiteten Variablen kann durch eine Referenz und einen Zeiger, aber auch durch die Bezeichner const, volatile und static explizit angegeben werden.

```
01 #include <vector>                                           auto.cpp
02
03 int func(int){ return 2011; }
04
05 int main(){
06
07   auto i= 5;
08   auto& intRef=i;            // int&
09   auto* intPoint= &i;        // int*
10   const auto constInt= i;    // const int
11   volatile auto volInt=i;    // volatile int
12   static auto staticInt= 10; // static int
13
14   const std::vector<int> myVec;
15   auto vec = myVec;          // std::vector<int>
16   auto& vecRef = vec;        // const std::vector<int>&
17
18   int myData[10];
19   auto v3 = myData;          // int*
20   auto& v4 = myData;         // int (&)[10]
21
22   auto myFunc= func;         // func*
23   auto& myFuncRef= func;     // (int)(*)(int)
24
25 }
```
Listing 6.4: Referenzen, Zeiger, const-, volatile- und static-Bezeichner im Zusammenspiel mit auto

Kernsprache: auto.cpp

In Listing 6.4 sind verschiedene Kombinationen des neuen Schlüsselworts auto mit Referenzen und Zeigern, aber auch mit konstanten, volatilen und statischen Datentypen zu sehen. Der resultierende Datentyp folgt im Kommentar.

Implizite
Konvertierung

In den Beispielen gelten die Regeln entsprechend der Typableitung in Funktions-Templates. Nur wenn die Variable als Referenz erklärt wird, wird vecRef zur Referenz (Zeile 15 und 16). Die implizite Typkonvertierung (*decay to pointer*) von einem Array auf einen Zeiger auf einen Datentyp int (Zeile 19) oder von einer Funktion auf einen Zeiger auf eine Funktion (Zeile 22) kann nur durch eine Referenz (Zeile 20 und 23) verhindert werden.

(**AUFGABE**)

1. Die automatische Typableitung mit auto ist das wohl am häufigsten verwendete Feature aus C++11 in diesem Buch.

In dem kleinem Programm in Listing 6.5 wird auto exzessiv eingesetzt.

```
01 #include <chrono>
02 #include <future>
03 #include <map>
04 #include <string>
05 #include <tuple>
06 #include <utility>
07
08 int main(){
09
10    auto myInts={1,2,3};
11    auto myIntBegin= myInts.begin();
12
13    std::map<int,std::string> myMap=
              {{1,std::string("one")},{2,std::string("two")}};
14    auto myMapBegin= myMap.begin();
15
16    auto func= [](const std::string& a){ return a;};
17
18    auto futureLambda= std::async([](const std::string& s)
                           {return std::string("Hello ") + s;},
                           std::string("lambda function."));
19
20    auto begin = std::chrono::system_clock::now();
21
22    auto pa= std::make_pair(1,std::string("second"));
23
24    auto tup= std::make_tuple
              (std::string("second"),4,1.1,true,'a');
25
26 }
```

Listing 6.5: Automatische Typableitung mit auto

AUFGABE

Schreiben Sie das Programm um, indem alle Verwendungen von auto durch den expliziten Typ ersetzt werden. Stellen Sie durch die Übersetzung des Programms sicher, dass die richtigen Typen zum Einsatz kommen. Beachten Sie dabei die zusätzlich benötigten Header-Dateien.

WEBSITE

Kernsprache: Aufgaben: autoExplicit.cpp

Kernsprache: Aufgaben: autoExplicitSolution.cpp

2. Funktionsparameter dürfen nicht als auto deklariert werden.

auto kann fast überall eingesetzt werden, um den Typ aus der Initialisierung automatisch abzuleiten. Zwar ist es in Zeile 16 in Listing 6.5 möglich, einen Funktionsaufruf durch eine Lambda-Funktion zu definieren, aber Listing 6.6: Verwendung von auto in der Funktionsdeklaration lässt sich nicht übersetzen.

```
01 #include <iostream>
02 #include <string>
03
04 void invokeFunction(auto func){
05   std::cout << "I'm a " << func() << "." << std::endl;
06 }
07
08 std::string myFunction(){
09   return "function";
10 }
11
12 struct MyFunctionObject{
13   std::string operator()(){
14     return "function object";
15   }
16 };
17
18 int main(){
19
20   invokeFunction([]{ return "lambda function";});
21
22   invokeFunction(&myFunction);
23
24   invokeFunction(MyFunctionObject());
25
26 }
```
Listing 6.6: Verwendung von auto in der Funktionsdeklaration

Der aktuelle GCC-Compiler moniert dies sofort (Abbildung 6.2: Verwendung von auto in der Funktionsdeklaration).

AUFGABE

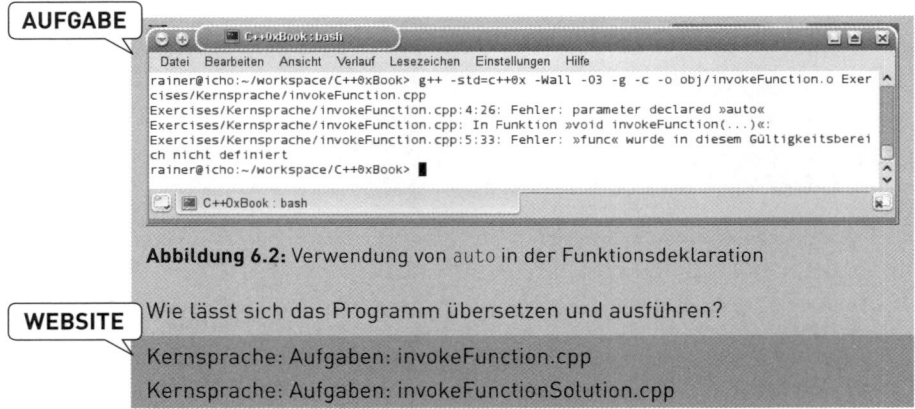

Abbildung 6.2: Verwendung von auto in der Funktionsdeklaration

WEBSITE

Wie lässt sich das Programm übersetzen und ausführen?

Kernsprache: Aufgaben: invokeFunction.cpp

Kernsprache: Aufgaben: invokeFunctionSolution.cpp

Neben auto kann der in Tour de C++11 vorgestellte Operator decltype verwendet werden, um den Typ eines Ausdrucks zur Übersetzungszeit zu bestimmen.

6.2.2   decltype

decltype verboser als auto

Verwenden wir das Listing 6.4 und ergänzen es um die entsprechenden decltype-Anweisungen, fällt auf den ersten Blick auf, dass decltype deutlich wortreicher ist (Listing 6.7).

decltype.cpp

```
01 #include <vector>
02
03 int func(int){}
04
05 int main(){
06
07    auto i= 5;                              // int
08    decltype(i) iD= i;                      // int
09
10    auto& intRef=i;                         // int&
11    decltype(intRef) intRefD= intRef;       // int&
12
13    auto* intPoint= &i;                     // int*
14    decltype(intPoint) intPointD= intPoint; // int*
15
16    const auto constInt= i;                 // const int
17    decltype(constInt) constIntD= constInt; // const int
18
19    volatile auto volInt=i;                 // volatile int
20    decltype(volInt) volIntD= volInt;       // volatile int
21
22    static auto staticInt= 10;              // static int
23    decltype(staticInt) staticIntD= staticInt; // static int
24
```

```
25    const std::vector<int> myVec;
26
27    auto vec = myVec;              // std::vector<int>
28    decltype(vec) vecD= vec;       //const std::vector<int>&
29
30    auto& vecRef = vec;            //const std::vector<int>&
31    decltype(vecRef) vecRefD= vecRef;//const std::vector<int>&
32
33    int myData[10];
34
35    auto v1 = myData;                        // int*
36    decltype(v1) v1D= v1;                    // int (&)[10]
37
38    auto& v2 = myData;                       // int (&)[10]
39    decltype(v2) v2D= v2;                    // int (&)[10]
40
41    auto myFunc= func;                       //func*
42    decltype(myFunc) myFuncD= myFunc;    // (int)(*)(int)
43
44    auto& myFuncRef= func;                   //(int)(*)(int)
45    decltype(myFuncRef) myFuncRefD= myFuncRef; //(int)(*)(int)
46
47 }
```

Listing 6.7: Vergleich decltype und auto

WEBSITE

Kernsprache: decltype.cpp

Auf den zweiten Blick ist das Bild schon deutlich differenzierter. Der Typ, den decltype zurückgibt, ist der deklarierte Typ (*declared type*). Hieraus leitet sich auch der Name des Operators decltype ab. Daher ist es weder notwendig, Referenzen oder Zeiger bzw. die Bezeichner const, volatile und static wie bei auto explizit zu spezifizieren. Noch ist es notwendig, den Vektor (Zeile 20), das Array (Zeile 26) und die Funktion (Zeile 3) per Referenz anzunehmen, um eine implizite Konvertierung wie bei auto zu verhindern.

declared type

Das Alleinstellungsmerkmal von decltype fehlt noch. Durch decltype ist es möglich, den Rückgabewert von Funktions-Templates automatisch bestimmen zu lassen. In C++ wurde dieses Problem gerne über Promotion Traits (siehe Anhang) gelöst.

Automatischer Rückgabetyp

PRAXISTIPP

Ziehen Sie im Zweifelsfall auto decltype vor.

Während auto für den einfachen Gebrauch ausgelegt ist, ist decltype das Werkzeug für den Template-Autor.

Bevor wir uns aber einem klassischen Problem der Template-Programmierung widmen, sollten wir uns zunächst die neue, alternative Funktionssyntax anschauen.

6.2.3   Alternative Funktionssyntax

Eine Funktion der Form wie in Listing 6.8

```
int add(int a, int b){
  return a+b;
}
```

Listing 6.8: Klassische Funktionsdefinition

lässt sich nun in einer alternativen Syntax (Listing 6.9) definieren.

```
add(int a, int b) -> int{
  return a+b;
}
```

Listing 6.9: Alternative, neue Funktionsdefinition

Anlehnung an
die Mathematik

Wird der Rückgabetyp in der klassischen Funktionsdeklaration zuerst angegeben, so folgt er nur nach der Funktionssignatur und wird mit einem `->` eingeleitet. Die Syntax mag an die Funktionsdeklaration in der Mathematik oder auch Haskell erinnern. Dies ist nicht das Entscheidende. Entscheidend ist, dass a und b zu dem späten Zeitpunkt definiert sind und rechts vom `->` verwendet werden können.

Die Mächtigkeit von `auto` und `decltype` zeigt sich erst, wenn beide neuen Features zusammen mit der alternativen Form, Funktionen zu deklarieren, angewandt werden (Listing 6.10).

newFunction-
Syntax.cpp

```
01 #include <iostream>
02
03 template <class T>
04 auto getValue(T d)-> decltype(d){
05     return d;
06 }
07
08 template<typename T1, typename T2>
09 auto add(T1 first, T2 second) -> decltype(first + second){
10     return first + second;
11 }
12
13 int main(){
14
15   std::cout << std::endl;
16
17   auto testDouble= getValue(3.4);
18   std::cout << "testDouble: " << testDouble << "\n";
19
20   auto testString= getValue("I'm a string.");
21   std::cout << "testString: " << testString << "\n";
22
23   auto a1= add(1,1);
```

```
24    auto a2= add(1,2.1);
25    std::cout << "add(1,1)= " << a1  << std::endl;
26    std::cout << "add(1,2.1)= " << a2 << std::endl;
27    std::cout << "add(1000LL,5)= " << add(1000LL,5)
                  << std::endl;
28
29    std::cout << std::endl;
30 }
```

Listing 6.10: auto, decltype und neue Funktionssyntax kombiniert

---

Kernsprache: newFunctionSyntax.cpp   **WEBSITE**

Während getValue (Zeile 3 in Listing 6.10) mit der klassischen Template-Syntax auch ausgedrückt werden kann, indem der Template-Parameter T als Rückgabetyp verwendet wird, zeigt das Funktions-Template add (Zeile 8) eine ganz neue Funktionalität. Der Rückgabewerttyp des Funktions-Templates wird durch den Compiler für den Ausdruck first + second (Zeile 9) bestimmt. Das Schlüsselwort auto in der Typdeklaration (Zeile 4 und 9) leitet die neue Syntax ein, um den Rückgabetyp verzögert zu evaluieren (*trailing return type*), und ist daher nicht mit der automatischen Typableitung von auto zu verwechseln.

trailing return type

DEFINITION

Typumwandlung

Typumwandlung bezeichnet die Fähigkeit des Compilers, einen Datentyp in einen anderen umzuwandeln.

Die Regeln kommen bei C und daher auch bei C++ zum Einsatz, wenn zum Beispiel eine natürliche Zahl und eine Fließkommazahl addiert werden. Die natürliche Zahl als der einfachere Datentyp wird zur Fließkommazahl als dem komplexeren Datentyp konvertiert. Beim impliziten Konvertieren eines Datentyps können Informationsverluste auftreten.

Ein Spezialfall der Typumwandlung ist die Typerweiterung (type promotion). Hier wird der Datentyp ohne Informationsverlust erweitert. Für die Typerweiterung gibt es ein paar Regeln.

» bool → int

» char → int

» signed char → short → int

» unsigned char → unsigned short → unsigned int

» float → double

Das ganze Programm kommt völlig ohne die Angabe eines Typs aus. Ein Vergleich des Funktions-Templates add gegenüber der klassischen Umsetzung mit Promotion Traits bietet drei nicht zu unterschätzende Vorteile:

1. Die Typkonvertierung wird durch den Compiler automatisch und richtig vollzogen.

2. Ein generisches Funktions-Template deckt alle Anwendungsfälle ab.

3. Neue Datentypen müssen nicht nachträglich in das Promotion-Regelwerk eingepflegt werden.

Die Ausgabe bringt kein überraschendes Ergebnis.

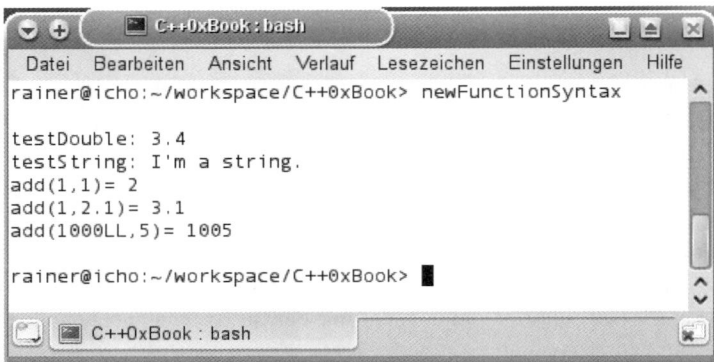

Abbildung 6.3: Die neue Funktionssyntax im Einsatz

AUFGABE

1. Implizite Typumwandlungen des Compilers

Machen Sie sich mit den Regeln der impliziten Typumwandlung des Compilers bei arithmetischen Operationen vertraut. Verwenden Sie dazu die neue Syntax, Funktionen zu deklarieren, und fragen Sie den Rückgabetyp mit dem Schlüsselwort typeid ab. Überprüfen Sie bei jedem Ergebnis, ob dies Ihren Erwartungen entspricht.

Ein paar Anregungen:

```
std::cout << typeid( getType(1,false) ).name() << std::endl;
std::cout << typeid( getType(,a',1) ).name() << std::endl;
std::cout << typeid( getType(false,false) ).name() << std::endl;
std::cout << typeid( getType(true,3.14) ).name() << std::endl;
std::cout << typeid( getType(1,4.0) ).name() << std::endl;
```

Dabei ist getType nach der neuen Funktionssyntax deklariert und soll seine zwei Argumente addieren.

WEBSITE

Kernsprache: Aufgaben: typeid.cpp

2. Schreiben Sie das generische Funktions-Template add aus Listing 6.10 so um, dass es exakt die Typen ermittelt.

```
template<typename T1, typename T2>
auto add(T1 first, T2 second) -> decltype(first + second){
```

```
    return first + second;
}
```

Listing 6.11: Generische add-Funktion, die die Lvalue-Rvalue-Eigenschaft ihrer Argumente nicht respektiert

Jetzt bin ich penibel. Das Funktions-Template add bestimmt nicht genau den Rückgabetyp. Wird es mit zwei Rvalues über add(1,2) aufgerufen, bestimmt es den Rückgabetyp für zwei Lvalues. Der Grund ist, dass die Rvalues mit first und second einen Namen erhalten und somit implizit zu Lvalues konvertieren. Das ist in diesem konkreten Fall wohl kein Problem, kann aber dann zu einem werden, wenn Sie die Argumente verwenden, um eine weitere Funktion mit den exakten Argumenten aufzurufen.

Für die Lösung der Aufgaben müssen Sie wohl das Kapitel Rvalue-Referenzen und dort explizit Perfect Forwarding zu Rate ziehen. Testen Sie anschließend Ihre Lösung, indem Sie das neue Funktions-Template in Listing 6.10 einbauen.

Kernsprache: Aufgaben: newFunctionSyntaxSolution.cpp

6.3 Lambda-Funktionen

In Tour de C++11 sind viele Beispiele für Lambda-Funktionen. Lambda-Funktionen unterstützen die Lokalität der Funktionalität, denn genau dort, wo eine aufrufbare Einheit benötigt wird, kann diese direkt definiert werden.

Lambda-Funktion

Zur Erinnerung: Eine Lambda-Funktion $[\ ]()_{optional} \rightarrow_{optional} \{\}$ besteht aus den vier Komponenten:

Komponente	Bereich der Lambda-Funktion
[ ]	Bindung an die Variablen des lokalen Bereichs
	[] keine Bindung
	[=] die Werte werden kopiert
	[&] die Werte werden referenziert
( )	Argumente des Funktionskörpers (optional)
->	Rückgabewert (optional)
{ }	Funktionskörper

Tabelle 6.1: Struktur einer Lambda-Funktion in C++11

6.3.1   Lambda-Funktionen als temporäre Funktionsobjekte

Dabei lässt sich eine Lambda-Funktion als Funktionsobjekt vorstellen, das an Ort und Stelle implizit definiert und ausgeführt wird.

lambdaFunction-
Object.cpp

```
01 #include <algorithm>
02 #include <iostream>
03 #include <vector>
04
05 class AccumTemp{
06     int& sum;
07     int inc;
08
09   public:
10
11     AccumTemp (int& sum_, int inc_): sum(sum_), inc(inc_) {}
12
13     int operator()(int v) const {
14       return sum += v+inc;
15     }
16 };
17
18 int main(){
19
20   std::cout << std::endl;
21
22   std::vector<int> vecInt{1,2,3,4,5,6,7,8,9,10};
23   int sumLambda=0;
24   int inc=5;
25
26   // summation with the lambda function
27   std::for_each(vecInt.begin(),vecInt.end(),
        [&sumLambda,inc](int v){sumLambda += v+inc;});
28
29   std::cout << "Summation with the Lambda Function: "
              << sumLambda << std::endl;
30
31   std::cout << std::endl;
32
33   int sumFunctionObject=0;
34
35   // summation with the function object
36   std::for_each(vecInt.begin(),vecInt.end(),
        AccumTemp(sumFunctionObject,inc));
37
38   std::cout << "Summation with the Function Object: "
              << sumFunctionObject << std::endl;
39
```

```
40   std::cout << std::endl;
41
42 }
```

Listing 6.12: Lambda-Funktion als lokales, temporäres Funktionsobjekt

> Kernsprache: lambdaFunctionObject.cpp   **WEBSITE**

Sowohl die Lambda-Funktion als auch das Funktionsobjekt ergeben das gleiche Ergebnis 105 (Abbildung 6.4).

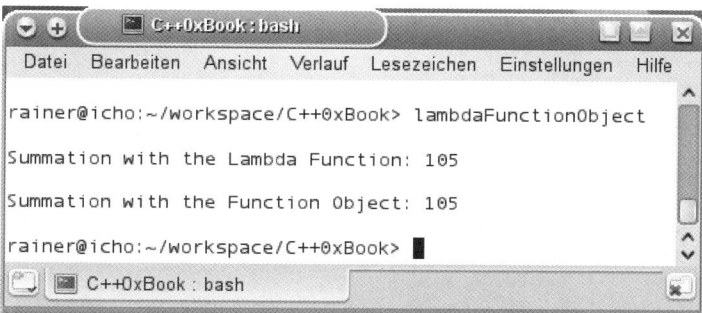

Abbildung 6.4: Lambda-Funktion und Funktionsobjekt als Accumulator

Die Lambda-Funktion in Listing 6.12 `[&sumLambda,inc](int v){sumLambda += v+inc;}` (Zeile 27) ist über ihren Funktionskörper am einfachsten zu verstehen. In diesem wird die lokale Summationsvariable `sumLambda` (Zeile 23) per Referenz adressiert, da der Wert der Summation nach der Schleife zur Verfügung stehen soll. Erreicht wird das dadurch, dass die Bindung mit einer Referenz `&sumLambda` in dem Bindungsbereich `[]` deklariert wird. Hingegen ist es für das lokale `inc` (Zeile 5) ausreichend, kopiert zu werden. Das Argument `v` der Lambda-Funktion nimmt die Werte des Vektors an.

Ein scharfer Blick auf das Funktionsobjekt und die Lambda-Funktion zeigt die Parallelität auf. Der Funktionskörper der Lambda-Funktion findet sich im überladenen Klammeroperator (Zeile 13) wieder. Sein Argument `v` entspricht dem Argument der Lambda-Funktion. Die Summationsvariable `sumFunctionObject` wird per Referenz im Objekt gebunden, `inc` hingegen kopiert.

Lambda-Funktion versus Funktionsobjekte

Änderbare Lambda-Funktionen   **EXKURS**

Änderbare Lambda-Funktionen sind sehr spezielle Lambda-Funktionen. Für den Fall, dass Ihnen solch ein Exemplar in Ihrer C++11-Karriere begegnet, hier die Details. In Listing 6.13: Änderbare Lambda-Funktion fällt das Schlüsselwort `mutable` ins Auge. Damit wird die Lambda-Funktion zur änderbaren Lambda-Funktion.

EXKURS

mutableLambda.cpp

```
01  int main(){
02
03    int mut=0;
04    auto mutableLambda= [=]() mutable {mut= 5;};
05    // auto mutableLambda= [=]{mut= 5;};
06    mutableLambda();
07
08  }
```

WEBSITE
Listing 6.13: Änderbare Lambda-Funktion

Kernsprache: mutableLambda.cpp

Wieso ist das notwendig? Wird in Listing 6.14 Zeile 5 statt 4 verwendet, beendet der VC10 Compiler dies mit der aussagekräftigen Fehlermeldung:

```
e:\rainer\c++\lambda.cc(5): error C3491: "mut": Eine Erfassung nach
Wert kann in einem nicht änderbaren Lambda nicht geändert werden.
```

Der Grund liegt darin, dass der Funktionskörper der Lambda-Funktion
const ist. Das lässt sich schön an dem Funktionsobjekt AccumTemp in Listing
6.12: Lambda-Funktion als lokales, temporäres Funktionsobjekt in Zeile 5
nachvollziehen, die der Lambda-Funktion in Zeile 27 entspricht. Der Klammeroperator des Funktionsobjekts AccumTemp ist als const deklariert. Damit
darf er den Zustand des Objekts nicht ändern. Durch das Schlüsselwort
mutable ist dies erlaubt, so dass die Zeile 4 in Listing 6.13 zulässig ist.

6.3.2   Bindung an den lokalen Bereich: [ ]

Das Referenzieren des lokalen Bereichs im Bindungsbereich [] ist beliebig feingranular spezifizierbar. Neben dem Verhalten »Kopiere oder refe-
renziere alle im Funktionskörper verwendeten Variablen des lokalen Bereichs« lassen sich explizite Ausnahmen festlegen. Dies ist am einfachsten
mit einem kleinen Beispiel erklärt. Für dieses Beispiel sollen die drei Variablen a, b und c deklariert sein und für den Bindungsbereich verschiedene Möglichkeiten durchgespielt werden. Für die drei Variablen ist explizit
angegeben, ob sie im Funktionsblock nicht ($\emptyset$), per Referenz (&) oder per
Kopie (=) zur Verfügung stehen.

Bindungsbereich	a	b	c
[]	$\emptyset$	$\emptyset$	$\emptyset$
[&]	&	&	&
[=]	=	=	=
[a]	=	$\emptyset$	$\emptyset$
[&b]	$\emptyset$	&	$\emptyset$

Tabelle 6.2: Variationen des Bindungsbereichs

Bindungsbereich	a	b	c
[a,&b]	=	&	∅
[&,c]	&	&	=
[=,&c]	=	=	&

Tabelle 6.2: Variationen des Bindungsbereichs (Fortsetzung)

Lambda-Funktionen können als Funktionen angesehen werden, die ihren Aufrufkontext konservieren.

Closures

Closures sind spezielle Funktionen, die ihren Aufrufkontext konservieren. In der funktionalen Programmierung sind sie auch unter dem Namen Funktionsabschluss bekannt. Lambda-Funktionen vereinen in C++11 die Funktionalität von Closures, die Funktionen mit Gedächtnis darstellen, mit der Funktionalität zustandsbehafteter Funktionsobjekte, die sich wie Funktionen aufrufen lassen. Closures sind in der Regel kompakter als Funktionsobjekte.

DEFINITION

Closure und Funktionsabschluss

closure.cpp

```
01 #include <algorithm>
02 #include <iostream>
03 #include <string>
04 #include <vector>
05
06
07 int main(){
08
09   std::cout << std::endl;
10
11   std::vector<int> vecInt={1,2,3,4,5,6,7,8,9,10};
12
13   std::string seperator="";
14   auto sepEmp= [seperator](int i)
                 {std::cout << i << seperator;};
15
16   seperator=":";
17   auto sepColon=[seperator](int i)
                 {std::cout << i << seperator;};
18
19   seperator="-";
20   auto sepHyphen=[seperator](int i)
                 {std::cout << i << seperator;};
21
22   seperator=",";
23   auto sepComma=[seperator](int i)
                 {std::cout << i << seperator;};
24
25
```

```
26    std::for_each(vecInt.begin(),vecInt.end(),sepEmp);
27    std::cout << std::endl;
28
29    std::for_each(vecInt.begin(),vecInt.end(),sepColon);
30    std::cout << std::endl;
31
32    std::for_each(vecInt.begin(),vecInt.end(),sepHyphen);
33    std::cout << std::endl;
34
35    std::for_each(vecInt.begin(),vecInt.end(),sepComma);
36    std::cout << std::endl;
37
38    std::cout << std::endl;
39
40 }
```

Listing 6.14: Lambda-Funktionen als Closures

WEBSITE   Kernsprache: closure.cpp

Das konstruierte Beispiel in Listing 6.14 verdeutlich, wie Lambda-Funktionen ihren Aufrufkontext binden können. Ziel des Programms ist es, den
Vektor über natürliche Zahlen mit verschiedenen Trennzeichen auszugeben. Beim Definieren der Lambda-Funktionen in den Zeilen 14,17, 20 und
23 wird der String seperator gebunden. Dies ist der Grund, warum jede
Iteration über den Vektor mit Hilfe dieser Lambda-Funktionen ein anderes
Trennzeichen anwendet (Zeile 26, 29, 32 und 35) und ausgibt.

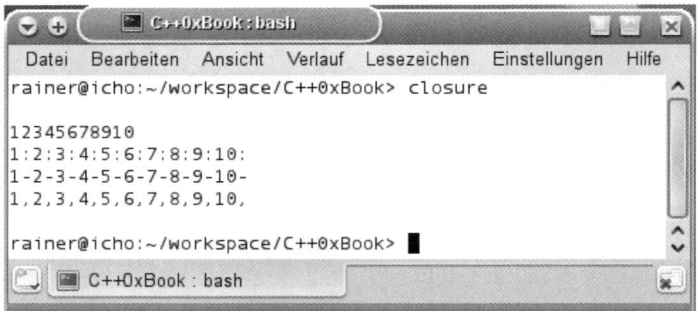

Abbildung 6.5: Ausgabe eines Containers mit verschiedenen Trennzeichen

dangling reference

Bindet die Lambda-Funktion die Variablen ihres Aufrufkontexts per Referenz, so muss sichergestellt sein, dass die Lambda-Funktion ihre verwendeten Variablen überlebt. Genau dies ist in Listing 6.15 nicht der Fall.

¬nglingReference.
         cpp

```
01 #include <functional>
02 #include <iostream>
03
04 std::function<std::string()> makeLambda() {
```

```
05      const std::string val="very bad";
06      return [&val]{ return val;};
07 }
08
09 int main(){
10
11    std::cout << std::endl;
12
13    auto bad= makeLambda();
14    std::cout << bad() << std::endl;
15
16    std::cout << std::endl;
17
18 }
```

Listing 6.15: Lambda-Funktion mit dangling reference

Kernsprache: danglingReference.cpp   WEBSITE

Die Funktion makeLambda in Listing 6.15 erzeugt eine einfache Lambda-Funktion und gibt diese zurück. Die Lambda-Funktion benötigt kein Argument und soll einen std::string zurückgeben. Genau so ist der Rückgabewert durch das Funktionsobjekt std::function<std::string()> definiert. In Zeile 13 wird die Lambda-Funktion an bad zugewiesen und in der nächsten Zeile ausgeführt. Das Ausführen des Programms führt zum Fehler.

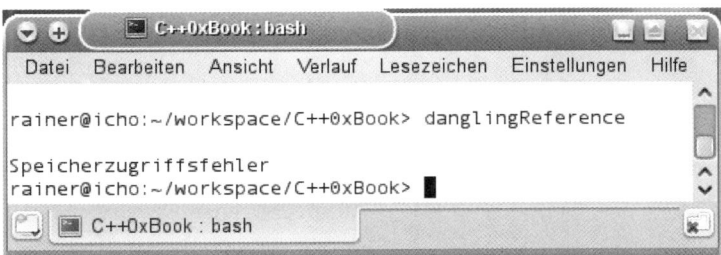

Abbildung 6.6: Speicherzugriffsfehler aufgrund einer dangling reference

Was ist der Grund? In der Lambda-Funktion wird in Listing 6.15 der String val per Referenz gebunden. Ist die Funktion ausgeführt, endet der Lebenszyklus der Variablen. Die Lambda-Funktion referenziert bei ihrer Ausführung eine Variable, die nicht mehr existiert. Es entsteht eine klassische *dangling reference*.

Beachten Sie die Lebenszeit von Referenzen in Lambda-Funktionen.   PRAXISTIPP

Binden Lambda-Funktionen Variablen per Referenz, muss die Variable die Lambda-Funktion überleben.

Klassenmethode   Will eine Lambda-Funktion, die in einer Methode implementiert ist, auf die Klassenelemente zugreifen, muss sie einen Standardbindungsmodus [&] oder [=] oder this angeben. Damit kann die Lambda-Funktion in ihrem Funktionskörper auf alle Elemente der Klasse per Referenz ([&]), per Copy ([=]) oder auf die Elemente des Objekts (this) zugreifen, unabhängig davon, ob diese privat, protected oder public definiert sind (Listing 6.16).

classMember.cpp

```
01 #include <iostream>
02
03 class ClassMember{
04
05   const static int a= 1;
06
07   int get10(){
08     return 10;
09   }
10   public:
11     void showAll(){
12       // define and invoke (trailing ()) the
              lambda functions
13       [this]{std::cout << "by this= "
                  << get10() + a  << std::endl;}();
14       [&]{std::cout << "by reference= "
                  << get10() + a  << std::endl;}();
15       [=]{std::cout << "by copy= "
                  << get10() + a << std::endl;}();
16     }
17 };
18
19 int main(){
20   std::cout << std::endl;
21
22   ClassMember cM;
23   cM.showAll();
24
25   std::cout << std::endl;
26 }
```

Listing 6.16: Binden von Klassenelementen in Lambda-Funktionen

WEBSITE Kernsprache: classMember.cpp

In Listing 6.16 können sowohl das private Element a als auch die private Methode get10() in den drei Lambda-Funktionen (Zeile 13, 14 und 15) verwendet werden. Damit die Lambda-Funktion direkt aufgerufen werden kann, kommt auf jedem der drei Funktionsobjekte der ()-Operator zum Einsatz. Das direkte Initialisieren eines Klassenelements wird mit dem aktuellen GCC (C++0x Support in GCC, 2011) noch nicht unterstützt. Dies ist der Grund, warum a vom Typ const static int ist, denn diese Syntax wird schon mit klassischem C++ unterstützt.

Es fehlt noch das Ergebnis des Programmlaufs:

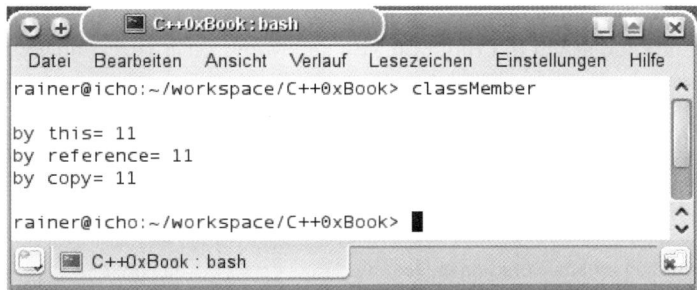

Abbildung 6.7: Lambda-Funktionen mit Bindung der Klassenelemente

6.3.3 Argumente: ( )

Lambda-Funktionen, die keine Parameter besitzen, können auf das Klammerpaar () verzichten. Dies ist in den drei Lambda-Funktionen (Zeile 13, 14 und 15) in Listing 6.16 zu sehen.

6.3.4 Rückgabewert: →

Besteht der Funktionskörper einer Lambda-Funktion nur aus einem return Ausdruck; oder gibt die Lambda-Funktion keinen Wert zurück, kann auf die Angabe des Rückgabetyps verzichtet werden. Die meisten Lambda-Funktionen, die bisher verwendet wurden, machten von dieser Option Gebrauch.

Verlangt eine Lambda-Funktion die explizite Angabe des Rückgabetyps, muss dieser in der alternativen Funktionssyntax angegeben werden.

```
auto addLambda= [](int x,int y)-> int{
  int z;
  z= x+y;
  return z;
};
```

Listing 6.17: Lambda-Funktion mit Rückgabetyp

6.3.5 Funktionskörper: { }

Lambda-Funktionen in C++11 sind relativ mächtig, verglichen mit Lambda-Funktionen in anderen Programmiersprachen wie Python. Sie können aus mehreren Ausdrücken und sogar Statements bestehen.

Komplexere Lambda-Funktionen verlangen ein geschultes Auge. In Listing 6.17: Lambda-Funktion mit Rückgabetyp wird eine Lambda-Funktionen erklärt, die als Ergebnis die zwei Argumente addiert und zurückgibt. Die Lambda-Funktion erhält mit Hilfe von `auto` den Namen `addLambda` und verhält sich wie die Funktion `addFunction`:

```
int addFunction(int x,int y){
  int z;
  z= x+;y
  return z;
}
```

Listing 6.18: Die Lambda-Funktion in Listing 6.17 als gewöhnliche Funktion

PRAXISTIPP

Einsatz von Lambda-Funktionen

Lambda-Funktionen sind dazu da, die Funktionalität an Ort und Stelle auf den Punkt zu bringen. Werden Lambda-Funktionen *wiederverwendet* oder bestehen sie aus mehr als einem Ausdruck, sollte darüber nachgedacht werden, die Funktionalität in einer Funktion oder einem Funktionsobjekt anzubieten.

AUFGABE

1. Korrigieren Sie das Programm `danglineReference.cpp` in Listing 6.15.

Wie müsste `danglingReference.cpp` in Listing 6.15: Lambda-Funktion mit dangling reference implementiert werden, damit das Programm wohldefiniert ist? Hierzu bieten sich einige Variationen an:

»   Geben Sie den Rückgabewert per Copy zurück.

»   Verwenden Sie eine globale Variable für den Rückgabewert.

»   Erweitern Sie `makeLambda` um einen Eingabeparameter `std::string`.

»   Erweitern Sie die von `makeLambda` erzeugte Lambda-Funktion um einen Eingabeparameter `std::string`.

WEBSITE

Kernsprache: Aufgaben: danglingReference.cpp

2. Lassen Sie sich ein Closure von einer Klasse zurückgeben.

Die Klasse kann ganz einfach strukturiert sein.

```
01 class CreateClosure{
02 public:
03   void setName(const std::string& n){
04     name=n;
05   }
06   . . .
07 private:
08   std::string name;
09 };
10
11
```

AUFGABE

```
12 int main(){
13
14   std::cout << std::endl;
15
16   CreateClosure creatClos;
17
18   creatClos.setName("first");
19   auto first= creatClos.getIt();
20   std::cout << "first(): " << first() << std::endl;
21
22   creatClos.setName("second");
23   std::cout << "createClos.getIt()(): "
                << creatClos.getIt()() << std::endl;
24
25   std::cout << std::endl;
26
27 }
```

Listing 6.19: Programmrumpf für das Erzeugen eines Closure

Nun soll die Klasse eine Methode erhalten, die auf Anfrage einen Closure zurückgibt. Wird der Closure ausgeführt, gibt er den Wert der Variablen name zurück. Die entscheidende Zeile 6 fehlt im Listing 6.19. Ausgeführt ergibt das Programm die Ausgabe in Abbildung 6.8.

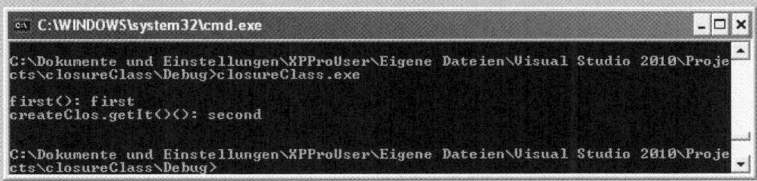

Abbildung 6.8: Anwenden des Closure CreateClosure

WEBSITE

Kernsprache: Aufgaben: createClosure.cpp

3. Implementieren Sie ein Funktionsobjekt.

In folgendem Listing ist eine einfache Lambda-Funktion definiert.

```
const std::string hello("lambda");
auto myLambda= [hello](const std::string& a)
              {return hello + " " + a; };
std::cout << myLambda("function") << std::endl;
```

Ausgeführt, gibt die Lambda-Funktion lambda function aus. Implementieren Sie ein Funktionsobjekt mit der gleichen Funktionalität, das sich wie eine Lambda-Funktion anfühlt.

```
const std::string helloFunc("function");
auto myFunctionObject= MyFunctionObject(helloFunc);
std::cout << myFunctionObject("object") << std::endl;
```

6.4   Vereinheitlichte Initialisierung

Vereinheitlichte
Initialisierung überall

{}-Initialisiererlisten können in C++11 universell eingesetzt werden. Die Initialisierung mit {}-Listen verdrängt nicht die Initialisierung der Daten in C++98, sondern ergänzt sie. In Tour de C++11 war dieses Feature schon häufig im Einsatz, da das Initialisieren von Containern damit sehr praktisch ist. Ein paar weitere Beispiele, die nicht alle Anwendungsfälle abdecken können, sollen dieses mächtige Feature weiter veranschaulichen.

uniformInitialization.
cpp

```
01 #include <unordered_map>
02 #include <string>
03 #include <vector>
04
05 struct MyStruct{
06     int x;
07     double y;
08 };
09
10 class MyClass{
11 public:
12     int x;
13     double y;
14 };
15
16 struct Telephone{
17   std::string name;
18   int number;
19 };
20
21 Telephone getTelephone(){
22   // Telephone("Rainer Grimm",12345) created
23   return {"Rainer Grimm",12345};
24 }
25
26 struct MyArray {
27     public:
28         MyArray(): data {1, 2, 3, 4, 5} {}
29     private:
30         const int data[5];
31 };
32
33 void getVektor(const std::vector<int>& v){
34   // some code
35 }
36
37 int main(){
38
39   // built-in datatypes and strings
40   bool b{true};
41   bool b2= true;
```

```
42    int i{2011};
43    int i2= {2011};
44    std::string s{"string"};
45    std::string s2= {"string"};
46
47    // struct and class
48    MyStruct basic{5,3,2};
49    MyStruct basic2= {5,3,2};
50    MyClass alsoClass{5,3,2};
51    MyClass alsoClass2= {5,3,2};
52
53    // C-Array
54    // dynamic array initialization
55    const float* pData = new const float[4] { 1.5, 4,
                                                3.5, 4.5 };
56
57    // STL-Container
58    // a vector of 1 element
59    std::vector<int>oneElement{1};
60    std::vector<int>oneElement2= {1};
61
62    std::unordered_map<std::string,int> um {{"Dijkstra",1972},
         {"Scott",1976},{"Wilkes",1967},{"Hamming",1968}};
63    std::unordered_map<std::string,int>um2={{"Dijkstra",1972},
         {"Scott",1976},{"Wilkes",1967},{"Hamming",1968} };
64    // special cases
65    // brace initialisation for a std::vector
66    getVektor({ oneElement[0],5, 10, 20, 30 });
67
68    // methode
69    std::vector<int> v {};
70    v.insert(v.end(), { 99, 88, -1, 15 });
71
72    // getTelephone returns a initializer list
73    Telephone tel(getTelephone());
74  }
```

Listing 6.20: Vereinheitlichte Initialisierung

Kernsprache: uniformInitialization.cpp **WEBSITE**

In Listing 6.20 sind viele verschiedene Variationen der vereinheitlichten
Initialisierung dargestellt. In der Regel wird sowohl die direkte als auch die
Kopierinitialisierung unterstützt. Diese trifft auf einfache Datentypen (Zeile
40 – 45), auf Strukturen und Klassen (Zeile 48-51), aber auch auf STL-Container (Zeile 57 – 63) zu. Sehr interessant ist die Initialisierung des Arguments der Funktion getVektor über eine Initialisiererliste. Der std::vector
erhält mit C++11 eine weitere Methode insert (Zeile 70), die direkt mit einer Initialisiererliste angesprochen werden kann. In der Funktion getTele-

phone in Zeile 23 wird implizit ein Objekt Telephone("Rainer Grimm",12345) erzeugt. Damit ist es möglich, als Rückgabeargument eine Initialisiererliste zu verwenden.

AUFGABE

1. Initialisieren Sie verschiedene Container mit Initialisiererlisten.

Initialisieren Sie ein std::array, ein std::vector, ein std::set und ein std::unordered_multiset durch die {-10,5,1,4,5}-Initialisiererliste und geben Sie die Elemente aus.

Beachten Sie die feinen Unterschiede:

» Wie wird die Länge der Container angegeben?

» Werden mehrfach vorkommende Elemente respektiert?

WEBSITE » Sind die Elemente im Container sortiert?

Kernsprache: Aufgaben: initializerList.cpp

2. Unterscheiden Sie zwischen direkter und Kopierinitialisierung mit Initialisiererlisten.

In Listing 6.20 behaupte ich, dass in der Regel die direkte wie auch die Kopierinitialisierung mit Initialisiererlisten unterstützt wird.

» Worin unterscheiden sich die zwei Zeilen?

```
const float* pData = new const float[2]{1.5,4};
const float* pData = new const float[2]={1.5,4};
```

» Warum lässt sich MyData zwar direkt, aber nicht kopierinitialisieren?

```
struct MyData{
  explicit MyData(int){};
}
```

3. Entdecken Sie den feinen Unterschied zwischen der Initialisierung mit den runden () und den geschweiften {} Klammern.

Einen feinen Unterschied gibt es zwischen der Initialisierung mit runden () und der mit geschweiften {} Klammern. Beim bekannten Initialisieren mit den runden Klammern findet gegebenenfalls eine implizite Verengung (*narrowing*) des Datentyps statt. Bei der Initialisierung mit den eckigen Klammern ist das nicht der Fall.

Machen Sie sich den feinen Unterschied an ein paar Beispielen aus dem Entwurf N3242 von Pete Becker (Becker, Working Draft, Standard for Programming Language C++ (N3242), 2011) des kommenden C++11 klar.

```
01 const int y = 999;
02 const int z = 99;
03 char c3{y}; // error: narrows (assuming char is 8 bits)
04 char c4{z}; // OK: no narrowing needed
05 unsigned char uc1 = {5}; // OK: no narrowing needed
06 unsigned char uc2 = {-1}; // error: narrows
```

```
07 unsigned int ui1 = {-1}; // error: narrows
08 int ii = {2.0}; // error: narrows
09 float f2 { 7 }; // OK: 7 can be exactly represented as a float
```

AUFGABE

Listing 6.21: Keine implizite Verengung in C++11 mit {}-Initialisiererlisten

Die Zeilen 4, 5 und 9 stellen intelligente Ausnahmen der Regel vor. Passt der Quelltyp ohne Informationsverlust in den Zieltyp, findet das implizite Verengen des Datentyps auch mit der {}-Initialisiererliste statt.

7

Entwurf von Klassen

7.1 Initialisierung von Objekten

7.1.1 Initialisiererlisten für Konstruktoren

Konstruktoren, die ein Template vom Typ `std::initializer_list` anneh- Sequenzkonstruktor
men, werden Konstruktoren mit Initialisiererliste genannt. Sie werden
auch als Sequenzkonstruktor bezeichnet. Der Sequenzkonstruktor ist die
Grundlage dafür, dass sich die STL-Container-Strings direkt über Initialisiererlisten wie C-Aggregate initialisieren lassen. Nicht nur die neuen
Konstruktoren, auch Zuweisungsoperatoren unterstützen die neue Syntax.
Dabei besitzt das äußerst praktische Template `std::initializer_list`, das
unter der Decke ein Array ist, nur drei Methoden (Tabelle 7.1):

Methode	Beschreibung
begin	Zeiger auf das erste Element des Arrays
end	Zeiger auf eine Position hinter dem letzten Element des Arrays
size	Anzahl der Elemente des Arrays

Tabelle 7.1: Methoden der Initialisiererliste

Aus diesem einfachen Interface ist unmittelbar ersichtlich: Initialisiererlisten können nicht modifiziert werden. Die drei Methoden sind ausreichend, um einen std::vector über eine Initialisiererliste zu initialisieren:

```
01 template<typename T>
02 class vector {
03   public:
04     vector (std::initializer_list<T> inList){
05       reserve(inList.size());
06       uninitialized_copy(inList.begin(),inList.end(), elem);
07       sz = inList.size();
08     }
09     // the rest
10
11 // ...
12 };
```

Listing 7.1: Sequenzkonstruktor von std::vector

In Listing 7.1 wird der std::vector über die Initialisiererliste inList (Zeile 4) initialisiert. Die Methode reserve (Zeile 5) stellt ausreichend Speicher zur Verfügung, um mit der Methode unitialized_copy (Zeile 6) elem mit den Elementen von inList zu initialisieren. sz merkt sich abschließend die Anzahl der Elemente von inList (Zeile 7).

Überladen von
Konstruktoren

Konstruktoren werden in der Regel überladen. Hierzu gilt es ein paar Regeln im Gedächtnis zu behalten, wenn ein Datentyp sowohl einen Sequenzkonstruktor als auch klassische Konstruktoren besitzt.

1. Im Konstruktoraufruf wird eine Initialisiererliste verwendet.

   › Falls sowohl der Sequenzkonstruktor als auch der klassische Konstruktor angewandt werden kann, wird der Sequenzkonstruktor vorgezogen.

   › Falls der Sequenzkonstruktor nicht angewandt werden kann (z.B. Typinkompatibilität), versuchen Sie, den klassischen Konstruktor anzuwenden.

2. Im Konstruktoraufruf wird keine Initialisiererliste verwendet.

   › Der Sequenzkonstruktor wird nicht verwendet.

> **Initialisiererlisten bei benutzerdefinierten Typen setzen einen definier-
> ten Sequenzkonstruktor voraus.**
>
> Falls für den Datentyp kein Konstruktor definiert ist, ist die Verwendung
> einer Initialisiererliste nur dann zulässig, wenn dieser ein Aggregat oder
> ein built-in-Typ ist.

PRAXISTIPP

Listing 7.2 soll die Theorie mit Praxis füllen.

initializerListOver-
load.cpp

```cpp
01 #include <initializer_list>
02 #include <iostream>
03
04 class MyData{
05   public:
06
07     MyData(std::string,int){
08       std::cout << "MyData(std::string,int)" << std::endl;
09     }
10
11     MyData(int,int){
12       std::cout << "MyData(int,int)" << std::endl;
13     }
14
15     MyData(std::initializer_list<int>){
16       std::cout << "MyData(std::initializer_list<int>)"
                   << std::endl;
17     }
18 };
19
20 int main(){
21
22   std::cout << std::endl;
23
24   // sequence constructor has a higher priority
25   MyData{1,2};
26
27   // invoke the classical constructor explicitly
28   MyData(1,2);
29
30   // use the classical constructor
31   MyData{"dummy",2};
32
33   // still valid with C++11
34   int a{1};
35
36   // still valid with C++11
37   int intArray[] = {1,2};
38
39   std::cout << std::endl;
40
41 }
```

Listing 7.2: Verschiedene Sequenzkonstruktoren

WEBSITE Kernsprache: initializerListOverload.cpp

Das Listing 7.2 ist aufs Wesentliche beschränkt. So besitzen die Konstruktorargumente in MyData keinen Namen (Zeile 7, 11 und 15) und die Objekte aus den Konstruktoraufrufen in Zeile 25, 28 und 31 werden an keine Variable gebunden. Die Ausgabe bestätigt die erweiterten Regeln zum Überladen von Konstruktoren:

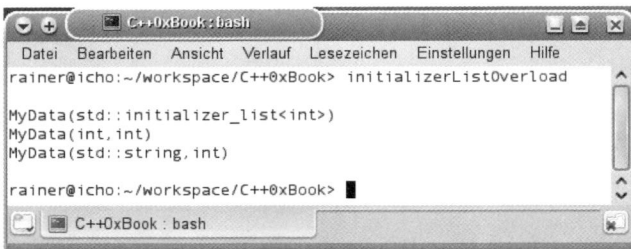

Abbildung 7.1: Überladener Sequenzkonstruktor

MyData{1,2} in Zeile 25 wird auf den Sequenzkonstruktor in Zeile 15 abgebildet, obwohl der klassische Konstruktor in Zeile 11 anwendbar ist. Um diesen Konstruktor aufzurufen, muss MyData(1,2) in Zeile 31 mit runden Klammern verwendet werden. Anders verhält es sich mit dem dritten Konstruktoraufruf MyData{"dummy",2} in Zeile 37. Da kein Sequenzkonstruktor die richtige Signatur besitzt, wird trotzt Initialisiererliste der klassische Konstruktor in Zeile 7 verwendet. Sowohl der built-in-Typ int als auch das Aggregat int-Array können weiterhin über Initialisiererlisten initialisiert werden.

PRAXISTIPP

Unterscheiden Sie die Konstruktoraufrufe von vector.

Unterscheiden Sie genau zwischen den beiden Konstruktoraufrufen:

» std::vector<int> myVec1(10);

» std::vector<int> myVec2{10};

Im ersten Fall wird ein Vektor mit zehn Elementen erzeugt, im zweiten Fall hingegen ein Vektor mit dem Element 10. Entsprechend führt die Anweisung myVec1= 5 zur Fehlermeldung, während nach der Anweisung myVec2= {5} der Vektor myVec2 das Element 5 besitzt.

AUFGABE

1. Schreiben Sie einen Datentyp, der eine Initialisiererliste von Paaren (int,std::string) annimmt.

Iterieren Sie im Initialisiererlisten-Konstruktor Ihres Datentyps über die Initialisiererliste und geben Sie alle Paare aus.

WEBSITE Kernsprache: Aufgaben: initListConstructor.cpp

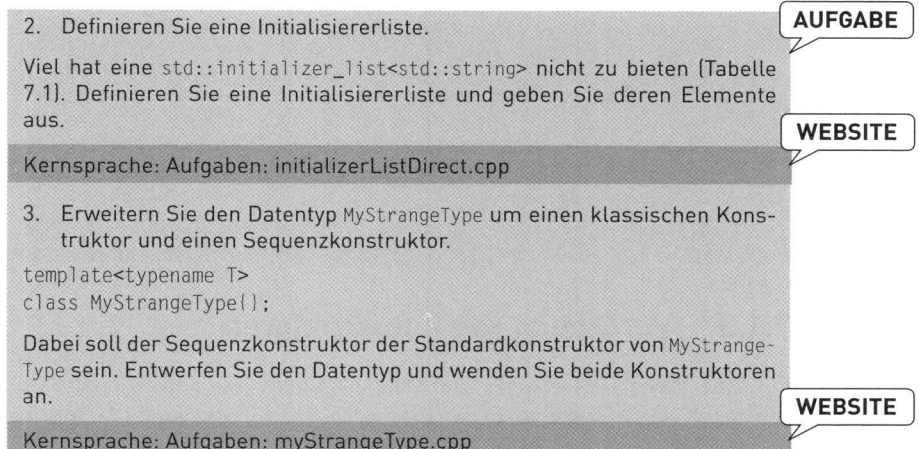

2. Definieren Sie eine Initialisiererliste.

Viel hat eine `std::initializer_list<std::string>` nicht zu bieten (Tabelle 7.1). Definieren Sie eine Initialisiererliste und geben Sie deren Elemente aus.

Kernsprache: Aufgaben: initializerListDirect.cpp

3. Erweitern Sie den Datentyp `MyStrangeType` um einen klassischen Konstruktor und einen Sequenzkonstruktor.

```
template<typename T>
class MyStrangeType{};
```

Dabei soll der Sequenzkonstruktor der Standardkonstruktor von `MyStrange-Type` sein. Entwerfen Sie den Datentyp und wenden Sie beide Konstruktoren an.

Kernsprache: Aufgaben: myStrangeType.cpp

7.1.2 Delegation von Konstruktoren

Da die Delegation von Konstruktoren recht intuitiv ist, gibt es zur Abhandlung der Delegation von Konstruktoren in der Tour de C++11 nur noch ein paar Anmerkungen.

In klassischem C++ ist ein Objekt fertig konstruiert, wenn sein Konstruktor ausgeführt wurde. Dies ändert sich mit C++11. Hier gilt: Sobald der erste Konstruktor fertig ausgeführt wurde, ist das Objekt fertig konstruiert. Das bedeutet natürlich, dass jeder weitere Konstruktor auf einem fertig konstruierten Objekt agiert.

Fertig konstruiertes Objekt

Zugriffsbeschränkungen auf Konstruktoren wie `public`, `protected` oder `private` oder auch Auszeichner von Konstruktoren wie `inline` oder `explicit` haben keinen Einfluss auf die Delegation von Konstruktoren.

Auszeichner von Konstruktoren

Eine Gefahr muss aber im Fokus bleiben. Konstruktoren, die direkt oder indirekt rekursiv aufgerufen werden, führen zu einem `ill-formed` Programm. Ein `ill-formed` Programm ist ein Programm, das nicht der Syntax genügt. Dabei muss der Compiler nicht mal eine Warnung ausgeben. Ein Beispiel aus dem aktuellen C++11 Draft (Komitee, 2008) zur Delegation von Konstruktoren folgt:

ill-formed

```
struct C {
  C( int ) { }             // 1: non-delegating constructor
  C(): C(42) { }           // 2: delegates to 1
  C( char c ) : C(42.0) { } // 3: ill-formed due to recursion with 4
  C( double d ) : C('a') { } // 4: ill-formed due to recursion with 3
};
```

Listing 7.3: Rekursive Delegation von Konstruktoren

1. Schreiben Sie ein Programm, das die rekursive Delegation der Konstruktoren von Listing 2.3 anwendet.

Die spannende Frage muss leider unbeantwortet bleiben, bis die neuen C++11-Compiler die Delegation von Konstruktoren anbieten. Was passiert, wenn Sie das Programm übersetzen bzw. ausführen? Der einzige Compiler scheint zurzeit der IBM XLC++ 11.1 (C and C++ Compilers) zu sein, der dies C++11-Feature bietet.

Kernsprache: Aufgaben: delegateConstructor.cpp

7.1.3   Vererbung von Konstruktoren

Ein einfaches using Base::Base in Listing 7.4 genügt und alle Konstruktoren der Klasse Base stehen in der Klasse Derived zur Verfügung. In Tour de C++11 ist dieses neue Feature in Aktion zu sehen.

```
class Base {
// …
};
class Derived: public Base{
  public:
    using Base::Base;
};
```

Listing 7.4: Vererben von Konstruktoren

Dabei werden die Konstruktoren in der Klasse Derived nur impliziert definiert, wenn sie auch benutzt werden.

Kopier- und
Standardkonstruktor

Zwar werden alle Konstruktoren der Basisklasse in die abgeleitete Klasse vererbt, es gibt aber zwei Ausnahmen von dieser Regel. Der Kopier- und der Standardkonstruktor werden nicht geerbt. Dies führt dazu, dass der Aufruf von Derived d; in Listing 7.5 nicht kompiliert. Denn einerseits wird der Konstruktor der Klasse Base nicht vererbt und andererseits führt using Base::Base dazu, dass die Klasse Derived keinen impliziten Standardkonstruktor erhält.

```
class Base {
  public:
    Base(){}
};
class Derived: public Base{
  public:
    using Base::Base;
};
// …
Derived d;
```

Listing 7.5: Kopierkonstruktor wird nicht vererbt.

Besitzt ein benutzerdefinierter Konstruktor die gleiche Signatur wie ein geerbter Konstruktor, versteckt der benutzerdefinierte Konstruktor den geerbten. In Listing 7.6 wird daher der Konstruktor von `Derived(int i){}` verwendet.

Vorrang von benutzerdefinierten Konstruktoren

```
class Base {
  public:
    Base(int i){}
};
class Derived: public Base{
  public:
    using Base::Base;
    Derived(int i){}
};
// ...
Derived d(5);
```
Listing 7.6: Benutzerdefinierte Konstruktoren besitzen Vorrang.

Die abgeleitete Klasse erbt nicht nur die Konstruktoren, sondern auch deren Charakteristiken. Dies betrifft die Zugriffsbeschränkungen `public`, `protected` oder `privat`, die Bezeichner `inline` und `explicit`, aber auch Attribute wie `default` oder `delete`. Somit quittiert der Compiler den Aufruf `Derived d(5);` in Listing 7.7 mit einer Fehlermeldung, da der Konstruktor der Basisklasse privat ist.

Charakteristiken der geerbten Konstruktoren

```
class Base {
  private:
    Base(int i){}
};
class Derived: public Base{
  public:
    using Base::Base;
};
// ...
Derived d(5);
```
Listing 7.7: Charakteristiken der Vererbung von Konstruktoren

Besitzt eine abgeleitete Klasse eigene Variablen, ist die Gefahr recht groß, dass diese durch die neue Syntax nicht initialisiert werden. In Listing 7.8 wird die Variable `j` des Objekts `d` durch den Aufruf `Derived d(5);` nicht initialisiert.

Nicht initialisierte Variablen

```
class Base {
  private:       .
    Base(int i){}
};
class Derived: public Base{
  private:
    int j;
  public:
```

```
        using Base::Base;

};
// ...
Derived d(5);
```
Listing 7.8: Nicht initialisierte Variablen

Mehrfachvererbung   Eine typische Fehlerquelle bei der Mehrfachvererbung fehlt noch. Erbt
eine Klasse die Konstruktoren von mehreren Klassen, so dass die erbende
Klasse zwei Konstruktoren mit der gleichen Signatur einführt, so führt dies
zu einem Compiler-Fehler. Diese Zweideutigkeit lässt sich aber einfach
auflösen, indem in der erbenden Klasse ein Konstruktor mit der gleichen
Signatur definiert wird, der die geerbten versteckt. Durch den Konstruktor
Derived(int i){} wird der Aufruf Derived d(5); gültig.

```
class Base1 {
  public:
    Base1(int i){}
};
class Base2 {
  public:
    Base2(int i){}
};

class Derived: public Base1, public Base2{
  public:
    using Base1::Base1;
    using Base2::Base2;
    Derived(int i){}
};
// ...
Derived d(5);
```
Listing 7.9: Auflösung von Konflikten bei Mehrfachvererbung

PRAXISTIPP

Seien Sie sich der Gefahren des Vererbens von Konstruktoren bewusst.

Das Vererben von Konstruktoren ist ein mächtiges Feature, das aber einige
neue Gefahren in sich birgt.

» Abgeleitete Klassen besitzen keinen implizit definierten Standardkonstruktor.

» Variablen der erbenden Klasse werden nicht initialisiert.

» Mehrfachvererbung kann zu Konstruktoren mit gleicher Signatur führen.

AUFGABE

1. Leiten Sie `public`, `protected` und `private` von einer Basisklasse `Base` ab und verwenden Sie das Vererben von Konstruktoren.

Die geerbten Konstruktoren der Basisklasse behalten ihre Sichtbarkeit der Basisklasse. Die abgeleiteten Klassen schränken ihre Sichtbarkeit durch `protected` und `private` ein. Was bedeutet das für die Sichtbarkeit der geerbten Konstruktoren?

Bevor Sie das kleine Testprogramm schreiben und ausführen, überlegen Sie sich zuerst den entscheidenden Punkt: Welches Verhalten erwarten Sie?

WEBSITE

Kernsprache: Aufgaben: inheritConstructor.cpp

7.1.4 Direktes Initialisieren von Klassenelementen

C++11 erlaubt das direkte Initialisieren von Klassenelementen. Damit hebt C++11 die Einschränkung des klassischen C++ auf, das diese Features nur für statische, konstante Elemente integralen Typs zulässt. In Tour de C++11 wurde diese neue Funktionalität bereits eingeführt. Was noch fehlt, ist das direkte Initialisieren von Klassenelementen für eine Klasse. Als Beispiel soll die Klasse `Widget` in Listing 7.10 dienen, die sukzessive refaktoriert werden soll.

EXKURS

Refaktorierung

Refaktorierung bezeichnet die Verbesserung des funktionierenden Codes unter Beibehaltung seiner Funktionalität. Ziel ist es, die Wartbarkeit, Verständlichkeit und Erweiterbarkeit des Codes zu verbessern.

Der Prozess der Codeverbesserung wird durch die folgenden Punkte erleichtert:

»   Eine bestehende Testabdeckung, um Fehler bei der Umgestaltung schnell zu entdecken

»   Integrierte Entwicklungsumgebungen (IDEs), die es dem Anwender ermöglichen, viele Schritte der Refaktorierung automatisch vollziehen zu lassen

»   Streng typisierte Sprachen wie Haskell, in denen der Compiler viele Fehler beim Übersetzen moniert

»   Ralph Johnson (Ralph Johnson, 2011) und William Opdyke (William Opdyke, 2011) verwendeten 1990 den Begriff zum ersten Mal.

Gerne wird in der Softwareentwicklung fälschlicherweise von Refaktorisierung gesprochen, aber Refaktoring gemeint.

Zuerst die Ausgangsimplementierung, die ohne C++11-Feature auskommt.

```
class Widget{
  public:
    Widget():height(480),width(640),
            frame(false),visible(true) {}
    Widget(int h): height(h),width(getWidth(h)),
                   frame(false),visible(true){}
    Widget(int h,int w): height(h),width(w),
                         frame(false),visible(true){}
  private:
    int height;
    int width;
    bool frame;
    bool visible;
};
```

Listing 7.10: Widget-Klasse ohne direkte Initialisierung von Klassenelementen

Hier bietet es sich an, die Variablen frame und visible direkt zu initialisieren. Damit wird die Klasse Widget deutlich übersichtlicher (Listing 7.11).

```
class Widget{
  public:
    Widget():height(480),width(640){}
    Widget(int h): height(h),width(getWidth(h)){}
    Widget(int h,int w): height(h),width(w){}
  private:
    int height;
    int width;
    bool frame= false
    bool visible= true;
};
```

Listing 7.11: Widget mit direkter Initialisierung der Variablen frame und visible

Wird eine direkt initialisierte Variable auch in einem Konstruktoraufruf gesetzt, so hat dieser Vorrang. Daher können die Variablen height und width zusätzlich direkt initialisiert werden. Damit erhalten wir die endgültige Version der Klasse Widget in Listing 7.12.

```
class Widget{
  public:
    Widget(){}
    Widget(int h): height(h),width(getWidth(h)){}
    Widget(int h,int w): height(h),width(w){}
  private:
    int height= 480;
    int width= 640;
    bool frame= false
    bool visible= true;
};
```

Listing 7.12: Faktorierte Klasse Widget mit direkt initialisierten Variablen

Soll die Klasse erweitert oder ein gemeinsamer Konstruktor identifiziert werden, an den alle anderen Konstruktoren ihre Arbeit delegieren, so ist dies mit der endgültigen Fassung der Klasse Widget in Listing 7.12 deutlich einfacher und damit weniger fehleranfällig.

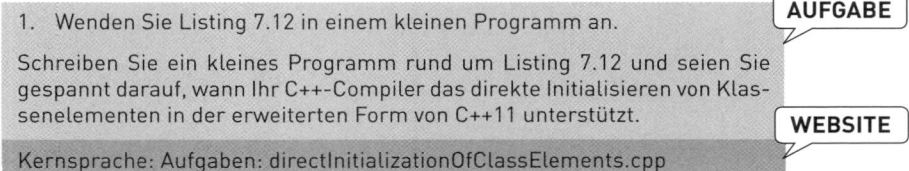

1. Wenden Sie Listing 7.12 in einem kleinen Programm an.

Schreiben Sie ein kleines Programm rund um Listing 7.12 und seien Sie gespannt darauf, wann Ihr C++-Compiler das direkte Initialisieren von Klassenelementen in der erweiterten Form von C++11 unterstützt.

Kernsprache: Aufgaben: directInitializationOfClassElements.cpp

7.2 Explizite Klassendefinitionen

7.2.1 default und delete

An die Syntax zur Definition von rein virtuellen Funktionen angelehnt (virtual pureVirtual()=0;), führt C++11 die zwei neuen Schlüsselwörter default und delete ein. Dabei erlaubt es default, die vom Compiler erzeugte Implementierung spezieller Methoden oder Operatoren zu nutzen. Hingegen ermöglicht es delete, die Definition automatisch sichtbarer Funktionen zu unterbinden.

> **Instrumentalisieren Sie den Compiler für Ihren Nutzen.**   **PRAXISTIPP**
>
> Von einer anderen Perspektive aus betrachtet, besitzt der Programmierer durch die zwei neuen Schlüsselwörter default und delete sehr mächtige Werkzeuge, um die automatische Erzeugung von Methoden, Operatoren und Funktionen explizit zu steuern. Er kann den Compiler für seinen Nutzen instrumentalisieren.

In Tour de C++11 wurden einige typische Anwendungsfälle, wie default und delete angewandt, damit Objekte nicht kopierbar sind, den von Compiler erzeugten Standardkonstruktor besitzen und auf dem Heap angelegt werden. Was nun folgt, sind die Details.

Es verwundert immer wieder, wenn man sich vergegenwärtigt, welche Methoden und Operatoren der Compiler bei Bedarf erzeugt.

» Methoden

> › Standardkonstruktor

> › Kopierkonstruktor

> › Zuweisungsoperator

> › Destruktor

» Operatoren

> › operator new

> › operator delete

> › Adresse von

> › Indirektion

> › Elementzugriff

> › Elementindirektion

» Operatoren (neu mit C++11)

> › Move-Konstruktor

> › Move-Zuweisungsoperator

Die Details lassen sich im Anhang nachlesen.

PRAXISTIPP

Regeln für automatisch erzeugte Methoden

Bezüglich der automatisch erzeugten Methoden sind noch ein paar Regeln im Gedächtnis zu behalten.

1. Die implizit erzeugten Methoden sind `public`, `inline` und nicht `explicit`.

2. Sobald ein Konstruktor definiert wird, erzeugt der Compiler den Standardkonstruktor nicht mehr automatisch.

3. Ein definierter Move-Konstruktor unterdrückt den automatisch erzeugten Kopierkonstruktor.

4. Ein definierter Move-Zuweisungsoperator unterdrückt den automatisch erzeugten Zuweisungsoperator.

5. Die Aussagen zum Move-Konstruktor und Move-Zuweisungsoperator gelten auch in die andere Richtung.

Mächtigkeit von default

Diese mächtige Compiler-Funktionalität lässt sich nur explizit mit `default` nutzen. So kann:

» eine Methodenimplementierung in den Fällen erzwungen werden, in denen der Compiler diese nicht automatisch erzeugt.

» der Programmierer die optimierte Implementierung der Compiler-Version verwenden.

» der Anwender die Charakteristik der Methode auf `private`, `virtual` oder auch `explicit` ändern, aber die Standardimplementierung des Compilers verwenden.

Die vom Compiler implizit erzeugte Methode oder der Operator ist trivial.   Nicht trivial
Nichttrivial ist sie dann, wenn der Anwender die Charakteristik dieser speziellen Funktion verändert. Dies umfasst insbesondere die Punkte:

1. Zugriff

2. Virtualität

3. Expliziter Konstruktor

4. Ausnahmespezifizierung

5. const-Eigenschaften der Parameter

In diesem Fall muss die Methode außerhalb des Klassenkörpers definiert
werden.

Das Beispiel in Listing 7.13: Klasse mit nichttrivialen speziellen Funktionen
soll den verwirrenden Sachverhalt entwirren.

```
class MyData{
public:
  explicit MyData(const MyData&);         // 3
  MyData& operator= (MyData&);            // 5
  virtual ~MyData() throw();              // 2, 4
private:
  MyData();                                // 1
};

MyData::MyData()=default;                  // 1
MyData::~MyData() throw() = default;       // 2, 4
MyData::MyData(const MyData&)= default;     // 3
MyData& MyData::operator=(MyData&)= default;  // 5
```

Listing 7.13: Klasse mit nichttrivialen speziellen Funktionen

Listing 7.13 stellt ein paar nichttriviale spezielle Methoden und Operatoren
vor. So ist der Defaultkonstruktor (1) privat, der Destruktor ist virtuell (2)
und er besitzt eine Ausnahmespezifikation (4), der Copy-Konstruktor ist
explizit (3) und zuletzt nimmt der Zuweisungsoperator (5) sein Argument
nicht const an.

Die Mächtigkeit von default lässt sich in einem plakativen Satz zusammen-   Trennung von Interface
fassen.   und Implementierung

Trennung von Interface und Implementierung   ⟩ **ZUSAMMENFASSUNG**

Der Programmierer gibt das Interface vor und der Compiler liefert mit
default die Implementierung.

Listing 7.14 zeigt dieses einfache Prinzip explizit auf. In der Klasse MoveOnly gibt der Entwickler die Deklaration des Standardkonstruktors in Zeile 6 vor, während der Compiler mit =default für die Implementierung sorgt.

default.cpp

```
01 #include <algorithm>
02 class MoveOnly {
03
04   int data;
05   public:
06     MoveOnly()= default;
07
08     MoveOnly(const MoveOnly&) = delete;
09
10     MoveOnly(MoveOnly&& other):
                data(std::move(other.data)) {}
11
12     MoveOnly& operator=(const MoveOnly&) = delete;
13
14     MoveOnly& operator=(MoveOnly&& other) {
15         data=std::move(other.data);
16         return *this;
17     }
18 };
19
20 int main(){
21
22   // OK  because of move-semantic
23   MoveOnly m1;
24   MoveOnly m2(std::move(m1));
25
26   // ERROR because of copy-semantic
27   MoveOnly m3;
28   MoveOnly m4(m3);
29
30 }
```

Listing 7.14: MoveOnly-Datentyp

WEBSITE Kernsprache: default.cpp

MoveOnly unterstützt nur die Move-Semantik, denn sowohl der Kopierkonstruktor (Zeile 8) als auch der Zuweisungsoperator (Zeile 12) sind auf delete gesetzt. Interessant an der Implementierung des Move-Konstruktors (Zeile 10) und des Move-Zuweisungsoperators (Zeile 14) ist, dass sie auf die Methode std::move zurückgreifen, um die Ressource explizit zu transferieren. Daher ist auch der Aufruf MoveOnly m2(std::move(m1)); in Zeile 24 gültig. Die Ausführung des Programms führt zur erwarteten Fehlermeldung, da der Kopierkonstruktor (Zeile 28) nicht unterstützt wird.

Eindeutiger kann eine Fehlermeldung nicht sein.

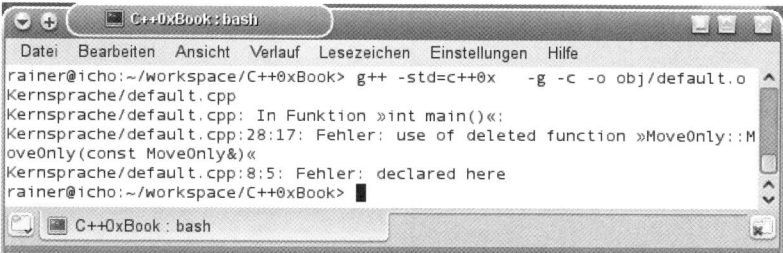

Abbildung 7.2: Fehlermeldung beim Kopieren eines Datentyps mit Move-Semantik

Ist es das Ziel, die vom Compiler erzeugte Funktion zu löschen, ist delete das Mittel der Wahl in C++11. Die Funktionalität von delete ist nicht auf die gleichen Methoden oder auch Operatoren wie default beschränkt. Zwei typische Anwendungsfälle bieten sich für delete an:

Mächtigkeit von delete

1. Die Definition von Funktionen löschen, die per Default vom Compiler erzeugt werden

2. Die kritische Konvertierung von Datentypen verhindern

Listing 7.15 soll diese beiden Anwendungsfälle verdeutlichen. Die Klasse TypeOnHeap (Zeile 1) löscht den implizit erzeugten Destruktor. Damit können automatische Variablen nicht mehr angelegt werden, da die C++-Laufzeit den Destruktor beim automatischen Löschen des Objekts benötigt. Ähnlich interessant ist die Struktur OnlyInt, die nur mit int-Argumenten instanziiert werden kann. Erreicht wird dies durch die zwei Konstruktoren (Zeile 7 und 10). Der erste wird ausschließlich für int-Argumente, der zweite wird bei jedem anderen beliebigen Argument aufgerufen. Damit wird jede Konvertierung nach int unterbunden, die ohne das Funktions-Template (Zeile 9) stattfinden würde.

```
01 class TypeOnHeap{
02   public:
03     ~TypeOnHeap()= delete;
04 };
05
06 struct OnlyInt{
07   OnlyInt(int){}
08
09   template<typename T>
10   OnlyInt(T) = delete;
11
12 };
13
14 int main(){
```

delete.cpp

161

```
15
16    TypeOnHeap* toH= new TypeOnHeap;
17    OnlyInt onlyInt(5);
18
19    TypeOnHeap();
20    static TypeOnHeap th;
21
22    OnlyInt(5L);
23    OnlyInt(5LL);
24    OnlyInt(5UL);
25    OnlyInt(5.5);
26 }
```

Listing 7.15: Delete zum Löschen von Methoden

WEBSITE

Kernsprache: delete.cpp

Das beeindruckende Ergebnis zeigt der Versuch, den Sourcecode zu über-setzen.

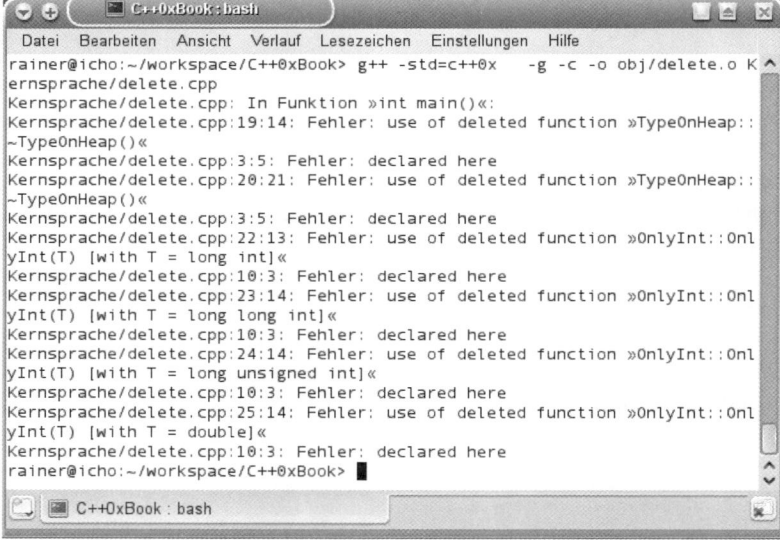

Abbildung 7.3: Fehlermeldungen beim Benutzen von gelöschten Funktionen

AUFGABE

1. Verifizieren Sie, dass der vom Compiler erzeugte triviale virtuelle Destruktor performanter als der vom Anwender implementierte ist.

Polymorphe Basisklassen benötigen einen virtuellen Destruktor, denn das Löschen einer abgeleiteten Klasse durch einen Zeiger auf die polymorphe Basisklasse ist undefiniert, wenn dessen Destruktor nicht virtuell ist.

Das Unheil lässt sich schnell skizzieren:

AUFGABE

```
class Base{
public:
  ~Base(){};
};
class Derived: public Base{};

...

Base* base= new Derived();
delete base;
```

Listing 7.16: Undefiniertes Verhalten durch nicht virtuellen Destruktor der polymorphen Basisklasse Base

C++11 bietet zwei Möglichkeiten an, den trivialen, virtuellen Destruktor zu definieren:

» von Hand

```
class Base{
public:
  virtual ~Base(){};
};
```

» durch den Compiler

```
class Base{
public:
  virtual ~Base();
};
Base::~Base()= default;
```

Die interessante Eigenschaft kommt zum Schluss. Der vom Compiler erzeugte virtuelle Destruktor soll performanter sein. Die Frage ist nun, wie kann das verifiziert werden?

WEBSITE

Kernsprache: Aufgaben: virtualDestruktor.cpp

2. Implementieren Sie das Singleton Pattern mit den neuen Schlüsselwörtern default und delete.

Eines der bekanntesten Design Patterns ist das Singleton Pattern (Singleton, 2011). Dieses Muster sichert im klassischen Fall zu, dass es nur ein Objekt einer Klasse gibt. Erreicht wird dieses Verhalten der Singleton-Klasse dadurch, dass der Standardkonstruktor privat ist und sowohl der Copy-Konstruktor als auch der Zuweisungsoperator privat deklariert sind. Um die einzige Instanz der Singleton-Klasse zu erhalten, bietet diese die statische Methode getInstance an. Beim ersten Aufruf der statischen Methode getInstance wird die statische Instanz erzeugt. Diese Prosa lässt sich auch in C++-Code formulieren (Listing 7.17: Die klassische Singleton-Implementierung in C++).

```
class MySingleton{
public:
  static MySingleton& getInstance(){
```

```
    static MySingleton singleton;
    return singleton;
  }
private:
  MySingleton() {}
  ~MySingleton() {}
  MySingleton(const MySingleton&);
  MySingleton& operator=(const MySingleton&);
};
```
Listing 7.17: Die klassische Singleton-Implementierung in C++

Schreiben Sie `MySingleton` mit den neuen Sprachmitteln `default` und `delete` in C++11. Beachten Sie, welche der Methoden trivial bzw. nichttrivial sind. Verwenden Sie die Singleton-Klasse in einem minimalen Programm.

Kernsprache: Aufgaben: singletonDefaultDelete.cpp

3. Wenden Sie die virtuelle und die nichtvirtuelle Ableitung in einer Klassenhierarchie an.

In Abbildung 7.4 ist die – zugegeben konstruierte – Ableitungshierarchie vorgegeben.

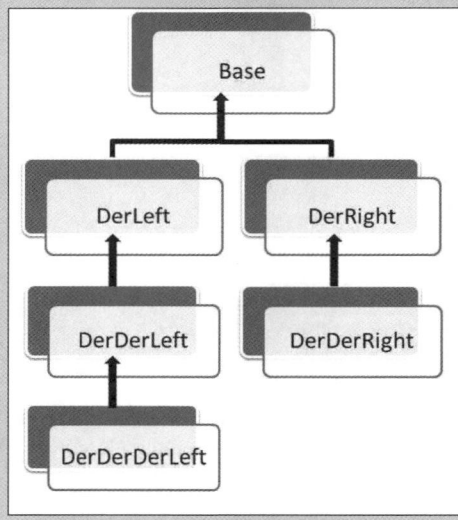

Abbildung 7.4: Zweigliedrige Ableitungshierarchie von `Base`

Implementieren Sie für jede Klasse eine Methode *showMe*, die den Namen der Klasse ausgibt. Variieren Sie nun, indem Sie Methoden der Hierarchie als `delete` deklarieren oder auch als virtuell erklären. Entspricht die Ausgabe des Programms Ihren Erwartungen?

Kernsprache: Aufgaben: deleteVirtual.cpp

7.2.2   override und final

Eine Klassenhierarchie, nicht nur von grafischen Frameworks, kann leicht unübersichtlich werden. Diese Problematik wird noch dadurch verstärkt, dass diese gerne im Fluss sind. Nicht nur die Applikation, die das Framework nutzt, sondern das Framework selbst befindet sich häufig in der Überarbeitung. Um sicherzustellen, dass virtuelle Funktionen tatsächlich eine Methode der Basisklasse überschreiben und dass eine virtuelle Methode nicht irrtümlich überschrieben wird, führt C++11 zwei neue Identifier ein, override und final. Damit stellt der Compiler sicher, dass der Vertrag eingehalten wird. Tabelle 7.2 fasst die Eigenschaften der zwei Attribute zusammen.

Attribut	Eigenschaft
override	Die Methode muss eine virtuelle Methode der Klassenhierarchie überschreiben.
final	Die virtuelle Methode kann nicht in abgeleiteten Klassen überschrieben werden.

Tabelle 7.2: Die zwei neuen Identifier override und final

Beide Schlüsselwörter sind vom aktuellen GCC 4.6 noch nicht implementiert. Dieser Satz aus meinem ersten Entwurf gehört mit dem brandaktuellen GCC 4.7 (GCC 4.7, 2011) der Vergangenheit an.

```
01  class Base {
02
03    void func1();
04    virtual void func2(float);
05    virtual void func3() const;
06    virtual long func4(int);
07
08    virtual void f();
09    virtual void h(int) final;
10  };
11
12  class Derived: public Base {
13
14    // ill-formed; no virtual method func1 exists
15    virtual void fun1() override;
16
17    // ill-formed: bad type
18    virtual void func2(double) override;
19
20    // ill-formed: const missing
21    virtual void func3() override;
22
23    // ill-formed: wrong return type
24    virtual int func4(int) override;
```

virtualFunctions-Override.cpp

165

```
25
26   // well-formed: f override Base::f
27   virtual void f() override;
28
29   // well-formed: a new (final) virtual method
30   virtual void g(long) final;
31
32   // ill-formed: base method declared final
33   virtual void h(int);
34
35   // well-formed: a new virtual function
36   virtual void h(double);
37
38 };
39
40 int main(){
41
42   Base base;
43   Derived derived;
44
45 }
```

Listing 7.18: Die Identifier override und final

WEBSITE Kernsprache: virtualFunctionsOverride.cpp

Genaueres Studium des Listing 7.18 zeigt, dass das beabsichtigte, aber
falsche Erklären neuer virtueller Methoden oder auch das unbeabsich-
tigte Überschreiben von Methoden der Klassenhierarchie, die als final deklariert wurden, deutlich schwieriger ist. Denn der Compiler prüft nicht
nur den Namen, sondern auch die Parameter (Zeile 18), den Rückgabetyp
(Zeile 24) und die const-Zusicherung der Methode (Zeile 21). Genau dies
moniert der GCC 4.7.

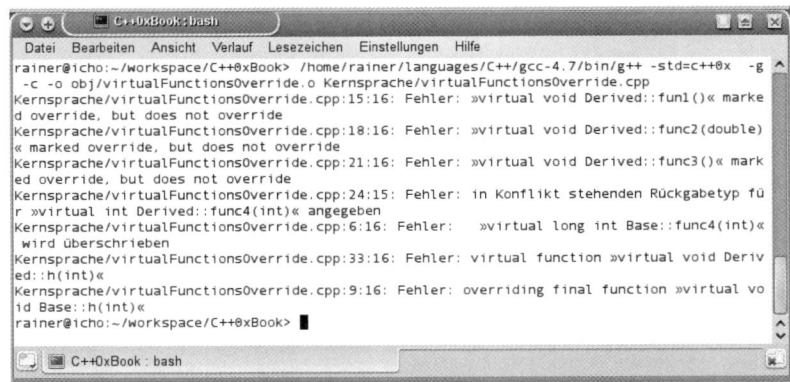

Abbildung 7.5: Irrtümliches Überschreiben von virtuell erklärten Methoden

Die Geschichte mit final ist noch nicht zu Ende. Durch den Identifier final   final class
kann eine Klasse als final wie auch unter Java ausgezeichnet werden. Dadurch ist es nicht mehr möglich, von dieser abzuleiten.

```
struct Base final { };
struct Derived : Base { };
```
Listing 7.19: final-Klasse

Das Übersetzen des kleinen Codeschnipsels in final-Klasse quittiert der
Compiler mit einer eindeutigen Fehlermeldung in Abbildung 7.6.

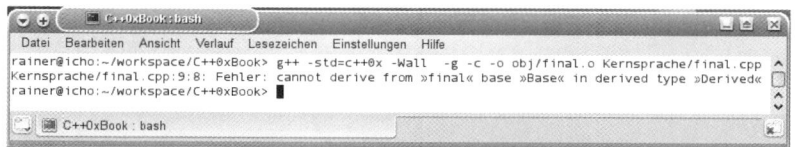

Abbildung 7.6: Ableiten einer als final deklarierten Klasse

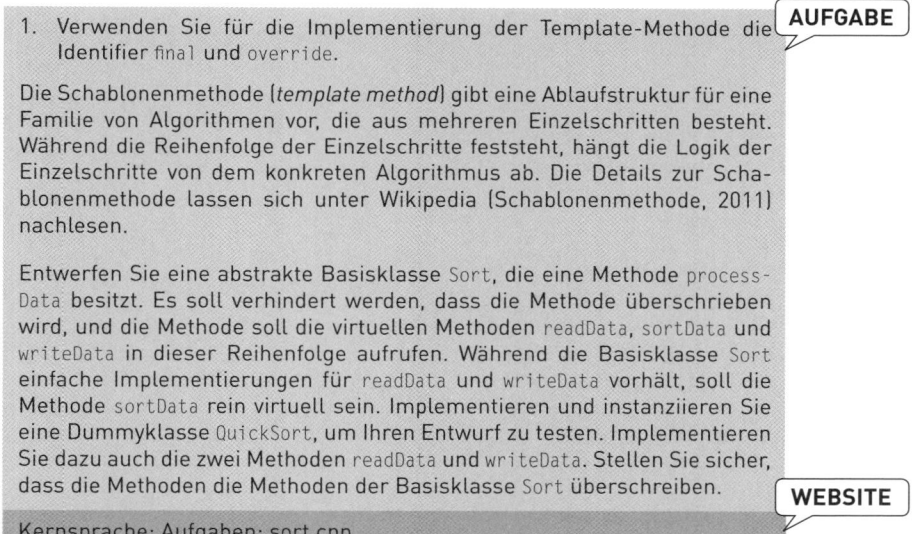

1. Verwenden Sie für die Implementierung der Template-Methode die **AUFGABE**
    Identifier final und override.

Die Schablonenmethode (*template method*) gibt eine Ablaufstruktur für eine
Familie von Algorithmen vor, die aus mehreren Einzelschritten besteht.
Während die Reihenfolge der Einzelschritte feststeht, hängt die Logik der
Einzelschritte von dem konkreten Algorithmus ab. Die Details zur Scha-
blonenmethode lassen sich unter Wikipedia (Schablonenmethode, 2011)
nachlesen.

Entwerfen Sie eine abstrakte Basisklasse Sort, die eine Methode process-
Data besitzt. Es soll verhindert werden, dass die Methode überschrieben
wird, und die Methode soll die virtuellen Methoden readData, sortData und
writeData in dieser Reihenfolge aufrufen. Während die Basisklasse Sort
einfache Implementierungen für readData und writeData vorhält, soll die
Methode sortData rein virtuell sein. Implementieren und instanziieren Sie
eine Dummyklasse QuickSort, um Ihren Entwurf zu testen. Implementieren
Sie dazu auch die zwei Methoden readData und writeData. Stellen Sie sicher,
dass die Methoden die Methoden der Basisklasse Sort überschreiben.

Kernsprache: Aufgaben: sort.cpp   **WEBSITE**

7.2.3   Expliziter Konvertierungsoperator

Beim Entwurf der Klasse MyClass stehen dem C++-Entwickler zwei Wege   Konvertierungskons-
offen, die Konvertierung seines Datentyps MyClass in einen fremden Da-   truktor und Konvier-
tentyp anzubieten. Über einen Konvertierungskonstruktor wird der fremde   tierungsoperator
Datentyp zu MyClass konvertiert. Über einen Konvertierungsoperator wird

MyClass in einen fremden Datentyp konvertiert. Abbildung 7.7 stellt diese beiden Richtungen exemplarisch dar.

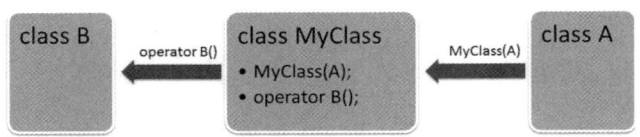

Abbildung 7.7: Konvertierungskonstruktor und Konvertierungsoperator

Listing 7.20 zeigt die zwei Richtungen in Anwendung.

convertImplicit.cpp

```
01 class A{};
02
03 class B{};
04
05 class MyClass{
06   public:
07     MyClass(){}
08     MyClass(A){}
09     operator B(){ return B(); }
10 };
11
12 void needMyClass(MyClass){};
13 void needB(B){};
14
15 int main(){
16
17   // A -> MyClass
18   A a;
19
20   // explicit invocation
21   MyClass myClass1(a);
22   // implicit conversion from A to MyClass
23   MyClass myClass2= a;
24   needMyClass(a);
25
26   // MyClass -> B
27   MyClass myCl;
28
29   // explicit invocation
30   B b1(myCl);
31   // implicit conversion from MyClass to B
32   B b2= myCl;
33   needB(myCl);
34
35 }
```

Listing 7.20: Implizite Konvertierung erlaubt

WEBSITE

Kernsprache: convertImplicit.cpp

Da die heimliche Konvertierung nicht immer erwünscht ist, lässt sich durch die Angabe des Schlüsselworts `explicit` die implizite Konvertierung nach `MyClass` in den Zeilen 23 und 24 unterbinden. Leider ist die Angabe des Schlüsselworts `explicit` im aktuellen C++-Standard nur für den Konvertierungskonstruktor möglich, aber nicht für den Konvertierungsoperator. Damit lassen sich die Aufrufe in Zeile 32 und 33 nicht verhindern.

Mit C++11 wurde diese Asymmetrie beseitigt. Sowohl der Konvertierungskonstruktor als auch der Konvertierungsoperator von `MyClass` sind `explicit` deklariert (Listing 7.21).

convertExplicit.cpp

```
01 class A{};
02
03 class B{};
04
05 class MyClass{
06   public:
07     MyClass(){}
08     explicit MyClass(A){}    // since C++98
09     explicit operator B(){}  // new with C++11
10 };
11
12 void needMyClass(MyClass){};
13 void needB(B){};
14
15 int main(){
16
17   // A -> MyClass
18   A a;
19
20   // explicit invocation
21   MyClass myClass1(a);
22   // implicit conversion from A to MyClass
23   MyClass myClass2= a;
24   needMyClass(a);
25
26   // MyClass -> B
27   MyClass myCl;
28
29   // explicit invocation
30   B b1(myCl);
31   // implicit conversion from MyClass to B
32   B b2= myCl;
33   needB(myCl);
34
35 }
```

Listing 7.21: Implizite Konvertierung nicht erlaubt

> **WEBSITE** Kernsprache: convertExplicit.cpp

Die entscheidenden Zeilen im Listing 7.21 sind die Schlüsselwörter explicit in Zeile 8 und 9. Sie führen dazu, dass das Programm nicht mehr
kompiliert.

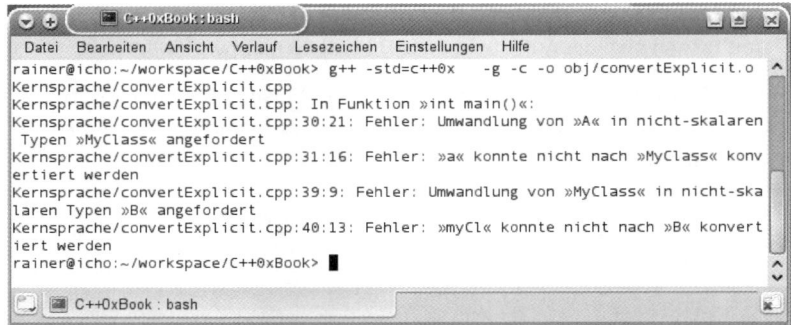

Abbildung 7.8: Fehlerhafte Übersetzung bei Verwendung des Schlüsselworts
explicit

bool Die Konvertierung nach bool mit dem expliziten Konvertierungsoperator
verhält sich besonders. So ignoriert der Compiler das Schlüsselwort explicit, damit der Datentyp in Ausdrücken verwendet werden kann, die zu
den Wahrheitswerten true oder false evaluiert werden. Eine implizite Konvertierung nach int führt der C++-Compiler hingegen nicht durch (Listing
7.22).

```
01 struct MyBool{
02   explicit operator bool(){return true;}
03 };
04
05 int main(){
06
07   MyBool myB;
08
09   if (myB){};
10   int a= (myB)? 3: 4;
11   int b= myB + a;
12
13 }
```

Listing 7.22: Sonderfall Datentyp bool

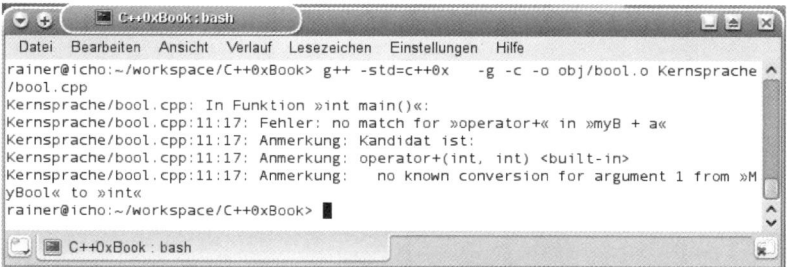

Kernsprache: bool.cpp

`explicit operator bool()` in Zeile 2 bewirkt, dass der arithmetische Ausdruck in Zeile 11 nicht gültig ist. Der Bezeichner `explicit` besitzt keinen Einfluss auf die implizite Konvertierung in den Zeilen 9 und 10 nach `bool`.

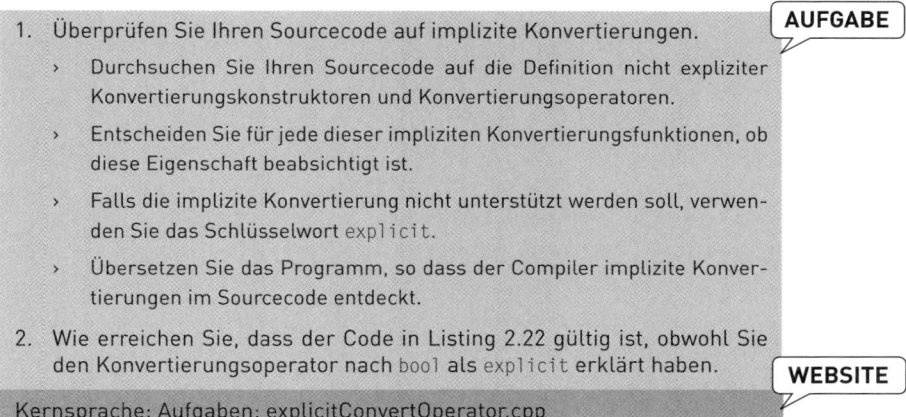

Abbildung 7.9: Keine implizite Arithmetik mit dem Datentyp bool

1. Überprüfen Sie Ihren Sourcecode auf implizite Konvertierungen.

   › Durchsuchen Sie Ihren Sourcecode auf die Definition nicht expliziter Konvertierungskonstruktoren und Konvertierungsoperatoren.

   › Entscheiden Sie für jede dieser impliziten Konvertierungsfunktionen, ob diese Eigenschaft beabsichtigt ist.

   › Falls die implizite Konvertierung nicht unterstützt werden soll, verwenden Sie das Schlüsselwort `explicit`.

   › Übersetzen Sie das Programm, so dass der Compiler implizite Konvertierungen im Sourcecode entdeckt.

2. Wie erreichen Sie, dass der Code in Listing 2.22 gültig ist, obwohl Sie den Konvertierungsoperator nach `bool` als `explicit` erklärt haben.

Kernsprache: Aufgaben: explicitConvertOperator.cpp

8
Rvalue-Referenzen

Rvalue-Referenzen, in Tour de C++11 eingeführt, sind die Grundlage für zwei mächtige Features: Move-Semantik und Perfect Forwarding. Während die Move-Semantik es dem C++11-Autor erlaubt, an der Performance-Schraube seiner Anwendung massiv zu drehen, löst Perfect Forwarding das bekannte Problem in C++, Argumente generisch an eine Funktion durchzureichen, ohne ihre Lvalue- und Rvalue-Eigenschaften zu verändern.

Lvalue versus Rvalue   EXKURS

Die klassische Definition von Lvalue und Rvalue als Werte, die auf der linken bzw. der rechten Seite einer Zuweisung stehen dürfen, ist nicht besonders hilfreich, denn konstante Objekte sind auch Lvalues. Diese können aber nicht auf der linken Seiten einer Zuweisung stehen. Besser ist es da schon, Lvalue als Ausdruck zu interpretieren, von dem die Adresse bestimmt werden kann. Damit lässt er sich potenziell zuweisen. Ein Rvalue hingegen kann nur gelesen werden.

Gerne werden Rvalues auch als temporäre Objekte bezeichnet.

Ein paar Beispiele für Lvalue und Rvalue: Zuerst definiere ich zwei Funktionen `int& getThree()` und `int getFour()`.

```
int three= 3;

int& getThree(){ return three;}
int getFour(){return 4;}
```

» Lvalue
```
int i= 1;
int& lvalueRef= i;
getThree()= 4;  // three == 4
```

» Rvalue
```
int rvalue= getFour();
rvalue= 5;
auto func= [](std::cout << 2011 << std::endl;};
```

Sowohl `i`, `lvalueRef` als auch `getThree()` sind Lvalues. Hingegen sind `getFour()`, `5` und die Lambda-Funktion Rvalues.

Lvalue- und
Rvalue-Referenz

Lvalue- und Rvalue-Referenzen sind Referenzen auf Lvalues bzw. Rvalues. Eine Lvalue-Referenz wird dadurch erzeugt, dass ein & hinter dem Datentyp platziert wird. Zwei && hingegen definieren eine Rvalue-Referenz (Listing 8.1).

```
MyData myData;

MyData& myDataLvalue= myData;
MyData&& myDataRvalue(MyData());
```

Listing 8.1: Definition einer Lvalue- und Rvalue-Referenz

Rvalue-Referenzen sind spezielle Referenzen.

Rvalue-Referenzen verhalten sich wie die bekannten Lvalue-Referenzen. Sie müssen initialisiert werden und können nicht nachträglich auf ein anderes Objekt verweisen.

Wird eine Funktion definiert, die ihre Argumente per Lvalue- und Rvalue-Referenz annimmt, entscheidet der Compiler, welche Funktion verwendet wird. Das Entscheidungskriterium für den Compiler ist, ob das Argument ein Lvalue oder Rvalue ist (Listing 8.2). Da das Argument in Zeile 21 ein Lvalue ist und das in den Zeilen 22 und 23 jeweils ein Rvalue, wird die entsprechende Funktion `function` in Listing 8.2 aufgerufen, die das Argument als Lvalue- oder Rvalue-Referenz bindet.

rvalueReference.cpp
```
01 #include <algorithm>
02 #include <iostream>
03 #include <string>
04
```

```
05  struct MyData{};
06
07  std::string function( MyData & ) {
08      return "lvalue reference";
09  }
10
11  std::string function( MyData && ) {
12      return "rvalue reference";
13  }
14
15  int main(){
16
17    std::cout << std::endl;
18
19    MyData myD;
20
21    std::cout << "function(myD): "
                  << function(myD) << std::endl;
22    std::cout << "function(MyData()): "
                  << function(MyData()) << std::endl;
23    std::cout << "function(std::move(myD)): "
                  << function(std::move(myD)) << std::endl;
24
25    std::cout << std::endl;
26
27  }
```

Listing 8.2: Lvalue- und Rvalue-Referenz

Kernsprache: rvalueReference.cpp   WEBSITE

Der Aufruf in Zeile 23 `function(std::move(myD))` ist der interessanteste,
denn durch das neue C++11-Funktions-Template `std::move` wird aus dem
Lvalue ein Rvalue. Dies zeigt die Ausgabe.

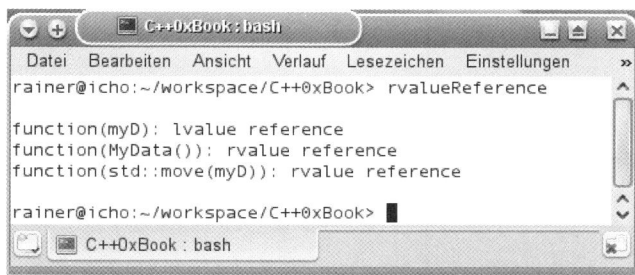

Abbildung 8.1: Binden einer Lvalue- und Rvalue-Referenz

`std::move` ist eine wichtige Funktion, wenn es darum geht, die Move-
Semantik in C++11 umzusetzen. Dazu bald mehr.

Bindungsregeln
Lvalue- und Rvalue-
Referenzen

Um bei der Überladung von Funktionen nicht überrascht zu werden, müssen die klassischen Regeln beachtet werden:

» Lvalues können an Lvalue-Referenzen gebunden werden.

» Rvalues können an konstante Lvalue-Referenzen gebunden werden.

Dazu bringt C++11 neue Regeln mit:

» Lvalues können nicht an Rvalue-Referenzen gebunden werden.

» Rvalues können an Rvalue-Referenzen gebunden werden.

EXKURS

Version 1 und 2 von Rvalue-Referenzen

Im ersten Entwurf von Rvalue-Referenzen konnten Lvalues an Rvalue-Referenzen gebunden werden. Dieses Verhalten wird im Nachhinein als Version 1 von Rvalue-Referenzen bezeichnet. Im aktuellen Standard wird die Version 2 implementiert, die dieses Verhalten nicht mehr erlaubt. Genaueres zu den Sicherheitsproblemen mit der Version 1 von Rvalue-Referenzen ist im Artikel N2812 von David Abrahams und Doug Gregor (Abrahams & Gregor, 2008) nachzulesen.

Der eine oder andere ältere C++-Compiler mag die Version 1 der Rvalue-Referenz aber noch unterstützen. Vorsicht ist daher geboten.

Die Feinheiten zum Bindungsverhalten von Lvalues und Rvalues soll das Listing 8.3 klären.

LvalueRvalueOver-
load.cpp

```
01 #include <iostream>
02 #include <string>
03
04 struct MyData{};
05
06 std::string referenceTo(MyData& ) {
07   return "lvalue reference";
08 }
09
10 std::string referenceTo(const MyData&  ) {
11   return "const lvalue reference";
12 }
13
14 std::string rValueToFunction(const MyData& ) {
15   return "const lvalue reference";
16 }
17
18 std::string rValueToFunction(MyData&& ) {
19   return "rvalue reference";
20 }
21
22 std::string onlyRvalue(MyData&& ){
23   return "rvalue reference";
24 }
```

```
25
26
27  int main(){
28
29    std::cout << std::endl;
30
31    // C++98 rules:
32    // lvalue to lvalue reference
33    // rvalue to const lvalue reference
34    MyData myData;
35    std::cout << "referenceTo(myData): "
                  << referenceTo(myData) << std::endl;
36    std::cout << "referenceTo(MyData()): "
                  << referenceTo(MyData()) << std::endl;
37
38    std::cout << std::endl;
39
40    // rvalue reference binds stronger than const lvalue reference
41    std::cout << "rValueToFunction(MyData()): "
                  << rValueToFunction(MyData()) << std::endl;
42
43    std::cout << std::endl;
44
45    // only for rvalues
46    std::cout << "onlyRvalue(MyData()): "
                  <<  onlyRvalue(MyData()) << std::endl;
47
48    // try it with lvalue and const lvalue
49    /*
50    const MyData myConstData= static_cast<MyData>(myData);
51    onlyRvalue(myData);
52    onlyRvalue(myConstData);
53    */
54
55    std::cout << std::endl;
56
57  }
```

Listing 8.3: Bindung von Lvalues und Rvalues an Lvalue- und Rvalue-Referenzen

Kernsprache: LvalueRvalueOverload.cpp   **WEBSITE**

In Listing 8.3 sind drei Funktionen mit verschiedenen Signaturen definiert:

1. `referenceTo` (Zeile 6 und 10): Nimmt eine Lvalue-Referenz und eine konstante Lvalue-Referenz an.

2. `rvalueToFunction` (Zeile 14 und 18): Nimmt eine konstante Lvalue-Referenz und eine Rvalue-Referenz an.

3. `onlyRValue` (Zeile 22): Nimmt eine Rvalue-Referenz an.

referenceTo in Zeile 35 und 36 angewandt, zeigt die klassischen C++-Regeln. Lvalues binden an Lvalue-Referenzen und Rvalues binden an Rvalue-Referenzen. Hingegen ist rvalueToFunction schon spannender. Da ein Rvalue sowohl nach der klassischen C++98-Regel an eine konstante Lvalue-Referenz als auch nach der neuen C++11-Regel an eine Rvalue-Referenz binden kann, ist die entscheidende Frage, welche Regel vom Compiler angewandt wird. Der Aufruf in Zeile 41 zeigt, die Rvalue-Referenz bindet stärker (Abbildung 8.2). Zuletzt folgt die Funktion onlyRValue, die nur eine Rvalue-Referenz als Parameter anbietet.

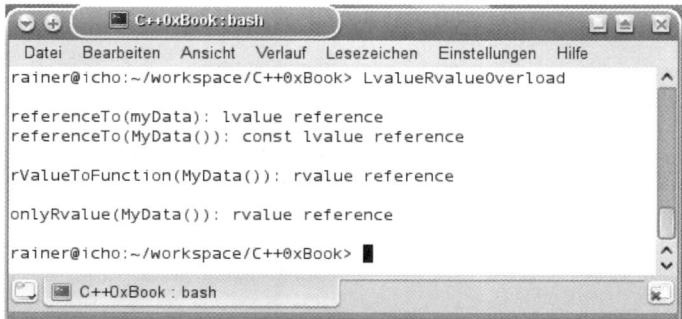

Abbildung 8.2: Überladen für Lvalues und Rvalues

Diese kann konsequenterweise nur durch ein Rvalue-Argument verwendet werden. Werden die Zeilen 50 bis 52 jedoch verwendet, um onlyRValue durch einen Lvalue in Zeile 51 und einen konstanten Lvalue aufzurufen, quittiert der GCC Compiler mit zwei Fehlermeldungen.

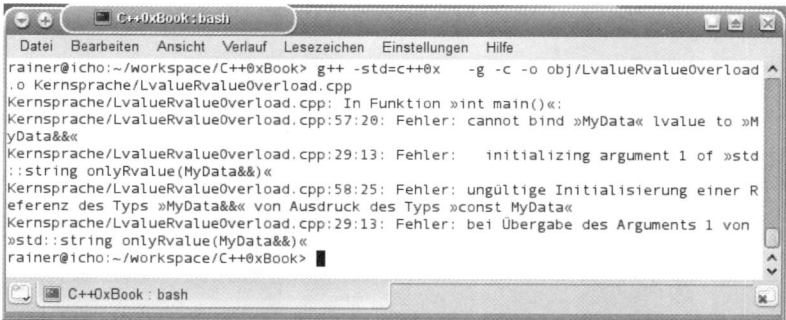

Abbildung 8.3: Fehler beim Binden eines Lvalue und konstanten Lvalue an eine Rvalue-Referenz

1. Unterscheiden Sie Lvalues von Rvalues.

Die Unterscheidung von Lvalues und Rvalues geht auf Christopher Strachey
(Christopher Strachey, 2011) Vorlesungsskripte »Fundamental Concepts in
Programming Languages« (Fundamental Concepts in Programming Languages, 2011) von 1967 zurück. Mit Lvalue- und Rvalue-Referenzen werden
diese Konzepte hochaktuell für das tiefere Verständnis von C++11.

Entscheiden Sie in Listing 8.4: Beispiele für Lvalues und Rvalues für jeden
Datentyp in der main-Funktion, ob es ein Lvalue oder Rvalue ist. Wenden
Sie dafür die einfache Regel aus Tour de C++11 an: Besitzt ein Objekt einen
Namen, ist es ein Lvalue, ansonsten ein Rvalue.

```
#include <string>
#include <vector>

int three= 3;
int& getThree(){return three;}

int main(){
  int n;
  std::vector<char> myVec(10);
  n= 5;
  myVec[0] = ‚a';
  int a=1, b=2, c=3;
  a= b + c;
  std::string z= std::string("z");
  int* p= new int;
  getThree()= 10;
  int si= myVec.size();
}
```

Listing 8.4: Beispiele für Lvalues und Rvalues

Kernsprache: Aufgaben: lValueRValue.cpp

Kernsprache: Aufgaben: lValueRValueSolution.cpp

2. Ein kleines Rätsel rund um Pre- und Post-Inkrement.

Das Programm in Listing 8.5 verhält sich anständig.

```
01 int main(){
02
03   int i= 0;
04   //int&& rValue= ++i;
05   int&& rvalue=i++;
06
07 }
```

Listing 8.5: Das Ergebnis einer Pre- und Post-Inkrement-Operation an eine
Rvalue-Referenz gebunden

Wird jedoch die Pre-Inkrement-Operation in Zeile 4 verwendet, quittiert
dies der VC10 mit einer Fehlermeldung.

```
------ Erstellen gestartet: Projekt: template, Konfiguration: Debug Win32 ------
  rvalueReference.cc
e:\rainer\c++\rvaluereference.cc(4): error C2440: 'Initialisierung': 'int' kann nicht
        Ein lvalue kann nicht an einen rvalue-Verweis gebunden werden.
========== Erstellen: 0 erfolgreich, Fehler bei 1, 0 aktuell, 0 übersprungen ==========
```

Abbildung 8.4: Das Ergebnis einer Pre-Inkrement-Operation lässt sich nicht an eine Rvalue-Referenz binden.

Die Lösung des Rätsels liegt in den Lvalue- bzw. Rvalue-Eigenschaften der Inkrement-Operatoren verborgen.

3. Welche Version der Rvalue-Referenzen implementiert Ihr Compiler?

Diese Frage lässt sich recht einfach beantworten. Übersetzen Sie das Listing 8.5. Verwenden Sie dabei die Zeile 4. Das Übersetzen des Programms sollte zu einer ähnlichen Fehlermeldung wie in VC10 in Abbildung 8.4 führen.

Im Exkurs zu Version 1 und 2 von Rvalue-Referenzen gehe ich auf die Unterschiede von Version 1 und Version 2 der Rvalue-Referenzen ein.

4. Elementfunktionen, die als Lvalue- und Rvalue-Referenzen ausgezeichnet sind

Die Klasse `WithReferenceMemberFunction` besitzt eine eigenwillige Syntax.

```cpp
class WithReferenceMemberFunction{
public:
  void reference() & {
    std::cout << "LValue Reference" << std::endl;
  }
    void reference() && {
    std::cout << "RValue Reference" << std::endl;
  }
};
```

Erzeugen Sie Lvalue- und Rvalue-Instanzen vom Typ `WithReferenceMember-Function` und rufen Sie die Elementfunktion `reference` auf.

Entspricht die Ausgabe Ihren Erwartungen? Leider müssen Sie auf die Antwort noch warten, bis die aktuellen Compiler dieses Feature unterstützen.

Kernsprache: Aufgaben: withReferenceMemberFunction.cpp

8.1   Move-Semantik

Unterscheiden Sie zwischen Copy- und Move-Semantik.

Bei der Copy-Semantik wird durch einen Aufruf der Form a=b der Inhalt von b nach a kopiert, während bei der Move-Semantik der Inhalt von b nach a transferiert wird. Bildlich ist dies in Tour de C++11 dargestellt.

Der Compiler sorgt dafür, dass ein Lvalue an eine Lvalue-Referenz und ein Rvalue an eine Rvalue-Referenz gebunden wird. Diese Fähigkeit des Compilers ist die Grundvoraussetzung für die Move-Semantik. Der zweite Teil fehlt noch. Der Programmierer hat dafür zu sorgen, dass die automatisch aufgerufenen Funktionen die gewünschte Funktionalität anbieten. Im Fall der STL-Container ist dies bereits geschehen. Beim Entwurf eigener Datentypen muss die Funktionalität beim Klassenentwurf berücksichtigt werden.

Dass die Move-Semantik als optimiertes Kopieren verstanden werden kann, lässt sich schön durch den klassischen swap-Algorithmus zeigen (Listing 8.6).

Optimiertes Kopieren

```
01 #include <algorithm>
02 #include <iostream>
03 #include <vector>
04
05 template <typename T>
06 void swapCopy(T& a, T& b){
07     T tmp(a);
08     a = b;
09     b = tmp;
10 }
11
12 template <typename T>
13 void swapMove(T& a, T& b){
14     T tmp(std::move(a));
15     a = std::move(b);
16     b = std::move(tmp);
17 }
18
19 struct MyData{
20   std::vector<int> myData;
21
22   MyData():myData({1,2,3,4,5}){}
23
24   // copy semantic
25   MyData(const MyData& m):myData(m.myData){
26     std::cout << "copy constructor" << std::endl;
27   }
28
29   MyData& operator=(const MyData& m){
30     myData= m.myData;
31     std::cout << "copy assignment operator" << std::endl;
32     return *this;
33   }
34
35   // move semantic
36   MyData(MyData&& m): myData(std::move(m.myData)){
37     std::cout << "move constructor" << std::endl;
```

swap.cpp

```
38   }
39
40   MyData& operator=(MyData&& m){
41     myData= std::move(m.myData);
42     std::cout << "move assignment operator" << std::endl;
43     return *this;
44   }
45
46 };
47
48 int main(){
49
50   std::cout << std::endl;
51
52   MyData a,b;
53   std::cout << "-- swapCopy ------------" <<std::endl;
54   swapCopy(a,b);
55   std::cout << "---swapMove ------------" << std::endl;
56   swapMove(a,b);
57
58   std::cout << std::endl;
59
60 };
```

Listing 8.6: MyData mit Copy- und Move-Semantik

Das Programm in Listing 8.6 ist recht einfach gehalten. Es besteht aus zwei Versionen des swap-Algorithmus in Zeile 5 und 12, dem einfachen Datentyp MyData, der sowohl Copy- als auch Move-Semantik anbietet, und einem kleinen Hauptprogramm, das Objekte vom Typ MyData vertauscht. Der Unterschied von swapCopy und swapMove ist, dass Ersterer beim Dreieckstausch seine Elemente kopiert, während swapMove seine Elemente transferiert. Daher benötigt swapCopy sechs Kopien des Typs T, swapMove hingegen nur drei. Der Grund dafür ist, dass durch das Kopieren die Copy-Semantik von MyData angesprochen wird. Sowohl im Kopierkonstruktor als auch im Kopier-Zuweisungsoperator wird eine Kopie des Eingabetyps erzeugt. Diese Kopie ist beim Move-Konstruktor (Zeile 36) und Move-Zuweisungsoperator nicht notwendig, denn in ihm wird die Ressource std::vector<int> durch std::move transferiert.

Für den Aufruf »Methoden für die Copy- bzw. Move-Semantik« sorgt der Compiler.

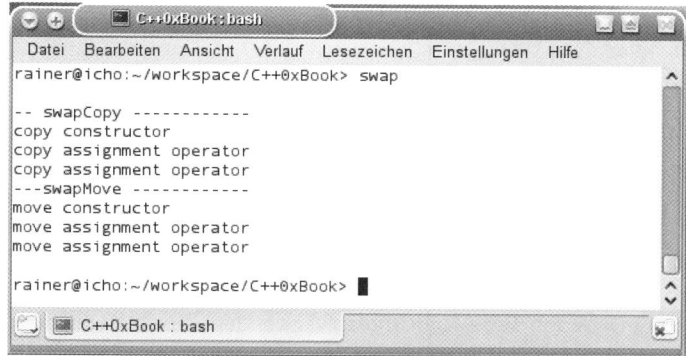

Abbildung 8.5: Aufruf der Copy- und Move-Semantik

Werden die Zeilen 36 bis inklusive 44 in Listing 8.6 auskommentiert, so dass MyData keine Move-Semantik mehr anbietet, so führt die Anwendung von swapMove in Zeile 12 dazu, dass die Copy-Semantik von MyData in die Bresche springt (Abbildung 8.6). Dies ist aber nicht verwunderlich, kann doch ein Rvalue auch an eine konstante Lvalue-Referenz gebunden werden. Genau von diesem Typ sind die Variablen des Kopierkonstruktors und des Kopier-Zuweisungsoperators. Dieses Verhalten besitzt eine sehr praktische Konsequenz.

> **Betrachten Sie die Copy-Semantik als Fallback.** **[PRAXISTIPP]**
>
> Implementieren Sie Ihre Algorithmen für die Move-Semantik. Bietet der Datentyp keine Move-Semantik an, wird als Fallback die Copy-Semantik verwendet.

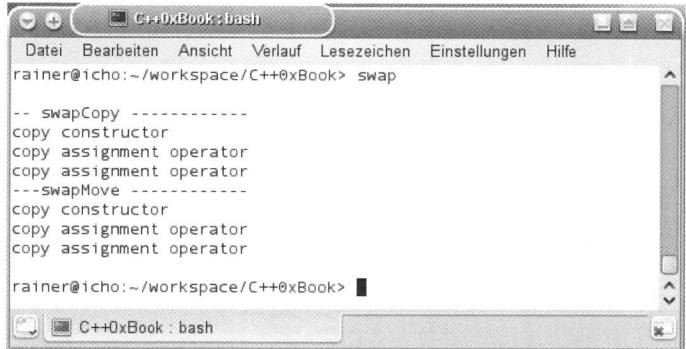

Abbildung 8.6: Copy-Semantik als Fallback zur Move-Sematik

ZUSAMMENFASSUNG

Regeln für die Move-Semantik

Regeln für die
Move-Semantik

Für die Implementierung eines Move-Konstruktors oder eines Move-Zuweisungsoperators sollten die folgenden drei Regeln angewandt werden:

1. Zielwert löschen

2. Quelle nach Ziel transferieren

3. Quelle in einen definierten Zustand setzen

Algorithmen für
Datentypen, die nur
die Move-Semantik
unterstützen

Algorithmen zu implementieren, die für die Move-Semantik ausgelegt sind,
besitzt eine weitreichende Konsequenz. Datentypen, die nur die Move-Semantik anbieten, können diese Algorithmen verwenden. Dies trifft auf viele
Implementierungen der STL-Algorithmen zu. Verwendet der Algorithmus
unter der Decke jedoch eine Kopieroperation, wird dies durch den Compiler moniert. Typische Vertreter dieser nur transferierbaren Datentypen
sind Dateiobjekte, Threads, Smart Pointer oder auch Locks. In Listing 8.7
wird der neue C++11 Smart Pointer std::unique_ptr in einem std::vector
verwendet.

moveOnly.cpp

```cpp
01 #include <iostream>
02 #include <memory>
03 #include <vector>
04
05
06 template <typename T>
07 void swapCopy(T& a, T& b){
08     T tmp(a);
09     a = b;
10     b = tmp;
11 }
12
13 template <typename T>
14 void swapMove(T& a, T& b){
15     T tmp(std::move(a));
16     a = std::move(b);
17     b = std::move(tmp);
18 }
19
20 int main(){
21
22     std::unique_ptr<int> unique1(new int(1));
23     std::unique_ptr<int> unique2(new int(5));
24
25     std::vector<std::unique_ptr<int> > myInt1;
26     myInt1.push_back(std::move(unique1));
27     myInt1.push_back(std::move(unique2));
28
29     std::vector<std::unique_ptr<int> > myInt2;
30     myInt2.push_back(std::move(unique1));
31
```

```
32    swapMove(myInt1,myInt2);
33
34    swapCopy(myInt1,myInt2);
35
36 }
```

Listing 8.7: Move-Semantik und Copy-Semantik mit std::unique_ptr

Kernsprache: moveOnly.cpp   **WEBSITE**

Während der Aufruf swapMove in Zeile 32 gültig ist, führt der Aufruf swapCopy in Zeile 34 zum Übersetzungsfehler. In der sehr wortreichen Fehlermeldung findet sich die Ursache des Fehlers am Ende des Screenshots wieder (Abbildung 8.7):

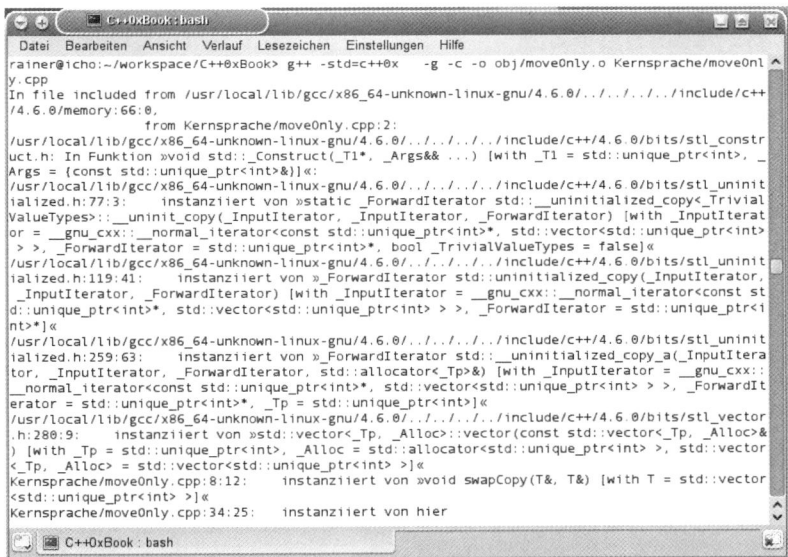

Abbildung 8.7: Fehlermeldung beim Versuch, den nur transferierbaren std::unique_ptr zu kopieren

Neben den Smart Pointern std::unique_ptr, die exklusiv eine Ressource besitzen, hat C++11 die std::shared_ptr noch im Angebot. std::shared_ptr teilt sich eine Ressource und verwaltet den Lebenszyklus dieser Ressource mit einem Referenzzähler. Zwar unterstützt std::shared_ptr neben der Move-Semantik auch die Copy-Semantik, jedoch profitiert std::shared_ptr auch von der Move-Semantik eines Algorithmus, denn durch die Copy-Semantik wird der Referenzzähler implizit in- und dekrementiert.

std::move-
Implementierung

Um aus einem Lvalue in einen Rvalue zu konvertieren, wurde in vielen Beispielen das neue Funktions-Template std::move verwendet.

move-Implementierung

Das Funktions-Template `std::move` besitzt die *prägnante* Implementierung:

```
01 template<typename T>
02 typename std::remove_reference<T>::type&&
   std::move(T&& obj) {
03   return static_cast<typename
          std::remove_reference<T>::type&&>(obj);
04 }
```

Listing 8.8: `std::move`-Implementierung

Auch oder vielleicht gerade weil das Funktions-Template `std::move` kurz und bündig ist, kommen einige mächtige C++11-Regeln ins Spiel, um einen Lvalue in einen Rvalue zu konvertieren. Das Verständnis seiner Implementierung ist aber nicht für deren richtige Anwendung notwendig. Die folgende Erläuterung lässt sich auch auf `std::forward` anwenden, das für Perfect Forwarding eine ähnlich wichtige Rolle spielt wie `std::move` für die Move-Semantik.

Zuerst verwundert die Signatur von `std::move`, da diese ihre Argumente als Rvalue-Referenz annimmt. Wie ist das möglich, da wir doch von den Bindungsregeln von Rvalue-Referenzen wissen, dass Lvalues nicht an Rvalue-Referenzen gebunden werden können (Listing 8.3). Der feine Unterschied ist: `std::move` ist ein Funktions-Template und keine Funktion. Bei Funktions-Templates der Form

```
template <typename T>
void function(T&& ) { ... }
```

kommen die mit C++11 erweiterten Referenz-Collapsing-Regeln (siehe Tabelle 8.1: Referenz-Collapsing-Regeln) zur Anwendung. Diese bewirken, dass das Funktions-Template als ein *catch-all* Funktions-Template verwendet werden kann.

Tabelle 8.1 ist eine Übersicht über den Datentyp `T`, wie er im Funktions-Template zur Verfügung steht, abhängig davon, ob das Argument durch eine Lvalue- oder Rvalue-Referenz gebunden wird, abhängig davon, ob das Argument ein Lvalue oder Rvalue ist. In der letzten Spalte ist noch vermerkt, seit welcher C++-Version diese Regel zur Verfügung steht.

Lvalue- oder Rvalue-Referenz	Lvalue oder Rvalue	Resultierender Datentyp T	Regel verfügbar seit
T&	&	T&	C++98
T&	&&	T&	C++11
T&&	&	T&	C++11
T&&	&&	T&&	C++11

Tabelle 8.1: Referenz-Collapsing-Regeln

Die Tabelle lässt sich auf die einfache Faustformel reduzieren:

EXKURS

» Der Template-Parameter T steht als Rvalue-Referenz zur Verfügung, wenn das Argument ein Rvalue ist, der per Rvalue-Referenz angenommen wird.

Ein kleiner Baustein fehlt noch, um `std::move` zu verstehen. Das Funktions-Template `std::remove_reference<T>::type` ist Bestandteil der neuen C++11-Typ-Traits-Bibliothek. Die konkrete Funktion entfernt gegebenenfalls von ihrem Argument zur Übersetzungszeit die Referenz und gibt einen neuen Typ ohne Referenz zurück, der mit `::type` angesprochen werden kann. Referenzen werden durch das Funktions-Template `std::remove_reference` nicht verändert.

Was passiert nun, wenn `std::move` auf einem Lvalue `myData` angewandt wird:

```
MyData myData;
std::move(myData);
```

1. Der Compiler instanziiert das Funktions-Template `std::move` mit `MyData&` für den Template-Parameter T.

```
01 typename std::remove_reference<MyData&>::type&&
02 std::move(MyData& && obj) {
03    return static_cast<typename
      std::remove_reference<MyData&>::type&&>(obj);
04 }
```

2. `std::remove_reference` und die Referenz-Collapsing-Regeln werden angewandt.

```
01 MyData&& std::move(MyData& obj){
02    return static_cast<MyData&&>(obj);
03 }
```

Dieselben Überlegungen lassen sich natürlich auch auf Rvalues anwenden, so dass `std::move` immer Rvalue-Referenzen zurückgibt. Interessant ist der Rückgabewert von `std::move`, nachdem alle C++- und C++11-Regeln angewandt wurden. Der ganze Prozess reduziert sich im Wesentlichen auf ein einfaches `static_cast`.

Parameter, die als Rvalue-Referenzen deklariert werden, können Lvalues sein. Verwirrt. Listing 8.9 bringt das Problem, das auf den ersten Anschein nicht intuitiv erscheint, auf den Punkt.

Lvalue als Rvalue-Referenz deklariert

```
01 #include <algorithm>
02 #include <iostream>
03
04
05 struct MyData{
06
07    MyData()= default;
08
09    // copy constructor
10    MyData(const MyData& m){
11       std::cout << "copy constructor MyData" << std::endl;
```

rvalueReferenceTo-Lvalue.cpp

187

```
12   }
13
14   // move constructor
15   MyData(MyData&& m){
16     std::cout << "move constructor MyData" << std::endl;
17   }
18
19 };
20
21 struct CopyMyData{
22
23   CopyMyData()= default;
24
25   MyData myData;
26
27   // move constructor
28   CopyMyData(CopyMyData&& m): myData(m.myData){
29     std::cout << "move constructor CopyMyData" << std::endl;
30   }
31
32 };
33
34 struct MoveMyData{
35
36   MoveMyData()= default;
37
38   MyData myData;
39
40   // move constructor
41   MoveMyData(MoveMyData&& m): myData(std::move(m.myData)){
42     std::cout << "move constructor MoveMyData" << std::endl;
43   }
44
45 };
46
47 void rvalueReferenceToLvalue(MyData&& myData){
48   std::cout << "rvalueReferenceToLvalue(MyData&& myData): ";
49   MyData myData1(myData);
50 }
51
52 void rvalueReferenceToRvalue(MyData&& myData){
53   std::cout << "rvalueReferenceToRvalue(MyData&& myData): ";
54   MyData myData1(std::move(myData));
55 }
56
57 int main(){
58
59   std::cout << std::endl;
60
61   rvalueReferenceToLvalue(MyData());
62   rvalueReferenceToRvalue(MyData());
```

```
63
64    std::cout << std::endl;
65
66    CopyMyData copyMyData;
67    CopyMyData c(std::move(copyMyData));
68
69    std::cout << std::endl;
70
71    MoveMyData moveMyData;
72    MoveMyData m(std::move(moveMyData));
73
74    std::cout << std::endl;
75
76 }
```

Listing 8.9: Rvalue-Referenzen, die zu Lvalues werden

Kernsprache: rvalueReferenceToLvalue.cpp   **WEBSITE**

Die Ausgabe von Listing 8.9 sollte vorhersehbar sein. Sowohl die Funktionen rvalueReferenceToLvalue und rvalueReferenceToRvalue in Zeile 61 und 62 als auch die Objekte c und m vom Typ CopyMyData und MoveMyData erhalten ihre Argumente als Rvalues und nehmen sie als Rvalue-Referenz an. Damit ist klar: Beim Initialisieren von MyData in den Funktionskörpern und den Move-Konstruktoren wird der Move-Konstruktor von MyData verwendet. Die Ausgabe des Programms entspricht nicht dieser naiven Annahme.

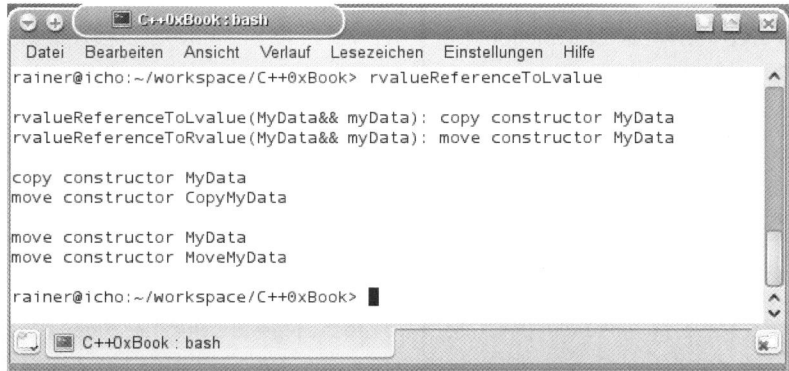

Abbildung 8.8: Irrtümliches Kopieren von MyData

Der Grund für dieses Verhalten ist schnell exemplarisch an der Funktion rvalueReferenceToLvalue(MyData&& myData)in Zeile 47 erklärt. Die Rvalue-Referenz besitzt den Namen myData, der im Konstruktoraufruf MyData myData1(myData) (Zeile 49) verwendet wird. Die einfache Regel zum Unterscheiden eines Lvalue von einem Rvalue aus Tour de C++11 lautet:

> **PRAXISTIPP**
>
> **Rvalues besitzen keinen Namen.**
>
> Besitzt ein Objekt einen Namen, ist es ein Lvalue, ansonsten ein Rvalue.

Dieses Verhalten trifft natürlich auch auf den Move-Konstruktor von `CopyMyData` in Zeile 28 zu. Nur durch das explizite Verwenden des Funktions-Templates `std::move` in Zeile 41 und 54 wird der Move-Konstruktor von `MyData` angestoßen.

> **PRAXISTIPP**
>
> **Verwenden Sie move, wenn möglich.**
>
> Da `std::move` einerseits die Intention des Codes explizit ausdrückt und andererseits das Laufzeitverhalten des Programms durch den Gebrauch des Funktions-Templates nicht negativ beeinflusst wird, spricht nichts dagegen, `std::move` im Zweifelsfall zu oft zu verwenden. `std::move` wird als Funktions-Template zur Übersetzungszeit evaluiert, so dass der neue Typ zur Laufzeit fertig vorliegt.

Return Value Optimierung

Return Value-Optimierung (RVO) ist eine Technik, die zeitgemäße C++-Compiler anwenden. Funktionen der Form

```
MyData function(){
  MyData myData;
  ...
  return myData;
}
```

kann ein Compiler so optimieren, dass der Wert `myData` direkt in den Rückgabewert von `function` kopiert wird. Somit wird das teure, zweimalige Kopieren von `myData` vermieden. Dank RVO ist es nicht sinnvoll, die Funktion so umzuschreiben, dass sie einen Rvalue zurückgibt.

Move-Semantik automatisch erzeugt

Sind alle Datenelemente einer Klasse und deren Basisklasse transferierbar (*moveable*), dann erzeugt der Compiler automatisch den Move-Konstruktor und den Move-Zuweisungsoperator neben dem Copy-Konstruktor und dem Copy-Zuweisungsoperator.

Unterbinden der Move- bzw. Copy-Semantik

Das Implementieren des Move-Konstruktors verhindert das automatische Erzeugen des Copy-Konstruktors und durch das Implementieren des Move-Zuweisungsoperators wird das automatische Erzeugen des Copy-Zuweisungsoperators unterbunden. Durch die Definition eines Copy-Konstruktors wird die Erzeugung des Move-Konstruktors und des Copy-Zuweisungsoperators verhindert.

> **AUFGABE**
>
> 1. Lassen Sie den Compiler entscheiden.
>
> In Listing 8.6 werden ein generisches `swapCopy` und `swapMove` angeboten. Der Anwender muss selbst entscheiden, ob er kopieren oder transferieren will. Das ist nicht schön. Diese Entscheidungen sollten automatisch durch den C++-Compiler getroffen werden. Genau dies tut er automatisch. Ver-

einfachen Sie das Listing 8.6 so, dass nur die Funktion swapMe verwendet **AUFGABE** wird. Diese soll die Implementierung der swapMove-Funktion verwenden. Erzeugen Sie zusätzlich zwei Datentypen, die jeweils nur die Copy- bzw. Move-Semantik unterstützen, und wenden Sie die neue Funktion swapMe an. Beeindruckt?

WEBSITE

Kernsprache: Aufgaben: swapMe.cpp

2. Wenden Sie Rvalue-Referenzen beim +-Operator an.

Der Datentyp MyInt ist eine einfache Hülle um den Datentyp int.

```
struct MyInt{
  int val;
  MyInt(int i):val(i){
    std::cout << i << std::endl;
  }
};
```

Listing 8.10: MyInt als einfache Hülle um den Datentyp int

»   Variation 1:

Implementieren Sie den +-Operator für MyInt zuerst in der klassischen Weise mit konstanten Lvalue-Referenzen. Berechnen Sie den Ausdruck:

```
MyInt erg= MyInt(1)+MyInt(2)+MyInt(3)+MyInt(4);
```

Wie viele temporäre MyInt-Objekte wurden durch den arithmetischen Ausdruck erzeugt?

»   Variation 2:

Implementieren Sie zusätzlich den +-Operator für Rvalue-Referenzen und führen Sie die Arithmetik nochmals aus. Vergleichen Sie die Ergebnisse zwischen Variation 1 und 2.

WEBSITE

Kernsprache: Aufgaben: myIntCopy.cpp

8.2   Perfect Forwarding

Die Idee des Perfect Forwarding ist recht einfach. Eine Funktion nimmt ihre Daten als Lvalue- oder Rvalue-Referenz an und verwendet diese, um eine weitere Funktion oder auch einen Konstruktor mit diesen Datentypen aufzurufen. Der entscheidende Punkt beim Perfect Forwarding ist, dass dabei die Lvalue- bzw. Rvalue-Eigenschaften des Datentyps erhalten bleiben.

DEFINITION

Perfect Forwarding

Nimmt eine Funktion ihre Daten als Lvalue bzw. Rvalue an und verwendet sie sie, um eine weitere Funktion genau mit diesen Daten aufzurufen, so dass deren ursprüngliche Lvalue- bzw. Rvalue-Eigenschaften erhalten bleiben, spricht man von Perfect Forwarding.

Howard E. Hinnant, Bjarne Stroustrup und Bronek Kozicki stellen dazu lapidar in »A Brief Introduction to Rvalue References« fest: »... a herefore unsolved problem in C++.« (Hinnant, Stroustrup, & Kozicki, 2006).

Problem Perfect Forwarding

Für das bessere Verständnis des Problems und insbesondere dessen generische Lösung mit Hilfe von Perfect Forwarding dient Listing 8.11: Perfect Forwarding. Die Grundidee des Programms ist, dass alle Datentypen ein oder zwei große, interne Daten besitzen, die über den Konstruktoraufruf initialisiert werden sollen.

perfectForwarding. cpp

```cpp
01 #include <algorithm>
02 #include <string>
03 #include <vector>
04
05 class BigData1{
06   public:
07     BigData1(std::vector<int> data):data(data){}
08   private:
09     std::vector<int> data;
10 };
11
12
13 class BigData2{
14   public:
15     BigData2(std::vector<int>& data):data(data){}
16     BigData2(std::vector<int>&& data)
                 :data(std::move(data)){}
17   private:
18     std::vector<int> data;
19 };
20
21 class BigData3{
22   public:
23     BigData3(std::vector<int>& data,std::string& str)
                 :data(data),str(str){}
24     BigData3(std::vector<int>& data,std::string&& str)
                 :data(data),str(std::move(str)){}
25     BigData3(std::vector<int>&& data,std::string& str)
                 :data(std::move(data)),str(str){}
26     BigData3(std::vector<int>&& data,std::string&& str)
                 :data(std::move(data)),str(std::move(str)){}
27   private:
28     std::vector<int> data;
29     std::string str;
30 };
31
32
33 class BigDataNew{
34   public:
35     template<typename T1, typename T2>
36     BigDataNew(T1&& vec,T2&& s)
          :data(std::forward<T1>(vec)),str(std::forward<T2>(s)){}
```

```
37   private:
38     std::vector<int> data;
39     std::string str;
40 };
41
42 int main(){
43
44   std::vector<int> myVec{1,2,3,4,5,6,7,8,9};
45
46   // copy
47   BigData1 bigData11(myVec);
48
49   // copy
50   BigData2 bigData21(myVec);
51   // move
52   BigData2 bigData22({1,2,3,4,5,6,7,8,9});
53
54   std::string s{"Only for testing purpose."};
55
56   // copy, copy
57   BigData3 bigData31(myVec,s);
58   // copy, move
59   BigData3 bigData32(myVec,{"Only for testing purpose."});
60   // move, copy
61   BigData3 bigData33({1,2,3,4,5,6,7,8,9},s);
62   // move, move
63   BigData3 bigData34({1,2,3,4,5,6,7,8,9},
64                        {"Only for testing purpose."});
65
66   std::string tempStr{"testing first"};
67   std::vector<int>vec{10,20};
68   // copy, copy
69   BigDataNew bigData41(myVec,s);
70   // copy, move
71   BigDataNew bigData42(myVec,std::move(tempStr));
72   // move, copy
73   BigDataNew bigData43(std::move(myVec),s);
74   // move, move
75   BigDataNew bigData44(std::move(vec),std::move(s));
76
77 }
```

Listing 8.11: Perfect Forwarding

Kernsprache: perfectForwarding.cpp   ⟨ **WEBSITE** ⟩

Die erste, naive Lösung bietet `BigData1` in Listing 8.11, Zeile 5 an. Diese Lösung ist nicht optimal, da sowohl beim Aufruf des Konstruktors in Zeile 44 als auch beim Initialisieren des `std::vector<int>` in Zeile 7 unnötig kopiert wird. Das geht besser. `BigData2` vermeidet das erste Kopieren, da es `myVec` in

Zeile 50 per Referenz adressiert. Werden darüber hinaus die Initialisierungs-daten (1,2,3,4,5,6,7,8,9) (Zeile 52) als Rvalue übergeben, nimmt der zwei-te Konstruktor von `BigData2` diese (Zeile 16) per Rvalue-Referenz an. Somit kann in der Initialisiererliste des Konstruktors `std::move` verwendet werden und jegliches Kopieren wird vermieden. Das Überladen des Konstruktors mit einer Lvalue- und Rvalue-Referenz hat aber einen entscheidenden Nachteil. Ist die Anzahl der zu initialisierenden Elemente n, so werden 2^n verschie-dene Versionen des Konstruktors benötigt. Diese kombinatorische Explosion ist nicht zu meistern, denn selbst `BigData3` benötigt schon vier verschiedene Konstruktoren. Die Lösung des Problems ist das C++11-Funktions-Template `std::forward` in Zeile 36, das in dem generischen Konstruktor (Zeile 36) die Argumente von `BigDataNew` an die zu initialisierenden Daten weiterdelegiert. Die Arbeit von 2^n überladenen Konstruktoren wird durch ein Konstruktor-Template erledigt. Das Zusammenspiel des Funktions-Templates mit den Rvalue-Referenzen bewirkt in diesem speziellen Konstruktor, dass er sowohl Lvalues als auch Rvalues annimmt. Hier wirken die gleichen Gesetzmäßig-keiten zur Template-Instanziierung und die Referenz-Collapsing-Regeln wie bei `std::move` (Tabelle 8.1). Die eigentliche Arbeit wird an das Funktions-Template `std::forward` delegiert.

forward   `std::forward` besitzt nur eine einzige Aufgabe. Das Funktions-Template soll die Copy- oder auch Move-Semantik seiner Argumente weiterreichen. Seine Implementierung erinnert an die von `std::move`.

```
template<typename T>
struct identity {
  typedef T type;
};

template<typename T>
T&& forward(typename identity<T>::type&& param){
  return static_cast<identity<T>::type&&>(param);
}
```

Für den Rückgabewert wird ein `static_cast` auf `identity<T>::type&&` durchgeführt. Dieser Trick, das Hilfs-Template `identity` anzuwenden, be-wirkt, dass das Template-Argument explizit angegeben werden muss und nicht automatisch abgeleitet werden kann. Das automatische Ableiten des Template-Arguments hat den unerwünschten Nebeneffekt, dass `param` einen Namen besitzt und daher ein Lvalue ist.

> **PRAXISTIPP**
>
> **Übergeben Sie explizit das Template-Argument bei forward.**
>
> Im Gegensatz zu `std::move` verlangt `std::forward`, dass das Template-Argu-ment explizit angegeben wird.
>
> ```
> data(std::move(vec))
> data(std::forward<T1>(vec))
> ```

Variadic Templates sind Templates, die beliebig viele Argumente anneh-men können. Wird dieses C++11-Feature zusammen mit Perfect Forwar-ding verwendet, können generische Fabrik-Funktionen implementiert wer-den, die beliebig viele Argumente annehmen und dabei deren Lvalue- bzw. Rvalue-Eigenschaften respektieren.

Variadic Templates

```
template <typename T, typename ... Args>
T createT(Args&&...args){
  return T(std::forward<Args>(args)...);
}
```
Listing 8.12: Eine generische Fabrik-Funktion mit Perfect Forwarding

createT ist solch eine Fabrik-Funktion, die eine Klasse T instanziiert und zurückgibt.

1. Wenden Sie die generische Fabrik-Funktion createT in Listing 8.12 an. **AUFGABE**
   Ein paar Ideen: Instanziieren Sie:
   > int()
   > int(1)
   > std::string("Only for testing purpose")
   > MyData()
   > MyData(1,3.14,'a')
   > std::vector<int>{1,2,3,4,5}

2. Verwenden Sie Perfect Forwarding, um die Argumente der abgeleiteten Klasse an ihre Basisklasse unverändert durchzureichen. **WEBSITE**

Kernsprache: Aufgaben: createT.cpp

Python kennt schon lange Perfect Forwarding, um die Argumente der abge-leiteten Klasse Derived generisch an ihre Basisklasse Base durchzureichen.

```
class Derived(Base):
  def __init__(self, *args, **kwargs):
    Base.__init__(self,*args, **kwargs)
```
Listing 8.13: Perfect Forwarding in Python

Dieses Python-Idiom lässt sich jetzt auch in C++11 implementieren. Die Lösung führt über eine Variation von Listing 8.12. Prüfen Sie Ihre Lösung, indem Sie in Base zwei Konstruktoren implementieren. Der erste soll sein Argument als konstante Lvalue-Referenz annehmen, der zweite als Rva-lue-Referenz. **WEBSITE**

Kernsprache: Aufgaben: baseDerived.cpp

9 Generische Programmierung

9.1 Variadic Templates

Variadic Templates sind ein mächtiges Werkzeug für den Bibliotheksautor, Algorithmen zu schreiben, die beliebig viele Argumente annehmen können. Da Templates zur Übersetzungszeit instanziiert werden, steht das Ergebnis zur Laufzeit fest. Die Laufzeit wird spürbar entlastet.

Neben std::tuple profitieren noch andere Datenstrukturen von Variadic Templates. Das sind std::thread und die Funktion sizeof, die direkt auf Variadic Templates aufgerufen werden kann.

Die Struktur eines Variadic Template ist relativ ungewohnt.   Struktur

```
01 template <typename ... Args>
02 void variadicTemplate(Args ... args){
03   // do something with args
04 }
```

Durch die Ellipse ... wird Args zum Template Parameter Pack. Mit einem Parameter Pack sind zwei Operationen möglich. Es kann entpackt oder gepackt werden. Stehen die Punkte links von `Args` (Zeile 1), wird das Parameter Pack gepackt, rechts davon (Zeile 2) wird es entpackt. Die Leerzeichen vor und hinter der Ellipse sind nicht notwendig.

Variadic Templates über Werten

Templates können nicht nur Typen, sie können auch Werte annehmen. Variadic Templates als spezielle Templates können dies natürlich auch. Die Templates in Listing 9.1, die Zahlen addieren bzw. multiplizieren und das Ergebnis zur Laufzeit anbieten, sind bewusst einfach gehalten, um den Blick aufs Wesentliche zu lenken.

calc.cpp

```
01 #include <iostream>
02
03 // primary template
04 template<int ...> struct sum;
05
06 // specialization for no argument
07 template<>struct
08 sum<>{
09   static const int value= 0;
10 };
11
12 // specialization for one or more arguments
13 template<int i, int ... tail> struct
14 sum<i,tail...>{
15   static const int value= i + sum<tail...>::value;
16 };
17
18 template<int ...> struct mult;
19
20 template<>struct
21 mult<>{
22   static const int value= 1;
23 };
24
25 template<int i, int ... tail> struct
26 mult<i,tail...>{
27   static const int value= i * mult<tail...>::value;
28 };
29
30 int main(){
31
32   std::cout << std::endl;
33
34   std::cout << "sum<>: " << sum<>::value <<std::endl;
35   std::cout << "sum<1,2,3,4,5>::value: "
                << sum<1,2,3,4,5>::value << std::endl;
36   std::cout << "sum<-20,-10,10,20>::value: "
                << sum<-20,-10,10,20>::value << std::endl;
```

```
37
38    std::cout << std::endl;
39
40    std::cout << "mult<>: " << mult<>::value
                 <<std::endl;
41    std::cout << "mult<1,2,3,4,5>::value: "
                 << mult<1,2,3,4,5>::value << std::endl;
42    std::cout << "mult<-20,-10,10,20>::value: "
                 << mult<-20,-10,10,20>::value << std::endl;
43
44
45    std::cout << std::endl;
46
47  }
```

Listing 9.1: Addition und Multiplikation von Werten mit Variadic Templates

Kernsprache: calc.cpp   **WEBSITE**

Zuerst die Ausgabe, dann die Analyse des Programms.

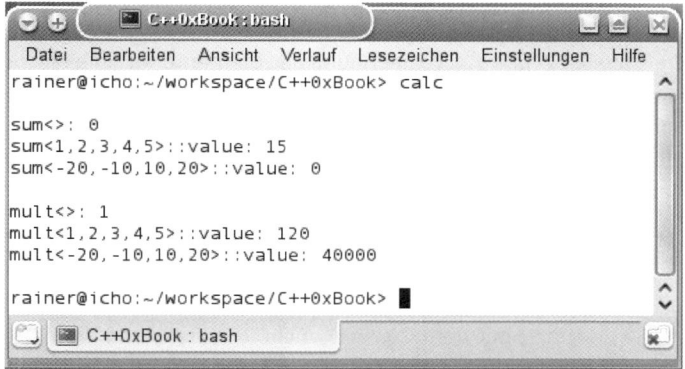

Abbildung 9.1: Variadic Templates zur Berechnung von Werten

Betrachten wir die drei Klassen-Templates sum in Zeile 4, 7 und 13 (Listing 9.1), dann fällt zuallererst auf, dass das primäre oder allgemeine Template in Zeile 4 lediglich deklariert ist. Die C++-Syntax schreibt vor, dass das primäre Template zumindest deklariert werden muss. Darüber hinaus gilt, dass dies vor seiner Spezialisierung erfolgen muss. Das Klassen-Template calc besitzt zwei Spezialisierungen. In Zeile 7 steht die Spezialisierung für den Aufruf mit keinem, Zeile 13 enthält die für den Aufruf mit mindestens einem Element. Dieses Variadic Template verdient eine genauere Betrachtung. In sum<i,tail ... > werden die Argumente entpackt. Dabei wird das erste Argument an i, der Rest an tail gebunden. Die eigentliche Addition findet dann im Template-Körper statt, denn für tail wird sum rekursiv aufgerufen. Nach endlich vielen Iterationen sind alle Argumente abgearbeitet und die Spezialisierung, die kein Argument erwartet, kommt zum Einsatz. Sie gibt als Ergebnis 0 zurück, das neutrale Element der Addition und das Ergebnis stehen durch ::value zur Verfügung (Zeile 34 – 42).

Rekursive
Instanziierung

In Abbildung 9.2 ist exemplarisch die rekursive Instanziierung des Klassen-Templates sum für den Wert sum<1,2,3,4,5>::value dargestellt.

$$sum < 1, 2, 3, 4, 5 >:: value$$
$$\Rightarrow 1 + sum < 2, 3, 4, 5 >:: value$$
$$\Rightarrow 1 + 2 + sum < 3, 4, 5 >:: value$$
$$\Rightarrow 1 + 2 + 3 + sum < 4, 5 >:: value$$
$$\Rightarrow 1 + 2 + 3 + 4 + sum < 5 >:: value$$
$$\Rightarrow 1 + 2 + 3 + 4 + 5 + sum <>:: value$$
$$\Rightarrow 1 + 2 + 3 + 4 + 5 + 0 = 15$$

Abbildung 9.2: Instanziierung von sum<1,2,3,4,5>::value

Die Klassen-Templates mult folgen der gleichen Struktur wie sum. Es gibt nur zwei kleine Modifikationen zu sum. Das neutrale Element der Multiplikation ist die 1 (Zeile 22) und zur Verrechnung der Elemente wird die Multiplikation verwendet (Zeile 27). Natürlich ist es möglich, dieses Beispiel so generisch zu definieren, dass es zwei Parameter mehr erhält: das neutrale Element und ein Funktions-Template, das die arithmetische Operation definiert. Genau das wird das Thema der Überaufgabe sein.

Typsicheres printf
mit C++11

Ein Klassiker für den Einsatz von Variadic Templates ist ein typsicheres printf in C++11 (Stroustrup,C++0x - the next ISO C++ standard, 2011). Ein kleines Programm darum gestrickt, printf nach printf_ umbenannt, damit das C++11 printf_ mit dem C printf nicht kollidiert, und die neue Funktionalität kann angewandt werden.

printf.cpp

```
01 #include <iostream>
02 #include <stdexcept>
03 #include <string>
04
05 void printf_(const char *s){
06   while (*s) {
07     if (*s == '%' && *(++s) != '%')
08       throw std::runtime_error("invalid format string: missing
arguments");
09     std::cout << *s++;
10   }
11 }
12
13 template<typename T, typename... Args>
14 void printf_(const char *s, T value, Args... args){
15   while (*s) {
```

```
16    if (*s == '%' && *(++s) != '%') {
17       std::cout << value;
18       ++s;
19       printf_(s, args...); // call even when *s == 0 to detect
extra arguments
20       return;
21    }
22    std::cout << *s++;
23  }
24  throw std::logic_error("extra arguments provided to printf");
25 }
26
27
28 int main() {
29
30    std::cout << std::endl;
31
32    const char* m = "The value of %s is about %g.\n";
33    printf_(m,"pi", 3.14159);
34    printf(m,"pi", 3.14159);
35
36    /*
37    printf_("A string: %s");
38    printf("A string: %s");
39    */
40
41    std::cout << std::endl;
42
43 }
```

Listing 9.2: C++11 und C printf-Funktion

Kernsprache: printf.cpp   **WEBSITE**

Das C++11-`printf_` und das C-`printf` erzeugen die gleiche Ausgabe (Listing 9.2).

Abbildung 9.3: C++11- und C-`printf`

Interessanter ist es aber, wenn die fehlerhaften `printf`-Aufrufe in Zeile 37 und 38 angewandt werden. Während die C++11-`printf`-Funktion mit einer eindeutigen Fehlermeldung das fehlende Argument moniert (Abbildung 9.4), erzeugt die C-`printf`-Funktion keine Fehlermeldung, dafür aber eine undefinierte Ausgabe (Abbildung 9.5).

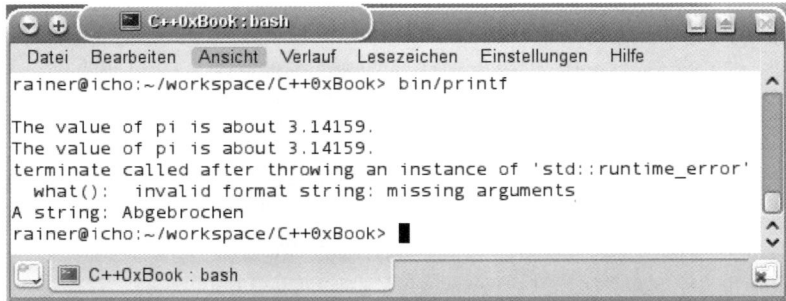

Abbildung 9.4: C++11-Fehlermeldung bei falscher Verwendung von C++11-`printf`

Abbildung 9.5: Undefinierte Ausgabe bei falscher Verwendung von C-`printf`

Ein paar erläuternde Worte zum Listing 9.2: Die `printf`-Funktionalität wird durch die `printf_`-Funktion (Zeile 5) und das `printf_`-Funktions-Template (Zeile 13) angeboten. Die `printf_`-Funktion gibt einen Formatstring ohne Argumente direkt aus. Sie prüft in Zeile 8 lediglich, ob dieser ein gültiges Format besitzt. Das Funktions-Template ist da schon deutlich mächtiger. Es erhält drei Argumente, den Formatstring, den ersten Wert und die restlichen Werte als Parameter Pack. Im Formatstring werden die Zeichen, die keine Formatanweisungen sind, sukzessive in Zeile 22 ausgegeben. Wird ein Formatzeichen entdeckt, wird der Wert direkt nach `std::cout` (Zeile 17) geschrieben und das Formatzeichen übersprungen (Zeile 18). Danach beginnt die eigentliche Rekursion. `printf_` wird in Zeile 19 ohne das erste Argument aufgerufen.

AUFGABE

1. Fasse die Algorithmen sum und mult aus Listing 9.1 zu einem generischen Algorithmus zusammen.

Die beiden Algorithmen sum und mult folgen der gleichen Struktur. Sie unterscheiden sich nur in zwei Punkten. Zum einen ist dies das neutrale Element der Addition und der Multiplikation und zum anderen sind dies die Operationen auf den Elementen. Parametrisiere daher das Template über beide Werte und teste anschließend den generischen Algorithmus.

Wem diese Funktion bekannt vorkommt, der täuscht sich nicht. Die klassische fold*-Funktionsfamilie (Fold, 2011) aus der funktionalen Programmierung bietet eine Algorithmenstruktur an, die durch einen Startwert und eine Operation parametrisiert wird. Aber nicht nur in einer funktionalen Programmiersprache wie Haskell ist diese mächtige Funktion zu Hause, auch in Python ist sie unter dem Namen reduce oder in C++ unter dem Namen accumulate im Einsatz. Mehr dazu lässt sich im Anhang zur funktionalen Programmierung nachlesen.

WEBSITE

Kernsprache: Aufgaben: fold.cpp

2. Schreiben Sie ein Template, das die Werte eines std::tuple ausgibt.

std::tuple ist sehr umständlich auszugeben, da die Indizes Compile-Zeitkonstanten sein müssen. Hier kann nur Template-Metaprogramming (oder konstante Ausdrücke) eine generische Lösung anbieten. Schreiben Sie ein Template, das die Werte eines std::tuple ausgibt.

Vorsicht, die Aufgabe ist nicht einfach.

WEBSITE

Kernsprache: Aufgaben: showTuple.cpp

9.2   Zusicherungen zur Compile-Zeit

static_assert ist das Mittel der Wahl, um in C++11 Bedingungen zur Übersetzungszeit zu formulieren. Die Syntax ist recht einfach:

static _ assert(*Ausdruck*, *Text*)

Dabei muss Ausdruck eine Compile-Zeitkonstante sein und Text ist die Nachricht, die ausgegeben wird, wenn die Bedingung nicht zutrifft. Der Ausdruck wird validiert, unabhängig davon, in welchem Bereich er sich befindet. Es sei nochmals explizit darauf hingewiesen:

PRAXISTIPP

static_assert verursacht keine Laufzeiteinschränkungen.

static_asserts werden zur Übersetzungszeit ausgewertet. Das heißt insbesondere, dass keine negativen Auswirkungen auf das Laufzeitverhalten des Programms bestehen.

Statische Zusicherungen an den Programmcode sind aber nicht nur für Templates sinnvoll.

static_assert.cpp

```
01 #include <iostream>
02 #include <type_traits>
03
04 template< class T >
05 struct Add{
06
07    // check the assertion
08    static_assert(std::is_arithmetic<T>::value,
   "Argument T must be an arithmetic type");
09
10 } ;
11
12 int main(){
13
14    // will work on my hardware
15    static_assert(sizeof(void*) >= 8,
      "64-bit addressing is required for this program");
16
17    // int is arithmetic
18    Add<int> addInt= Add<int>();
19
20    // double is arithmetic
21    Add<double> addDouble= Add<double>();
22
23    // char is arithmetic
24    Add<char> addChar= Add<char>();
25
26    // std::string is not arithmetic
27    Add<std::string> addString= Add<std::string>();
28
29 }
```

Listing 9.3: static_asserts in der main-Funktion und in Templates

WEBSITE Kernsprache: staticAssert.cpp

Zwei verschiedene static_asserts werden in Listing 9.3 verwendet. In Zeile 15 wird geprüft, ob sizeof(void*) mindestens 8 Byte groß ist. In Zeile 8 wird die Bedingung std::is_arithmetic<T>::value an die Template-Parameter formuliert. std::is_arithmetic ist eine Funktion aus der neuen Type-Traits-Bibliothek, der noch ein eigenes Kapitel im Buchabschnitt Die Standardbibliothek gewidmet ist.

Das Übersetzen des Programms scheitert. Offensichtlich ist std::string kein arithmetischer Datentyp. Dies ist ein Beispiel für ein static_assert auf den Klassenbereich und damit eine Bedingung, die von jeder Template-Instanziierung eingehalten werden muss.

Abbildung 9.6: static_assert-Fehler

Kombinieren Sie static_assert und die Type-Traits-Bibliothek.   PRAXISTIPP

Die volle Mächtigkeit entfaltet static_assert in Kombination mit der Type-Traits-Bibliothek. Erlaubt es die Type-Traits-Bibliothek, mächtige Zusicherungen als Compile-Zeitausdrücke zu formulieren, so validiert static_assert diese zur Übersetzungszeit.

---

1. Machen Sie sich mit der Type-Traits-Bibliothek vertraut.   AUFGABE

Im Kapitel Type-Traits ist die Funktionalität der neuen C++11-Type-Traits-Bibliothek detailliert beschrieben.

2. Implementieren Sie eine einfache, statische Matrix.

Implementieren Sie eine einfache, statische Matrix. Die Template-Signatur ist in Listing 9.5: Synonyme auf das Klassen-Template Matrix vorgegeben. Die Matrix soll über den Datentyp und die Anzahl der Zeilen und Spalten parametrisierbar sein. Stellen Sie zwei Punkte sicher:

1. Die Anzahl der Zeilen und der Spalten soll nicht negativ sein.

2. Die Anzahl der Zeilen oder der Spalten soll mindestens die Länge 1 besitzen.

Ziel der Aufgabe ist es, nur die Zusicherung an die Matrix zu stellen. Daher ist es nicht notwendig, die Klasse Matrix vollständig zu implementieren.

Ein paar Beispiele für Instanziierungen der Klasse Matrix:

```cpp
int main() {
  Matrix<int,10,5> intArray;
  Matrix<std::string,3,4> strArray;
  Matrix<double,0,1> doubleArray;
  Matrix<long long,1,0> longArray;
  Matrix<char,0,0> charArray;
}
```

Listing 9.4: Matrix-Instanziierungen   WEBSITE

Kernsprache: Aufgaben: myMatrix.cpp

> **AUFGABE**

3. Verwenden Sie statische Zusicherungen in verschiedenen Bereichen.

Schreiben Sie ein kleines Programm, das eine einfache statische Zusicherung `static_assert (1 == 1,"1 == 1")` in verschiedenen Bereichen anwendet.

» Globaler Bereich

» Bereich eines Namensraums

» Blockbereich

» Funktionsbereich

» Klassenbereich

Falls Sie skeptisch sind, ob alle statischen Zusicherungen durch den Übersetzer geprüft wurden, ändern Sie die Zusicherung auf `static_assert (1 == 0,"1 == 0")`.

> **WEBSITE**

Kernsprache: Aufgaben: staticAssertScope.cpp

9.3 Aliase Templates

Aliase Templates, ursprünglich unter dem Namen Template Aliases oder auch Template Typedef bekannt, werden über `using` definiert. Damit erlaubt es die C++11-Syntax, Synonyme auf teilweise gebundenen Templates zu erklären.

Syntax
Das einfache Klassen-Template `Matrix` in Listing 9.5, das über seinen Datentyp `T`, die Anzahl der Zeilen `Line` und Spalten `Column` parametrisierbar ist, soll dazu dienen, die Syntax des neuen Features zu veranschaulichen.

```
01 template < typename T, int Line, int Column >
02 class Matrix;
03
04 template <typename T, int Line >
05 using Square= Matrix< T, Line, Line >;
06
07 template <typename T, int Line >
08 using Vector= Matrix< T, Line, 1 >;
```

Listing 9.5: Synonyme auf das Klassen-Template Matrix

Sowohl `Square` (Zeile 4 und 5) als auch `Vector` (Zeile 7 und 8) sind Typsynonyme auf teilweise gebundenen Templates. Die partielle Spezialisierung bei Square besteht darin, dass die Matrix genauso viele Zeilen wie Spalten besitzen soll; die von Vektor, dass sie genau eine Spalte besitzt. Genauer betrachtet, besteht das Template-Synonym `Square` aus den folgenden Komponenten:

» Template-Parameter-Deklaration: `template <typename T, int Line >`

» Schlüsselwort: `using`

- » neuer Template-Name: `Square`
- » Zeichen: `=`
- » Typausdruck: `Matrix< T, Line, Line>`

Zwar können Synonyme auf Spezialisierung eines Templates definiert werden (Listing 9.5), Spezialisierungen für Synonyme hingegen sind in C++11 nicht erlaubt. Template-Spezialisierungen auf den `std::vector` sollen dies verdeutlichen. Die Spezialisierung des Synonyms `MyVector` für Zeigertypen, die einen speziellen Speicheranforderer besitzen sollen, ist nicht zulässig.

Spezialisierung

```
template<typename T>
using MyVector = std::vector<T, MyAllocator<T> >;

template<typename T>
using MyVector= std::vector<T*, MyPointerAllocator<T> >;
```
Listing 9.6: Unzulässige Spezialisierung eines Template Alias

Hier ist die Anwendung eines Traits-Templates, das abhängig vom Argumenttyp den Speicheranforderer zurückgibt, die Lösung.

```
01 template<typename T>
02 struct MyAlloc{
03   typedef MyAllocator<T> type;
04 };
05
06 template<typename T>
07 struct MyAlloc<T*>{
08   typedef MyPointerAllocator<T> type;
09 };
10
11 template <typename T>
12 using MyVector= std::vector<T, typename MyAlloc<T>::type >;
13
14 MyVector<T> myVec1;
15 MyVector<T*> myVec2;
```
Listing 9.7: Traits-Template für die Spezialisierung eines Alias

Das primäre Template (Listing 9.7) in Zeile 1 stellt `MyAllocator<T>` (Zeile 3), die Spezialisierung in Zeile 6 für Zeiger `MyPointerAllocator<T>` über `type` zur Verfügung. Abhängig davon, ob `T` ein Zeiger ist, wird über `MyAlloc<T>::type` in Zeile 12 der richtige Speicheranforderer verwendet.

Die neue `using`-Syntax lässt sich als einfache Syntax für Synonyme auf Typen durch `typedef` verwenden.

typedef

```
01 typedef std::vector<int> IntVec; // C++98
02 using IntVec = std::vector<int>; // C++11
03
```

```
04 typedef void (*FuncPtr)(int,double); // C++98
05 using FuncPtr = void (*)(int,double); // C++11
```
Listing 9.8: typedef und using für die Definition von Typaliasen

Die Paare in Listing 9.8 erklären die gleichen Synonyme auf Typen. Wenn es um die Deklaration eines Funktionszeigers FuncPtr in Zeile 4 und 5 geht, ist die neue using-Syntax einfacher anzuwenden und zu lesen.

AUFGABE

1. Definieren Sie ein Typsynonym für std::set.

Die Elemente des STL-Containers std::set sind lexikografisch aufsteigend sortiert. Das ist nicht immer gewünscht. Tatsächlich ist std::set deutlich flexibler:

```
template <typename T,
          typename Compare= less<T>,
          typename Allocator= allocator<T> >
class set;
```
Listing 9.9: Deklaration von std::set

Definieren Sie ein Synonym für Typen für std::set, so dass dessen Elemente lexikografisch absteigend sortiert sind.

WEBSITE

Kernsprache: Aufgaben: templateAliase.cpp

2. Wenden Sie Ihr Typsynonym aus Aufgabe 1 an.

Für die Vergleichsfunktion aus Aufgabe 1 gibt es in C++11 drei verschiedene Möglichkeiten.

1. Funktionen

2. Funktionsobjekte

3. Lambda-Funktionen

Spielen Sie alle Variationen durch und vergleichen Sie diese. Ein Funktionsobjekt müssen Sie nicht selber implementieren, denn die Standard Template Library hat bereits eines im Angebot. Mit dem Erscheinungsdatum dieses Buchs ist vielleicht ein Compiler verfügbar, der Aliase Templates anbietet.

10 Erweiterte Datenkonzepte und Literale

10.1 Konstante Ausdrücke

Konstante Ausdrücke sind Ausdrücke, die zur Übersetzungszeit evaluiert werden können. Das Konzept der konstanten Ausdrücke wurde in C++11 erweitert. Es umfasst in C++11 Funktionen und benutzerdefinierte Typen.

Beachten Sie das Optimierungspotenzial durch konstante Ausdrücke. PRAXISTIPP

Konstante Ausdrücke stellen eine Möglichkeit zur Optimierung für den Compiler dar. Einerseits liegen die Ergebnisse der Berechnung schon zur Übersetzungszeit vor und stehen zur Laufzeit als Konstanten zur Verfügung, andererseits erhält der Compiler einen tieferen Einblick in den evaluierten Code und besitzt daher ein weitreichenderes Optimierungspotenzial.

Den Unterschied zwischen statischer und dynamischer Initialisierung soll
Listing 10.1 aufzeigen. Dabei bezeichnet die statische Initialisierung die
Initialisierung zur Übersetzungszeit und die dynamische die zur Laufzeit.

```cpp
01 #include <iostream>
02
03 constexpr int square(int x) { return x * x; }
04 constexpr int squareToSquare(int x)
     { return square(square(x));}
05
06 int main() {
07
08    std::cout << std::endl;
09
10    static_assert(square(10) == 100,
                    "you calculated it wrong");
11    static_assert(squareToSquare(10) == 10000 ,
                    "you calculated it wrong");
12
13    std::cout<< "square(10)= " << square(10) << std::endl;
14    std::cout<< "squareToSquare(10)= "
               << squareToSquare(10) << std::endl;
15    constexpr int constExpr= square(10);
16
17    int arrayClassic[100];
18    int arrayNewWithConstExpression[constExpr];
19    int arrayNewWithConstExpressioFunction[square(10)];
20
21    std::cout << std::endl;
22
23 }
```

Listing 10.1: Konstante Ausdrücke und Funktionen angewandt

Sowohl die Funktion square (Zeile 3) als auch die Funktion squareToSquare
(Zeile 4) in Listing 10.1 sind konstante Ausdrücke. Der Beweis wird durch
static_assert in Zeile 10 und 11 erbracht. Aufrufe werden zur Übersetzungszeit evaluiert, so dass das Ergebnis als Konstante vorliegt. Damit ist
es möglich, das Array arrayNewWithConstExpressioFunction in Zeile 19 direkt zu initialisieren. Dies ist mit C++98 nicht möglich, da ein Funktionsaufruf immer ein Aufruf zur Laufzeit ist. Das Array arrayNewWithConstExpres-
sion in Zeile 18 wird indirekt über den Funktionsaufruf initialisiert. Dazu ist
es notwendig, dass constExpr in Zeile 15 als konstanter Ausdruck definiert
wird.

Der Programmlauf ergibt das erwartete Ergebnis in Abbildung 10.1.

Abbildung 10.1: Berechnung zur Übersetzungszeit mit konstanten Ausdrücken

C++11 unterstützt drei Typen von konstanten Ausdrücken: Variablen, Funktionen und benutzerdefinierte Typen. Letztere werden auch benutzerdefinierte Literale genannt. An jeden dieser Typen sind bestimmte, strenge Bedingungen geknüpft, damit sie zur Übersetzungszeit evaluiert werden können.

Variablen, Funktionen und benutzerdefinierte Typen

1. Variable (`constexpr type name= value;`)

   › `name` ist implizit `const`.

   › `name` kann das Ergebnis eines konstanten Ausdrucks oder den Aufruf eines sogenannten konstanten Ausdruck-Konstruktors speichern.

2. Funktion (`constexpr type func(){return expr;}`)

   › `func` muss einen Wert zurückgeben (kein `void`).

   › An den Funktionskörper `expr` sind Bedingungen geknüpft.

      › Der Funktionskörper `expr` darf nur aus einer Rückgabeanweisung bestehen.

      › `expr` muss ein konstanter Ausdruck nach der Variablenersetzung sein.

      › In `expr` dürfen nur Funktionen oder Variablen verwendet werden, die konstante Ausdrücke sind.

   › `func` darf erst nach seiner Definition aufgerufen werden.

3. Benutzerdefinierte Typen (`struct MyLit{ . . . };`)

   › `MyLiteral` benötigt einen Konstruktor, der als konstanter Ausdruck definiert ist (*constant expression constructor*) (`constexpr MyLit(type v):v_(v) {}`).

      › Der Funktionskörper des Konstruktors muss leer sein.

      › In der Elementinitialisierungsliste (`v_(v)`) können nur konstante Ausdrücke verwendet werden.

      › `MyLiteral` kann Methoden besitzen, die konstante Ausdrücke sind.

Benutzerdefinierte Literale werden zu konstanten Ausdrücken, wenn sie mit konstanten Ausdrücken aufgerufen werden. Erhalten diese aber ein dynamisches Argument, so verhalten sie sich wie gewöhnliche, benutzerdefinierte Datentypen und werden zur Laufzeit evaluiert (Listing 10.2).

myDouble.cpp

```
01 #include <iostream>
02
03 class MyDouble{
04   private:
05     double myVal1;
06     double myVal2;
07   public:
08     constexpr MyDouble(double v1,
                          double v2):myVal1(v1),myVal2(v2){}
09     constexpr double getSum(){ return myVal1+myVal2;}
10 };
11
12
13 int main(){
14
15   std::cout << std::endl;
16
17   // use a constant expression
18   constexpr double myStatVal= 2.0;
19   constexpr MyDouble myStatic(10.5,myStatVal);
20   constexpr double sumStat= myStatic.getSum();
21
22   static_assert(myStatic.getSum() == 12.5,
                   "you calculated it wrong");
23   static_assert(sumStat == 12.5,
                   "you calculated it wrong");
24   std::cout << "myStatic.getSum()= "
                << myStatic.getSum() << std::endl;
25
26   // use the constant expression at runtime
27   double myDynVal= 2.0;
28   MyDouble myDyn(10.5,myDynVal);
29   double sumDyn= myDyn.getSum();
30   std::cout << "myDyn.getSum()= "
                << myDyn.getSum() << std::endl;
31
32   std::cout << std::endl;
33
34 }
```

Listing 10.2: Das benutzerdefinierte Literal MyDouble

WEBSITE Kernsprache: myDouble.cpp

In Listing 10.2 wird das Literal MyDouble definiert. Dies besitzt zwei konstante Ausdrücke, einen Konstruktor und die Methode getSum() in Zeile 8 und 9. Verwenden lässt sich der Datentyp sowohl statisch (Zeile 19) als auch dynamisch (Zeile 28). Der entscheidende Punkt ist, ob die Argumente konstante Ausdrücke sind. Auch der Rvalue 10.5 im Konstruktoraufruf ist zulässig. Da myDynVal in Zeile 27 ein dynamischer Wert ist, kann myDyn nicht als constexpr definiert werden. Die ganze Funktionalität der Klasse MyDouble steht aber zur Verfügung, um ein Objekt zur Laufzeit zu instanziieren. Die Ausgabe ist unabhängig davon, ob der Code zur Übersetzungs- oder zur Laufzeit ausgeführt wird.

```
rainer@icho:~/workspace/C++0xBook> myDouble

myStatic.getSum()= 12.5
myDyn.getSum()= 12.5

rainer@icho:~/workspace/C++0xBook>
```

Abbildung 10.2: MyDouble zur Compile- und Laufzeit evaluiert

EXKURS

Konstante Ausdrücke versus Template-Metaprogramming

Die Funktionalität von konstanten Ausdrücken deckt ähnliche Anwendungsbereiche ab wie das Template-Metaprogramming. Während Template-Metaprogramming eine rein funktionale Subsprache in C++ ist, verfolgen konstante Ausdrücke das imperative Programmierparadigma. Gemeinsam ist beiden Techniken, dass sie zur Compile-Zeit ausgeführt werden. Daniel Krügler stellte in der Newsliste *comp.lang. c++. moderated* (Krügler, 2011) ein Programm vor, um herauszufinden, ob eine vorgegebene Zahl eine Primzahl darstellt.

```cpp
constexpr int divisors_do(int n, int m) {
    return m == 1 ? 0 : divisors_do(n, m - 1) + ((n % m) == 0);
}


constexpr int divisors(int q) {
    return divisors_do(q, q - 1);
}


constexpr bool is_prime(int p) {
    return divisors(p) == 0;
}


constexpr int nth_prime_do(int n, int m) {
    return n == 1 ? m - 1 : nth_prime_do(n - is_prime(m), m + 1);
}


constexpr int nth_prime(int i) {
```

EXKURS

```
    return i > 0 ? nth_prime_do(i, 3) : throw "Bad input";
}

static_assert(nth_prime(1) == 2, "nth-prime error");
static_assert(nth_prime(2) == 3, "nth-prime error");
static_assert(nth_prime(3) == 5, "nth-prime error");
static_assert(nth_prime(4) == 7, "nth-prime error");
static_assert(nth_prime(5) == 11, "nth-prime error");
static_assert(nth_prime(6) == 13, "nth-prime error");
static_assert(nth_prime(7) == 17, "nth-prime error");
static_assert(nth_prime(8) == 19, "nth-prime error");
static_assert(nth_prime(9) == 23, "nth-prime error");
static_assert(nth_prime(10) == 29, "nth-prime error");
static_assert(nth_prime(20) == 71, "nth-prime error");
static_assert(nth_prime(30) == 113, "nth-prime error");
static_assert(nth_prime(40) == 173, "nth-prime error");
static_assert(nth_prime(50) == 229, "nth-prime error");
```

Listing 10.3: Daniel Krüglers Programm zum Primzahltest

AUFGABE

1. Wie alles begann:

Erwin Unruh (Erwin Unruh, 2002) schrieb 1994 auf dem C++-Standardisie-
rungs-Meeting in San Diego sein berühmtes Primzahlenprogramm, das
die Primzahlen zur Übersetzungszeit berechnet. Damit war der Beweis erbracht, dass Berechnungen zur Übersetzungszeit durch Template-Instanziierung ausgeführt werden können. In (Erwin Unruh, 2002) ist eine leicht
modifizierte Form zu sehen, die aktuelle Compiler ausführen können.

```
// Prime number computation by Erwin Unruh

template <int i> struct D { D(void*); operator int(); };

template <int p, int i> struct is_prime {
  enum { prim = (p==2) || (p%i) && is_prime<(i>2?p:0),
         i-1> :: prim };
};

template <int i> struct Prime_print {
  Prime_print<i-1> a;
  enum { prim = is_prime<i, i-1>::prim };
  void f() { D<i> d = prim ? 1 : 0; a.f();}
};

template<> struct is_prime<0,0> { enum {prim=1}; };
template<> struct is_prime<0,1> { enum {prim=1}; };

template<> struct Prime_print<1> {
  enum {prim=0};
  void f() { D<1> d = prim ? 1 : 0; };
};
```

AUFGABE

```
#ifndef LAST
#define LAST 10
#endif

main() {
  Prime_print<LAST> a;
  a.f();
}
```
Listing 10.4: Primzahlprogramm von Erwin Unruh

Das Ergebnis des Algorithmus ist in den Compiler-Warnungen versteckt.
Die wesentlichen Zeilen wurden aus den Compiler-Warnungen herausgefiltert und bringen die ersten Primzahlen bis zur 15 hervor.

```
unruh.cpp: In Elementfunktion »void Prime_print<i>::f() [mit int i
= 13]«:
unruh.cpp: In Elementfunktion »void Prime_print<i>::f() [mit int i
= 11]«:
unruh.cpp: In Elementfunktion »void Prime_print<i>::f() [mit int i
= 7]«:
unruh.cpp: In Elementfunktion »void Prime_print<i>::f() [mit int i
= 5]«:
unruh.cpp: In Elementfunktion »void Prime_print<i>::f() [mit int i
= 3]«:
unruh.cpp: In Elementfunktion »void Prime_print<i>::f() [mit int i
= 2]«:
```

Vergleichen Sie die Berechnung der Primzahlen durch konstante Ausdrücke von Daniel Krügler mit der durch Template-Metaprogramming von
Erwin Unruh. Welche Technik ist einfacher zu verstehen?

WEBSITE

Kernsprache: Aufgaben: unruh.cpp

2. Entscheiden Sie zur Übersetzungszeit, ob eine gegebene Zahl eine
   Primzahl ist.

Erwin Unruhs Programm lässt sich mit Template-Metaprogramming deutlich lesbarer schreiben. Versuchen Sie Ihr Glück.

WEBSITE

Kernsprache: Aufgaben: primeNumbers.cpp

10.2 Plain Old Data (POD)

Plain Old Data folgen dem C-Standardlayout. Damit können sie direkt mit
den C-Funktionen memcpy, memmove kopiert, transferiert oder auch mit memset initialisiert werden. Ihre Definition ist aber zu restriktiv für C++, daher
wurden die Regeln für PODs in C++11 erweitert.

Eine Klasse ist ein POD, wenn sie trivial ist, ein Standardlayout besitzt und
alle ihre nichtstatischen Datenelemente PODs sind.

trivial   Eine Klasse oder Struktur ist trivial, wenn sie einen

1. trivialen Konstruktor besitzt.

2. trivialen Kopier-Konstruktor besitzt.

3. trivialen Zuweisungsoperator besitzt.

4. trivialen, nicht virtuellen Destruktor besitzt.

Standardlayout   Eine Klasse oder Struktur besitzt ein Standardlayout, wenn sie

1. keine virtuelle Funktion besitzt.

2. keine virtuelle Basisklasse besitzt.

3. keine Referenzen besitzt.

4. keine verschiedenen Zugriffsspezifizierer besitzt.

Um herauszufinden, ob ein Datentyp ein POD ist, hilft Template-Metaprogramming mit der neuen Type-Traits-Bibliothek (Listing 10.5).

isPod.cpp
```
01 #include <iostream>
02 #include <type_traits>
03
04
05 struct Pod {
06   int a;
07 };
08
09 struct NotPod {
10   int a;
11   NotPod() : a(0) {}
12   virtual int getA(){ return a;}
13 };
14
15
16
17 int main(){
18
19   std::cout << std::endl;
20
21   // Pod remains POD in C++11
22   Pod pod;
23   pod.a=10;
24
25   // still not Pod
26   NotPod notPod();
27
28   const bool isPodPod= std::is_pod<Pod>::value == true;
29   const bool isPodNotPod=
        std::is_pod<NotPod>::value == true;
```

```
30
31    std::cout << std::boolalpha;
32    std::cout << "Pod is Pod: " << isPodPod << std::endl;
33    std::cout << "NotPod is Pod: " << isPodNotPod
                  << std::endl;
34
35    std::cout << std::endl;
36
37 }
```

Listing 10.5: Test auf Plain Old Data

Kernsprache: isPod.cpp   **WEBSITE**

Die Funktion std::is_pod (Zeile 29 und 30) der Type-Traits-Bibliothek wird
zur Übersetzungszeit ausgewertet und gibt zurück, ob das Template-Argument ein POD ist. Die Ausgabe gibt Aufschluss.

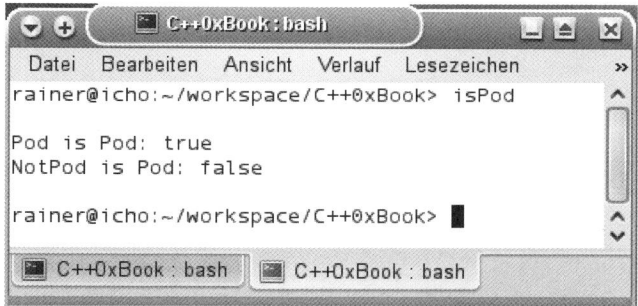

Abbildung 10.3: Test auf Plain Old Data

1. Performance zählt.   **AUFGABE**

Es mag verwunderlich erscheinen, warum in einem Buch über das neue
C++ die C-Funktionen memcpy, memmove und memset erwähnt werden, werden
doch memcyp und memmove durch std::copy und std::move in der STL und
memset über Initialisiererlisten-Konstruktoren angeboten. Um an der Per-
formanceschraube zu drehen, greifen die C++-Algorithmen gerne auf die
C-Algorithmen zurück. Eine typische Anwendung von memcpy im copy-Algo-
rithmus ist im Kapitel Type-Traits im Buchabschnitt Die Standardbibliothek
dargestellt.

Lange Rede, kurzer Sinn: Machen Sie sich mit dem Einsatzgebiet der C-
Funktionen memcpy, memmove und memset vertraut.

10.3 Unbeschränkte Unions

Unions beherbergen Datentypen, die sich denselben Speicherbereich teilen. Dabei wird die Größe der Union durch die Größe ihres größten Datentyps vorgegeben. Sie spielen eine wichtige Rolle bei der Implementierung von Bibliotheken und Frameworks. Für die Anwendung von Unions gibt es zwei typische Bereiche:

» Automatische Typ-Konvertierung

» Erzwingen von strenger Speicherausrichtung (*Alignment*) der Datentypen

Einschränkungen von C++98 Unions

An die klassischen C++98 Unions sind einige Einschränkungen gebunden, so dürfen sie

» keine virtuellen Funktionen enthalten,

» keine Referenzen enthalten,

» keine Basisklasse besitzen,

» keinen Datentyp mit speziellen Elementfunktionen besitzen.

Die letzte Einschränkung gilt nicht mehr in C++11. In C++11 ist eine Union erlaubt, die zum Beispiel einen `std::string` beinhaltet. Dies führt aber dazu, dass die speziellen Elementfunktionen der Union gelöscht werden. Für deren Implementierung hat nun der Programmierer zu sorgen. Werden aus Union `UnionWithString` im Listing 10.6, Zeile 14 der Konstruktor und der Destruktor entfernt, so zeigt der GCC unmissverständlich einen Fehler an (Abbildung 10.4).

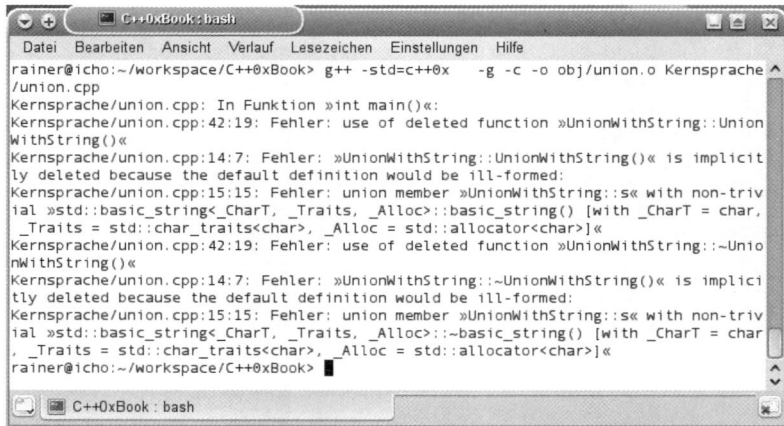

Abbildung 10.4: Union mit implizit gelöschtem Standardkonstruktor und Destruktor

union.cpp

```
01 #include <iostream>
02 #include <string>
03
04 union MemorySizeChar{
05     char a;
06     char b;
07 };
08
09 union MemorySizeDouble{
10     char a;
11     double d;
12 };
13
14 union UnionWithString{
15   std::string s;
16   int i;
17   UnionWithString():s("hello"){}
18   ~UnionWithString(){}
19 };
20
21 using std::string;
22
23 int main(){
24
25   std::cout << std::endl;
26
27   MemorySizeChar mSC{,'a'};
28   std::cout << "mSC.a= " << mSC.a << std::endl;
29   mSC.b='b';
30   std::cout << "mSC.b= " << mSC.b << std::endl;
31
32   std::cout << std::endl;
33
34   std::cout << "sizeof(mSC)= " << sizeof(mSC) << std::endl;
35
36   MemorySizeDouble mSD;
37   std::cout << "sizeof(mSC)= " << sizeof(mSD) << std::endl;
38
39   std::cout << std::endl;
40
41   UnionWithString uWithString;
42
43   std::cout << uWithString.s << std::endl;
44   // invoke the destructor explicitly
45   uWithString.s.~string();
46
47   uWithString.i=10;
48   std::cout << uWithString.i << std::endl;
49
50   // use placement new
51   new (&uWithString.s) std::string("hello again");
```

```
52    std::cout << uWithString.s << std::endl;
53    // invoke the destructor explicitly
54    uWithString.s.~string();
55
56    std::cout << std::endl;
57
58  }
```

Listing 10.6: Einfacher Einsatz einer Union in C++11

WEBSITE

Kernsprache: union.cpp

Werden der Standardkonstruktor und der Destruktor für die Union definiert, lässt sich die Union UnionWithString verwenden (Abbildung 10.5).

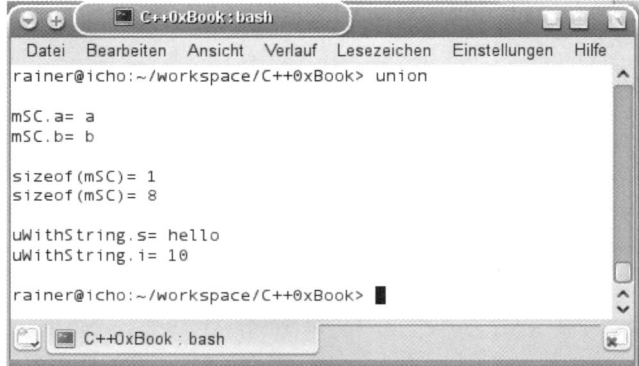

Abbildung 10.5: Einfacher Einsatz einer Union mit std::string

Die Ausgabe zeigt schön, dass die Länge der Union MemorySizeChar (Zeile 4)
bzw. MemorySizeDouble (Zeile 9) in Listing 10.6 von der Größe ihres größten
Datentyps abhängt. Während char 1 Byte beansprucht, benötigt double 8
Byte. Ab Zeile 41 wird der Typ UnionWithString verwendet. Zuerst wird der
Wert der Variablen uWithString.s ausgegeben, die in der Initialisiererliste
des Konstruktors gesetzt wird, danach wird die Variable uWithString.i ge-
setzt und deren Wert ausgegeben. Beim Wechsel von uWithString.s nach
uWithString.i muss explizit der Destruktor in Zeile 45 aufgerufen werden.
Genau das Gegenteil ist in Zeile 51 notwendig, wenn uWithString.s mit dem
Operator *placement-new* wieder auf einen Wert gesetzt wird.

EXKURS

Einführen von string

Eine Besonderheit im Listing 10.6 ist das explizite Einführen von std::string
(Zeile 45) in den globalen Namensbereich. Dadurch ist der Destruktoraufruf
in Zeile 45 und 54 deutlich einfacher zu schreiben. Ohne using-Deklaration
lautet die Syntax: uWithString.s.std::string::~string();

Die weiteren Details rund um Unions lassen sich schön im C++ Reference Guide (Kalev, 2004) von Danny Kalev nachlesen.

10.4 Streng typisierte Aufzählungstypen

Die neuen *scoped* und streng typisierten Aufzählungstypen (*scoped and strongly typed enums*) räumen mit drei Problemen der klassischen Aufzählungstypen auf.

1. Sie sind typsicher, da sie nicht implizit zu `int` konvertieren.

2. Sie verschmutzen (*namespace pollution*) nicht den umgebenden Bereich (*scope*), indem sie Namenskollisionen verursachen.

3. Ihr zugrunde liegender Typ ist definiert, so dass Aufzählungstypen vorwärts deklariert werden können.

Typsicher, scoped und mit definiertem zugrunde liegenden Typ

Der neue streng typisierte Aufzählungstyp `enum class Color1` ist einfach erklärt.

```
enum class Color1{
  red,
  blue,
  green
};
```
Listing 10.8: Streng typisierter Aufzählungstyp `Color1`

Optional kann statt `class` `struct` der zugrunde liegende Typ angegeben und der Enumerator über einen konstanten Ausdruck initialisiert werden.

```
enum struct Color2: char{
  red= 100,
  blue, // 101
  green // 102
};
```

Listing 10.9: Der streng typisierte Aufzählungstyp `Color2` mit zugrunde liegendem Typ `char`

Das Schlüsselwort `class` bzw. `struct` unterscheidet insbesondere die klassischen Aufzählungstypen von den C++11-Aufzählungstypen und drückt es explizit aus, dass die C++11-Aufzählungstypen nur über ihren Bereich adressiert werden können. Wird der zugrunde liegende integrale Typ nicht angegeben, ist `int` der Defaulttyp. Listing 10.10 zeigt `Color1` und `Color2` im Einsatz.

enum.cpp

```
01 #include <iostream>
02
03 enum class Color1{
04   red,
05   blue,
06   green
07 };
08
09 enum struct Color2: char{
10   red= 100,
11   blue, // 101
12   green // 102
13 };
14
15 void useMe(Color2 color2){
16
17   switch(color2){
18   case Color2::red:
19     std::cout << "Color2::red " << std::endl;
20     break;
21   case Color2::blue:
22     std::cout << "Color2::blue" << std::endl;
23     break;
24   case Color2::green:
25     std::cout << "Color2::green" << std::endl;
26     break;
27   }
28
29 }
30
31
```

```
32 int main(){
33
34   std::cout << std::endl;
35
36   std::cout << "sizeof(Color1)= " << sizeof(Color1)
                 << std::endl;
37   std::cout << "sizeof(Color2)= " << sizeof(Color2)
                 << std::endl;
38
39   std::cout << std::endl;
40
41   Color2 color2Red{Color2::red};
42   useMe(color2Red);
43
44   std::cout << std::endl;
45
46 }
```

Listing 10.10: Die neuen streng typisierten Aufzählungstypen

Kernsprache: enum.cpp

WEBSITE

Die Ausgabe des Programms in Listing 10.10 in Abbildung 10.6 zeigt, dass
Color2 mit 1 Byte deutlich kompakter als Color1 ist, der 4 Bytes bean-
sprucht. Der Grund liegt in der Definition des Aufzählungstyps. Während
Color1 (Zeile 3) den Standarddatentyp int verwendet, wird für Color2 (Zeile
9) explizit char spezifiziert. useMe in Zeile 15 verwendet als Typ des Parame-
ters Color2. Schön ist im Funktionskörper der Funktion und der Definition
des Enumerators color2Red in Zeile 41 zu sehen, dass nur ein qualifizierter
Zugriff auf den Enumerator zulässig ist.

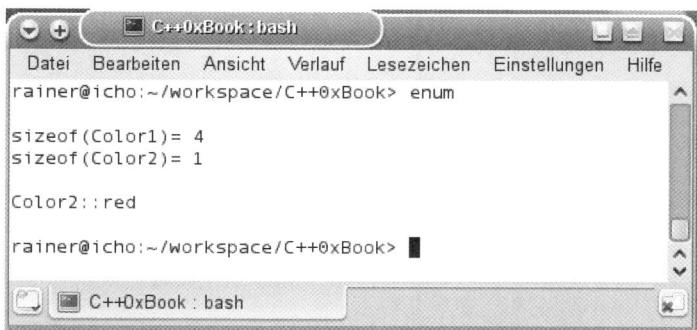

Abbildung 10.6: Verwendung der neuen, streng typisierten Aufzählungstypen

AUFGABE

1. Vergleichen Sie die klassischen mit den neuen Aufzählungstypen.

In Listing 10.11 geschieht ein bisschen Arithmetik mit den Aufzählungstypen. Vergleichen Sie die Anwendung von OldEnum und NewEnum.

```
01 #include <iostream>
02
03 enum OldEnum{
04   one= 1,
05   ten= 10,
06   hundred= 100,
07   thousand= 1000
08 };
09
10 enum struct NewEnum: int {
11   one= 1,
12   ten= 10,
13   hundred= 100,
14   thousand= 1000
15 };
16
17 int main(){
18
19   std::cout << "C++11= "
               << 2*thousand + 0*hundred + 1*ten + 1*one
               << std::endl;
20   std::cout << "C++11= "
                 << 2*static_cast<int>(NewEnum::thousand) +
                    0*static_cast<int>(NewEnum::hundred) +
                    1*static_cast<int>(NewEnum::ten) +
                    1*static_cast<int>(NewEnum::one)
                 << std::endl;
21
22 }
```

Listing 10.11: Arithmetik mit klassischen und neuen Aufzählungstypen

Die Anwendung des klassischen Aufzählungstyps OldEnum ist recht einfach. In Zeile 19 kann direkt auf die Elemente des Aufzählungstyps zugegriffen werden, da sie im globalen Namensraum verfügbar sind. Diese Elemente des OldEnum konvertieren implizit nach int, so dass die einzelnen Elemente zusammenaddiert werden können. Das ist mit NewEnum in Zeile 20 nicht möglich. Hier müssen die Elemente mit NewEnum:: qualifiziert aufgerufen und explizit nach int konvertiert werden.

WEBSITE

Kernsprache: Aufgaben: enumAdd.cpp

2. Werden Sie mit den Anwendungsfällen der streng typisierten Aufzählungstypen vertraut.

In der neuen C++11-Standardbibliothek werden die streng typisierten Aufzählungstypen gerne für Fehlercodes benutzt. Schauen Sie ihre Anwendung im Sourcecode der STL an.

10.5 Raw-String-Literale

Die Besonderheit eines Raw-String-Literals ist, dass die in ihm enthaltenen Zeichen nicht interpretiert werden. Damit erlauben es Raw-String-Literale bei regulären Ausdrücken oder auch Pfadangaben, dass der Backslash »\« direkt verwendet werden kann, da er keine Fluchtsequenz mehr darstellt.

Ein Raw String wird in C++11 durch R"(raw string)" definiert. Optional ist auch die Syntax R"Trenner(raw string)Trenner"R möglich. An den String-Trenner sind Bedingungen geknüpft. So darf er maximal 16 Zeichen lang sein, keine Leerzeichen, öffnende »)« oder schließende »)« Klammern und den Backslash »\« enthalten.

```
01 #include <iostream>                                        rawString.cpp
02 #include <string>
03
04 int main(){
05
06   std::cout << std::endl;
07
08   std::string nat="a \t native string \n a native string";
09   std::cout << nat << std::endl;
10
11   // including \t \n
12   std::string raw1=
          std::string(R"(a \t raw string \n a raw string)");
13   std::cout << "\n" << raw1 << std::endl;
14
15   // including \t \n and using delimiter
16   std::string raw2= std::string(
          R"MyDel(a \t raw string \n a raw string)MyDel");
17   std::cout << "\n" << raw2 << std::endl;
18
19   // raw string including
20   std::string raw3=
          std::string(R"(a raw string including ")");
21   std::cout << "\n" << raw3 << std::endl;
22
23   std::cout << std::endl;
24
25 }
```

Listing 10.12: Raw-String-Anwendung

Kernsprache: rawString.cpp   **WEBSITE**

Das Programm rawString in Listing 10.12 ergibt ausgeführt das erwartete Ergebnis. Im normalen String (Zeile 8) werden der Tabulator und der Zeilenumbruch bei der Ausgabe korrekt interpretiert. Die zwei Raw Strings

(Zeile 12 und 16) geben den String unverändert aus. In einem Raw String kann auch ein Anführungszeichen (") eingebettet und ausgegeben werden.

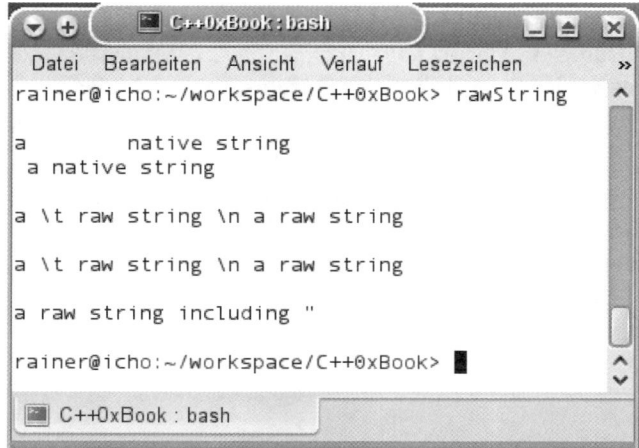

Abbildung 10.7: Anwendung mit Raw Strings

10.6   Unicode-Unterstützung

Der zweite neue Typ von String-Literalen sind die Unicode-String-Literale. Zwar besitzt C++98 die sogenannten Wide-Strings, die durch ein `L"wide String"` eingeleitet werden. Diese haben aber einen entscheidenden Nachteil, so dass sie nicht plattformunabhängig verwendet werden können. Ihre Länge ist nicht exakt spezifiziert, sie kann zwischen 2 und 4 Bytes variieren.

C++11 unterstützt die drei Unicode-Kodierungen: UTF-8, UTF-16 und UTF-32. Für UTF-16 und UTF-32 wurde C++11 um zwei neue Zeichentypen char16_t und char32_t erweitert.

UTF-8, UTF-16 und UTF-32

Unicode-Kodierung	Zeichentypen	String-Literale
UTF-8	Char	u8"UTF-8 String"
UTF-16	char16_t	u"UTF-16 String"
UTF-32	char32_t	U"UTF-32 String"

Tabelle 10.1: Gegenüberstellung der neuen String-Literale

Durch die Zeichenkombination \u oder \U eingeleitet, können in Unicode-Strings Unicode-Codepunkte eingebettet werden (Zeile 6, 10 und 14 in Listing 10.13). Dabei muss nach dem \u eine 16-Bit-, hingegen nach dem \U eine 32-Bit-Hexadezimalzahl stehen. Unicode-Präfixe u8, u oder U oder auch Wide-String-Präfixe L können mit dem Raw-String-Präfix R kombiniert werden (Zeile 22, 23 und 24), wobei das Raw-String-Literal an letzter Stelle folgen muss.

```
01 #include <string>
02
03 int main(){
04
05   // initialize std::string with the UTF-8 literal
06   const char* u8=
       u8"I'm a UTF-8 literal including a codepoint \u2620";
07   std::string s1(u8);
08
09   // initialize std::wstring with the wide literal
10   const wchar_t* w=
       L"I'm a wide literal including a codepoint \u2620";
11   std::wstring s2(w);
12
13   // initialize std::u16string with the UTF-16 literal
14   const char16_t* u16=
       u"I'm a UTF-16 literal including a codepoint \u2620";
15   std::u16string u16string(u16);
16
17   // initialize std::u32string with the UTF-32 literal
18   const char32_t* u32=
       U"I'm a UTF-32 literal including a codepoint\u2620";
19   std::u32string u32string(u32);
20
21   // combine unicode and raw String literale
22   const char* u8R= u8R"XXX(I'm a "raw UTF-8" literal.)XXX";
23   const char16_t* uR16=
       uR"*(This is a "raw UTF-16" literal.)*";
```

227

```
24    const char32_t* uR32=
         UR"(This is a "raw UTF-32" literal.)";
25
26 }
```

unicodeString.cpp **Listing 10.13:** String-Beispiele

WEBSITE Kernsprache: unicodeString.cpp

EXKURS

Neue String-Typen

Neben den bekannten string und wstring typedefs auf basic_string wird es mit den neuen Zeichentypen neue typedefs geben. Damit lassen sich die neuen Strings so angenehm wie der bekannte std::string verwenden.

String-Typ	Typedef	Beispiel
std::string	std::basic_string<char>	"standard string" u8"standard string"
std::wstring	std::basic_string<wchar_t>	L"wide string"
std::u16string	std::basic_string<char16_t>	u"UTF-16 string"
std::u32string	std::basic_string<char32_t>	U"UTF-32 string"

Tabelle 10.2: Gegenüberstellung der String-Typen

Konvertierung zwischen den Kodierungen

Für die Konvertierung zwischen den verschiedenen Kodierungen steht das Klassen-Template codecvt, eine sogenannte Fassette (facet), bereit. Das Klassen-Template codecvt verlangt drei Typparameter:

```
template <class internT, class externT, class stateT>
class codecvt;
```

Dabei beschreiben die Typparameter die Konvertierung:

» internT: Zeichentyp für den internen Zeichensatz

» externT: Zeichentyp für den externen Zeichensatz

» stateT: Status der Konvertierung

Über die Methoden codecvt::in und codecvt:out wird die Richtung der Konvertierung vorgegeben. Für das Klassen-Template codecvt stehen Spezialisierungen bereit, die die tatsächlich implementierten Konvertierungen spezifizieren. In Tabelle 10.3: C++98 codecvt-Fassetten und Tabelle 10.4: C++11 codecvt-Fassetten werden die verschiedenen Konvertierungen dargestellt.

Zuerst die Konvertierungen, die im klassischen C++ möglich sind.

Zeichentyp	Zeichentyp	Name
char	char	std::codecvt<char,char,std::mbstate_t>
wchar_t	char	std::codecvt<wchar_t,char,std::mbstate_t>

Tabelle 10.3: C++98 codecvt-Fassetten

Mit dem neuen Zeichentyp bringt C++11 einige neue Template-Spezialisierungen mit.

Zeichentyp	Zeichentyp	Name
UTF-16	UFT-8	std::codecvt<char16_t,char,std::mbstate_t>
UTF-32	UTF-8	std::codecvt<char32_t,char,std::mbstate_t>
UTF-8	UCS-2 UCS-4	std::codecvt_utf8
UFT-16	UCS-2 UCS-4	std::codecvt_utf16
UTF-8	UTF-16	std::codecvt_utf8_utf16

Tabelle 10.4: C++11 codecvt-Fassetten

Die neuen Klassen-Templates std::wstring_convert und std::wbuffer_convert vollziehen ihre Konvertierung direkt ohne einen *Stream* oder eine *Locale*. Beide werden über eine codecvt-Fassette parametrisiert. Dabei wirkt std::wstring_convert auf einem String und std::wbuffer_convert auf einem Byte-Stream-Puffer. *(wstring_convert / wbuffer_convert)*

Die nicht so ganz einfachen Details zu IOStreams, Fassetten und Locales lassen sich in dem Standardwerk »C++ IOStreams and Locales« von Angelika Langer und Klaus Kreft nachlesen (Langer & Kreft, 2000).

> **AUFGABE**
>
> 1. Was jeder Softwareentwickler mindestens und unbedingt über Unicode und Zeichensätze wissen muss (kein Pardon!).
>
> Verbindlicher lässt sich keine Übungsaufgabe beschreiben als der Titel des Dokuments »The Absolute Minimum Every Software Developer Absolutely, Positively Must Know About Unicode and Character Sets (No Excuses!)« von Joel on Software (Spolsky, 2003). Die deutsche Übersetzung von Hans-Werner Heinzen ist auch verfügbar (Heinzen, 2009).
>
> 2. Machen Sie sich nach der Theorie mit der Praxis vertraut.
>
> Es wird anspruchsvoller. C++ besitzt eine Lokalisierungsbibliothek local (locale). Machen Sie sich damit vertraut, wenn Sie Ihr C++-Programm lokalisieren wollen.

229

10.7 Benutzerdefinierte Literale

C++ kennt viele Literale:

» `true`: Wahrheitswerte

» `'c'`: Zeichen

» `2, 0x2`: natürliche Zahlen

» `0.123, 6.7L`: Fließkommazahlen

» `"Text"`, `L"Text"`, `u"Text"`, `rU"text"`: Strings

Neu hingegen ist in C++11, dass der Anwender Literale selbst definieren kann. Häufig gewünschte Literale, die sich mit der neuen Syntax umsetzen lassen, sind:

» `1101010101010101b`: binäre Literale

» `63s`: Sekundenangabe

» `123.45km`: Abstandsangabe

» `33cent`: Währungsangabe

» `"Hallo"i18n`: Text zur Lokalisierung

ZUSAMMENFASSUNG

Syntax der benutzerdefinierten Literale

Die Syntax der benutzerdefinierten Literale ist:

$$BenutzerdefiniertesLiteral = \langle built-in\,Literal \rangle + \langle Suffix \rangle$$

So besteht die benutzerdefinierte Abstandsangabe `123.45km` aus dem built-in-Literal `123.45` für die Fließkommazahl und dem Suffix `km`.

Details   Ein benutzerdefiniertes Literal besteht aus einem C++98 built-in-Literal ohne Suffix, das mit einem Identifier verbunden ist. Es ist nur zulässig, den Identifier als Suffix anzuhängen. Literale besitzen keine Längeneinschränkung. Bestehende C++-Literale dürfen nicht neu definiert werden. Diese Literale werden dann von der C++11-Laufzeit auf den Literal-Operator abgebildet, der den Wert aus dem Literal extrahiert und wie in Listing 10.14 exemplarisch dargestellt und als Distanzobjekt zur Verfügung stellt.

```
MyDistance operator "" km(long double d){
  return MyDistance(d);
}
```

Listing 10.14: Literal-Operator für MyDistance-Literale (Cooked Form)

Dabei können die Literal-Operatoren `inline` oder als konstanter Ausdruck mit `constexpr` deklariert werden, damit sie zur Übersetzungszeit evaluiert werden.

inline und constexpr

Die Aufgabe des Anwenders ist es, die speziellen Konvertierungsoperatoren, Literal-Operatoren genannt, zu implementieren. Dabei kann der Wert in `raw`- oder in `cooked`-Form von den Literal-Operatoren angenommen werden. In der `raw`-Form nimmt das Literal sein Argument als `const char*` inklusive dem Suffix entgegen, in der `cooked`-Form ohne Suffix. Ein paar Beispiele sollen die Begrifflichkeiten entflechten.

Aufgabe des Anwenders

Benutzerdefiniertes Literal	raw-Form	cooked-Form
101010101b	"101010101b"	101010101
63s	"63s"	63
0xB	"0xB"	11

Tabelle 10.5: raw- und cooked-Form von Literalen

Das Literal 0xB in Tabelle 10.5 ist das bekannte C++98-Literal für hexadezimale Zahlen.

ZUSAMMENFASSUNG

Char, wchar_t, char16_t und char32_t

Der Zeichentyp `char` steht in diesem Kapitel nur exemplarisch für die Zeichentypen `char`, `wchar_t`, `char16_t` und `char32_t`. Denn sowohl das benutzerdefinierte Literal kann mit diesen Zeichentypen definiert werden als auch der Literal-Operator. Der Compiler sorgt für die richtige Zuordnung des Literals zu seinem Literal-Operator.

Im Gegensatz zu Listing 10.14, in dem das Literal 123.45km in `cooked`-Form angenommen wird, nimmt der Literal-Operator in Listing 10.15 die Distanzangabe in `raw`-Form entgegen. Damit steht das Literal im Funktionskörper als `const char*` zur Verfügung.

raw- und cooked-Form

```
MyDistance operator"" km(const char* c){
  return MyDistance(c);
}
```
Listing 10.15: Literal-Operator für MyDistance-Literale (Raw-Form)

C++11 unterstützt Literale für natürliche Zahlen, Fließkommazahlen, Strings und Zeichen. Während die natürlichen Zahlen und Fließkommazahlen in `raw`- und `cooked`-Form angenommen werden können, ist dies für Strings und Zeichen nur in `raw`-Form möglich. In der folgenden Tabelle sind die Typen der Argumente abhängig vom Datentyp dargestellt. Diese bildet die Grundlage für den Compiler, die Literalen-Operatoren implizit aufzurufen.

Datentyp	Raw-Form	Cooked-Form
Natürliche Zahlen	const char*	unsigned long long
Fließkommazahlen	const char*	long double
Strings	(const char*, size_t)	
Zeichen	char	

Tabelle 10.6: Argumente der Literalen-Operatoren

Wird sowohl die raw- als auch die cooked-Form für ein Literal definiert, so besitzt die raw-Form die höhere Präzedenz. Die raw-Form wird in der Literatur auch als uncooked-Form bezeichnet.

Eine Besonderheit stellen die String-Literale dar. In Listing 10.16 wird die Funktion func (Zeile 1) mit dem String-Literal "myString"str (Zeile 7) aufgerufen. Dies führt dazu, dass der Literal-Operator (Zeile 3) verwendet wird. Da die Länge des String-Literals 8 ist, wird len implizit auf 8 gesetzt und kann im Konstruktor von std::string (Zeile 4) angewandt werden. Das Ergebnis der Konvertierung ist, dass die Funktion mit einem String-Objekt aufgerufen wird.

```
01 void func(std::string s);
02
03 std::string operator ""str(const char* s, size_t len){
04    return std::string(s,len);
05 }
06
07 func("myString"str);
```

Listing 10.16: Literal-Operator für einen eigenen String-Literal

PRAXISTIPP

Verwenden Sie Namensräume für Literale.

Um Namenskollisionen von eigenen Literalen zu vermeiden, da sie in der Regel recht kurze Identifier besitzen, ist es eine gute Idee, die Literale in Namenräumen zu definieren und sie für ihre Anwendung in den globalen Namensraum zu importieren.

```
namespace Distance{
  class MyDistance { /* ... */ };
  namespace Unit{
    operator ""km(long double d){
      return MyDistance(d);
    }
  }
}

/* ... */
```

PRAXISTIPP

```
using namespace Distance::Unit;

MyDistance myDistance{123.45km};
```
Listing 10.17: Namensraum für Literale

Das zugegeben etwas konstruierte Beispiel für die Berechnung von Abständen in Listing 10.18 soll die Vorteile der benutzerdefinierten Literale auf den Punkt bringen. Werden die Literal-Operatoren mit Operatorüberladung geschickt kombiniert, entsteht eine **Domain-Specific-Embedded-Language**, kurz DSEL.

```
01 namespace Distance{
02   class MyDistance{
03     private:
04       int meter;
05     public:
06       /* ... */
07   };
08   MyDistance operator +(const MyDistance& a,
09                         const MyDistance& b){
10     return MyDistance(a.meter + b.meter);
11   }
12   MyDistance operator -(const MyDistance& a,
13                         const MyDistance& b){
14     return MyDistance(a.meter - b.meter);
15   }
16   namespace Unit{
17     operator ""km(long double d){
18       return MyDistance(1000*d);
19     }
20     operator ""m(long double m){
21       return MyDistance(m);
22     }
23     operator ""dm(long double d){
24       return MyDistance(d/10);
25     }
26     operator ""cm(long double c){
27       return MyDistance(c/100);
28     }
29   }
30 }
31
32 using namespace Distance::Unit;
33
34 Distance::MyDistance myDistance= 10345.5dm + 123.45km - 1200m +
150000cm;
```
Listing 10.18: Die DSEL für die Berechnung von Abständen

Im Namensraum Distance in Listing 10.18 wird eine Subsprache in C++ definiert, auf der die Addition und Subtraktionen von verschiedenen Längenangaben implementiert sind. Erreicht wird dies durch das Überladen des +- und --Operators in Zeile 8 und 12 und die Literalen-Operatoren in Zeile 17, 20, 23 und 26, die den numerischen Wert aus dem Literal extrahieren und damit ein Distance-Objekt normiert instanziieren.

DEFINITION

Domain-Specific-Embedded-Language

Eine **Domain-Specific-Language** ist eine Sprache, die auf einen speziellen Anwendungsbereich ausgerichtet ist. Ist diese Sprache darüber hinaus noch in der Gastgebersprache integriert, dann spricht man von einer **Domain-Specific-Embedded-Language**.

Bekannte Beispiele für **Domain-Specific-Languages** sind die Parsergeneratoren YACC, antlr oder das Bildwerkzeug make. Template-Metaprogramming in C++ oder auch Lisp-Makros sind **Domain-Specific-Embedded-Languages**.

AUFGABE

1. Implementieren Sie Listing 10.18.

In Listing 10.18: Die DSEL für die Berechnung von Abständen wird die Idee einer Domain-Specific-Language für die Berechnung von Abständen skizziert. Zwei Punkte fehlen noch:

1. Die Klasse MyDistance benötigt einen Konstruktor und einen Ausgabeoperator.

2. Die aktuellen Compiler (C++ 0x FEATURE, 2011) unterstützen benutzerdefinierte Literale noch nicht.

10.8 nullptr

0 und NULL

Das neue Nullzeiger-Literal nullptr räumt mit der Mehrdeutigkeit der Zahl 0 und dem Makro NULL in C++ auf. Das Problem mit dem Literal 0 ist, dass es abhängig vom Kontext den Nullzeiger ((void*)0) oder die natürliche Zahl 0 bezeichnet. Das Problem an dem C-Makro NULL ist, dass NULL sich in der Regel nach int konvertieren lässt. Dieses Verhalten hängt von der Definition des Makros NULL ab.

Das C++11-Schlüsselwort nullptr besitzt ein eindeutiges Verhalten. Er lässt sich als Zeiger oder Zeiger auf ein Klassenmitglied oder als bool-Wert verwenden. Er kann aber nicht nach int konvertiert werden.

nullptr.cpp

```
01 #include <iostream>
02 #include <string>
03
04 std::string overloadTest(char*){
05   return "char*";
06 }
```

```
07
08 std::string overloadTest(int){
09   return "int";
10 }
11
12 int main(){
13
14   std::cout << std::endl;
15
16   int* pi = nullptr;    // OK
17   // int i= nullptr;       // ERROR
18   bool b = nullptr;     // OK. b is false.
19
20   std::cout << std::boolalpha << "b: "  << b << std::endl;
21
22   // calls int
23   std::cout << "overloadTest(0)= " <<  overloadTest(0) <<
std::endl;
24
25   // calls char*
26   std::cout << "overloadTest(static_cast<char*>(0))= "
             << overloadTest(static_cast<char*>(0))
             << std::endl;
27
28   // calls char*
29   std::cout << "overloadTest(nullptr)= " <<
overloadTest(nullptr)<< std::endl;
30
31   // ambiguous error
32   // std::cout << "overloadTest(NULL)= " << overloadTest(NULL) <<
std::endl;
33
34   std::cout << std::endl;
35
36 }
```

Listing 10.19: Vergleich 0 und nullptr-Literal

Kernsprache: nullptr.cpp   `WEBSITE`

In Listing 10.19 (Zeile 16 und 18) wird der nullptr nach int* und bool konvertiert. Der in Zeile 20 ausgegebene Wert der booleschen Variable b ergibt
false. Interessanter sind die Ausgaben der Funktion overloadTest (Zeile
23, 26 und 29). (char*)0 und nullptr wird als char* interpretiert, hingegen
0 als Integer.

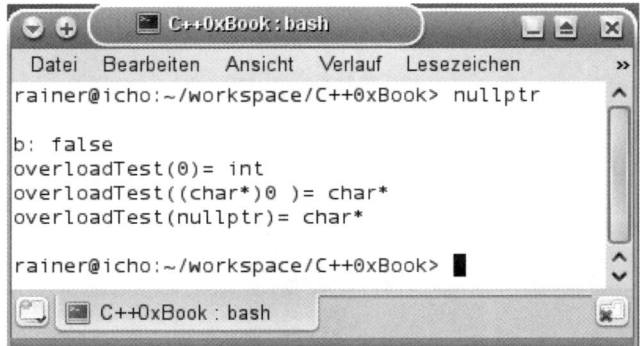

Abbildung 10.8: Vergleich 0 und `nullptr`-Literal

Werden die Zeilen 17 und 32 in Listing 10.19 auskommentiert, bricht die Übersetzung des Programms mit dem aktuellen GCC ab, denn einerseits lässt sich der `nullptr` nicht nach `int` konvertieren und andererseits lässt sich NULL sowohl nach `char*` als auch nach `int` konvertieren.

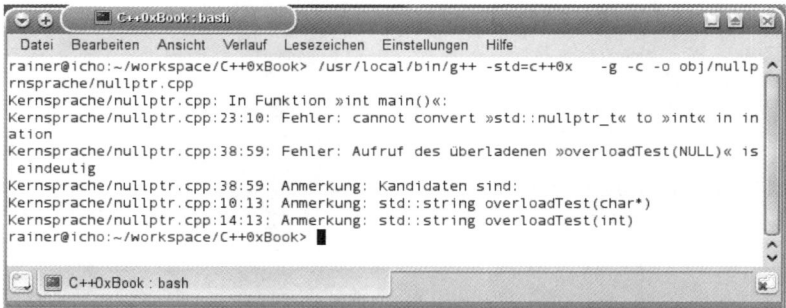

Abbildung 10.9: Fehler beim Konvertieren eines `nullptr` nach `int` und Zweideutigkeit des Makros NULL

PRAXISTIPP
Verwenden Sie in Ihrem neuen C++11-Code `nullptr`**.**

AUFGABE

1. Überprüfen Sie Ihren Sourcecode auf Nullzeiger.

Durchsuchen Sie Ihren Sourcecode auf die Verwendung der Zahl 0 als Nullzeiger und das Makro NULL.

Entscheiden Sie, welche Konsequenzen der Einsatz des neuen nullptr gegenüber dem Einsatz der Zahl 0 oder des Makros NULL als Nullzeiger mit sich bringt.

2. Lassen Sie nullptr mit Perfect Forwarding zusammenarbeiten.

Rufen Sie die die zwei Funktionen overloadTest(char*) und overloadTest(int) aus Listing 4.19 indirekt über Perfect Forwarding auf. Dies ist am einfachsten, wenn Sie createT aus Listing 2.12 als Grundlage nehmen. Prüfen Sie zum Abschluss, ob der direkte Aufruf der overloadTest-Funktionen zum gleichen Ergebnis (Abbildung 10.8 und Abbildung 10.9) führt wie der indirekte Aufruf.

WEBSITE

Kernsprache: Aufgaben: nullptrPerfectForwarding.cpp

11 Removed und Deprecated

11.1 Removed

Durch `auto int a= 5;` wurde in C++98 die Variable `a` auf dem Stack angelegt. Das Schlüsselwort `auto` ist redundant, da das Anlegen einer Variablen
auf dem Stack automatisch geschieht. Dies ist der Grund, dass `auto` sehr
selten verwendet wurde. In C++11 deklariert `auto` eine Variable, die ihren
Typ durch Typableitung automatisch erhält:

`auto`

```
auto a=5;
```

Das Schlüsselwort `export` wurde aus C++11 entfernt. Die Idee von `export`
war es, dass nur die Deklaration und nicht die Definition eines Templates
an der Stelle ihrer Anwendung bekannt sein muss. Sieht man von dem Co-
meau Compiler (Comeau.Computing, 2008) ab, so hat dieses Feature kein
Compiler-Hersteller umgesetzt. Da ist es sehr pragmatisch, es wieder aus
dem neuen Standard zu entfernen.

`export`

11.2 Deprecated

register

Mit dem Schlüsselwort `register` ließ sich in C++98 spezifizieren, dass die Variable `a` in der Anweisung `register int a;` in einem Prozessorregister angelegt werden soll. Dies war nur eine Empfehlung an den Prozessor, um häufige Zugriffe auf die Variable möglichst schnell auszuführen.

Ausnahme-
spezifikation

Ausnahmespezifikationen sind in C++11 auch *deprecated*. Die Ausnahmespezifikation einer Funktion gibt an, welche Ausnahmen die Funktion auslösen kann. Was die Probleme von Ausnahmespezifikationen sind und warum sie in C++ nicht verwendet werden sollen, lässt sich schön in Herb Sutters Artikel »A Pragmatic Look at Exception Specifications« (Sutter, 2002) nachlesen.

> **PRAXISTIPP**
>
> **Verwenden Sie keine Ausnahmespezifikationen.**
>
> Herb Sutter fasst die Erfahrung der letzten Jahre mit Ausnahmespezifikationen in zwei Ratschlägen zusammen.
>
> **Moral #1: Never write an exception specification.**
>
> **Moral #2: Except possibly an empty one, but if I were you I'd avoid even that.**
>
> Die Moral von der Geschichte ist schnell paraphrasiert.
>
> Verwenden Sie keine Ausnahmespezifikationen.

> **EXKURS**
>
> **noexcept**
>
> Die Geschichte der Ausnahmen ist in C++11 noch nicht zu Ende. Relativ spät wurde in C++11 das neue Schlüsselwort `noexcept` aufgenommen. Damit lässt sich in C++11 eine Funktion auszeichnen, für die eine der beiden Bedingungen gelten soll:
>
> 1. Die Funktion darf keine Ausnahmen werfen.
>
> 2. Das Programm kann auf eine Ausnahme, die durch diese Funktion geworfen wird, nicht reagieren. In diesem Fall wird direkt `std::terminate` aufgerufen.
>
> Im Gegensatz zur Ausnahmespezifikation wird das Schlüsselwort `noexcept` zur Übersetzungszeit ausgewertet. Die Idee ist, dass dem Compiler durch die Zusicherung mit `noexcept` weitere Optionen zur Optimierung offenstehen.
>
> Dies ist der Grund, warum das Schlüsselwort `noexcept` weit und einheitlich in der Standard Template Library verwendet wird, um die Performance zu verbessern und die Anforderungen explizit herauszustellen: »noexcept is widely and systematically used in the standard library to improve performance and clarify requirements.« (Stroustrup, C++0x – the next ISO C++ standard, 2011)

EXKURS

Die Implementierung des neuen Smart Pointer `std::unique_ptr` ist ein typisches Beispiel für den Einsatz von `noexcept`.

```
constexpr unique_ptr() noexcept;
explicit unique_ptr(pointer p) noexcept;
unique_ptr(pointer p, see below d1) noexcept;
unique_ptr(pointer p, see below d2) noexcept;
unique_ptr(unique_ptr&& u) noexcept;
constexpr unique_ptr(nullptr_t) : unique_ptr() { }
template <class U, class E>
unique_ptr(unique_ptr<U, E>&& u) noexcept;
template <class U>
unique_ptr(auto_ptr<U>&& u) noexcept;
```

Listing 11.1: noexcept-Schlüsselwort in den Konstruktoren von `std::unique_ptr`

Der Vollständigkeit halber seien hier noch `std::auto_ptr` und `std::bind1st` und `std::bind2nd` erwähnt, die ebenfalls mit C++11 *deprecated* sind. Während der Smart Pointer `std::auto_ptr` durch `std::unique_ptr` ersetzt wird, bietet `std::bind`, indem er eine Funktion und ihre Argumente bindet, die Funktionalität von `std::bind1std` und `std::bind2nd` deutlich komfortabler an. Insbesondere `std::unique_ptr` und `std::bind` werden im Buchabschnitt Die Standardbibliothek noch ausführlich erläutert.

auto_ptr, bind1st
und bind2nd

Teil III

Multithreading

12

Das C++11-
Speichermodell

Die Grundlage für Multithreading ist ein definiertes Speichermodell. Dies
erhält C++11 in Anlehnung an Java.

Das Grundproblem des konkurrierenden Zugriffs auf Variablen lässt sich
einfach formulieren. Schreibt ein Thread eine gemeinsam genutzte Variable, während ein anderer diese liest, ist das Verhalten nicht deterministisch.

Grundproblem
konkurrierenden
Zugriffs

Der bekannte Programmschnipsel in Abbildung 12.1, der auf Dekkers Algorithmus basiert (Dekker, 2011), soll dies verdeutlichen, denn am Ende
des Programms können sowohl r1 als auch r2 den Wert 0 besitzen.

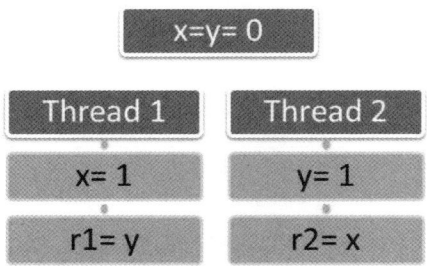

Abbildung 12.1: Bruch der sequentiellen Konsistenz

Wie kann dies passieren?

Die Antwort für dieses nicht sehr intuitive Verhalten ist, dass durch Optimierung auf Hardware-Ebene (Schreibpuffer) oder auch Standard-Compiler-Transformationen die Reihenfolge der Operationen des Prozessors nicht der des Programmcodes entsprechen muss. Dieses Verhalten ist ein Bruch der sequentiellen Konsistenz.

DEFINITION

Sequentielle Konsistenz

Sequentielle Konsistenz (*Sequential consistency*) wurde von Leslie Lamport (Lamport, 1979) definiert:

»*...the results of any execution is the same as if the operations of all the processors were executed in some sequential order, and the operations of each individual processor appear in this sequence in the order specified by its program.*«

Sequentielle Konsistenz stellt zwei Bedingungen an die Ausführung eines Programms:

» Die Operationen aller Prozessoren sollen sequentiell erscheinen.

» Die Operationen jedes einzelnen Prozessors sollen so erscheinen, als ob sie in der Reihenfolge des Programmcodes ausgeführt wurden.

C++11 bietet für dieses Problem zwei Lösungen an: Locks und atomare Datentypen.

Schutz der Daten durch Locks

Durch den Lock `lock` wird der Zugriff auf den kritischen Bereich synchronisiert. Der Thread in Abbildung 12.2, der zuerst den Lock erhält, kann seinen Code zuerst ausführen. Nun sind alle Fälle möglich, einzig das Paar (r1,r2) kann nicht den Fall (0,0) annehmen.

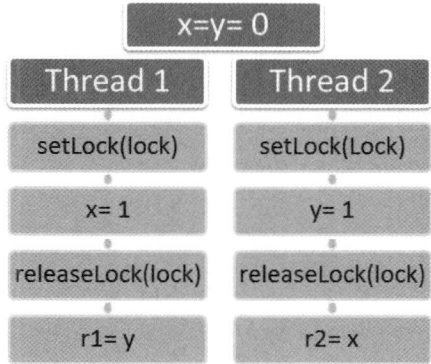

Abbildung 12.2: Schutz der kritischen Region durch Locks

Durch Atome werden die Schreibzugriffe auf x und y sofort in beiden Threads sichtbar. Das Ergebnis ist das Gleiche wie im Fall der Locks (Abbildung 12.2). (r1,r2) kann wiederum den Fall (0,0) nicht annehmen.

Schutz der Daten durch Atome

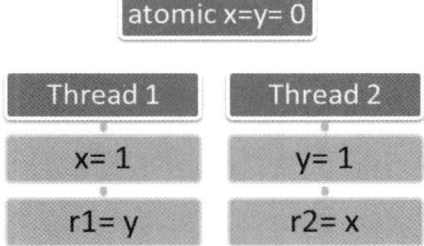

Abbildung 12.3: Schutz der Daten durch atomare Datentypen

Rund um Wahrheitswerte, Zeichen und Ganzzahlen bringt C++11 verschiedene atomare Datentypen mit. Außerdem lässt sich die Speicherordnung beim Lesen und Schreiben atomarer Datentypen exakt spezifizieren. Der Standard, der auch Grundlage des Beispiels in Abbildung 12.3 war, ist die sequentielle Konsistenz.

Auf den Punkt gebracht, muss sich ein Speichermodell mit folgenden Punkten auseinandersetzen.

» **Atomare Operationen**: Operationen, die ohne Unterbrechung ausgeführt werden können

» **Partielle Ordnung von Operationen**: Reihenfolge von Operationen, die der Compiler nicht verändern darf

» **Speichersichtbarkeit**: Zeitpunkt, ab dem der gemeinsame Speicher für alle Threads den gleichen Wert besitzt

Denn das Speichermodell ist die Grundlage für den Compiler, den Code zu optimieren, ohne seine Semantik zu ändern.

Für weitergehende Informationen hat Hans Boehm viele Artikel zum anspruchsvollen C++-Speichermodell unter (Boehm, 2011) zusammengetragen.

AUFGABE

1. Watch video

    Sich dem C++11-Speichermodell direkt zu nähern, ist nicht zu empfehlen. Der sichere Weg führt über das Java-Speichermodell. Zu dem Thema gibt es zwei hervorragende Videovorstellungen. Jeremy Manson präsentiert das »Java Memory Model« in der Serie Advanced Topics in Programming Language (Manson, 2007) und Bartosz Milewskis »The Java Memory Model« (Bartosz, 2009). Gestählt mit dem Wissen, ist der Angriff auf das C++11-Speichermodell möglich (Boehm, 2011).

13

Atomare Datentypen

C++11 bringt im Header <atomic> atomare Datentypen mit. Operationen auf diesen Datentypen sind atomar.

Atomare Operation

Eine atomare Operation ist eine unteilbare Operation. Sie wird entweder ganz oder gar nicht ausgeführt.

Neben dem Klassen-Template std::atomic für das Erzeugen eines atomaren Typs bietet C++11 die entsprechenden built-in-Datentypen in atomarer Ausprägung an (Tabelle 13.1).

Atomarer Typ	Built-in-Typ
atomic_bool	Bool
atomic_char	char

Tabelle 13.1: Atomare Typen und ihre built-in-Pendants

Atomarer Typ	Built-in-Typ
atomic_schar	signed char
atomic_uchar	unsigned char
atomic_int	int
atomic_unit	unsigned int
atomic_short	short
atomic_ushort	unsigned short
atomic_long	long
atomic_ulong	unsigned long
atomic_llong	long long
atomic_ullong	unsigned long long
atomic_char16_t	char16_t
atomic_char32_t	char32_t
atomic_wchar_t	wchar_t
atomic_adress	void*

Tabelle 13.1: Atomare Typen und ihre built-in-Pendants (Fortsetzung)

Das kleine Beispiel lässt sich nun mit den neuen atomaren Datentypen als lauffähiges Programm formulieren.

atomic.cpp

```
01 #include <atomic>
02 #include <chrono>
03 #include <iostream>
04 #include <thread>
05
06 std::atomic_int x;
07 std::atomic_int y;
08 int r1;
09 int r2;
10
11 void writeX(){
12   x.store(1);
13   //std::this_thread::sleep_for(
            std::chrono::milliseconds(10));
14   r1= y.load();
15 }
16
17 void writeY(){
18   y.store(1);
19   //std::this_thread::sleep_for(
            std::chrono::milliseconds(10));
20   r2=x.load();
```

```
21 }
22
23 int main(){
24
25   std::cout << std::endl;
26
27   x= 0;
28   y= 0;
29   std::thread a(writeX);
30   std::thread b(writeY);
31   a.join();
32   b.join();
33   std::cout << "(r1,r2)= "
              << "(" << r1 << "," << r2 << ")" << std::endl;
34
35   std::cout << std::endl;
36
37 }
```

Listing 13.1: Die atomaren Datentypen im Einsatz

Multithreading: atomic.cpp   **WEBSITE**

Wird das Programm in Listing 13.1 ausgeführt, sind fast alle Kombinationen für r1 und r2 möglich. Da die Schreibe- und Leseoperationen auf x und y atomare sind, ist einzig das Ergebnis (0,0) für (r1,r2) nicht möglich. Um das Ergebnis (1,1) für (r1,r2) zu erzwingen, müssen die Threads schlafen gelegt werden, denn die Funktionskörper für writeX (Zeile 11) und writeY (Zeile 17) sind zu schnell abgearbeitet. Daher wird die Ausführung der beiden Threads in Zeile 13 und Zeile 19 für 10 Millisekunden ausgesetzt. Abbildung 13.1 zeigt die Ausführung des Programms mit auskommentiertem sleep_for, Abbildung 13.2 ohne auskommentierten sleep_for-Aufruf.

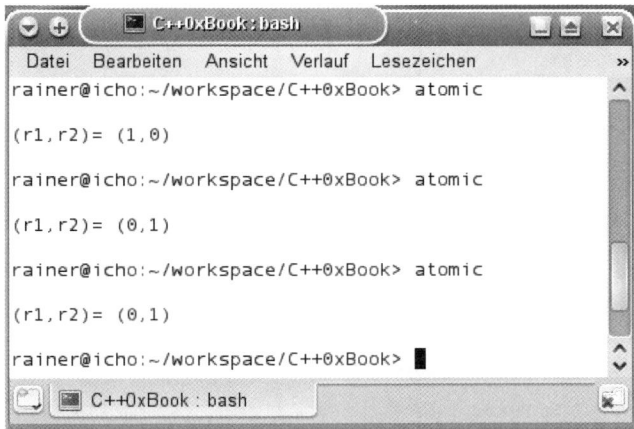

Abbildung 13.1: Einsatz von atomaren natürlichen Zahlen ohne sleep_for

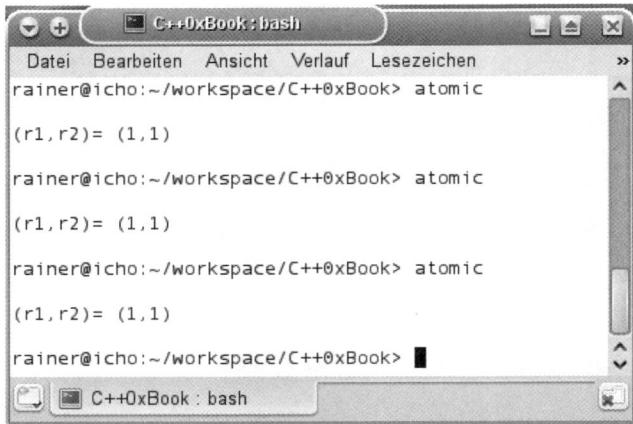

Abbildung 13.2: Einsatz von atomaren natürlichen Zahlen mit einem
10-Millisekunden-Schlaf

std::atomic-Klassen-
Template

Mit dem `std::atomic`-Klassen-Template kann der Anwender seinen eigenen atomaren Typ definieren. Ein Typ `MyType` hat aber strenge Kriterien ein-
zuhalten, damit er zum atomaren Typ `std::atomic <MyType>` erklärt wird.

Einschränkungen von `MyType` sind:

» Er darf keine virtuellen Funktionen besitzen.

» Er darf keine virtuelle Basisklasse besitzen.

» Er und alle seine Basisklassen dürfen nur den automatisch erzeugten
Copy-Zuweisungsoperator besitzen.

» Er muss bitweise auf Gleichheit vergleichbar sein.

→ Diese Eigenschaften sichern zu, dass `std::atomic<MyType>` von den
C-Funktionen `memcpy` und `memcmp` verwendet werden kann.

> **PRAXISTIPP**
>
> **Schützen Sie Ihre Daten.**
>
> Erfüllt `MyType` nicht die Anforderungen, um durch ihn einen atomaren Typ
> `std::atomic<MyType>` zu erklären, dann sollte der Zugriff auf `MyType` über ei-
> nen Mutex `std::mutex` oder noch besser ein Lock `std::lock_guard` geschützt
> werden.

Operationen
auf Atomen

Operationen auf atomaren Datentypen sind atomar. Ohne Anspruch auf
Vollständigkeit folgen ein paar Operationen, die abhängig vom atomaren
Datentyp angewandt werden können. Dabei soll `a` der atomare Datentyp,
`res` das Ergebnis und `arg` das Argument der Operation sein.

Funktion	Beschreibung
res= a.load()	Lade den Wert von a und speichere ihn in res.
a.store(arg)	Speichere arg in a.
a.is_lock_free()	Prüfe, ob a lock-frei ist.

res=a.compare_ exchange_strong (e,arg)	Lese-Verändere-Schreibe-Operation
	Vergleiche a mit e:, falls:
	e == a:
	  a.store(arg);
	  res= true;
	e != a:
	  e= a.load();
	  res= false;

a++ a--	Inkrementiere a. Dekrementiere a.
a += arg	Erhöhe a um arg. Kombinierte Zuweisungsoperatoren: +=, -=, |=, &=, ^=

Tabelle 13.2: Auswahl von Operationen auf Atomen

Das Speichermodell in C++11 ist per Default sequentiell konsistent. Dieses intuitive Modell lässt sich mit C++11 aufbrechen, um so die Lese- und Schreibordnung von Operationen genauer zu spezifizieren. Die extrem haarigen Details rund um das Aufbrechen der Speicherordnung, Fences (Speicherbarrieren), um die Reihenfolge von Operationen auf atomaren Datentypen zu gewährleisten, sollten aber besser in dem Buch »C++ Concurrency in Action« von Anthony Williams nachgelesen werden. In seinem Werk gibt der Betreuer der Boost Thread Library sehr tiefe Einsichten in die neuen Multithreading-Fähigkeiten von C++11 (Williams, 2011).

> **Unterscheiden Sie Java volatile von C++ volatile.**   ⌐ PRAXISTIPP
>
> Eine Warnung noch zum Abschluss: In Java werden atomare Datentypen durch das Schlüsselwort volatile deklariert. Das C++-Schlüsselwort volatile hat aber nichts gemein mit Multithreading. Atomare Variablen werden in C++11 durch die vorgestellten atomaren Datentypen definiert.

> 1. Watch more videos: Lock-freie Datenstrukturen   ⌐ AUFGABE
>
> Listing 13.1: Die atomaren Datentypen im Einsatz ist ein Beispiel für lock-freies Programmieren. Ein lock-freies Programm ist ein Programm, das den thread-sicheren Zugriff auf die gemeinsam genutzten Variablen ohne Locks sicherstellt. Einen ersten Einblick in lock-freie Datenstrukturen in C++ gibt Tony Van Eerd in seiner Vorstellung »Lockfree Programming Part 2: Data Structures« (Van Eerd, 2011), die er auf der Boost Library Conference (boostcon) 2011 hielt. Van Eerd stellte unter anderem eine lock-freie Stack- und Queue-Implementierung vor.

14 Threads

14.1 Erzeugen von Threads

Der einfache Umgang mit Threads in C++11 wurde bereits in Tour de C++11 dargestellt. Ein Thread benötigt als Argument eine aufrufbare Einheit in Form eines Funktionszeigers, eines Funktionsobjekts oder einer Lambda-Funktion und schon kann die Aktion ausgeführt werden. Dies ist der Standardfall. Betrachten wir die verschiedenen Konstruktoren von `std::thread` genauer, so fallen zwei besondere Konstruktoren auf (Listing 14.1): ein Standardkonstruktor, mit dem keine aufrufbare Einheit assoziiert ist (Zeile 1), und ein Variadic Template-Konstruktor (Zeile 2).

```
01 thread();
02 template <class F, class ... Args>
     thread(F&& f, Args&& ... args);
```

Listing 14.1: Standardkonstruktor und Variadic Template-Konstruktor für std::thread

Standardkonstruktor

Legt der Anwender einen Pool von Threads an und weist diesen zu einem späteren Zeitpunkt erst die Funktionalität zu, die sie ausführen sollen, dann lässt sich dieser Anwendungsfall mit dem Standardkonstruktor umsetzen.

Variadic Template Konstruktor

Variadic Template-Konstruktoren erlauben es, diesen mit beliebig vielen Argumenten aufzurufen. Bemerkenswert an dem Konstruktor ist darüber hinaus, dass er seine Argumente als Rvalue-Referenzen annimmt. Perfect Forwarding ist für einen Thread-Konstruktor durchaus sinnvoll, soll dieser doch seine Argumente an die aufrufbare Einheit identisch weiterleiten. Aufgrund des Variadic Template-Konstruktors kann ein Thread mit zehn Argumenten parametrisiert werden (Listing 14.2: Variadic Template-Konstruktor für std::thread).

```
01 #include <iostream>
02 #include <thread>
03
04 void sumUp10Arguments(int a, int b, int c, int d, int e,
                         int f ,int g, int h ,int i, int j){
05   int res= a + b + c + d + e + f + g + h + i + j;
06   std::cout<< "a + b + c + d + e + f + g + h + i + j= "
               << res <<std::endl;
07 }
08
09 int main(){
10
11   std::cout << std::endl;
12
13   std::thread calcMe(sumUp10Arguments,1,2,3,4,5,6,7,8,9,10);
14   calcMe.join();
15
16   std::cout << std::endl;
17
18 }
```

Listing 14.2: Variadic Template-Konstruktor für std::thread

WEBSITE Multithreading: variadicTemplateConstructor.cpp

Eine Funktion zu definieren, die zehn Argumente erwartet, sollte im konkreten Fall hinterfragt werden. In diesem konkreten Anwendungsfall zeigt es die Mächtigkeit eines Variadic Template-Konstruktors auf.

Abbildung 14.1: Variadic Template-Konstruktor der `std::thread`-Klasse

14.2 Lebenszeit der Daten

Im Standardfall sollten Argumente an den Thread kopiert werden. Argumente, die per Referenz oder Zeiger übergeben werden, können sehr leicht zu undefiniertem Verhalten führen. Zum einen kann die referenzierte Variable ihre Gültigkeit verlieren, zum anderen kann der neue Thread seinen Vater-Thread überleben.

> **PRAXISTIPP**
>
> **Kopieren Sie Daten per Default in einen Thread.**
>
> Daten sollten per Default in einen Thread kopiert werden, um Lebenszeitprobleme zu vermeiden. Wird jedoch eine Referenz oder ein Zeiger verwendet, muss deren bzw. dessen Anwendung genau geprüft werden.

Das Problem der Lebenszeit der Variablen zeigt das Listing 14.2 in ziemlich deutlicher Weise.

variableOutOfScope.
cpp

```
01 #include <chrono>
02 #include <iostream>
03 #include <thread>
04
05 void runThread(){
06   int valRunThread= 10;
07   std::thread t([&]{std::cout << "valRunThread= "
                      << valRunThread << std::endl;});
08   t.join();
09 }
10
11 class Sleeper{
12
13   public:
14     Sleeper(int& i_):i{i_}{};
15     void operator() (int k){
16       for (unsigned int j= 0; j <= 5; ++j){
17         std::this_thread::sleep_for(
             std::chrono::milliseconds(100));
18         i += k;
```

```
19       }
20     }
21   private:
22     int& i;
23 };
24
25
26 int main(){
27
28   std::cout << std::endl;
29   runThread();
30
31   std::cout << std::endl;
32
33   int valSleeper= 1000;
34   std::thread t(Sleeper(valSleeper),5);
35   t.detach();
36   //t.join();
37   std::cout << "valSleeper = " << valSleeper << std::endl;
38
39   std::cout << std::endl;
40
41 }
```

Listing 14.3: Problematik mit Referenzen auf lokale Variablen in Threads

> **WEBSITE** Multithreading: variableOutOfScope.cpp

Die Ausgabe des Programms offenbart noch nicht, dass das Programm in
Listing 14.3 an zwei Stellen auf Variablen zugreift, die ihre Gültigkeit verloren haben. Es verwundert lediglich, dass die Variable valSleeper nicht
den erwarteten Wert $1030 = 1000 + 6*5$, sondern nur 1000 besitzt, denn
valSleeper wurde als Referenz (Zeile 34) an den Thread t übergeben (Abbildung 14.2).

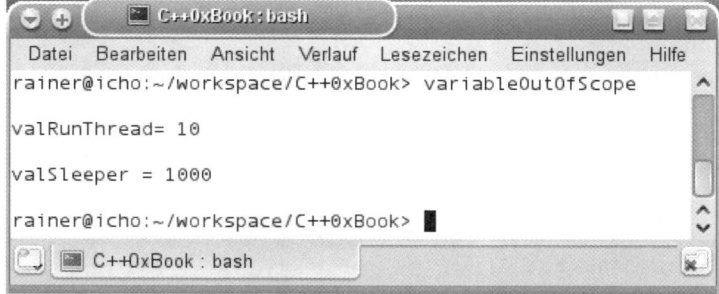

Abbildung 14.2: Ausgabe von Listing 14.3: Problematik mit Referenzen auf lokale
Variablen in Threads

Nun zu den zwei Variablen `valRunThread` in Zeile 10 und `valSleeper` in Zeile 33, die beide verwendet werden, obwohl sie ihre Gültigkeit verloren haben.

`valRunThread` gibt zwar den erwarteten Wert 10 aus, dies ist aber nicht zugesichert. Die Problematik mit `valRunThread` ist, dass die lokale Variable am Ende des Funktionskörpers in Zeile 9 ihren Gültigkeitsbereich verliert. Der Thread t referenziert sie per Referenz in Zeile 7 `[&]`. Verliert nun die Variable `valRunThread` schneller ihre Gültigkeit als die Abarbeitung des Threads Zeit benötigt, greift der Thread über eine Referenz auf eine lokale Variable zu.

Ignorieren wir vorerst, dass `valSleeper` (Zeile 37) 1000, statt des Werts 1030 ausgibt. Das Funktionsobjekt `Sleeper(valSleeper)` arbeitet auf einer Referenz zu der lokalen Variable `valSleeper`. Da der Thread t von der Lebenszeit seines Erzeugers mittels `detach` in Zeile 35 getrennt wird, passiert es, dass das Kind deutlich länger lebt als sein Vater. Somit ist aber die Referenz auf die Variable `valSleeper` nicht mehr gültig, da diese am Ende der `main`-Funktion ihre Gültigkeit verliert. Dass der Thread t deutlich seinen Vater überlebt, sieht man leicht am Wert der Variable `valSleeper` in Zeile 37. Wird der Aufruf `t.detach()` in Zeile 35 durch den Aufruf `t.join()` ersetzt, so dass der Erzeuger nach dem Kind terminiert, so besitzt `valSleeper` den erwarteten Wert 1030. In diesem Fall ist auch der Gebrauch der Referenz auf die Variable `valSleeper` wohldefiniert.

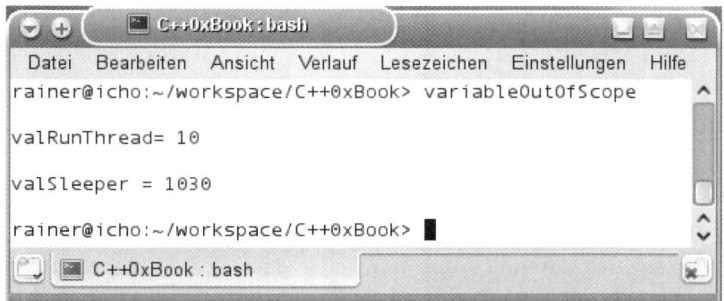

Abbildung 14.3: Ausgabe von Listing 14.3 mit korrigierter Lebenszeit des zweiten Threads

Neben dem Kopieren und Referenzieren der Argumente in einem Thread gibt es noch ein dritte Möglichkeit. Das Argument kann an den Thread übergeben werden. Diese Eigentumsübergabe (*transfer of ownership*) ist nur ein anderer Ausdruck für die bereits bekannte Move-Semantik. Die Move-Semantik ist die einzige Möglichkeit, Objekte an einen Thread zu übergeben, die keine Copy-Semantik unterstützen. Dabei wird vorausgesetzt, dass keine Referenz-Semantik angewandt werden soll. Der Smart-Pointer `std::unique_ptr`,

Eigentumsübergabe

die Dateiströme (filestream), aber auch std::thread selbst sind prominente Beispiele für Datentypen, die nicht kopiert werden können.

Der scoped_thread von Anthony Williams (Williams, 2011) kapselt die Lebenszeit eines Threads gemäß des RAII-Idioms.

```
01 class scoped_thread
02 {
03     std::thread t;
04 public:
05     explicit scoped_thread(std::thread t_):
06     t(std::move(t_))
07     {
08       if(!t.joinable())
09         throw std::logic_error("No thread");
10     }
11     ~scoped_thread()
12     {
13       t.join();
14     }
15     scoped_thread(scoped_thread const&)=delete;
16     scoped_thread& operator=(scoped_thread const&)=delete;
17 };
18
19 void func(int&);
20
21 void f()
22 {
23     int some_local_state;
24     scoped_thread t(std::thread(func(some_local_state)));
25     do_something_in_current_thread();
26 }
```

Listing 14.4: scoped_thread von Anthony Williams

Der Thread std::thread(func(some_local_state)) in Zeile 24 wird direkt an den Thread des scoped_thread mittels std::move (Zeile 6) transferiert. scoped_thread stellt durch t.joinable() sicher, dass er die Lebenszeit des Threads überwachen kann. Dazu ruft er in seinem Destruktor (Zeile 13) t.join() auf. Geht nun die Lebenszeit des Haupt-Threads regulär oder durch eine Ausnahme zu Ende, wird der Destruktor von scoped_thread aufgerufen und t.join() abgearbeitet. Dies gewährleistet, dass der Thread t seine Arbeit noch zu Ende ausführen kann.

bind   Neben den bekannten aufrufbaren Einheiten Funktionszeiger, Funktionsobjekt und Lambda-Funktion, mit denen ein Thread seine Funktionalität erhält, steht mit dem neuen C++11 noch die Funktion std::bind aus dem <functional>-Header zur Verfügung. std::bind erlaubt es auf generische Weise, eine Funktion mit einem Argument zu einem Funktionsobjekt zu binden und wie im Fall des `std::thread`-Konstruktors direkt zu benutzen. Da sich die gleiche Funktionalität aber einfacher und lesbarer mit Lamba-Funktionen umsetzen lässt, sollten diese bevorzugt angewandt werden. In Listing 14.5 wird exemplarisch die Funktion `sin` für den Wert 1 ausgewertet. Dies geschieht in zwei Variationen: zuerst über eine Lambda-Funktion und dann über einen `std::bind`-Ausdruck.

```
double val= 1.0;
std::thread threadL([=]{sin(val);});
std::thread threadB(std::bind(sin,val));
```

Listing 14.5: Vergleich `std::bind` und Lambda-Funktion beim Aufruf von `sin`

Kommt ein bisschen Ausgabe dazu, wird der `std::bind`-Ausdruck deutlich unhandlicher, denn für ihn muss die Funktion `sinAt` in Listing 14.6 definiert werden.

```
void sinAt(double val){
  std::cout << sin(val) << std::endl;
}
double val= 1.0;
std::thread threadLOut([=]{std::cout<< sin(val) << std::endl;});
std::thread threadBOut(std::bind(sinAt,val));
```

Listing 14.6: Vergleich `std::bind` und Lambda-Funktion beim Aufruf von `sin` mit zusätzlicher Ausgabe auf die Konsole

---

PRAXISTIPP

Entscheiden Sie sich im Zweifelsfall für eine Lambda-Funktion.

Es gilt als guter Stil, im Zweifelsfall eine Lambda-Funktion einem Funktionsobjekt vorzuziehen. Lediglich wenn der Funktionskörper komplex ist oder öfter verwendet wird, ist eine aufrufbare Einheit wie ein Funktionsobjekt oder ein Funktionszeiger die bessere Wahl.

AUFGABE

1. Schreiben Sie ein kleines Hauptprogramm um Listing 14.6.

WEBSITE

Multithreading: Aufgaben: threadBindLambda.cpp

2. Variieren Sie die Schlafdauer von `Sleeper` in Listing 14.3.

Wird in Listing 14.3 die Lebenszeit des Threads vom Haupt-Thread gelöst, ist das Ergebnis der Summation 1000. Parametrisieren Sie *Sleeper* zusätzlich über seine Schlafperiode und rufen Sie ihn aus einer Schleife mit ansteigenden Werten auf. Wie können Sie die Schlafdauer geschickt wählen, so dass alle Werte von 1000 – 1030 ausgegeben werden? Denken Sie auch über eine kurze Schlafphase des Haupt-Threads nach.

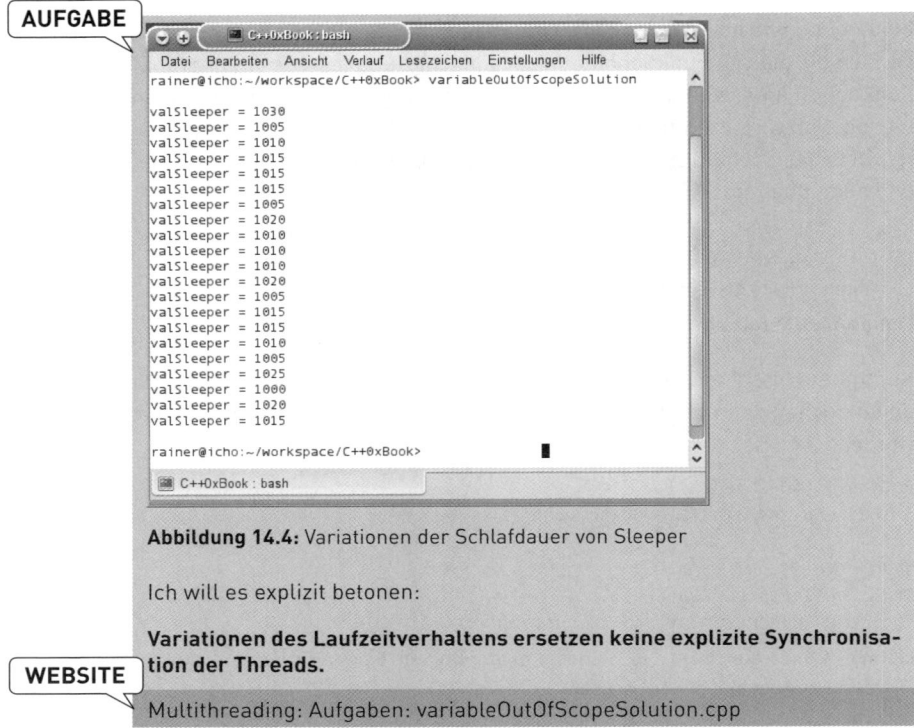

AUFGABE

Abbildung 14.4: Variationen der Schlafdauer von Sleeper

Ich will es explizit betonen:

Variationen des Laufzeitverhaltens ersetzen keine explizite Synchronisation der Threads.

WEBSITE

Multithreading: Aufgaben: variableOutOfScopeSolution.cpp

14.3 Operationen auf Threads

Viele Operationen auf Threads wurden im Laufe des Buchs schon genannt. Die Tabelle 14.1: Operationen auf Threads soll nochmals einen Überblick über die wichtigsten Operationen geben, wobei t und t2 für die Namen der Threads in der Syntaxbeschreibung stehen. Der erzeugende Thread wird kurz Erzeuger genannt. abs_time steht für die absolute und rel_time für die relative Zeitangabe.

Beispiel	Beschreibung
t.joinable()	Prüft, ob t join oder detach unterstützt.
t.join()	Sichert zu, dass der Erzeuger sein Kind t überlebt.
t.detach()	Trennt die Lebenszeit des Erzeugers von seinem Kind t.
t.swap(t2)	Tauscht den Zustand von t und t2 aus.
t.get_id()	Identifier für den Thread

Tabelle 14.1: Operationen auf Threads

Beispiel	Beschreibung
t.native_handle()	Erlaubt den Zugriff auf die Thread-Implementierung
std::thread:: hardware_concurrency()	Hinweis für die Anzahl der Threads, die gleichzeitig laufen können
std::this_thread::get_id()	Identifier für den aktuellen Thread
std::this_thread:: sleep_until(abs_time)	Blockiert den Thread t bis zum absoluten Zeitpunkt.
std::this_thread:: sleep_for(rel_time)	Blockiert den Thread t für die relative Zeitangabe.
std::this_thread::yield()	Bietet dem Betriebssystem die Möglichkeit an, einen anderen Thread auszuführen.
std:this_thread::swap(t,t2);	Tauscht den Zustand von t und t2 aus.

Tabelle 14.1: Operationen auf Threads (Fortsetzung)

Bevor in Listing 14.8: Ein paar Thread-Operationen im Einsatz die Operationen in der Anwendung zu sehen sind, noch ein paar Anmerkungen.

Auf die Lebenszeit eines Threads kann nur ein einziges Mal mittels join oder detach Einfluss genommen werden. Ob dies für den Thread t möglich ist, beantwortet die Methode t.joinable(). Während join sicherstellt, dass der Erzeuger sein Kind t überlebt, trennt detach die Lebenszeit des Erzeugers von seinem Kind, so dass das Kind seinen Erzeuger überleben kann. Der Vater eines *detached* Thread ist die C++-Laufzeit. Neben Daemons, die ihre Aufgabe unauffällig im Hintergrund ausführen, sind Aufgaben, die nach dem Prinzip *fire and forget* gestartet werden, typische Kandidaten für *detached* Threads.

Lebenszeit des Threads

PRAXISTIPP

Kümmeren Sie sich um die Lebenszeit Ihrer Threads.

Threads, auf denen nicht explizit join oder detach aufgerufen wurde, beenden sich automatisch, wenn ihr Erzeuger sich beendet. In diesem Fall wird die Funktion std:terminate aufgerufen.

Die Eigentumsübergabe oder auch *transfer of ownership* ist für Thread-Objekte möglich, da diese die Move-Semantik unterstützen. Listing zeigt den Funktionskörper einer einfachen swap-Implementierung.

transfer of ownership

```
void swap(std::thread& t,std::thread& t2){
  std::thread tmp(std::move(t));
  t= std::move(t2);
  t2=std::move(tmp);
}
```

Listing 14.7: swap für std::thread

Threads identifizieren

Während t.get_id() die Identität des Threads t zurückgibt, gibt std::this_
thread::get(i) die Identität des aktuellen Threads zurück. Die zurück-
gegebenen Identitäten sind eindeutig und lassen sich vergleichen. Damit
können sie als Schlüssel in einem assoziativen Container (std::map oder
std::unordered_map) verwendet werden.

Thread schlafen legen

Mit den Funktionen sleep_until und sleep_for besitzt der Anwender die
Möglichkeit, einen Thread für eine relative oder absolute Zeit schlafen zu
legen. Als Argument benötigen die beiden Funktionen Zeitobjekte der neu-
en chrono-Bibliothek.

Systemunterstützung

Für den nativen Umgang mit der Thread-Bibliothek bietet C++11 drei Funktionen an. Mittels yield kann der C++-Laufzeit empfohlen werden, einen
neuen Thread auszuführen. Die statische Funktion hardware_concurrency
erlaubt es, das System zu fragen, wie viele Threads tatsächlich gleichzeitig
laufen können. Das Betriebssystem kann mit der Anzahl der verfügbaren
Prozessoren oder auch mit 0 antworten, falls diese Funktionalität nicht
implementiert ist. Ähnlich verhält es sich mit der Funktion native_handle.
Abhängig von der Plattform erhält der Anwender einen Handle auf die
plattformspezifischen Threads. So kann die pthread-Funktionalität unter
Linux genützt werden, um einen Thread zu beenden. Eine Funktionalität,
die die C++11-Abstraktion über den nativen Thread nicht anbietet.

Die meisten Operationen auf den Threads sind in den letzten Beispielen
schon angewandt worden. Insbesondere in Listing 14.3: Problematik mit
Referenzen auf lokale Variablen in Threads wurde die Lebenszeit eines
Threads über join und detach verwendet und ein Thread schlafen gelegt.
Die fehlenden Operationen werden in Listing 14.8 schnell nachgeholt.

threading-
Operation.cpp

```
01 #include <iostream>
02 #include <thread>
03
04
05 int main(){
06
07   std::cout << std::endl;
08
09   std::cout << "std::thread::hardware_concurrency()= "
              << std::thread::hardware_concurrency() << std::endl;
10
11   std::cout << std::endl;
12
13   std::thread t1([]{std::cout << "hello from t1 with id= "
              << std::this_thread::get_id() << std::endl;});
14   std::thread t2([]{std::cout << "hello from t2 with id= "
              << std::this_thread::get_id() << std::endl;});
```

```
15
16   std::cout << std::endl;
17
18   std::cout << "FROM MAIN: id of t1 " << t1.get_id()
                << std::endl;
19   std::cout << "FROM MAIN: id of t2 " << t2.get_id()
                << std::endl;
20
21   std::cout << std::endl;
22   std::swap(t1,t2);
23
24   std::cout << "FROM MAIN: id of t1 " << t1.get_id()
                << std::endl;
25   std::cout << "FROM MAIN: id of t2 " << t2.get_id()

                << std::endl;
26
27   std::cout << std::endl;
28
29   std::cout << "FROM MAIN: id of main= "
                << std::this_thread::get_id() << std::endl;
30
31   t1.join();
32   t2.join();
33
34   std::cout << std::endl;
35
36 }
```

Listing 14.8: Ein paar Thread-Operationen im Einsatz

Multithreading: threadingOperation.cpp   **WEBSITE**

In der Ausgabe des Programms lässt sich schön erkennen, dass die Identität der Threads t1 und t2 sowohl aus den Threads t1 (Zeile 13) und t2 (Zeile 14) ausgegeben werden kann als auch im main-Thread (Zeile 18 und 19). Der Aufruf std::swap in Zeile 22 führt dazu, den Thread-Zustand zu tauschen. Dies ist daran zu erkennen, dass die Threads t1 und t2 dadurch ihre Identität gewechselt haben. In meiner aktuellen C++11-Thread-Implementierung ist die statische Variable std::thread::hardware_concurrency noch nicht umgesetzt, denn ich besitze definitiv mehr als 0 CPUs. Der Umgang mit der Konsole ist in dem Programm dem Zufall überlassen, denn der Zugriff auf std::cout aus den Threads t1 und t2 ist nicht synchronisiert.

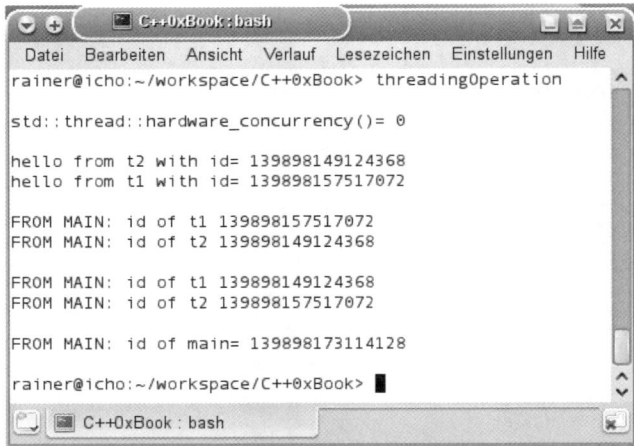

Abbildung 14.5: Ausgabe der Thread-Identität vor und nach dem Vertauschen der Thread-Zustände

---

AUFGABE

1. Bestimmen Sie `std::thread::hardware_concurrency()` auf ihrer Plattform.

Auf meiner Plattform GCC 4.6 ergibt die statische Funktion `std::thread::hardware_concurrency()` den Wert 0. Das ist nicht hilfreich, denn diese Funktion bietet die Möglichkeit, Programme auf die Anzahl der vorhandenen CPUs anzupassen.

So muss eine der Plattform angepasste Parallelität

```
unsigned const hardwareThreds=
  std::thread::hardware_concurrency();
for (unsigned i=0, i < hardwareThreads;++i){
 ...
```

einer Heuristik weichen:

```
unsigned const numThreads= 4;
for (unsigned i=0; i < numThreads; ++i){
 ...
```

Schreiben Sie ein kleines Programm, das mittels `std::thread::hardware_concurrency` die Anzahl der CPUs auf Ihrer Plattform bestimmt.

WEBSITE

Multithreading: Aufgaben: hardwareConcurrency.cpp

15 Gemeinsam von Threads genutzte Daten

15.1 Schutz der Daten

15.1.1 Mutexe

Das elementare Bausteinchen zum Schutz von gemeinsam genutzten Daten in C++11 ist der Mutex. Jeder Thread, der die gemeinsam genutzten Daten verwenden will, muss den mit ihnen assoziierten Mutex zuerst locken, bevor er die kritische Region betreten darf. Erhält der Thread den Lock nicht, wird er im Standardfall blockiert.

C++11 hat vier verschiedene Mutexe im Angebot:

Vier verschiedene Mutexe

» **std::mutex**: nicht rekursiv

» **std::recursive_mutex**: rekursiv

» **std::timed_mutex**: nicht rekursiv mit relativer oder absoluter Zeitangabe

» **std::recursive_timed_mutex**: rekursiv mit relativer oder absoluter Zeitangabe

Wird ein Mutex mehrfach von einem Thread gelockt, so ist das Verhalten bei einem nicht rekursiven Mutex undefiniert. Der rekursive Mutex hingegen erhöht einen internen Zähler, so dass der Mutex genauso oft wieder freigegeben werden muss. Die Mutexe mit Timeout-Angabe versuchen, den Lock nur für die Zeit des Timeouts zu erhalten. Dabei kann die Zeitangabe relativ oder absolut angegeben werden.

Tabelle 15.1 stellt die Funktionen der Mutexe dar.

Funktion	mutex	recursive_ mutex	timed_ mutex	recursive _ timed_mutex
lock	ja	ja	ja	ja
unlock	ja	ja	ja	ja
try_lock	ja	ja	ja	ja
try_lock_for			ja	ja
try_lock_until			ja	ja
native_handle	ja	ja	ja	ja

Tabelle 15.1: Funktionen der Mutexe

Durch lock wird das Lock angefordert, durch unlock wieder freigegeben. try_lock hingegen versucht, den Lock zu erhalten, blockiert aber nicht, falls er ihn nicht erhält. Im Erfolgsfall gibt er true zurück, sonst false. Mit try_lock_for bzw. try_lock_until lassen sich für diesen Versuch noch eine relative und eine absolute Zeitangabe spezifizieren. Zugriff auf den nativen Lock erhält man mit native_handle. Listing 15.1 zeigt den einfachen Umgang mit den dargestellten Funktionen.

mutex.cpp

```
01 #include <iostream>
02 #include <map>
03 #include <string>
04 #include <thread>
05
06 std::timed_mutex myMapMutex;
07
08 std::map<std::string,int> myMap
       { {"red",1},{"green",2},{"blue",3}};
09
10 // critical region => modifying the global variable myMap
11 void addToMap(const std::string& key,int value){
```

```
12    auto it= myMap.find(key);
13    if ( it == myMap.end()) myMap[key]= value;
14  }
15
16  void workThread1(){
17
18    std::this_thread::sleep_for(std::chrono::milliseconds(5));
19
20    // try to get the lock; potential blocking
21    myMapMutex.lock();
22    std::cout<< "Thread1 get the lock"  << std::endl;
23    addToMap("yellow",4);
24    std::this_thread::sleep_for(
         std::chrono::milliseconds(500));
25    myMapMutex.unlock();
26
27  }
28
29  void workThread2(){
30
31    // try to get the lock once
32    if ( myMapMutex.try_lock() ){
33      std::cout << "Thread2 get the lock" << std::endl;
34      addToMap("brown",5);
35      myMapMutex.unlock();
36    }
37
38  }
39
40  void workThread3(){
41
42    std::this_thread::sleep_for(
         std::chrono::milliseconds(15));
43
44    // try to get the lock for 2000 Milliseconds
45    if ( myMapMutex.try_lock_for(
            std::chrono::milliseconds(2000)) ){
46      std::cout << "Thread3 get the lock" << std::endl;
47      addToMap("purple",6);
48      myMapMutex.unlock();
49    }
50
51  }
52
53  int main(){
54
55    std::cout << std::endl;
56
57    std::thread t1([=]{workThread1();});
58    std::thread t2([=]{workThread2();});
59    std::thread t3([=]{workThread3();});
```

```
60
61    t1.join();
62    t2.join();
63    t3.join();
64
65    for ( auto mapIt: myMap) std::cout << mapIt.first
         << ": " << mapIt.second << std::endl;
66
67    std::cout << std::endl;
68
69 }
```

Listing 15.1: Naiver Umgang mit Mutexen

WEBSITE Multithreading: mutex.cpp

Die Funktion addToMap (Zeile 11 in Listing 15.1) steht für die kritische Region, die es zu schützen gilt. Der Grund ist, dass die Map myMap eine globale Variable ist, auf die in addToMap nicht atomar zugegriffen werden darf. Die Funktionen workThread1, workThread2 und workThread3 (Zeile 16, 29 und 40) stehen für die Aufgaben, die die entsprechenden Threads zu erfüllen haben. Die Aufgabe ist denkbar einfach, jeder Thread soll ein neues (Schlüssel,Wert)-Paar zu myMap hinzufügen. addToMap sorgt dafür, dass kein Wert in myMap überschrieben wird. Jede Funktion workThread verfolgt eine andere Strategie, den Lock auf addToMap zu erhalten. workThread1 wartet so lange auf den Lock (Zeile 21), bis er ihn erhält. Hat er ihn, behält er ihn für 500 Millisekunden. workThread2 versucht es nur einmal. workThread3 hingegen versucht es für 2 Sekunden. Erst wenn workThread2 bzw. workThread3 den Lock erhalten haben, geben sie ihn wieder frei (Zeile 35 und 48).

Abbildung 15.1 oder auch ein bisschen Arithmetik zeigt, jeder Thread kommt zum Zuge.

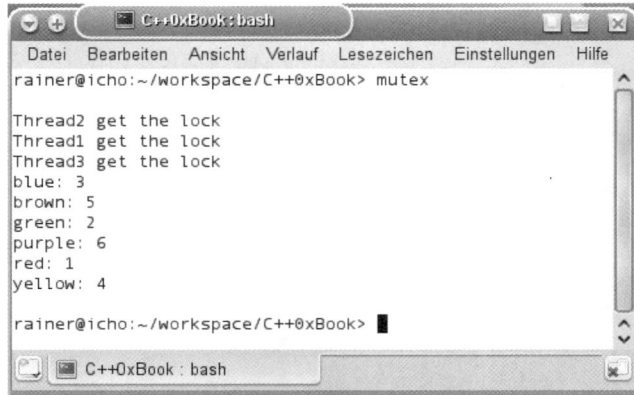

Abbildung 15.1: Konkurrierende Threads um eine Map

Das Listing 15.1 besitzt noch Verbesserungspotenzial. `std::cout` ist eine globale Variable. Der Zugriff auf diesen Ausgabekanal wird aber nur zufällig durch die vielen `sleep`-Aufrufe synchronisiert. Neben dem optischen Problem ist der ungeschützte Zugriff auf `addToMap` sehr kritisch zu sehen. Wirft `addToMap` beim ersten Aufruf eine Ausnahme, so wird der Lock nicht mehr freigegeben und jeder Versuch, ihn zu erhalten, scheitert. Dies ist für den `try_lock_for`-Aufruf (Zeile 45) nicht so kritisch. Er kann lediglich seine Aufgabe nicht erfüllen. Nun beginnt erst die große Warterei. Der `lock`-Aufruf (Zeile 21) wartet vergeblich, bis er den Lock erhält. Genauso wartet der main-Thread darauf, dass der Thread seine Arbeit vollendet hat, da seine Lebenszeit an die Lebenszeit seiner Threads gebunden ist (Zeile 61 – 63). Zuletzt wartet der Anwender auf die Ausgabe des Programms.

Aus diesem Grund sollte die Verwendung der kritischen Region durch eine Ausnahmebehandlung geschützt werden. Im Falle des `lock`-Aufrufs ergibt sich die Struktur in Listing 15.2.

```
myMapMutex.lock();
try{
  addToMap("purple",6);
  myMapMutex.unlock();
}
catch(...){
  myMapMutex.unlock();
  throw;
}
```

Listing 15.2: Ausnahmebehandlung für die kritische Region beim lock-Aufruf

Im Falle von `try_lock`, `try_lock_for` oder `try_lock_until` ergibt sich die folgende Struktur in Listing 15.3.

```
if (myMapMutex.try_lock() ){
  try{
    addToMap("purple",6);
    myMapMutex.unlock();
  }
  catch(...){
    myMapMutex.unlock();
    throw;
  }
}
```

Listing 15.3: Ausnahmebehandlung für die kritische Region beim bedingten Locken

PRAXISTIPP

Geben Sie Locks wieder frei.

Beim Locken einer Ressource muss unbedingt sichergestellt werden, dass der Lock wieder freigegeben wird. Daher sollte eine kritische Region nur im Zusammenhang mit einer Ausnahmebehandlung verwendet werden.

AUFGABE

1. Versuchen Sie, einen Mutex zweimal zu locken.

Aus dem Text N3242 von Pete Becker (Becker, Working Draft, Standard for Programming Language C++ (N3242), 2011) zum Entwurf des neuen C++11-Standards: Wird ein Mutex zweimal gelockt, kann dies in einem Deadlock (siehe Locks) resultieren:

[Note: A program may deadlock if the thread that owns a mutex object calls lock() on that object. If the implementation can detect the deadlock, a resource_deadlock_would_occur error condition may be observed. —end note]

Testen Sie, wie intelligent Ihre C++11-Laufzeit ist.

WEBSITE

Multithreading: Aufgaben: forceDeadlock.cpp

2. Rufen Sie eine rekursive Funktion auf, die synchronisiert werden muss.

Ein typischer Anwendungsfall für rekursive Mutexe sind rekursive Funktionen, deren Zugriff synchronisiert werden muss.

Die rekursive Funktion recur soll die einfache Struktur besitzen:

```
void recur() {
  std::mutex m;
  m.lock();
  recur();
  m.unlock();
}
```

Listing 15.4: Falsche Verwendung eines einfachen Mutex in einer rekursiven Funktion

Listing 15.5 besitzt undefiniertes Verhalten, denn ein einfacher Mutex wird mehrfach gelockt.

Skizzieren Sie zwei Lösungen des Problems:

» mit nicht rekursiven Mutexen

» mit rekursiven Mutexen

15.1.2 Locks

lock_guard   In Tour de C++11 wurde der std::lock_guard schon vorgestellt. Mit dem std::lock_guard lässt sich der aufwändige Code aus Listing 15.2 einfacher ausdrücken.

```
std::mutex myMapMutex;
{
  std::lock_guard<std::mutex> myMapLock(myMapMutex);
  addToMap("purple",6);
}
```

Listing 15.5: Locken mit std::lock_guard

Viel mehr gibt es zu ihm nicht zu erzählen. Selbst das bedingte Locken in Listing 15.3 ist mit ihm nicht möglich, denn der `lock_guard` besitzt keine Funktion dafür. Der `lock_guard` lockt den Mutex beim Konstruktor- und gibt ihn im Destruktoraufruf wieder frei. Dies ist in dem kleinen Codeschnipsel genau dann der Fall, wenn der Lock `myMapLock` beim abschließenden »}« seinen Gültigkeitsbereich verlässt.

> **PRAXISTIPP**
>
> **Verwenden Sie einen Mutex nicht direkt.**
>
> Verwenden Sie einen Mutex nicht direkt, sondern verpacken Sie ihn in einem Lock. Für den Standardfall bietet C++11 den `std::lock_guard` an, für die anspruchsvolleren Anwendungsfälle den `std::unique_lock`.
>
> Damit wird der den Lock betreffende Code automatisch Exception-Safe, denn im Fall einer Ausnahme wird der Lock und somit sein Mutex automatisch freigegeben.

Der große Bruder von `std::lock_guard` `std::unique_lock` besitzt ein mächtiges Interface, mit dem sich viele Anwendungsfälle umsetzen lassen:

`unique_lock`

» Das Erzeugen einer `std::unique_lock`-Instanz ohne einen assoziierten Mutex

» Das Erzeugen einer `std::unique_lock`-Instanz mit einem Mutex, der nicht automatisch gelockt wird

» Das explizite Setzen oder Freigeben des Lock

» Das wiederholte Freigeben oder Setzen des Lock, damit der Lock möglichst kurz gehalten wird

» Der Transfer des Lock zu einer anderen Instanz von `std::unique_lock`

» Testen, ob die `std::unique_lock`-Instanz den Mutex besitzt

» Das zeitlich verzögerte Locken

» Das versuchsweise Locken

» Das versuchsweise Locken mit Angabe einer absoluten oder relativen Zeitspanne

» Austausch des Lock zwischen `std::unique_lock`-Instanzen

Tabelle 15.2 fasst die wichtigsten Funktionen der `std::unique_lock` lk und lk1 zusammen.

Funktion	Beschreibung
lk.lock()	Lockt den assoziierten Mutex.
lk.try_lock()	Versuchsweise Locken
lk.try_lock_until(<abs_time>)	Versuchsweise Locken unter Angabe einer absoluten Zeitspanne
lk.try_lock_for(<rel_time>)	Versuchsweise Locken unter Angabe einer absoluten Zeitspanne
lk.unlock	Freigabe eines Lock
lk.swap(lk1) std::swap(lk,lk1)	Tauschen von Locks
lk.release()	Rückgabe des Lock Der Lock lk besitzt danach keinen Mutex mehr.
lk.owns_locks()	Rückgabe des Wahrheitswerts, ob der Lock einen Mutex besitzt
lk.mutex()	Rückgabe des Lock

Tabelle 15.2: Funktionen von `std::unique_lock`

Es ist nicht untypisch, dass beim Verarbeiten einer kritischen Region zwei Locks benötigt werden. Dies kann leicht zu einem Deadlock führen (Listing 15.6).

DEFINITION — **Deadlock**

Ein Deadlock beschreibt eine Situation, in der zwei oder mehrere Threads blockiert sind. Dies tritt auf, wenn die Threads wechselseitig auf die Freigabe einer Ressource durch die anderen Threads warten, bevor sie weiterarbeiten können.

deadlock.cpp

```
01 #include <iostream>
02 #include <chrono>
03 #include <thread>
04
05 struct CriticalData{
06   std::mutex mut;
07 };
08
09 void deadLock(CriticalData& a, CriticalData& b){
10
11   std::lock_guard<std::mutex>guard1(a.mut);
12   std::cout << "get the first mutex" << std::endl;
```

```
13    std::this_thread::sleep_for(std::chrono::milliseconds(1));
14    std::lock_guard<std::mutex>guard2(b.mut);
15    std::cout << "get the second mutex" << std::endl;
16    // do something with a and b
17 }
18
19 int main(){
20
21    CriticalData c1;
22    CriticalData c2;
23
24    std::thread t1([&]{deadLock(c1,c2);});
25    std::thread t2([&]{deadLock(c2,c1);});
26
27    t1.join();
28    t2.join();
29
30 }
```

Listing 15.6: Deadlock durch falsche Lock-Reihenfolge

Multithreading: deadlock.cpp   **WEBSITE**

Die Funktion deadLock in Listing 15.6 birgt ein konzeptionelles Problem. In ihr werden die Locks nicht gleichzeitig gelockt. Durch den Aufruf von deadLock mit den zwei Locks, wobei deren Reihenfolge variiert, nimmt das Unheil seinen Lauf. Der kurze Schlaf von 1 Millisekunde (Zeile 13) stellt nur sicher, dass jeder Thread zwar den ersten, aber nicht mehr den zweiten Lock erhält. Somit wartet Thread t1 auf Lock c2 und Thread t2 auf Lock c1. Das Programm kann nur noch durch Strg c beendet werden.

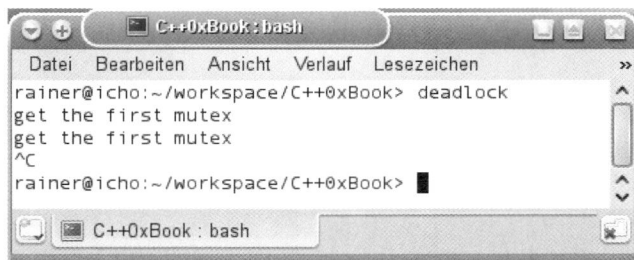

Abbildung 15.2: Das Programm deadlock lässt sich nur durch Strg c beenden.

Die Deadlock-Situation lässt sich einfach verhindern. Dazu müssen die Locks atomar gelockt werden.

```
01 #include <iostream>                                     deadlockResolved.cpp
02 #include <chrono>
03 #include <thread>
04
```

```
05 struct CriticalData{
06    std::mutex mut;
07 };
08
09 void deadLock(CriticalData& a, CriticalData& b){
10
11    std::unique_lock<std::mutex>guard1(a.mut,std::defer_lock);
12    std::cout << "Thread: " << std::this_thread::get_id()
                << " defer the locking of the first mutex"
                << std::endl;
13
14    std::this_thread::sleep_for(std::chrono::milliseconds(1));
15
16    std::unique_lock<std::mutex>guard2(b.mut,std::defer_lock);
17    std::cout << "Thread: " << std::this_thread::get_id()
                << " defer the locking of the second mutex"
                << std::endl;
18
19    std::cout << "Thread: " << std::this_thread::get_id()
                << " locking them both atomically"
                << std::endl;
20    std::lock(guard1,guard2);
21    // do something with a and b
22 }
23
24 int main(){
25
26    std::cout << std::endl;
27
28    CriticalData c1;
29    CriticalData c2;
30
31    std::thread t1([&]{deadLock(c1,c2);});
32    std::thread t2([&]{deadLock(c2,c1);});
33
34    t1.join();
35    t2.join();
36
37    std::cout << std::endl;
38
39 }
```

Listing 15.7: Deadlocks verhindert durch atomares Locken der Locks

> **WEBSITE**
> Multithreading: deadlockResolved.cpp

Eine kleine Modifikation an der Funktion deadlock in Zeile 9 und das Programm führt zu der erwarteten Ausgabe in Listing 15.7. std::lock(guard1,guard2) in Zeile 20 ist der entscheidende Ausdruck. In ihm werden die Locks atomar gebunden. Neben dem Funktions-Template std::lock kennt C++11 noch das weitere Funktions-Template `std::try_lock`. Der aufmerksame Leser ahnt es schon. Beide Funktions-Templates sind Variadic Templates und können mehrere Locks gleichzeitig binden. `std::lock` setzt Locks voraus, die ihren Mutex verzögert locken können. Genau dies wird durch den Aufruf in Zeile `std::defer_lock` auf einem `std::unique_lock` erreicht.

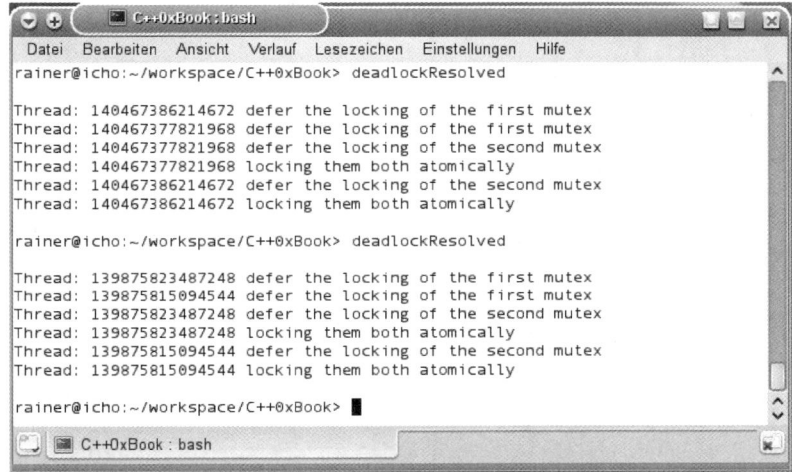

Abbildung 15.3: Deadlocks gelöst durch atomares Locken mehrerer Locks

Ein paar weitere Anwendungsfälle, die sich mit `std::unique_lock` umsetzen lassen:

Anwendungsfälle für unique_lock

» Versuchen Sie, einen Lock für eine vorgegebene Zeitspanne zu erhalten, und führen Sie gegebenenfalls eine Aktion aus.

```
std::timed_mutex timedMutex;
MyClass myData;


void foo(){

  // wait up to 5 ms
  std::unique_lock<std::timed_mutex>
    lck(timedMutex,std::chrono::milliseconds(5));

  // process myData, if possible
  if(lck) process(myData);
}
```

Listing 15.8: Versuchen Sie, einen Lock für eine vorgegebene Zeitspanne zu erhalten.

» Geben Sie den Lock zeitweise frei, wenn er nicht benötigt wird.

```
std::mutex myMutex;
CriticalData criticalData;

std::unique_lock<std::mutex> myLock(myMutex);
modify(criticalData);
myLock.unlock();
// a longer job, not concerning criticalData
myLock.lock(),
modify(criticalData);
```

Listing 15.9: Geben Sie einen Lock zeitweise frei.

» Durch Übertragung des Eigentums *transfer of ownership* kann ein Lock seinen Besitzer wechseln, so dass nur der Besitzer des Lock die kritische Ressource modifizieren kann. Trotz Besitzerwechsel muss der Lock nicht freigegeben werden.

```
01 class CritData{
02
03   private:
04     std::unique_lock<std::mutex>&& myLock;
05
06   public:
07     CritData(std::unique_lock<std::mutex>&&
                myLo_):myLock(std::move(myLo_)){}
08
09     CritData(CritData&& other)
         :myLock(std::move(other.myLock)){}
10
11     CritData& operator=(CritData&& other){
12         if(&other != this){
13             myLock=std::move(other.myLock);
14         }
15         return *this;
16     }
17     void doCriticalWork(){
18       std::cout << "a lot to do" << std::endl;
19     }
20 };
21
22 void exclusiveExecution(){
23
24   static std::mutex myMutex;
25   std::unique_lock<std::mutex> myLock(myMutex);
26
27   // owner of myLock
28   CritData criticalData(std::move(myLock));
29   criticalData.doCriticalWork();
30
31   // new owner of myLock
32   CritData
```

```
       criticalData2(std::move(criticalData));
33     criticalData.doCriticalWork();
34
35  }
```

Listing 15.10: Besitzerwechsel eines Lock

Ein paar Worte noch zu CritData. CritData unterstützt nur die Move-Semantik, denn dem Datentyp ist ein std::unqique_lock zugeordnet (Zeile 4).
Jede Instanz der Klasse CritData in exclusiveExecution benötigt den Lock
und damit den Mutex myMutex. Besitzt die Instanz den Lock, so kann sie
die Funktion doCriticalWork (Zeile 29 und 33) anwenden. Die statische
Variable myMutex in Zeile 24 stellt sicher, dass nur ein Thread die Funktion
exclusiveExecution ausführen kann.

> **AUFGABE**
>
> 1. Korrumpieren Sie CritData.
>
> Durch den statischen Mutex myMutex und das Binden des Lock im Konst-
> ruktoraufruf von CritData (Listing 15.10: Besitzerwechsel eines Lock) ist
> sichergestellt, dass nur ein Objekt vom Typ CritData den Lock hält. Darü-
> ber hinaus bleibt der Lock während der Ausführung von exclusiveExecuti-
> on gebunden. Dabei stört das kleine Nickerchen in der leicht modifizierten
> exclusiveExecution-Funktion nicht.
>
> ```
> void exclusiveExecution(){
>
>   static std::mutex myMutex;
>   std::unique_lock<std::mutex> myLock(myMutex);
>
>   std::cout << std::this_thread::get_id() << std::endl;
>
>   // owner of myLock
>   CritData criticalData(std::move(myLock));
>   criticalData.doCriticalWork();
>
>   std::this_thread::sleep_for(std::chrono::milliseconds(100));
>
>   // new owner of myLock
>   CritData criticalData2(std::move(criticalData));
>   criticalData.doCriticalWork();
>
>   std::cout << std::this_thread::get_id() << std::endl;
>
> }
> ```
>
> Rufen Sie die Funktion aus mindestens zwei Threads auf. Was passiert,
> wenn der Mutex myMutex zur automatischen Variable wird? Exemplarisch ist
> in Abbildung 15.4: Korrekte Ausführung von exclusiveExecution die Ausfüh-
> rung des Programms mit der statischen Variable myMutex und zwei Threads
> dargestellt.

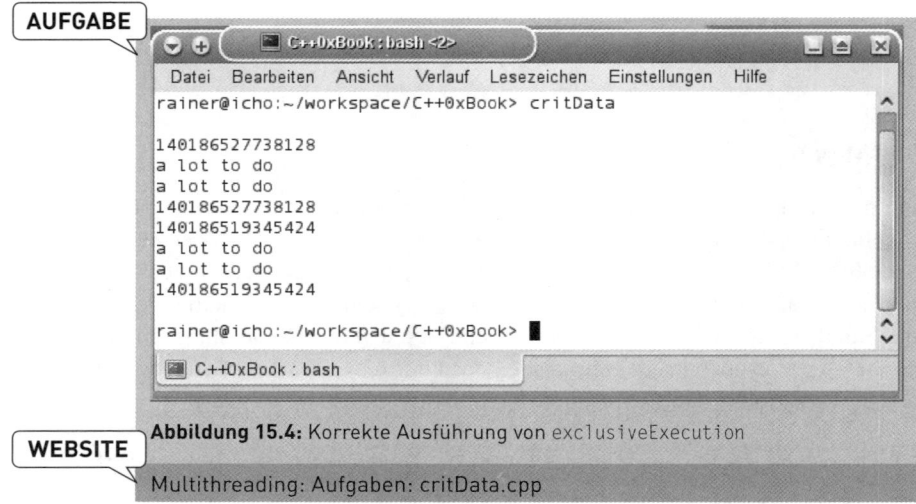

Abbildung 15.4: Korrekte Ausführung von exclusiveExecution

Multithreading: Aufgaben: critData.cpp

15.2 Sichere Initialisierung der Daten

Lesender Zugriff   Während Mutexe und die darauf abstrahierenden Locks darauf abzielen, von Threads gemeinsam genutzte Daten während ihres ganzen Lebenszyklus zu schützen, ist es oft ausreichend, ein Datum nur geschützt zu initialisieren. Dieser Anwendungsfall ist für ein Datum typisch, auf das nach seiner Initialisierung nur lesend zugegriffen wird. Nicht nur, dass der Umgang mit diesem Datum ohne Locks deutlich einfacher ist, auch der unnötige und teure Schutz wird vermieden.

Mit konstanten Ausdrücken, statischen Variablen mit Blockgültigkeit und den neuen Funktionen std::call_once und std::once_flag bietet C++11 drei verschiedene Formen der geschützten Initialisierung an.

15.2.1 Konstante Ausdrücke

C++11 unterstützt konstante Ausdrücke in drei Variationen: Variablen, Funktionen und auch benutzerdefinierte Datentypen. Durch die Deklaration constexpr drückt der Anwender aus, dass dieser Ausdruck zur Übersetzungszeit ausgewertet werden soll. Im Buchabschnitt Kernsprache wird die Klasse MyDouble definiert.

```
class MyDouble{
  private:
    double myVal1;
    double myVal2;
  public:
    constexpr MyDouble(double v1,
```

```
                    double v2):myVal1(v1),myVal2(v2){}
    constexpr double getSum(){ return myVal1+myVal2;}
};
```

Listing 15.11: Die Klasse MyDouble

Objekte der Klasse `MyDouble` können zur Übersetzungszeit instanziiert und damit initialisiert werden.

Dass das geschützte Initialisieren von Variablen eine nicht zu unterschätzende Komplexität haben kann, zeigt das bekannte Double-Checked Locking Pattern.

<hr>

EXKURS

Das Double-Checked Locking Pattern

Das Double-Checked Locking Pattern wird gerne als sichere Variante des Singleton Pattern in Multithreading-Umgebungen dargestellt.

Das Singleton Pattern, beschrieben in »Design Patterns. Elements of Reusable Object-Oriented Software« von Erich Gamma, Richard Helm, Johnson Ralph und John Vlissides (Gamma, Helm, Ralph, & Vlissides, 1994) soll sicherstellen, dass nur ein Objekt einer Klasse erzeugt wird. Mit C++11-Features lässt sich das Entwurfsmuster einfach implementieren und anwenden.

Das klassische Singleton Pattern

```
01 class MySingleton{
02
03   private:
04
05     static MySingleton* instance;
06     MySingleton()= default;
07     ~MySingleton()= default;
08
09   public:
10
11     MySingleton(const MySingleton&)= delete;
12     MySingleton& operator=(const MySingleton&)= delete;
13     static MySingleton& getInstance();
14
15 };
16
17 MySingleton* MySingleton::instance = 0;
18
19 MySingleton& MySingleton::getInstance(){
20   if ( !instance )
21     instance = new MySingleton();
22   return *instance;
23 }
```

Listing 15.12: Single-Threaded Singleton-Implementierung

Die Klasse `MySingleton` zeichnet sich dadurch aus, dass sowohl der Standardkonstruktor (Zeile 6) als auch der Destruktor (Zeile 7) privat sind. Das C++11-Schlüsselwort `default` stellt sicher, dass der Compiler die Funktionskörper beider Funktionen vorhält. Damit lassen sich Instanzen der Klasse `MySingleton` nur durch einen Aufruf `MySingleton::getInstance()` erzeugen. Selbst die Erzeugung des Kopier-Konstruktors und des Copy-Zuweisungsoperators wird durch das Schlüsselwort `delete` unterdrückt.

Der Grund, dass `MySingleton` in einer Multithreading-Umgebung nicht sicher ist, liegt in der statischen Methode `getInstance` (Zeile 19). Die Prüfung, ob `instance` initialisiert ist (Zeile 20), und das Initialisieren von `instance` in der folgenden Zeile sind nicht atomar. Damit ist es möglich, dass mehrere Threads den Test (`!instance`) bestehen und jeder für sich `instance` neu initialisiert (`instance = new MySingleton()`). Wie kann das passieren? Wenn ein Thread den Test in Zeile 20 besteht und `instance` in Zeile 21 initialisieren wird, kann es passieren, dass die C++-Laufzeit entscheidet, dass ein anderer Thread zum Zuge kommen soll. Damit ist natürlich `MySingleton` kein Singleton mehr.

1. Variation von getInstance

Die Lösung des Problems ist ziemlich naheliegend: Schütze die kritische Region durch einen Lock.

```
MySingleton& MySingleton::getInstance(){

  std::mutex myMutex;
  std::lock_guard<std::mutex> myLock(myMutex);
  if ( !instance ) {
    instance= new MySingleton();
  }
  return *instance;
}
```
Listing 15.13: Thread-sichere Initialisierung eines Singleton

Diese Implementierung besitzt aber einen entscheidenden Nachteil. Für jeden Zugriff auf das Singleton muss der Lock gesetzt und wieder freigegeben werden, obwohl dies nur bei der Initialisierung notwendig ist.

Hier setzt das Double-Checked Locking Pattern an. Dem teuren Lock wird ein billiger Test vorangestellt. In ihm wird getestet, ob `instance` initialisiert ist. Wenn ja, ist das teure Locking nicht notwendig, wenn nein, muss das Objekt `instance` einmalig initialisiert werden. Ein Test um den Funktionskörper aus Listing 15.13 und schon ist die neue `getInstance`-Methode vermeintlich thread-sicher und billig.

2. Variation von getInstance

```
MySingleton& MySingleton::getInstance(){

 if ( !instance ){                        // first check
   std::mutex myMutex;
   std::lock_guard<std::mutex> myLock(myMutex);
   if ( !instance ){                      // second check
     instance= new MySingleton();
   }
 }

 return *instance;
}
```
Listing 15.14: Das Double-Checked Locking Pattern

Aus der Struktur der getInstance-Methode in Listing 15.14 ist leicht ersichtlich, woher das Pattern seinen Namen hat. Es wird zweimal gecheckt
und einmal gelockt.

Für die meisten Entwickler ist hier die Geschichte zu Ende, denn das Double-Checked Locking Pattern gilt als thread-sicher. Dies ist es aber nicht.
Die Initialisierung von instance durch den Ausdruck instance= newMySin-
gleton(); ist nicht unzertrennlich. Genaugenommen besteht sie aus drei
Schritten:

1. Stelle Speicher für das MySingleton-Objekt bereit.

2. Erzeuge MySingleton in den gerade bereitgestellten Speicher.

3. Lasse instance auf das neue Objekt zeigen.

Diese logische Folge der Initialisierungsschritte lässt sich in C++ direkt
umsetzen. Damit wird das Problem bei der Initialisierung von MySingleton
offensichtlich.

```
MySingleton& MySingleton::getInstance(){                        3. Variation von
                                                                getInstance
  if ( !instance ){                             // first check
    std::mutex myMutex;
    std::lock_guard<std::mutex> myLock(myMutex);
    if ( !instance ){                           // second check
      instance=                                 // Schritt 3
        static_cast<MySingleton*>
          (operator new(sizeof(MySingleton)));  // Schritt 1
      new (instance) MySingleton;               // Schritt 2
    }
  }

  return *instance;
}
```

Listing 15.15: Double-Checked Locking Pattern mit dem placement
new-Operator

Der erste Thread betritt die kritische Region, da instance noch nicht initialisiert ist. Er erhält den Lock, testet sicherheitshalber noch mal, ob instance
initialisiert, und beginnt im Schritt 1, den Speicher zu reservieren und ihn
dem Zeiger instance in Schritt 3 zuzuweisen. Bevor er aber seine Arbeit
zu Ende bringt, wird er unterbrochen. Die entscheidende Beobachtung ist,
dass instance in Schritt 2 noch nicht konstruiert wurde. Ein zweiter Thread,
der MySingleton::getInstance() aufruft und den ersten Check ausführt,
stellt aber fest, dass (!instance) nicht zutrifft. Aus der Sicht des zweiten
Threads ist instance ein vollständig initialisiertes Objekt vom Typ MySingleton.

Scott Meyers und Andrei Alexandrescu stellen in ihrem Artikel »C++ and
the Perils of Double-Checked Locking« [Meyers & Andrei, 2004] deutlich
ausführlicher die Gefahren des berühmten Pattern in Multithreading-Umgebungen dar.

Die lange Geschichte rund um das Double-Checked Locking Pattern lässt sich in C++ auf einen einfachen Nenner bringen.

> **PRAXISTIPP**
>
> **Verwenden Sie nicht das Double-Checked Locking Pattern.**
>
> Das Double-Checked Locking Pattern stellt nicht die geschützte Initialisierung einer Ressource in einer Multithreading-Umgebung sicher.

In C++11 ist durch das Paar `std::call_once` und `std::once_flag` das Double-Checked Locking Pattern nicht notwendig.

15.2.2 call_once und once_flag

call_once in Kombination mit once_flag

Das neue Funktions-Template `std::call_once` löst das Problem in C++, dass eine Funktion genau einmal aufgerufen wird. Dazu benötigt `std::call_once` das `std::once_flag`, eine aufrufbare Einheit und die Argumente der aufrufbaren Einheit. Da `std::call_once` ein Variadic Template ist, kann es beliebig viele Argumente annehmen, um die aufrufbare Einheit zu parametrisieren.

Mit `std::call_once` und `std::once_flag` lässt sich die Single-Threaded Singleton-Implementierung in Listing 15.12 fast direkt in eine sichere Multithreaded-Implementierung übersetzen.

Thread-sichere Singleton-Implementierung

```
01 class MySingleton{
02
03   private:
04
05     MySingleton* instance;
06     std::once_flag initInstanceFlag;
07     void initInstance(){
08       instance= new MySingleton();
09     }
10
11     MySingleton()= default;
12     ~MySingleton()= default;
13
14   public:
15
16     MySingleton(const MySingleton&)= delete;
17     MySingleton& operator=(const MySingleton&)= delete;
18     MySingleton& getInstance();
19
20     friend MySingleton& getMySingleton();
21
22 };
23
24
25 MySingleton& MySingleton::getInstance(){
26
27   std::call_once(initInstanceFlag,
```

```
                    &MySingleton::initInstance,this);
28    return *instance;
29
30 }
31
32 MySingleton& getMySingleton(){
33    return MySingleton().getInstance();
34 }
```

Listing 15.16: Ein sicheres Singleton in Multithreaded-Umgebungen mit den Funktions-Templates `std::call_once` und dem Flag `std::once_flag`

Der große Unterschied des Multithreaded Singleton in Listing 15.16 zu seinem Single-Threaded-Pendant in Listing 15.12 ist, dass die thread-sichere Implementierung gänzlich ohne statische Methoden oder Variablen auskommt. Daher ist es notwendig, die Funktion `getMySingleton` als `friend` (Zeile 20) und als globale Funktion zu definieren, um eine `MySingleton`-Instanz zu erzeugen. Über den Aufruf der Funktion `getMySingleton()` steht der Singleton zur Verfügung.

15.2.3 Statische Variablen in einem Blockbereich

Deutlich einfacher lässt sich der Singleton durch eine statische Variable in einem Blockbereich umsetzen. Die C++11-Laufzeit (aber nicht die C++-Laufzeit) stellt sicher, dass die statische Variable thread-sicher initialisiert wird.

```
01 class MySingleton{
02
03   private:
04
05     MySingleton()= default;
06     ~MySingleton()= default;
07
08   public:
09
10     MySingleton(const MySingleton&)= delete;
11     MySingleton& operator=(const MySingleton&)= delete;
12
13     static MySingleton& getInstance(){
14       static MySingleton instance;
15       return instance;
16     }
17 };
```

Thread-sichere
Singleton-
Implementierung

Listing 15.17: Multithreaded Singleton mit lokaler, statischer Variable

Wem diese Implementierung des Singleton Pattern mit einer lokalen, statischen Variablen vertraut vorkommt, dem sei versichert – dies ist die bekannte Alternativimplementierung des Singleton Pattern im Single-

Threaded-Anwendungsfall aus C++, auch bekannt unter dem Namen Meyers Singleton Pattern (San Kent, 2003). Das Schöne ist, dass eine Implementierung für den Single- und den Multithreaded-Anwendungsfall geeignet ist.

> **PRAXISTIPP**
>
> **Ziehen Sie das Meyers Singelton Pattern im Zweifelsfall vor.**
>
> Das Meyers Singleton Pattern ist am einfachsten anzuwenden, für die Single- und Multithreaded-Umgebung geeignet und in der C++-Community schon lange als C++-Idiom im Einsatz. Viele Argumente, die für es sprechen.

> **AUFGABE**
>
> 1. Vergleichen Sie die drei Techniken zur thread-sicheren Initialisierung von Daten.
>
> Wägen Sie die Vor- und Nachteile der drei vorgestellten Techniken zur thread-sicheren Initialisierung der kritischen Daten ab. Fragen, die Sie sich stellen sollten:
>
> » Was passiert, wenn das Programm irrtümlich mit einer C++-Laufzeit übersetzt wird?
>
> » Welche Technik ist am einfachsten zu verstehen?
>
> » Ist immer gewährleistet, dass das Objekt zur Übersetzungszeit initialisiert wird?
>
> » Ist es möglich, das kritische Datum zu initialisieren, wenn noch kein Thread aktiv ist?
>
> 2. Beachten Sie die thread-sichere Initialisierung von konstanten Ausdrücken.
>
> Benutzerdefinierte konstante Ausdrücke wie die Klasse MyDouble in Listing 15.11: Die Klasse MyDouble können zur Übersetzungszeit initialisiert werden. Dazu muss das Objekt aber als constexpr deklariert werden. Geschieht dies nicht, wird das Objekt zur Laufzeit initialisiert.
>
> Was bedeutet dies für den Schutz der Initialisierung in Multithreaded-Umgebungen?

16

Thread-lokale Daten

Durch das Schlüsselwort `thread_local` wird eine thread-lokale Variable, auch unter dem Namen thread-lokaler Speicher bekannt, definiert. Jeder Thread besitzt eine Kopie der Variablen, die an die Lebenszeit des Threads gebunden ist. Genau genommen ist es eine statische Variable, da sie dann initialisiert wird, wenn sie das erste Mal verwendet wird. Ihr Wert bleibt für die Lebenszeit des Threads erhalten.

```
01 #include <iostream>
02 #include <string>
03 #include <thread>
04
05 std::mutex coutMutex;
06
07 void addThreadLocal(std::string const& s2){
08
09   thread_local std::string s("hello from ");
```

threadLocal.cpp

```
10   s+=s2;
11   // protect std::cout
12   std::lock_guard<std::mutex> guard(coutMutex);
13   std::cout << s << std::endl;
14
15 }
16
17 int main(){
18
19   std::cout << std::endl;
20
21   std::thread t1(addThreadLocal,"t1");
22   std::thread t2(addThreadLocal,"t2");
23   std::thread t3(addThreadLocal,"t3");
24   std::thread t4(addThreadLocal,"t4");
25
26   t1.join();
27   t2.join();
28   t3.join();
29   t4.join();
30
31   std::cout << std::endl;
32
33 }
```

Listing 16.1: Thread-lokale Daten

WEBSITE   Multithreading: threadLocal.cpp

In Listing 16.1 werden vier Threads erzeugt, die die Funktion addThreadLocal (Zeile 7) ausführen. Jeder Thread erhält eine Kopie der Variablen s (Zeile 9). Der Zugriff der neuen Threads auf std::cout wird durch std::lock_guard geschützt. Die Ausgabe des Programms ist:

```
hello from t1
hello from t2
hello from t3
hello from t4
```

Listing 16.2: Ausgabe der thread-lokalen Daten

Natürlich kann die Reihenfolge der Ausgabezeilen variieren.

Dynamische und statische Initialisierung

Thread-lokale Variablen können nicht nur zur Übersetzungszeit, sondern in C++11 auch zur Laufzeit initialisiert werden. So wird die thread-lokale Variable s in Listing 16.1 durch den Ausdruck thread_local std::string s("hello from ") dynamisch (zur Laufzeit) initialisiert. Hingegen bewirkt thread_local int number=5, dass die Variable number statisch (zur Übersetzungszeit) initialisiert wird.

PRAXISTIPP

Denken Sie über den Einsatz von thread-lokalen Daten beim Portieren eines Single- auf ein Multithreaded-Programm nach.

Thread-lokaler Speicher bietet einen einfachen Migrationsweg für die Portierung eines Single-Threaded- auf ein Multithreaded-Programm an. Gemeinsam genutzte Variablen können im ersten Schritt als `thread_local` erklärt werden.

AUFGABE

1. Welche der thread-lokalen Daten werden statisch bzw. dynamisch initialisiert?

```
constexpr int square(int x) { return x*x;}
int square2(int x){ return x*x;}

thread_local std::string s("hello from");
thread_local int number=5;
thread_local int2= square(3);
thread_local int3= square2(3);
thread_local static int buf[10];
```

Wie können Sie Ihre Ergebnisse verifizieren? Dies setzt natürlich die optimistische Annahme voraus, dass die aktuellen Compiler die C++11-thread-lokalen Daten vollständig unterstützen.

17
Synchronisation der Threads

Bedingungsvariablen geben dem C++11-Entwickler das Werkzeug an die Hand, Aktionen von Threads zu synchronisieren. Im Standardfall agiert ein Thread als Sender, ein anderer Thread als Empfänger des Signals. Der Empfänger wartet blockierend auf das Signal, um mit seiner Aktion voranschreiten zu können. Die Beziehung zwischen Sender und Empfänger muss aber nicht 1:1 sein. Es ist durchaus möglich, dass mehrere Threads Sender bzw. Empfänger des Signals sind. Damit die Synchronisation der Threads auch koordiniert ausgeführt wird, setzt die Bedingungsvariable einen Lock voraus.

Das Programm conditionVariableStructure.cpp in Listing 17.1 soll die Aktionen aufzeigen, die für die Synchronisation des Senders und Empfängers mit Hilfe der Bedingungsvariable ausgeführt werden.

Aktionen zwischen Sender und Empfänger

```cpp
01 #include <thread>
02
03 std::mutex mutex_;
04 std::condition_variable condVar;
05
06 bool dataReady;
07
08
09 void waitingForWork(){
10
11   std::unique_lock<std::mutex> lck(mutex_);
12   condVar.wait(lck,[]{return dataReady;});
13   // do the work
14
15 }
16
17 void setDataReady(){
18
19   std::lock_guard<std::mutex> lck(mutex_);
20   dataReady=true;
21   condVar.notify_one();
22
23 }
24
25 int main(){
26
27   std::thread t1(waitingForWork);
28   std::thread t2(setDataReady);
29
30   t1.join();
31   t2.join();
32 }
```

Listing 17.1: Struktur einer Anwendung, die Bedingungsvariablen verwendet

> **WEBSITE**
> Multithreading: conditionVariableStructure.cpp

Die Bedingungsvariable condVar (Zeile 4) in Listing 17.1 muss sowohl dem Sender als auch dem Empfänger des Signals zur Verfügung stehen. Daher ist sie in dieser konkreten Anwendung eine globale Variable. Dies gilt sowohl für den Mutex mutex_ in Zeile 3, der in einen Lock verpackt an die Bedingungsvariable übergeben wird, als auch den Wahrheitswert dataReady in Zeile 6, der die Verfügbarkeit der Daten anzeigt. Im Hauptprogramm werden sowohl der Sender (Zeile 28) als auch der Empfänger (Zeile 27) des Signals in einem eigenen Thread gestartet.

Sender   Der Sender-Thread t2 lockt den Mutex in Zeile 19, setzt den Wahrheitswert auf true und benachrichtigt die assoziierte Bedingungsvariable mit dem Aufruf condVar.notify_one(). Der Aufruf dieser Benachrichtigung ist atomar.

Der Empfänger-Thread `t1` lockt ebenfalls den Mutex in Zeile 11. Als Nächstes ruft der Empfänger `wait` die gleiche Bedingungsvariable `condVar` auf. `wait` erhält zwei Argumente: den Lock und ein Prädikat in Form einer Lamba-Funktion, die das Aufwachkriterium definiert. Dies ist notwendig, da ein Thread fälschlicherweise (*spurious*) aufgeweckt werden kann. `wait` bewirkt darüber hinaus, dass der Thread seinen Lock freigibt und blockierend wartet.

Empfänger

Sendet der Sender an den Empfänger eine Benachrichtigung, lockt der Empfänger den Lock und prüft, ob die Bedingung erfüllt ist. Ist sie erfüllt, vollzieht er seine Arbeit. Ist die Bedingung nicht erfüllt, gibt er den Lock wieder frei und wartet weiter auf die nächste Benachrichtigung.

Benachrichtigung

Dem aufmerksamen Leser wird aufgefallen sein, dass der Sender den Mutex mit einem einfachen Lock `std::lock_guard` lockt, während der Empfänger den deutlich mächtigeren Lock `std::unique_lock` benötigt. Der Unterschied ist schnell erklärt. Während der Sender in der Funktion `setDataReady` in Zeile 17 den Mutex genau einmal lockt und am Ende seiner Funktion wieder freigibt, muss der Lock in der Funktion `waitingForWork` in Zeile 9 öfter gelockt und wieder freigegeben werden. Dies setzt ein `std::unique_lock` voraus.

Verschiedene Locks

Neben der Bedingungsvariablen `std::condition_variable` besitzt C++11 die allgemeinere Bedingungsvariable `std::condition_variable_any`. Beide benötigen einen Mutex. Während es im Falle von `std::condition_variable` ein `std::mutex` sein muss, genügt `std::condition_variable_any` ein Mutex-Typ ohne `try_lock`-Funktionalität.

`std::condition_variable_any`

In Tabelle 17.1 sind die Funktionen der beiden Bedingungsvariablen `cv` zusammengestellt. `lk` bezeichnet den Lock und `pre` das Prädikat. `abs_time` steht für die absolute, `rel_time` für die relative Zeitangabe.

Funktion	Beschreibung
cv.notify_one()	Wecke einen wartenden Thread auf.
cv.notify_all()	Wecke alle wartenden Threads auf.
cv.wait(lk) cv.wait(lk,pre)	Das blockierende Warten auf eine Benachrichtigung (optional ein Prädikat)
cv.wait_until(lk,abs_time) cv.wait_until(lk,abs_time,pred)	Das blockierende Warten auf eine Benachrichtigung mit absoluter Zeitangabe (optional ein Prädikat)
cv.wait_for(lk,rel_time) cv.wait_for(lk,rel_time,pred)	Das blockierende Warten auf eine Benachrichtigung mit relativer Zeitangabe (optional ein Prädikat)

Tabelle 17.1: Variationen des Bindungsbereichs

Funktion	Beschreibung
cv.native_handle()	Der Verweis auf die Implementierung der Bedingungsvariablen
std::notify_all_at_thread_ exit(cv,lk)	Eine freie Funktion, die den Lock freigibt und die wartenden Threads aufweckt, wenn der aktuelle Thread beendet wird

Tabelle 17.1: Funktionen der Bedingungsvariablen (Fortsetzung)

notify_one

Warten mehrere Threads auf ihre Benachrichtigung und ruft der Sender `notify_one` auf der Bedingungsvariablen auf, so wird ein beliebiger Thread aufgeweckt und kann seine Aktion vollziehen, während die übrigen Threads weiter warten. Eine kleine Modifikation des Listing 17.1 zeigt dies anschaulich in Listing 17.2.

conditionVariable-
NotifyOne.cpp

```cpp
01 #include <chrono>
02 #include <iostream>
03 #include <thread>
04
05 std::mutex mutex_;
06 std::condition_variable condVar;
07
08 bool dataReady;
09
10 void waitingForWork(){
11
12   std::unique_lock<std::mutex> lck(mutex_);
13   condVar.wait(lck,[]{return dataReady;});
14   //condVar.wait_for(lck,
                        std::chrono::milliseconds(10000),
                        []{return dataReady;});
15   std::cout << "Hello from thread: "
             << std::this_thread::get_id() << std::endl;
16
17 }
18
19 void setDataReady(){
20
21   std::lock_guard<std::mutex> lck(mutex_);
22   dataReady=true;
23   condVar.notify_one();
24
25 }
26
27 int main(){
28
29   std::cout << std::endl;
30
```

```
31    std::thread w1(waitingForWork);
32    std::thread w2(waitingForWork);
33    std::thread w3(waitingForWork);
34    std::thread w4(waitingForWork);
35    std::thread w5(waitingForWork);
36
37    std::thread t(setDataReady);
38
39    t.join();
40
41    w1.join();
42    w2.join();
43    w3.join();
44    w4.join();
45    w5.join();
46
47    std::cout << std::endl;
48
49 }
```

Listing 17.2: Fünf Threads, die auf ihre Benachrichtigung warten

Multithreading: conditionVariableNotifyOne.cpp   **WEBSITE**

Die Ausführung von Listing 17.2 führt dazu, dass vier der fünf Threads auf
ihre Benachrichtigung warten, die sie nie erhalten, denn es wird nur eine
Benachrichtigung vom Sender verschickt. Hier hilft nur noch eine Unterbrechung des Programmlaufs mit [Strg c] (Abbildung 17.1).

Abbildung 17.1: Erzwungener Programmabbruch wegen vergeblich wartender
Threads

Wird die Zeile 13 in Listing 17.2 durch die Zeile 14 ersetzt, dann beendet
sich das Programm regulär, denn die *vergessenen* Threads warten nur für
10 Sekunden (Abbildung 17.2).

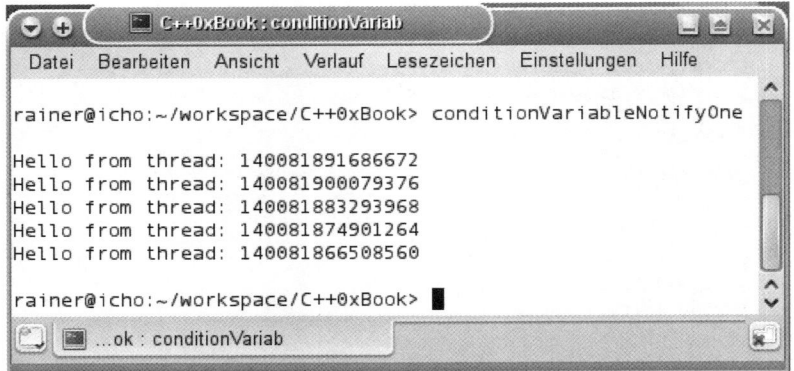

Abbildung 17.2: Programmausführung mit zeitlich bedingtem Warten

Das gleiche Verhalten lässt sich natürlich viel direkter erzeugen, wenn statt condVar.notify_one condVar.notify_all in Listing 17.2 verwendet wird. Dies gilt unabhängig vom zeitlich bedingten oder unbedingten Warten. Listing 17.3 zeigt die Variationen.

conditionVariableNo-
tifyAll.cpp

```
01 #include <chrono>
02 #include <iostream>
03 #include <thread>
04
05 std::mutex mutex_;
06 std::condition_variable condVar;
07
08 bool dataReady;
09
10 void waitingForWork(){
11
12   std::unique_lock<std::mutex> lck(mutex_);
13   condVar.wait(lck,[]{return dataReady;});
14   //condVar.wait_for(lck,
                        std::chrono::milliseconds(10000),
                        []{return dataReady;});
15   std::cout << "Hello from thread: "
              << std::this_thread::get_id() << std::endl;
16
17 }
18
19 void setDataReady(){
20
21   std::lock_guard<std::mutex> lck(mutex_);
22   dataReady=true;
23   condVar.notify_all();
24
25 }
26
27 int main(){
```

```
28
29    std::cout << std::endl;
30
31    std::thread w1(waitingForWork);
32    std::thread w2(waitingForWork);
33    std::thread w3(waitingForWork);
34    std::thread w4(waitingForWork);
35    std::thread w5(waitingForWork);
36
37    std::thread t(setDataReady);
38
39    t.join();
40
41    w1.join();
42    w2.join();
43    w3.join();
44    w4.join();
45    w5.join();
46
47    std::cout << std::endl;
48
49 }
```

Listing 17.3: Benachrichtige alle wartenden Threads gleichzeitig.

Multithreading: conditionVariableNotifyAll.cpp   WEBSITE

Zum Abschluss stellt noch Listing 17.4 vor, wie mit Bedingungsvariablen
Arbeitsabläufe definiert werden können, bei denen jeder Schritt von der
Erfüllung des vorherigen abhängt.

```
01 #include <iostream>                                      conditionVariable-
02 #include <thread>                                        Workflow.cpp
03
04 std::mutex mutex1, mutex2, mutex3;
05
06 std::condition_variable condVar1, condVar2, condVar3;
07
08 bool dataReady1, dataReady2, dataReady3;
09
10
11 void waitingForWork1(){
12
13   std::unique_lock<std::mutex> lck(mutex1);
14   condVar1.wait(lck,[]{return dataReady1;});
15   std::cout << "--- Worker 1 done" << std::endl;
16   std::lock_guard<std::mutex> lckGuard(mutex2);
17   dataReady2=true;
18   condVar2.notify_one();
19
20 }
21
```

```
22 void waitingForWork2(){
23
24   std::unique_lock<std::mutex> lck(mutex2);
25   condVar2.wait(lck,[]{return dataReady2;});
26   std::cout << "--- Worker 2 done" << std::endl;
27   std::lock_guard<std::mutex> lckGuard(mutex3);
28   dataReady3=true;
29   condVar3.notify_one();
30
31 }
32
33 void waitingForWork3(){
34
35   std::unique_lock<std::mutex> lck(mutex3);
36   condVar3.wait(lck,[]{return dataReady3;});
37   std::cout << "--- Worker 3 done" << std::endl;
38
39 }
40
41 void setDataReady(){
42
43   std::lock_guard<std::mutex> lck(mutex1);
44   std::cout << "Starting Workflow"  << std::endl;
45   dataReady1=true;
46   condVar1.notify_one();
47
48 }
49
50 int main(){
51
52   std::cout << std::endl;
53
54   std::thread w1(waitingForWork1);
55   std::thread w2(waitingForWork2);
56   std::thread w3(waitingForWork3);
57
58   std::thread t(setDataReady);
59
60   t.join();
61   w1.join();
62   w2.join();
63   w3.join();
64
65   std::cout << "Work done" << std::endl;
66
67   std::cout << std::endl;
68
69 }
```

Listing 17.4: Arbeitsablauf mit Bedingungsvariablen

Multithreading: conditionVariableWorkflow.cpp

Der Arbeitsablauf in Listing 17.4 wird durch den Thread t in Zeile 58 gestartet. Jeder Arbeiter wartet in dem Funktionskörper `waitingForWork` (Zeile 11, 22 und 33) zuerst auf die Benachrichtigung, um darauf den nächsten Arbeiter durch `notify_one` (Zeile 18 und 29) aufzuwecken. Schön ist an dem Beispiel zu sehen, dass jede Bedingungsvariable einen eigenen Mutex und ein eigenes Prädikat benötigt.

Die Ausgabe des Programms in Listing 17.4 zeigt die Schritte des Arbeitsablaufs.

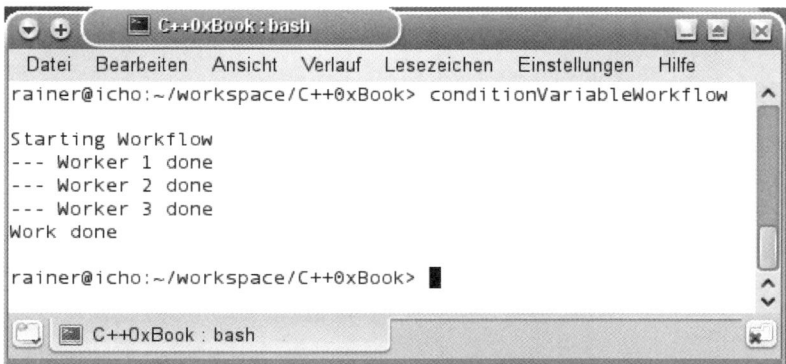

Abbildung 17.3: Arbeitsablauf mit mehreren Arbeitern

1. Variiere mit der Anwendung in Listing 17.1: Struktur einer Anwendung, die Bedingungsvariablen verwendet.

In Listing 17.1 besteht eine 1:1-Beziehung zwischen dem Sender und Empfänger. Nun soll der Empfänger von zwei Sendern abhängen.

Der Empfänger `waitForWork` soll nur weiter fortfahren können, wenn

» beide Sender `setDataReady1` und `setDataReady2` ihre Benachrichtigung gegeben haben.

» einer der Sender `setDataReady1` oder `setDataReady2` seine Benachrichtigung geschickt hat.

Durch das Setzen von kurzen Schlafperioden `std::this_thread::sleep_for` `(std::chrono::milliseconds(1000))` lässt sich das richtige Verhalten testen.

Multithreading: Aufgaben: waitForTwo.cpp
Multithreading: Aufgaben: waitForOneOfTwo.cpp

AUFGABE

2. Schreiben Sie ein kleines Ping-Pong-Spiel.

Zwei Threads sollen abwechselnd einen Wahrheitswert auf true bzw. false setzen. Dabei setzt der erste Thread den Wahrheitswert auf true, gibt den Wert des Wahrheitswerts aus und signalisiert dem zweiten Thread über eine Bedingungsvariable, dass er jetzt an der Reihe ist. Der zweite Thread setzt den Wahrheitswert auf false, gibt ihn aus und benachrichtigt den ersten Thread.

WEBSITE

Multithreading: Aufgaben: pingPongConditionVariable.cpp

18

Asynchrone Aufgaben

Mit den Templates `std::async`, `std::packaged_task`, `std::future` und `std::promise` bietet C++11 eine sehr komfortable Schnittstelle zum einfachen Starten einer Aufgabe in einem separaten Thread. Gänzlich ohne Locks oder auch Bedingungsvariablen lässt sich eine Aktion initiieren und das Ergebnis durch einen Funktionsaufruf in der Zukunft abholen. Diese asynchronen Aufgaben (*tasks*) sind auch unter dem Namen Futures bekannt.

PRAXISTIPP

Verwenden Sie wenn möglich async.

`std::async` ist von den dargestellten asynchronen Funktionsaufrufen am einfachsten zu verwenden. Weder muss ein Thread explizit gestartet noch dessen Lebenszeit verwaltet werden. Die C++-Laufzeit sorgt sogar dafür, ob es sinnvoll ist, den asynchronen Funktionsaufruf in einem separaten Thread zu starten. Erst wenn die Funktionalität von `std::async` nicht mehr ausreicht, sollte `std::packaged_task` für zu definierende Arbeitspakete oder `std::promise` verwendet werden.

18.1 async

`std::async` lässt sich wie eine Funktion verwenden. Die Funktion erhält eine aufrufbare Einheit und deren Argumente und führt die aufrufbare Einheit aus. Das Variadic Template `std::async` gibt das `std::future`-Objekt zurück. Dieses Objekt kann später im Programm verwendet werden, um mit seiner Funktion `get` das Ergebnis der Funktionsausführung zu erhalten. Hat der `std::async`-Funktionsaufruf das Ergebnis noch nicht berechnet, blockiert dessen `get`-Aufruf.

Das einfache Beispiel in Listing 18.1 soll die Interaktionen darstellen, bevor die Details folgen.

async.cpp

```
01 #include <future>
02 #include <iostream>
03
04 int product(int a, int b){
05    return a*b;
06 }
07
08 struct Div{
09    int operator()(int a, int b){
10       return a/b;
11    }
12 };
13
14
15 int main(){
16
17    int a= 20;
18    int b= 10;
19
20    std::cout << std::endl;
21
22    std::future<int> sum=std::async([=]{ return a+b;});
23    std::future<int> prod= std::async(&product,a,b);
24    Div divide;
25    auto div=std::async(divide,a,b);
26
27    std::cout << "20+10= " << sum.get() << std::endl;
28    std::cout << "20*10= " << prod.get() << std::endl;
29    std::cout << "20/10= " << div.get() << std::endl;
30
31    std::cout << std::endl;
32 }
```

Listing 18.1: `std::async` mit verschiedenen aufrufbaren Einheiten

WEBSITE Multithreading: async.cpp

Als aufrufbare Einheit wurde in Listing 18.1 eine Lambda-Funktion (Zeile 22), ein Zeiger auf eine Funktion (Zeile 23) und ein Funktionsobjekt (Zeile 25) verwendet. Der std::async startet die Aufgabe und stellt das Ergebnis über das Future bereit. Dabei muss der Rückgabewert des asynchronen Funktionsaufrufs explizit für das Future angegeben werden: std::future<int> in Zeile 22 und 23. Wird auto (Zeile 25) verwendet, ist dies nicht notwendig. Durch die get-Funktionsaufrufe des Future werden die Werte explizit angefordert.

Abbildung 18.1 zeigt die Ausgabe des Programms.

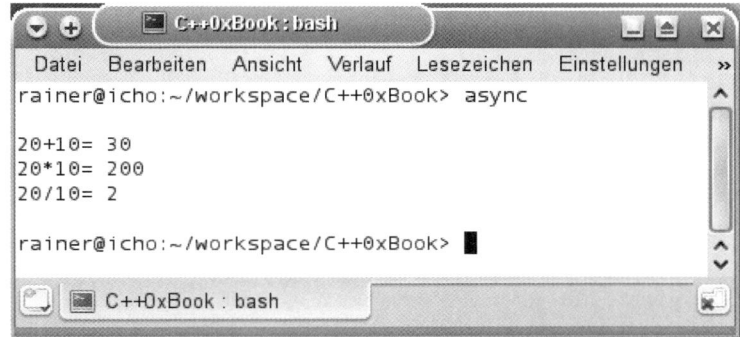

Abbildung 18.1: std::async mit verschiedenen aufrufbaren Einheiten

Das Klassen-Template std::future bietet ein deutlich mächtigeres Interface als eine einfache Methode get an. Dazu aber mehr im Kapitel 18.3.

Es ist anzunehmen, dass das Ausführen der Berechnungen in Listing 18.1 im Main-Thread deutlich schneller ist, als für jede einzelne Aufgabe einen Thread zu erzeugen und seine Datenzugriffe zu koordinieren. Tatsächlich startet std::async die Aufgabe nicht automatisch in einem neuen Thread. Die C++-Laufzeit nimmt dem Anwender diese Entscheidung ab. Entscheidungskriterien für die C++-Laufzeit können die tatsächlich vorhandene Anzahl der Prozessoren (std::thread::hardware_concurrency) oder die Anzahl der aktiven Threads sein.

Starten eines Threads

Der Anwender kann mit den Optionen std::launch::async bzw. std::launch::deferred explizit bestimmen, ob die Aufgabe in einem neuen bzw. dem gleichen Thread gestartet werden soll. Durch std::launch::deferred wird der Wert erst berechnet, wenn dieser explizit angefordert wird. Diese aus der funktionalen Programmierung bewährte Strategie spart Zeit und Ressourcen und ist unter dem Namen Bedarfsauswertung (*lazy evaluation*) bekannt.

launch::async und launch::deferred

In Listing 18.2 ist zu sehen, wie eine Aufgabe verzögert `std::launch::deferred`
gestartet wird. Der aktuelle GCC (C++0x Support in GCC 4.6, 2011) kennt
die Bitmaske `std::launch::deferred` noch unter ihrem alten Namen
`std::launch::sync` (Zeile 11).

asyncLazy.cpp

```
01 #include <chrono>
02 #include <future>
03 #include <iostream>
04 #include <thread>
05
06 int main(){
07
08   std::cout << std::endl;
09
10   auto begin= std::chrono::system_clock::now();
11
12   //auto asyncLazy=std::async(std::launch::deferred,[]
         { return  std::chrono::system_clock::now();});
13
14   auto asyncLazy=std::async(std::launch::sync,[]
         { return  std::chrono::system_clock::now();});
15
16   auto asyncEager=std::async( std::launch::async,[]
         { return  std::chrono::system_clock::now();});
17
18   std::this_thread::sleep_for(std::chrono::seconds(1));
19
20   auto lazyStart= asyncLazy.get() - begin;
21   auto eagerStart= asyncEager.get() - begin;
22
23   auto lazyDuration=
       std::chrono::duration<double>(lazyStart).count();
24   auto eagerDuration=
       std::chrono::duration<double>(eagerStart).count();
25
26   std::cout << "asyncLazy evaluated after : "
                << lazyDuration << " seconds." << std::endl;
27   std::cout << "asyncEager evaluated after: "
                << eagerDuration << " seconds." << std::endl;
28
29
30   std::cout << std::endl;
31
32 }
```

Listing 18.2: Verzögertes Ausführen einer asynchronen Aufgabe

WEBSITE   Multithreading: asyncLazy.cpp

Trotz auto sind die Bezeichner in Listing 18.2 sehr lang. In den asynchronen Aufgaben (Zeilen 14 und 16) wird die aktuelle Zeit bestimmt. Dabei führt dies asyncLazy verzögert und asyncEager sofort aus. Um das verzögerte Verhalten auf den Punkt zu bringen, schläft der Main-Thread für 1 Sekunde (Zeile 18). Ein bisschen Zeitarithmetik mit der neuen Zeitbibliothek und die Zeit, die bis zum Ausführen der asynchronen Aufgabe vergangen ist, kann in den Zeilen 26 und 27 ausgegeben werden. Während die Bitmaske std::launch::deferred bewirkt, dass die Funktion erst beim Aufruf der Funktion get ausgeführt wird, bewirkt std::launch::async, dass die Funktion sofort evaluiert wird.

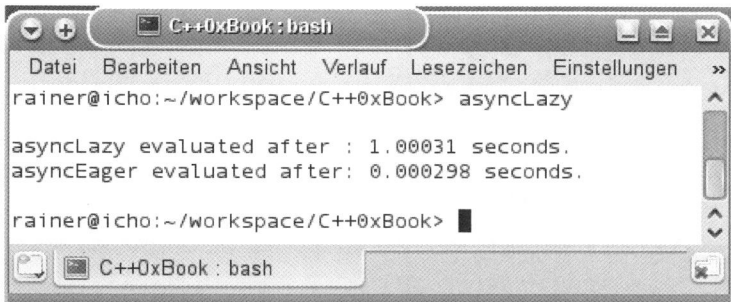

Abbildung 18.2: Verzögerte Ausführung einer asynchronen Aufgabe

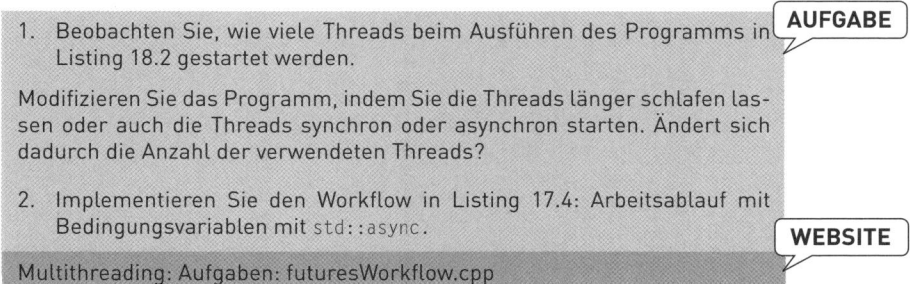

1. Beobachten Sie, wie viele Threads beim Ausführen des Programms in Listing 18.2 gestartet werden.

   Modifizieren Sie das Programm, indem Sie die Threads länger schlafen lassen oder auch die Threads synchron oder asynchron starten. Ändert sich dadurch die Anzahl der verwendeten Threads?

2. Implementieren Sie den Workflow in Listing 17.4: Arbeitsablauf mit Bedingungsvariablen mit std::async.

Multithreading: Aufgaben: futuresWorkflow.cpp

18.2 packaged_task

std::package_taks ist ein einfacher Wrapper für ein aufrufbare Einheit, um sie später in einem Thread aufzurufen. Durch std::packaged_task wird ein Future mit einem Promise verbunden, so dass mit dem Future der Wert des Promise und somit der Wert der aufrufbaren Einheit ermittelt werden kann.

Listing 18.1: std::async mit verschiedenen aufrufbaren Einheiten lässt sich
direkt in `std::packaged_task` in Listing 18.3 übersetzen. Die Syntax ist deutlich anspruchsvoller.

packagedTask.cpp

```
01 #include <future>
02 #include <iostream>
03
04 int product(int a, int b){
05    return a*b;
06 }
07
08 struct Div{
09    int operator()(int a, int b){
10       return a/b;
11    }
12 };
13
14
15 int main(){
16
17    std::cout << std::endl;
18
19    // define the package tasks
20    std::packaged_task<int(int,int)> sumTask([]
                         (int x, int y){return x+y;});
21    std::packaged_task<int(int,int)> prodTask(&product);
22    Div divide;
23    std::packaged_task<int(int,int)> divTask(divide);
24
25    // get the futures
26    std::future<int> sumResult= sumTask.get_future();
27    std::future<int> prodResult= prodTask.get_future();
28    std::future<int> divResult= divTask.get_future();
29
30    // calculate the result
31    sumTask(20,10);
32    prodTask(20,10);
33    divTask(20,10);
34
35    // get the result
36    std::cout << "20+10= " << sumResult.get() << std::endl;
37    std::cout << "20*10= " << prodResult.get() << std::endl;
38    std::cout << "20/10= " << divResult.get() << std::endl;
39
40    std::cout << std::endl;
41
42 }
```

Listing 18.3: std::packaged_task mit verschiedenen aufrufbaren Entitäten

WEBSITE
Multithreading: packagedTask.cpp

Diese Berechnung der Werte in Listing 18.3 findet in vier Schritten statt:

1. Die Aufgaben werden verpackt (Zeile 19).

2. Die Promises werden mit den Futures verbunden (Zeile 25).

3. Die Argumente werden an die Promises übergeben und die Ergebnisse werden berechnet (Zeile 30).

4. Die Futures holen die Ergebnisse ab (Zeile 35).

Nach diesem oberflächlichen Blick noch ein paar Details. Die eigenwillige Syntax `int(int,int)` in `std::packaged_type<int(int,int)>` beschreibt eine Funktion, die zwei `int`-Argumente erwartet und einen `int`-Rückgabewert liefert. Durch `sumTask.get_future()` in Zeile 26 gibt der Promise den Future zurück. In den Zeilen 31 bis 33 werden die Argumente an den Promise übergeben, um dessen Berechnung anzustoßen. Da die Funktionen im Main-Thread gestartet wurden (Zeile 31 – 33), findet deren Berechnung auch in diesem statt. Die Ausgabe des Programms ist bereits bekannt.

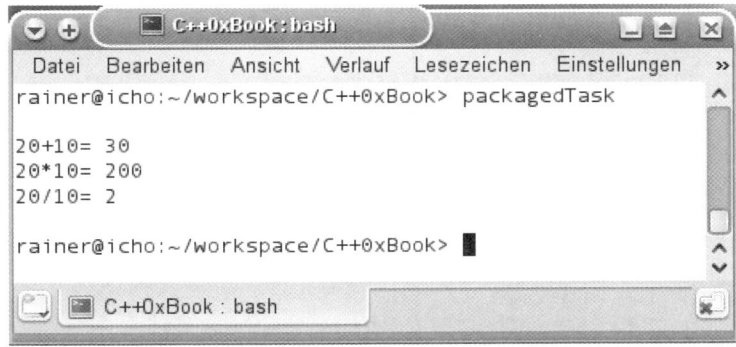

Abbildung 18.3: std::packaged_task mit einer Lambda-Funktion, einem Funktionszeiger und einem Funktionsobjekt

Ein typischer Anwendungsfall für `std::packaged_task` ist es, die Arbeitspakete im Main-Thread zu schnüren und sie in einem Container zu speichern, um sie anschließend auf verschiedene Arbeiter-Threads zu verteilen und auszuführen. Zuletzt werden die Ergebnisse eingesammelt.

Master-Worker Threads

In Listing 18.4 wird diese Strategie angewandt, um die Zahlen von 0 bis 10000 in vier Threads aufzusummieren.

packagedTaskSum. cpp

```
01 #include <algorithm>
02 #include <future>
03 #include <iostream>
04 #include <thread>
05 #include <deque>
06
```

```
07 class SumUp{
08   public:
09     SumUp(int b, int e): beg(b),end(e),sum(0){}
10     int operator()(){
11       for (int i= beg; i < end; ++i ) sum += i;
12       return sum;
13     }
14   private:
15     int beg;
16     int end;
17     int sum;
18 };
19
20 int main(){
21
22   std::cout << std::endl;
23
24   SumUp sumUp1(0,2500);
25   SumUp sumUp2(2500,5000);
26   SumUp sumUp3(5000,7500);
27   SumUp sumUp4(7500,10001);
28
29   // define the tasks
30   std::packaged_task<int()> sumTask1(sumUp1);
31   std::packaged_task<int()> sumTask2(sumUp2);
32   std::packaged_task<int()> sumTask3(sumUp3);
33   std::packaged_task<int()> sumTask4(sumUp4);
34
35   // get the futures
36   std::future<int> sumResult1= sumTask1.get_future();
37   std::future<int> sumResult2= sumTask2.get_future();
38   std::future<int> sumResult3= sumTask3.get_future();
39   std::future<int> sumResult4= sumTask4.get_future();
40
41   // push the tasks on the container
42   std::deque< std::packaged_task<int()> > allTasks;
43   allTasks.push_back(std::move(sumTask1));
44   allTasks.push_back(std::move(sumTask2));
45   allTasks.push_back(std::move(sumTask3));
46   allTasks.push_back(std::move(sumTask4));
47
48   // execute each task in a separate thread
49   while ( not allTasks.empty() ){
50     std::packaged_task<int()>
          myTask= std::move(allTasks.front());
51     allTasks.pop_front();
52     std::thread sumThread(std::move(myTask));
53     sumThread.detach();
54   }
55
56   // get the results
```

```
57    int sum= sumResult1.get() + sumResult2.get()
          + sumResult3.get() + sumResult4.get();
58
59    std::cout << "sum of 0 .. 100000 = " << sum << std::endl;
60
61    std::cout << std::endl;
62
63 }
```

Listing 18.4: Summation von natürlichen Zahlen in vier Threads

Multithreading: packagedTaskSum.cpp **WEBSITE**

In Zeile 24 – 27 in Listing 18.4 werden die Arbeitspakete definiert. Die Funktionsobjekte sumUp(begin,end) addieren die natürlichen Zahlen von begin ausschließlich end zusammen. Diese *teure* Addition soll in separaten Threads vollzogen werden. Dazu werden die Arbeitspakete mit den Futures verbunden (Zeile 35) und auf den Container allTasks geschoben (Zeile 41). Die eigentliche Arbeit findet in den Zeilen 49 – 54 statt. Für jedes Arbeitspaket myTask im Container allTasks wird das Arbeitspaket aus dem Container transferiert (Zeile 50), das nun leere Arbeitspaket vom Container entfernt (Zeile 51) und myTask in einen neuen Thread transferiert und im Hintergrund (Zeile 53) ausgeführt. Zuletzt werden die Ergebnisse der vier Threads eingesammelt, addiert und ausgegeben (Abbildung 18.4).

Abbildung 18.4: Summation der Zahlen von 0 ... 100000 mit vier Threads

Ein bisschen geschummelt **EXKURS**

Da der aktuelle GCC (C++0x Support in GCC 4.6, 2011) beim Transferieren eines std::promise-Objekts in Zeile 50 wohl einen Compilerbug aufweist, wurden alle Berechnungen im Haupt-Thread ausgeführt.

Neben get_future bietet std::packaged_task noch weitere Methoden an. Durch std::packaged_task::valid lässt sich prüfen, ob der std::packaged_task einen geteilten Zustand besitzt. std::packaged_task::reset erlaubt es, diese zurückzusetzen, und std::packaged_task::swap bietet die Möglichkeit an, den Zustand zweier std::packaged_tasks auszutauschen.

Weitere Funktionen

1. Erweitern Sie Listing 18.4: Summation von natürlichen Zahlen in vier
    Threads.

    In Listing 18.4 sind vier Arbeiter-Threads aktiv. Viel schöner ist es, wenn die
    Zahl der Arbeiter der Zahl der CPUs entspricht. Parametrisieren Sie das
    Listing 18.4, so dass die Anzahl der Threads von der Anzahl der vorhande-
    nen CPUs abhängt. Verwenden Sie dazu `std::thread::hardware_concurren-`
    `cy()`. Falls der Wert 0 ergibt, gehen Sie von vier CPUs aus.

    Multithreading: Aufgaben: packagedTaskSumSolution.cpp

18.3 future und promise

Volle Kontrolle über den Empfänger und den Sender der Nachricht stellt
`std::future` in Zusammenarbeit mit `std::promise` zur Verfügung. Hier ist
es in der Verantwortung des Programmierers, den Thread zu starten, den
`std::future` mit dem `std::promise` zu verbinden, den Rückgabewert oder
auch eine Ausnahme des `std::promise` zu setzen und das Ergebnis des
asynchronen Funktionsaufrufs abzuholen.

promise als Ersatz für async und packaged_task

Mit `std::future` und `std::promise` lassen sich Listing 18.1: std::async mit
verschiedenen aufrufbaren Einheiten und Listing 18.3: std::packaged_
task mit verschiedenen aufrufbaren Entitäten auch formulieren, wobei
`std::promise` vereinfachend gesprochen die Aufgabe von `std::async` bzw.
`std::packaged_task` übernehmen wird. In Listing 18.5 kommen als aufrufbare Entität lediglich ein Funktionszeiger und ein Funktionsobjekt zum
Einsatz, da der Funktionskörper des `std::promise` zu komplex für eine
anonyme Funktion ist.

futurePromise.cpp

```
01 #include <future>
02 #include <iostream>
03 #include <thread>
04
05 void product(std::promise<int>& intPromise, int a, int b){
06   intPromise.set_value(a*b);
07 }
08
09 struct Div{
10
11   void operator()(std::promise<int>& intPromise,
                      int a, int b){
12     intPromise.set_value(a/b);
13   }
14
15 };
16
```

```
17 int main(){
18
19   int a= 20;
20   int b= 10;
21
22   std::cout << std::endl;
23
24   // define the promises
25   std::promise<int> prodPromise;
26   std::promise<int> divPromise;
27
28   // get the futures
29   std::future<int> prodResult= prodPromise.get_future();
30   std::future<int> divResult= divPromise.get_future();
31
32   // calculate the result in a separat thread
33   std::thread prodThread(&product,
                            std::move(prodPromise),a,b);
34   Div div;
35   std::thread divThread(div,std::move(divPromise),a,b);
36
37   // get the results
38   std::cout << "20*10= " << prodResult.get() << std::endl;
39   std::cout << "20/10= " << divResult.get() << std::endl;
40
41   prodThread.join();
42   divThread.join();
43
44   std::cout << std::endl;
45
46 }
```

Listing 18.5: `std::future` und `std::promise` mit verschiedenen aufrufbaren Entitäten

Multithreading: futurePromise.cpp

WEBSITE

Das Hauptprogramm in Listing 18.5 sollte vertraut wirken. Der Umgang mit `std::promise` folgt der gleichen Struktur wie der Umgang mit `std::packaged_taks` in Listing 18.3: std::packaged_task mit verschiedenen aufrufbaren Entitäten. Im Funktionskörper der Funktion oder auch des Funktionsobjekts wird mit dem Aufruf `set_value` (Zeile 6 und 17) der Rückgabewert des `std::promise` gesetzt. Der Aufruf des Promise `product(prodPromise(a,b)` kann natürlich auch im Haupt-Thread erfolgen. Das Ergebnis wird dadurch nicht verändert.

Abbildung 18.5: Arithmetik mit std::future und std::promise

Das Programm in Listing 18.5: std::future und std::promise mit verschiedenen aufrufbaren Entitäten hat ein konzeptionelles Problem. Wird ein Objekt der Struktur Div (Zeile 9) mit einem Nenner 0 instanziiert, führt dies
zum sofortigen Programmabbruch. std::async, std::packaged_task und
std::promise erlauben es nicht nur, den Wert, sondern auch Ausnahmen an
das Future zurückzugeben. Im Gegensatz zu std::async und std::packaged_
task, die die Ausnahmen automatisch übertragen, muss bei std::promise
der Anwender die Funktionalität set_exception implementieren.

In Listing 18.6 werden der Future und der Promise um eine Ausnahmebehandlung erweitert.

futurePromise-
Exception.cpp

```
01 #include <exception>
02 #include <future>
03 #include <iostream>
04 #include <thread>
05
06 struct Div{
07
08   void operator()(std::promise<int>& intPromise,
                      int a, int b){
09     try{
10       if ( b==0 ) throw std::runtime_error(
                            "illegal division by zero");
11       intPromise.set_value(a/b);
12     }
13     catch ( ...){
14       intPromise.set_exception(std::current_exception());
15     }
16   }
17
18 };
19
20 int main(){
21
22   std::cout << std::endl;
23
```

```
24    // define the promises
25    std::promise<int> divPromise;
26
27    // get the futures
28    std::future<int> divResult= divPromise.get_future();
29
30    // calculate the result in a separat thread
31    Div div;
32    std::thread divThread(div,std::move(divPromise),20,0);
33
34    // get the result
35    try{
36      std::cout << "20/0= " << divResult.get() << std::endl;
37    }
38    catch (std::runtime_error& e){
39      std::cout << e.what() << std::endl;
40    }
41
42    divThread.join();
43
44    std::cout << std::endl;
45
46 }
```

Listing 18.6: std::promise mit Ausnahmebehandlung

Multithreading: futurePromiseException.cpp   **WEBSITE**

Die Ausführung des Programms führt dazu, dass die Ausnahme std::runtime_error("illegal divion by zero") in Zeile 10 geworfen wird. Im anschließenden catch-Block wird die Ausnahme gefangen. Die aktuelle Ausnahme std::current_exception (Zeile 14) wird zum Rückgabewert des Promise. Der get-Aufruf des Future (Zeile 36) ist in einem try-Block gekapselt, so dass die Nachricht der Ausnahme ausgegeben werden kann.

Abbildung 18.6: std::promise mit Ausnahmebehandlung

Tabelle 18.1 stellt die Funktionen des std::future im Überblick dar. Dabei bezeichnet f einen std::future. abs_time bezeichnet die absolute, rel_time die relative Zeitangabe.

Funktionen des future

Funktion	Beschreibung
f.share()	Gibt einen `std::shared_future` zurück.
f.get()	Wartet, bis der gemeinsame Zustand verfügbar ist, und gibt diesen zurück. Kann einen Wert oder eine Ausnahme zurückgeben.
f.valid()	Prüft, ob ein gemeinsamer Zustand vorliegt.
f.wait()	Blockiert, bis der gemeinsame Zustand zur Verfügung steht.
f.wait_for(rel_time)	Blockiert maximal für eine bestimmte Zeitspanne, bis der gemeinsame Zustand zur Verfügung steht.
f.wait_until(abs_time)	Blockiert maximal bis zu einem bestimmten Zeitpunkt, bis der gemeinsame Zustand zur Verfügung steht.

Tabelle 18.1: Funktionen des `std::future`

Während `get` implizit `wait` aufruft und so blockiert, bis der gemeinsame Wert mit `std::async`, `std::packed_task` oder auch `std::promise` zur Verfügung steht, erlauben es die `wait`-Funktionen des `std::future`, den Future mit dem Promise zu synchronisieren. Damit sind zwei interessante Anwendungsfälle möglich:

1. Wird `std::async` mit `std::launch::deferred` gestartet, dann bewirkt der Aufruf von `wait`, dass der Funktionskörper von `std::async` erst zu diesem Augenblick ausgeführt wird.

2. `std::async`-, `std::packaged_task`- oder `std::promise`-Aufrufe, die keinen Wert (`void`) zurückgeben, ermöglichen die Synchronisation zweier Threads ähnlich wie Bedingungsvariablen.

std::shared_future   Soll der gemeinsame Zustand von mehr als einem Thread angefordert werden, so ist der Aufruf der `get`-Funktion undefiniert. Für dieses Szenario besitzt der `std::future` die Methode `share`, die einen `std::shared_future` zurückgibt. Dessen Wert kann mehrfach angefordert werden. Der entscheidende Unterschied zwischen `std::future` und `std::shared_future` ist, dass der `std::shared_future` neben der Move- auch die Copy-Semantik anbietet. Abgesehen von der Methode `share` des `std::future` besitzen beiden Future-Typen das gleiche Interface.

Ein `std::shared_future` lässt sich direkt oder über einen `std::future` erzeugen. So ist die Zeile 1 äquivalent zu den Zeilen 3 und 4 in Listing 18.7.

```
01 std::shared_future<int> divResult= divPromise.get_future();
02
03 std::future<int> divResult1= divPromise.get_future();
04 std::shared_future<int> divResult= divResult1.share();
```

Listing 18.7: Direktes und indirektes Erzeugen eines `std::shared_future`

In Listing 18.8 wird im Promise das Ergebnis von 20/10 berechnet. Das Ergebnis der Berechnung wird anschließend von fünf Futures angefordert.

```
01 #include <exception>
02 #include <future>
03 #include <iostream>
04 #include <thread>
05
06 std::mutex coutMutex;
07
08 struct Div{
09
10   void operator()(std::promise<int>& intPromise,
                      int a, int b){
11     try{
12       if ( b==0 ) throw std::runtime_error(
                          "illegal division by zero");
13       intPromise.set_value(a/b);
14     }
15     catch ( ... ){
16       intPromise.set_exception(std::current_exception());
17     }
18   }
19
20 };
21
22 struct Requestor{
23
24   void operator ()(std::shared_future<int> shaFut){
25
26     // lock std::cout
27     std::lock_guard<std::mutex> coutGuard(coutMutex);
28
29     // get the thread id
30     std::cout << "threadId(" << std::this_thread::get_id()
                << "): " ;
31
32     // get the result
33     try{
34       std::cout << "20/10= " << shaFut.get() << std::endl;
35     }
36     catch (std::runtime_error& e){
37       std::cout << e.what() << std::endl;
38     }
39   }
40
41 };
42
43 int main(){
44
45   std::cout << std::endl;
```

```
46
47    // define the promises
48    std::promise<int> divPromise;
49
50    // get the futures
51    std::shared_future<int> divResult=
                            divPromise.get_future();
52
53    // calculate the result in a separat thread
54    Div div;
55    std::thread divThread(div,std::move(divPromise),20,10);
56
57    Requestor req;
58    std::thread sharedThread1(req,divResult);
59    std::thread sharedThread2(req,divResult);
60    std::thread sharedThread3(req,divResult);
61    std::thread sharedThread4(req,divResult);
62    std::thread sharedThread5(req,divResult);
63
64    divThread.join();
65
66    sharedThread1.join();
67    sharedThread2.join();
68    sharedThread3.join();
69    sharedThread4.join();
70    sharedThread5.join();
71
72
73    std::cout << std::endl;
74
75 }
```

Listing 18.8: Mehrfache Abfrage einer Berechnung mit std::shared_future

WEBSITE
Multithreading: sharedFuture.cpp

Der wesentliche Unterschied von Listing 18.6: std::promise mit Ausnahmebehandlung zu Listing 18.8 besteht darin, dass durch div.get_future in Zeile 51 der std::shared_future divResult instanziiert wird. divResult als std::shared_future ist kopierbar. Somit kann jeder der fünf Threads (Zeile 58 – 62) seine Identität und das Ergebnis der Berechnung ausgeben. std::cout als gemeinsam genutzte Variable muss geschützt werden (Zeile 27).

Die Ausgabe des Programms in Abbildung 18.7 zeigt die fünf Threads in Aktion.

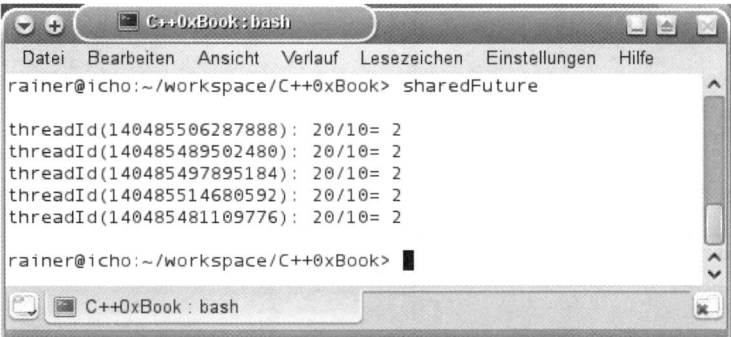

Abbildung 18.7: Fünf Futures teilen sich einen Promise.

In Tabelle 18.2 folgen die weiteren Funktionen von std::promise p und p1. val steht für den gemeinsamen Wert, ep für den Ausnahmezeiger und alloc für den Speicherbeschaffer.

Funktion	Beschreibung
p.swap(p1) std::swap(p,p1)	Tausche den gemeinsamen Zustand der Promise.
p.get_future()	Gibt einen std::future mit demselben gemeinsamen Zustand wie der aktuelle Promise zurück.
p.set_value(val)	Speichert den Wert im gemeinsamen Zustand und setzt diesen auf bereit.
p.set_exception(ep)	Speichert den Ausnahmezeiger im gemeinsamen Zustand und macht diesen bereit.
p.set_value_at_thread_exit(val)	Speichert den Wert im gemeinsamen Zustand, ohne diesen auf bereit zu setzen. Der Zustand wird auf bereit gesetzt, wenn der aktuelle Thread beendet wird.
p.set_exception_at_thread_exit(ex)	Speichert die Ausnahme im gemeinsamen Zustand, ohne diesen bereit zu machen. Der Zustand wird auf bereit gesetzt, wenn der aktuelle Thread beendet wird.
std::uses_allocator(p,alloc)	Verwende den Allokator alloc für den Promise p.

Tabelle 18.2: Funktionen von std::promise

AUFGABE

1. Verwenden Sie einen `std::shared_future` zur Synchronisation von Threads.

   Benutzen Sie dazu einen Promise `prom` im Haupt-Thread, der durch seinen Aufruf von `prom.set_value()` signalisiert, dass alle Threads weiterarbeiten können. Die Signatur des Promise bzw. des Future ist in diesem Fall:

   ```
   std::promise<void>
   std::shared_future<void>
   ```

WEBSITE

Multithreading: Aufgaben: synchroniseThreads.cpp

Teil IV

Standardbibliothek

19

Neue Bibliotheken

19.1 Reguläre Ausdrücke

DEFINITION

Regulärer Ausdruck

Ein regulärer Ausdruck ist eine Zeichenkette, die ein Muster für eine Menge von Zeichenketten mit Hilfe der Regeln der regulären Ausdrücke beschreibt.

<regex>

Bevor wir uns die Syntax der regulären Ausdrücke in C++11 genauer anschauen, noch ein kleines Beispiel. In Listing 19.1 wird aus einem String die E-Mail-Adresse extrahiert und analysiert.

```
01 #include <regex>
02
03 #include <iostream>
```

regexEmail.cpp

```
04 #include <string>
05
06 int main(){
07
08   std::cout << std::endl;
09
10   std::string emailDescription="Email addresses,
        such as rainer@grimm_jaud.de, have two parts.";
11
12   // regular expression for the email address
13   std::string regExprStr(
       R"(((\w+(\.|_)?\w*)@(\w+(\.\w+)+)))");
14
15   // regular expression holder
16   std::regex rgx(regExprStr);
17
18   // search result holder
19   std::tr1::smatch smatch;
20
21   // looking for a partial match
22   if (std::regex_search(emailDescription,smatch,rgx)){
23
24     std::cout << "Text: " << emailDescription << std::endl;
25
26     std::cout << std::endl;
27
28     std::cout << "Email address: " << smatch[0]
               << std::endl;
29     std::cout << "Local part: " << smatch[1] << std::endl;
30     std::cout << "Domain name: " << smatch[3] << std::endl;
31
32     std::cout << std::endl;
33
34     std::cout << "Text before the email address: "
               << smatch.prefix() << std::endl;
35     std::cout << "Text after the email address: "
               << smatch.suffix() << std::endl;
36
37   }
38
39   std::cout << std::endl;
40
41 }
```

Listing 19.1: E-Mail-Adresse extrahieren und analysieren

WEBSITE Die Standardbibliothek: regexEmail.cpp

Listing 19.1 verfolgt die klassischen drei Schritte beim Umgang mit regulären Ausdrücken in C++11:

1. Erklären Sie den regulären Ausdruck (Zeile 16 `regExprStr`).

2. Halten Sie das Ergebnis der Suche (Zeile 19 `rgx`).

3. Verarbeiten Sie das Suchergebnis weiter (Zeile 22 – 37).

Abbildung 19.1 zeigt die Ausgabe von Listing 19.1: E-Mail-Adresse extrahieren und analysieren.

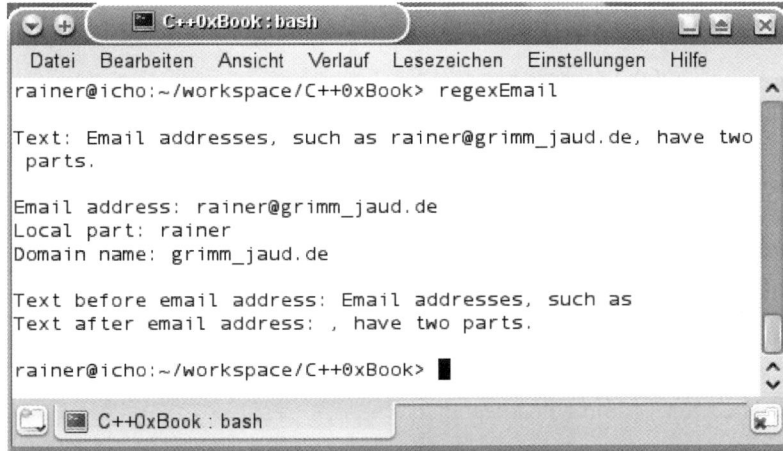

Abbildung 19.1: Eine E-Mail-Adresse aus Text mit regulären Ausdrücken extrahiert

Aus dem Text `emailDescription` in (Zeile 10) wird mit Hilfe des regulären Ausdrucks `regExprStr` die E-Mail-Adresse herausgefiltert und für die Auswertung zur Verfügung gestellt. In den Zeilen 22 bis 37 folgt die Auswertung. `smatch[0]` (Zeile 28) stellt die ganze E-Mail-Adresse, `smatch[1]` die erste Erfassungsgruppe (*capture group*) und `smatch[3]` (Zeile 30) die dritte Erfassungsgruppe zur Verfügung. Die erste Erfassungsgruppe ist der lokale Anteil, die dritte Erfassungsgruppe ist der Domänenname der E-Mail-Adresse. Mit `smatch.prefix()` bzw. `smatch.suffix()` (Zeile 34 und 35) kann der Text vor bzw. nach der E-Mail referenziert und ausgegeben werden.

Für wen reguläre Ausdrücke nicht zum täglichen Brot gehören (den Autor eingeschlossen), für den ist der Ausdruck `R"(((\w+(\.|_)?\w*)@(\.\w+)+))"` in Zeile 13 nur schwer verdaulich. Bevor wir uns die Syntax genauer anschauen, noch eine kleine Bemerkung. Durch `R"(...)"` wird ein Raw-String-Literal in C++11 erklärt. Damit ist es nicht mehr nötig, die Backslash-Zeichen »\« im regulären Ausdruck durch einen vorangestell-

Raw-String-Literale

ten zweiten Backslash »\« zu maskieren. Der äquivalente String-Literal
`"(\\w+(\\.|_)?\\w*)@(\\w+(\\.\\w+)+))"` ist da schon schwieriger zu lesen.

19.1.1   Syntax der regulären Ausdrücke

Reguläre Ausdrücke lassen sich in C++11 in sechs verschiedenen Grammatiken spezifizieren.

1.   ECMAScript, sehr ähnlich zu Perl 5

2.   basic, POSIX Standard Basic Regular Expressions

3.   extended, POSIX Standard Extended Regular Expressions

4.   awk, POSIX Standard awk

5.   grep, POSIX Standard grep

6.   egrep, POSIX Standard grep –E

Per Default wird die ECMAScript-Grammatik in C++11 verwendet, die die mächtigste der sechs vorgestellten Grammatiken darstellt. Daher wird sich meine weitere Ausführung über reguläre Ausdrücke auf die ECMAScript-Syntax beschränken. Die folgende Einführung in die Syntax der regulären Ausdrücke erhebt nicht ansatzweise den Anspruch, vollständig zu sein. Sie soll nur einen pragmatischen Einstieg in reguläre Ausdrücke in der ECMAScript-Grammatik anbieten.

> **PRAXISTIPP**
>
> **Verwenden Sie die EMCAScript-Grammatik.**
>
> Verwenden Sie bei den regulären Ausdrücken die ECMAScript-Grammatik. Zum einen ist sie die voreingestellte Grammatik in den regulären Ausdrücken von C++11 und zum anderen ist sie von den sechs angebotenen Grammatiken die mächtigste.

Zeichen

Die meisten Zeichen in regulären Ausdrücken repräsentieren sich selbst. Die Ausnahme sind die Metazeichen.

Metazeichen

Metazeichen besitzen eine besondere Bedeutung in regulären Ausdrücken. ECMAScript kennt verschiedene Metazeichen:

» `[ ] ( ) { } | ? + - * ^ $ \ .`

Ihr Verständnis ist elementar für das Verständnis von regulären Ausdrücken. In Tabelle 19.1: Metazeichen der EMCAScript-Grammatik sind die Metazeichen aufgelistet.

Metazeichen	Bedeutung	Beispiel
\	Schützt Metazeichen	\\
	Leitet Rückwärtsreferenzen ein	\1
	Leitet Zeichenklassen ein	\d
. (Punkt)	Beliebiges Zeichen außer Zeilenendezeichen	.
^	Anfang eines Strings	^string
	Negiert die Zeichen in einer Auswahl	[^abc]
$	Ende eines Strings	string$
|	Alternativauswahl	a|b
( )	Definiert Teilausdrücke	(ab(c)d)
[ ]	Auswahl von Zeichen	[abcde]
-	Definiert einen Zeichenbereich	[a-e]
?	Wiederholungsangabe: Null- oder einmal	a?
*	Wiederholungsangabe: Null- oder mindestens einmal	a*
+	Wiederholungsangabe: Mindestens einmal	a+
{ }	Wiederholungsangabe: Genau n-mal Zwischen n- und m-mal Mindestens n-mal	a{3} a{3,5} a{3,}

Tabelle 19.1: Metazeichen der EMCAScript-Grammatik

Nach der trockenen Theorie der Metazeichen wird es nun deutlich konkreter.

Zeichenauswahl

Die Zeichenauswahl wird durch die eckigen Klammern definiert. Sie beschreibt eine Menge von Zeichen. Dabei können die einzelnen Zeichen aufgezählt [abcde] oder durch den Bindestrich als Bereich [a-e] angegeben werden. Zahlenbereiche können mehrfach in eckigen Klammern definiert [A-Za-z] werden und Ziffern [1-5] enthalten. Der Zirkumflex ^ besitzt eine besondere Bedeutung in einer Zeichenauswahl, da er die Auswahl negiert.

In Tabelle 19.2: Zeichenauswahl sind ein paar Musterdefinitionen dargestellt.

Muster	enthält	enthält nicht
"[abcde]"	"a", "b"	"A", "1"
"[a-e]"	"a", "b"	"A", "1"
"[A-Za-z]"	"A", "c", "X"	"1", "_"
"[1-5]"	"1", "4"	"8"
"[^a]"	"A", "e"	"a"
"[^a-z]"	"A", "_"	"a", "x"

Tabelle 19.2: Zeichenauswahl

Zeichenklassen

Zeichenklassen sind besondere Zeichenauswahlen. In ECMAScript sind die folgenden Zeichenklassen definiert:

Zeichen-klasse	Beschreibung	Beispiel
[:alnum:]	Kleinbuchstaben, Großbuchstaben und die Ziffern 0 bis 9	
[:alpha:]	Kleinbuchstaben und Großbuchstaben	
[:blank:]	Leerzeichen oder Tabulator	\t
[:cntrl:]	Steuerzeichen	\r, \n, \t,
[:digit:]	Die Ziffern 0 bis 9	
[:graph:]	Kleinbuchstaben, Großbuchstaben, die Ziffern 0 bis 9 und Satzzeichen	
[:lower:]	Kleinbuchstaben	
[:print:]	Druckbare Buchstaben	
[:punct:]	Satzzeichen	! „ # $ % & . ( ) * + , – . / : ; < = > ? @ [\ ] ^ _ ` {	} ~
[:space:]	Tabulator, Zeilenvorschub, Seitenvor-schub, Wagenrücklauf und Leerzeichen	
[:upper:]	Großbuchstaben	
[:xdigit:]	Hexadezimale Ziffern	0 bis 9, A bis F und a bis f

Tabelle 19.3: Zeichenklassen in ECMAScript

Für häufig benötigte Zeichenklassen gibt es in ECMAScript vordefinierte Kurzschreibweisen, die durch einen Backslash eingeleitet werden.

Zeichen-klasse	Alternative Schreibweise	Beschreibung
\d	[[:digit:]]	Ziffern von 0 bis 9
\D	[^[:digit]]	Zeichen, die keine Ziffern sind; [^\d]
\s	[[:space:]]	Tabulator, Zeilenvorschub, Seitenvorschub, Wagenrücklauf und Leerzeichen
\S	[^[:space:]]	Zeichen, die nicht in [[:space:]] sind; [^s]
\w	[a-zA-Z0-9_]	Buchstaben, Ziffern und der Unterstrich
\W	[^a-zA-Z0-9_]	Zeichen, die nicht in [a-zA-Z0-9_]; [^\w] enthalten sind

Tabelle 19.4: Kurzschreibweisen für ausgewiesene Typklassen in ECMAScript

Wiederholungen

Wiederholungen erlauben es, genau zu spezifizieren, wie oft ein Ausdruck vorkommen darf. Dies lässt sich sehr kompakt in der ECMAScript-Grammatik angeben. Am einfachsten fällt der Überblick wieder mit einer Tabelle. Der Wiederholungsfaktor in der Tabelle 19.5 bezieht sich immer auf den Ausdruck unmittelbar vor dem Wiederholungsfaktor.

Wiederholungs-faktor	Beschreibung
?	Der Ausdruck ist optional.
+	Der Ausdruck muss mindestens einmal vorkommen.
*	Der Ausdruck kann beliebig oft vorkommen.
{n}	Der Ausdruck muss genau n-mal vorkommen.
{min,}	Der Ausdruck muss mindestens min-mal vorkommen.
{min,max}	Der Ausdruck muss zwischen min-mal und max-mal vorkommen.
{0,max}	Der Ausdruck darf höchstens max-mal vorkommen.

Tabelle 19.5: Wiederholungsfaktoren in der ECMAScript-Grammatik

Ein paar Beispiele machen die Theorie anschaulicher. Dabei bezeichnet »« die leere Zeichenkette in der Tabelle 19.6.

Muster	Enthält	enthält nicht
"a?"	"a", ""	"aa"
"a+"	"a", "aaaaaa"	""
"a*"	"", "a", "aaaaaaa",	
"a{5}"	"aaaaa"	"aaa"
"a{5,}"	"aaaaa", "aaaaaaaaaaaaaaaaaa"	"aaa"
"a{5,10}"	"aaaaaaaaaa"	"aaa"
"a{0,5}"	"", "a", "aaa", "aaaaa"	"aaaaaaaaaaaaaaaa"

Tabelle 19.6: Beispiele für Wiederholungsfaktoren in der ECMAScript-Grammatik

Bevor wir die Basismuster verlassen, sollte die Alternativauswahl nicht unerwähnt bleiben.

Alternative

Die Alternative wird durch den senkrechten Strich (*pipe*) definiert. So wird der reguläre Ausdruck `"ab|12"` entweder von den Zeichenketten `"ab"` oder `"12"` erfüllt, hingegen nicht von `"a1"`.

Gruppierungen

Werden die bisher dargestellten Bausteine aneinandergereiht, können die Muster deutlich komplexer werden. Die ECMAScript-Grammatik erlaubt es, Teilmuster durch die runden Klammern »( )« in dem Gesamtmuster zu definieren. Die Grundfrage bleibt aber bestehen. Ist ein vorgegebener String in der Menge der Wörter enthalten, die ein Muster beschreibt?

Erfassungsgruppen
Diese Teilmuster werden Erfassungsgruppen (*capture groups*) genannt und bieten mächtige Features an. Zuallererst können die Erfassungsgruppen im Suchergebnis abgefragt werden. Ist `smatch` (Zeile 19) wie in Listing 19.1: E-Mail-Adresse extrahieren und analysieren das Ergebnis der Suchabfrage, so kann mit `smatch[0]` das gesamte Ergebnis oder auch die nullte Erfassungsgruppe, mit `smatch[1]` die erste Erfassungsgruppe, mit `smatch[2]` die zweite Erfassungsgruppe und mit steigendem Index jede weitere Erfassungsgruppe angesprochen werden, die natürlich leer sein kann. Die Nummerierung der Erfassungsgruppen findet in dem Muster von außen nach innen und von links nach rechts statt.

In Listing 19.2: Verschiedene Variationen von Erfassungsgruppen sind Erfassungsgruppen im Einsatz zu sehen.

captureGroup.cpp
```
01 #include <regex>
02
03 #include <iomanip>
```

```
04 #include <iostream>
05 #include <string>
06
07 void showCaptureGroups(const std::string& regEx,
                          const std::string& text){
08
09   // regular expression holder
10   std::regex rgx(regEx);
11
12   // result holder
13   std::smatch smatch;
14
15   // result evaluation
16   if (std::regex_search(text,smatch,rgx)){
17     std::cout << std::setw(12) << regEx
                 << std::setw(12) << text
                 << std::setw(12) << smatch[0]
                 << std::setw(10) << smatch[1]
                 << std::setw(10) << smatch[2]
                 << std::setw(10) << smatch[3] << std::endl;
18   }
19
20 }
21
22 int main(){
23
24   std::cout << std::endl;
25
26   std::cout << std::setw(12) << "reg Expr"
                << std::setw(12) << "text"
                << std::setw(12) << "smatch[0]"
                << std::setw(10) << "smatch[1]"
                << std::setw(10) << "smatch[2]"
                << std::setw(10) << "smatch[3]"  << std::endl;
27
28   showCaptureGroups("abc+","abccccc");
29
30   showCaptureGroups("(a+)(b+)(c+)","aaabccc");
31
32   showCaptureGroups("(abc)+","abcabc");
33
34   showCaptureGroups("((abc)+)","abcabc");
35
36   showCaptureGroups("(ab)(abc)+","ababcabc");
37
38   showCaptureGroups("(a(b))(abc)+","ababcabc");
39
40   std::cout << std::endl;
41
42 }
```

Listing 19.2: Verschiedene Variationen von Erfassungsgruppen

329

> **WEBSITE**
> Die Standardbibliothek: captureGroup.cpp

Da die regulären Ausdrücke in Listing 19.2 keine zu schützenden Sonderzeichen enthalten, sind Raw-String-Literale nicht notwendig. Kompiliert und ausgeführt, lässt sich schön die Anwendung der Erfassungsgruppen studieren.

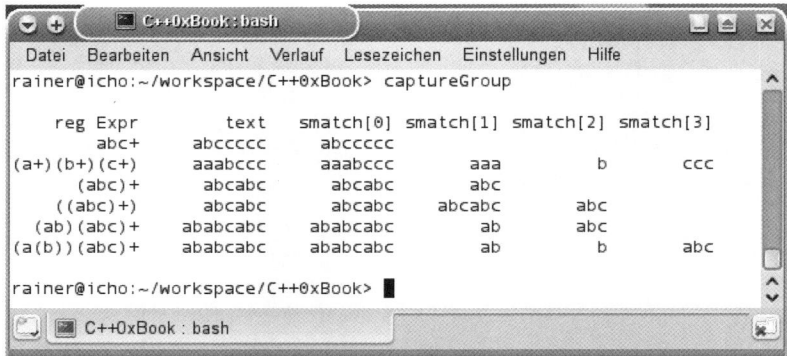

Abbildung 19.2: Anwendung der Erfassungsgruppen aus Listing 19.2

Rückwärtsreferenzen

Erfassungsgruppen können nicht nur in dem Sucherergebnis, sondern direkt im Muster referenziert werden. Dieses mächtige Feature nennt sich Rückwärtsreferenzen. So lässt sich mit \1 die erste, mit \2 die zweite und mit \i die i-te Erfassungsgruppe referenzieren. Dabei ist das Muster nur gültig, wenn für die i-te Rückwärtsreferenz eine i-te Erfassungsgruppe definiert wurde.

In Tabelle 19.7 sind ein paar Beispiele für Rückwärtsreferenzen dargestellt.

Muster	Gültige Zeichenketten	Beschreibung
"(\w+)\s+\1"	"12 12" "a a"	Beliebig langes Wort, das sich durch *space* getrennt, wiederholt
"(\w{3})\w*\1"	"abc___abc" "12_12_"	Drei Zeichen langes Wort, das sich, durch beliebig viele Zeichen getrennt, wiederholt
"(\d+)(\w+)\2\1"	"1aa1" "123Test-Test123"	Ziffern gefolgt von Zeichen wiederholen sich. Dabei ist ihre Reihenfolge vertauscht.
"(.)(.).*\2\1"	"otto", "rentner" "otABCto"	Zeichenkette endet mit den ersten zwei Buchstaben in umgekehrter Reihenfolge.

Tabelle 19.7: Beispiele für Rückwärtsreferenzen

Mit der Syntax für reguläre Ausdrücke gewappnet, lässt sich nun auch der reguläre Ausdruck `"(\w+(\.|_)?\w*)@(\w+(\.\w+)+))"` für eine E-Mail-Adresse aus Listing 19.1: E-Mail-Adresse extrahieren und analysieren in Prosa übersetzen, der eine E-Mail-Adresse in ihren lokalen und Domänenanteil zerlegt. Für die erste Analyse des E-Mail-Ausdrucks werden die Erfassungsgruppen ignoriert. Damit lässt sich der reguläre Ausdruck auf `"\w+(\.|_)?\w*@\w+(\.\w+)+"` vereinfachen.

Der lokale Anteil \w+(\.|_)?\w* besteht aus:

1. Einer beliebig langen Zeichenkette: \w+

2. Optional einem Punkt oder einem Unterstrich: (\.|_)?

3. Einer beliebig langen Zeichenkette: \w*

Der Domänenanteil folgt auf das at-Zeichen @:

1. Eine beliebig lange Zeichenkette: \w+

2. Mindestens ein Paar (Punkt, Zeichenkette): (\.\w+)+

Die Zeichenkette \w+ enthält mindestens ein Zeichen im Gegensatz zur Zeichenkette\w*, die auch leer sein kann. Werden zu dem einfachen regulären Ausdruck wieder die Erfassungsgruppen hinzugefügt, lassen sich der lokale und der Domänenanteil aus diesem extrahieren.

Diese Einführung in die ECMAScript-Grammatik sollte ausreichen, um die weitere Funktionalität zu regulären Ausdrücken in C++11 im Detail zu betrachten.

AUFGABE

1. Mehr Informationen zu regulären Ausdrücken

Um tiefer in die Syntax der regulären Ausdrücke einzutauchen, sei auf [Friedl, 2002] verwiesen. Auch Online-Tools wie der REGEXP-EVALUATOR von Jens Henneberg [Henneberg, 2010] leisten wertvolle Dienste, wenn es darum geht, schnell einen regulären Ausdruck auszuwerten.

Diese Muster, die reguläre Ausdrücke beschreiben, werden in C++11-Objekten gekapselt.

19.1.2 Objekte vom Typ regulärer Ausdruck

Objekte vom Typ regulärer Ausdruck sind Instanzen des Klassen-Template `std::basic_regex`, die über ihren Charaktertyp und die Traits-Klasse parametrisiert werden. Dabei legt die Traits-Klasse fest, wie das Objekt Eigenschaften der regulären Grammatik interpretiert. Das hört sich komplizierter

basic_regex

an, als es ist, denn in Anlehnung an `std::string` und `std::wstring` gibt es zwei Typsynonyme für `std::basic_regex`, die diese Komplexität verbergen:

```
typedef basic_regex<char> regex;
typedef baisc_regex<wchar_t> wregex;
```

Listing 19.3: Typsynonyme für `std::basic_regex`

Anpassung von
regex und wregex

Hier hört aber die Parametrisierung nicht auf. Für Instanzen vom Typ `std::regex` bzw. `std::wregex` lässt sich die verwendete Grammatik, Optimierungseigenschaften und Modifikationen der Syntax des resultierenden Objekts an die eigenen Bedürfnisse anpassen. Als mögliche Grammatiken stehen neben der Standardgrammatik `ECMAScript` auch `basic`, `extended`, `awk`, `grep` und `egrep` zur Verfügung. Während die Optimierung der Instanzen vom Typ regulärer Ausdruck den Spezialisten adressiert, bietet `std::regex_constants::icase` die Möglichkeit, den regulären Ausdruck unabhängig von Groß- und Kleinschreibung (`case insensitive`) zu behandeln. Werden die Optimierungsflags oder auch Modifikatoren der Grammatik verwendet, muss die Syntax der Grammatik verbindlich angegeben werden. Alle drei Parameter werden an den Konstruktor von `std::regex` bzw. `std::wregex` über eine Bitmaske übergeben.

Nach der Theorie ein einfaches Beispiel in Listing 19.4, das die *case sensitive* und *case insensitive* Suche in einem String anwendet.

case.cpp

```
01 #include <regex>
02
03 #include <iostream>
04 #include <string>
05
06 int main(){
07
08   std::cout << std::endl;
09
10   std::string theQuestion="C++ or c++, that's the question.";
11
12   // regular expression for c++
13   std::string regExprStr(R"(c\+\+)");
14   // std::string regExprStr("c\\+\\+");
15
16   // regular expression object
17   std::regex rgx(regExprStr);
18
19   // search result holder
20   std::smatch smatch;
21
22   std::cout << theQuestion << std::endl;
23
24   // looking for a partial match (case sensitive)
25   if (std::regex_search(theQuestion,smatch,rgx)){
26
27     std::cout << std::endl;
```

```
28    std::cout << "The answer is case sensitive: "
                << smatch[0] <<  std::endl;
29
30  }
31
32  // regular expression object (case insensitive)
33  std::regex rgxIn(regExprStr,
      std::regex_constants::ECMAScript|std::regex_constants::icase);
34
35  // looking for a partial match (case insensitive)
36  if (std::regex_search(theQuestion,smatch,rgxIn)){
37
38    std::cout << std::endl;
39    std::cout << "The answer is case insensitive: "
                << smatch[0] << std::endl;
40
41  }
42
43  std::cout << std::endl;
44
45 }
```

Listing 19.4: Suche case sensitive und case insensitive in einem String

Die Standardbibliothek: case.cpp   [**WEBSITE**]

In Zeile 13 in Listing 19.4 wird der reguläre Ausdruck definiert, der für die Suche in `std::string theQuestion` (Zeile 10) verwendet werden soll. In Zeile 14 ist der äquivalente reguläre Ausdruck ohne den Einsatz eines Raw-String-Literals dargestellt. Das erste Objekt vom Typ regulärer Ausdruck wird *case sensitive* instanziiert und in der Zeile 25 angewandt. Im Gegensatz dazu wird das zweite Objekt über die Bitmaske `std::regex_constants::ECMAScript|std::regex_constants::icase` in Zeile 33 parametrisiert, so dass die Suche *case insensitive* ausgeführt wird. Abbildung 19.3: Suche in einem String case sensitive und case insensitive zeigt die Ausführung des Programms.

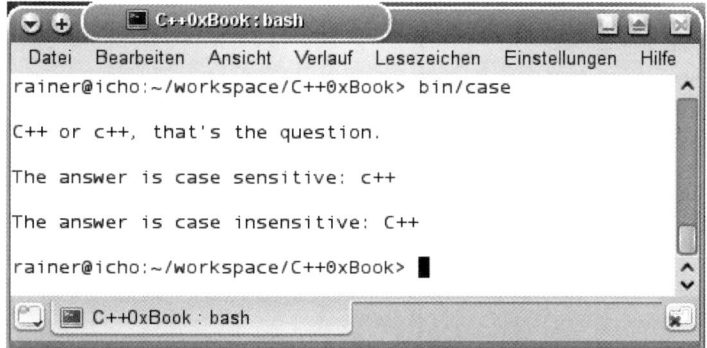

Abbildung 19.3: Suche in einem String *case sensitive* und *case insensitive*

Weitere Element-
funktionen

Objekte vom Typ `std::regex` und `std::wregex` bieten noch weitere Funktionen an. Das Tauschen (`swap`) des Inhalts zweier Objekte wird in C++11
unterstützt. Seine Lokalisierungseigenschaften lassen sich ändern (`imbue`)
und ausgeben (`getloc`). Dies ist auch für die Flags (`flags`) möglich. Weiter ist
es möglich, die Anzahl der Erfassungsgruppen des regulären Ausdrucks,
den das Objekt hält, durch die Elementfunktion (`mark_count`) abzufragen.

> **AUFGABE**
>
> 1.   Der Blick in die Tiefe
>
> In dem Buch »The C++ Standard Library Extensions« (Becker, The C++ Stan-
> dard Library Extension, 2006) lässt Pete Becker in Kapitel 16 keine Frage
> zu den weiteren Details, insbesondere auch zur Ausnahmebehandlung, der
> Objekte vom Typ reguläre Ausdrücke, offen.

19.1.3   Analyse des Suchergebnisses mit match_results

> **AUFGABE**
>
> **Bleiben Sie Ihrem Zeichentyp treu.**
>
> Der Zeichentyp des regulären Ausdrucks, der zu untersuchenden Zeichen-
> kette und des Suchergebnisses müssen übereinstimmen. `char` und `wchar_t`
> sind die Zeichentypen, die eine Bibliothek zu regulären Ausdrücken in
> C++11 unterstützen muss.

`std::match_results` stellt das Ergebnis eines `std::regex_match`- oder
`std::regex_search`-Aufrufs zur Verfügung. Dabei ist `std::match_results`
ein sequenzieller Container, der seine einzelnen Erfassungsgruppen als
`std::sub_match`-Objekte zurückgibt. `std::sub_match` ist eine Sequenz von
Zeichen.

Damit lässt sich komfortabel in Listing 19.5 über die Erfassungsgruppen
und die Zeichenketten der Erfassungsgruppen iterieren.

iterate.cpp

```
01 #include <regex>
02
03 #include <algorithm>
04 #include <iomanip>
05 #include <iostream>
06 #include <string>
07
08 int main(){
09
10    std::cout << std::endl;
11
12    std::string privateAddress="192.168.178.21";
13
14    // regular expression for IP4 adresses
```

```
15   std::string
     ip4RegEx(R"((\d{1,3})\.(\d{1,3})\.(\d{1,3})\.(\d{1,3}))");
16
17   // regular expression holder
18   std::regex rgx(ip4RegEx);
19
20   // search result holder
21   std::smatch smatch;
22
23   // looking for the exact match
24   if (std::regex_match(privateAddress,smatch,rgx)){
25
26     for ( auto cap: smatch ){
27
28       std::cout << "capture group: " << cap << std::endl;
29       if (cap.matched){
30
31         // print each character in hexadecimal notation,
             including the base
32         std::cout << "hex: ";
33         std::for_each(cap.first,cap.second,
             [](int v){std::cout << std::showbase
                                 << std::hex << v << " ";});
34         std::cout << "\n\n";
35
36       }
37
38     }
39
40   }
41
42 }
```

Listing 19.5: Iterieren über die Erfassungsgruppen und die Zeichenketten der Erfassungsgruppen

Die Standardbibliothek: iterate.cpp **WEBSITE**

Listing 19.5 beginnt vertraut. In Zeile 15 wird ein regulärer Ausdruck für IP4-Adressen erklärt, der in Zeile 18 an das Objekt vom Typ regulärer Ausdruck übergeben wird. Spannender wird es in dem if-Block (Zeile 24 – 40). std::regex_match prüft, ob der Eingabestring privateAddress eine gültige IP4-Adresse ist. Ist dies der Fall, wird der if-Block ausgeführt und in der for-Schleife (Zeile 26 – 38) jede Erfassungsgruppe ausgegeben. Dies ist aber nur die Iteration über alle Erfassungsgruppen. In der Zeile 33 wird über die Zeichen jeder Erfassungsgruppe iteriert. Um den Unterschied optisch zu verdeutlichen, stellt die Lambda-Funktion jedes Zeichen hexadezimal dar.

In Abbildung 19.4 ist die Ausgabe des Programms zu sehen.

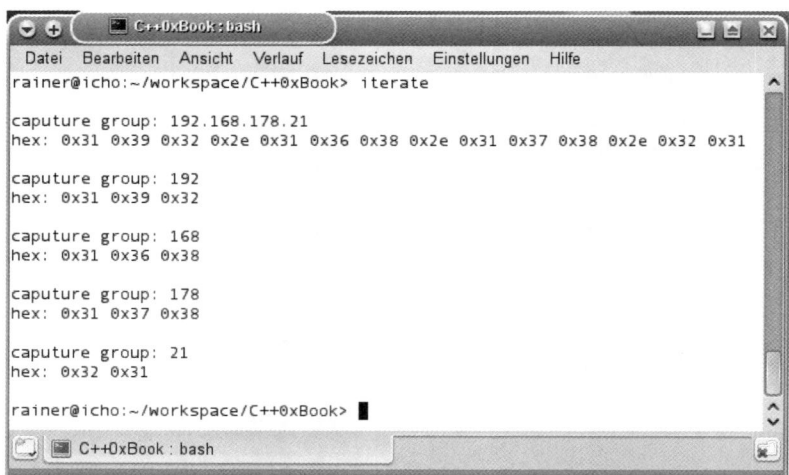

Abbildung 19.4: Ausgabe der Erfassungsgruppen und des Zeichens jeder Erfassungsgruppe im hexadezimalem Format

Noch eine Feinheit: Während das Suchergebnis smatch vom Typ std::match_results ist, ist die Erfassungsgruppe cap vom Typ std::sub_match. Dies erklärt, warum die Objekte smatch und cap verschiedene Interfaces anbieten. Um den Überblick zu behalten, sind in den zwei folgenden Tabellen die wichtigsten Funktionen des Datentyps std::match_results (Tabelle 19.8: std::match_results-Funktionen) und die des Datentyps std::sub_match (Tabelle 19.9: std::sub_match-Funktionen) dargestellt.

match_result
Funktionen

Funktion	Beschreibung
smatch.swap(smatch1) std::swap(smatch,smatch1)	Tausche smatch und smatch1.
smatch[i]	Gib die i-te Erfassungsgruppe vom Typ std::sub_match zurück.
smatch.position(i)	Gib den Offset vom Anfang des Suchstrings bis zum Beginn der i-ten Erfassungsgruppe zurück. Defaultwert i= 0.
smatch.length(i)	Gib die Länge der i-ten Erfassungsgruppe zurück. Defaultwert i= 0.
smatch.str(i)	Gib die Zeichenkette der i-ten Erfassungsgruppe als String zurück. Defaultwert i= 0.

Tabelle 19.8: std::match_results-Funktionen

Funktion	Beschreibung
smatch.format(...)	Ermöglicht die Formatierung der Eingabestrings mit Hilfe des Suchergebnisses `smatch`. (Genaueres hierzu folgt im Unterkapitel: Formatieren mit regex_replace und match_results.format.)
smatch.prefix()	Gib einen Iterator auf eine Position nach der letzten Erfassungsgruppe zurück.
smatch.suffix()	Gib die Zeichenkette vor dem Suchergebnis (`smatch[0]`) zurück.
smatch.begin()	Gib einen Iterator auf die erste Erfassungsgruppe zurück.
smatch.end()	Gib die Zeichenkette nach dem Suchergebnis (`smatch[0]`) zurück.
smatch.size()	Gib die Anzahl der Erfassungsgruppen zurück.
smatch.max_size()	Gib die Länge der längsten Erfassungsgruppe zurück.
smatch.empty()	Gibt `true` zurück, falls `smatch` keine Erfassungsgruppe besitzt. Sonst `false`.
smatch.get_allocator()	Gib eine Kopie des Allokators für `smatch` zurück.
smatch == smatch1 smatch != smatch1	Vergleiche die Suchergebnisse `smatch` und `smatch1`.

Tabelle 19.8: std::match_results-Funktionen (Fortsetzung)

sub_match
Funktionen

Funktion	Beschreibung
cap.matched	Rückgabewert `true`, falls die Erfassungsgruppe einen Treffer ergab. Sonst `false`.
cap.first	Iterator auf den Beginn der Zeichenkette.
cap.second	Iterator auf die Position nach dem letzten gültigen Zeichen der Zeichenkette.
cap.length()	Gibt die Länge der Zeichenkette zurück.
cap.str()	Gibt eine Zeichenkette als String zurück.
cap.compare(other)	Vergleicht `cap` mit `other`, wobei `other` ein `std::sub_match`-Objekt, ein String oder eine Zeichenkette vom gleichen Typ sein kann.

Tabelle 19.9: std::sub_match-Funktionen

typdef für
match result

Für die Zeichentypen char und wchar_t gibt es sowohl für std::match_results als auch für std::sub_match Typsynonyme, die das Leben eines Programmierers einfacher machen.

```
typedef match_results<const char*> cmatch;
typedef match_results<const wchar_t*> wcmatch;
typedef match_results<string::const_iterator> smatch;
typedef match_results<wstring::const_iterator> wsmatch;
```

Listing 19.6: Typsynonyme für std::match_results

```
typedef sub_match<const char*> csub_match;
typedef sub_match<const wchar_t*> wcsub_match;
typedef sub_match<string::const_iterator> ssub_match;
typedef sub_match<wstring::const_iterator> wssub_match;
```

Listing 19.7: Typsynonyme für std::sub_match

AUFGABE

1. Implementieren Sie Listing 19.5 für den Charaktertyp const char*.

Das Programm iterate.cpp aus Listing 19.5: Iterieren über die Erfassungsgruppen und die Zeichenketten der Erfassungsgruppen ist für den Zeichentyp std::string implementiert. Ein paar Modifikationen und es kann auf const char* angewandt werden.

WEBSITE

Die Standardbibliothek: Aufgaben: iterateSolution.cpp

19.1.4   Exakte Treffer mit regex_match

std::regex_match soll helfen, die Frage zu beantworten: Entspricht meine Zeichenkette dem regulären Ausdruck? Da sich diese einfache Frage mit ja oder nein beantworten lässt, kann std::regex_match ohne ein Suchergebnis std::match_results (Listing 19.5) verwendet werden.

Genau diese Anwendung zeigt Listing 19.8: Aufruf von std::regex_match in drei Variationen.

regexMatch.cpp

```
01 #include <regex>
02
03 #include <iostream>
04 #include <string>
05 #include <vector>
06
07 int main(){
08
09   std::cout << std::endl;
10
11   // regular expression for a number,
       not including an exponent
```

```
12   std::string numberRegEx(
       R"([-+]?([0-9]*\.[0-9]+|[0-9]+))");
13
14   // regular expression holder
15   std::regex rgx(numberRegEx);
16
17   // using const char*
18   const char* numChar{"2011"};
19   if (std::regex_match(numChar,rgx)){
20     std::cout << numChar << " is a number." << std::endl;
21   }
22
23   // using std::string
24   const std::string numStr{"3.14159265359"};
25   if (std::regex_match(numStr,rgx)){
26     std::cout << numStr << " is a number." << std::endl;
27   }
28
29   // using bidirectional iterators
30   const std::vector<char> numVec{
       {'-','2','.','7','1','8','2','8','1','8','2','8'}};
31   if (std::regex_match(numVec.begin(),numVec.end(),
       rgx)){
32     for (auto c: numVec){ std::cout << c ;};
33     std::cout << " is a number." << std::endl;
34   }
35
36   std::cout << std::endl;
37
38 }
```

Listing 19.8: Aufruf von `std::regex_match` in drei Variationen

Die Standardbibliothek: regexMatch.cpp   **WEBSITE**

In Listing 19.8 wird `std::regex_match` in Zeile 19 mit einem Zeiger auf `const char`, in Zeile 25 mit einem `std::string` und in Zeile 31 mit zwei Iteratoren aufgerufen. Alle drei Aufrufe ergeben das erwartete Ergebnis (Abbildung 19.5).

Neben diesen drei überladenen Versionen des Funktions-Templates `std::regex_match` existieren noch drei weitere Varianten, die ein Suchergebnis vom Typ `std::match_results` erwarten. Diese sind bereits in Listing 19.5: Iterieren über die Erfassungsgruppen und die Zeichenketten der Erfassungsgruppen angewandt worden.

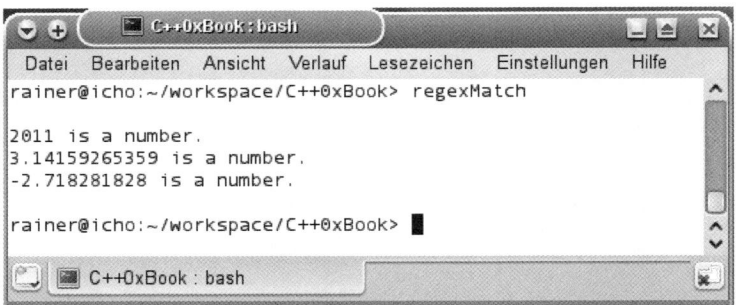

Abbildung 19.5: Aufrufe von `std::regex_match` mit einem `const char*`, einem
`std::string` und einem `std::vector`

EXKURS

Weitere Flags in
regex_constants

Weitere Flags, um das Suchverhalten anzupassen

Für spezielle Anwendungsfälle können `std::regex_match`, `std::regex_search`
und `std::regex_replace` noch weitere Suchoptionen vom Typ `std::regex_`
`constants` übergeben werden. Die sehr speziellen Details werden in Pete
Beckers Standardwerk »The C++ Standard Library Extension« (Becker, The
C++ Standard Library Extension, 2006) genau erläutert.

AUFGABE

1. Erweitern Sie die Zahlenerkennung in Listing 19.8 um die Exponential-
    schreibweise.

Listing 19.8: Aufruf von std::regex_match in drei Variationen ist nur die halbe Lösung des Problems. Literale der Form »-3.44E+4« sind für das Programm keine Zahlen. Erweitern Sie daher den regulären Ausdruck so, dass
er Zahlen in der wissenschaftlichen Notation auch erkennt.

Testen Sie Ihren Algorithmus mit den Zahlen: 2011, 3.14159, -3.44E+4 und
-1.02E-4.

WEBSITE

Die Standardbibliothek: Aufgaben: regexMatchSolution.cpp

19.1.5   Suchen mit regex_search

regex_search

Die Anwendung von `std::regex_search` ist der von `std::regex_match` sehr
ähnlich. Zu jeder der sechs Varianten von `std::regex_match` existiert eine
Variante von `std::regex_search`, die die gleiche Signatur besitzt. Während
`std::regex_match` entscheidet, ob eine Zeichenkette einem gegebenen regulären Ausdruck entspricht, sucht `std::regex_search` eine dem regulären
Ausdruck entsprechende Zeichenkette in dem Eingabetext.

In Listing 19.1, Listing 19.2 und Listing 19.3 haben wir schon `std::regex_`
`search` zusammen mit einem Suchergebnis im Einsatz gesehen. Was aber
noch fehlt, ist der Einsatz von verschiedenen Zeichentypen. In Listing 19.9

wird ein regulärer Ausdruck verwendet, um die Zeit aus der Zeichenkette zu extrahieren. Die Datentypen const char*, std::string, wchar_t* und std::wstring werden verwendet.

```
01 #include <regex>                                    regexSearch.cpp
02
03 #include <iostream>
04 #include <string>
05
06 int main(){
07
08   std::cout << std::endl;
09
10   // regular expression holder for time
11   std::regex crgx("([01]?[0-9]|2[0-3]):[0-5][0-9]");
12
13   // const char*
14   std::cout << "const char*" << std::endl;
15   std::cmatch cmatch;
16
17   const char* ctime{"Now it is 23:10."};
18
19   if (std::regex_search(ctime,cmatch,crgx)){
20
21     std::cout << ctime << std::endl;
22     std::cout << "Time: " << cmatch[0] << std::endl;
23
24   }
25
26   std::cout << std::endl;
27
28   // std::string
29   std::cout << "std::string" << std::endl;
30   std::smatch smatch;
31
32   std::string stime{"Now it is 23:25."};
33   if (std::regex_search(stime,smatch,crgx)){
34
35     std::cout << stime << std::endl;
36     std::cout << "Time: " << smatch[0] << std::endl;
37
38   }
39
40   std::cout << std::endl;
41
42   // regular expression holder for time
43   std::wregex wrgx(L"([01]?[0-9]|2[0-3]):[0-5][0-9]");
44
45   // const wchar_t*
46   std::cout << "const wchar_t* " << std::endl;
47   std::wcmatch wcmatch;
```

```
48
49    const wchar_t* wctime{L"Now it is 23:47."};
50
51    if (std::regex_search(wctime,wcmatch,wrgx)){
52
53        std::wcout << wctime << std::endl;
54        std::wcout << "Time: " << wcmatch[0] << std::endl;
55
56    }
57
58    std::cout << std::endl;
59
60    // std::wstring
61    std::cout << "std::wstring" << std::endl;
62    std::wsmatch wsmatch;
63
64    std::wstring  wstime{L"Now it is 00:03."};
65
66    if (std::regex_search(wstime,wsmatch,wrgx)){
67
68      std::wcout << wstime << std::endl;
69      std::wcout << "Time: " << wsmatch[0] << std::endl;
70
71    }
72
73    std::cout << std::endl;
74
75 }
```

Listing 19.9: `std::regex_search` mit verschiedenen Zeichentypen

WEBSITE   Die Standardbibliothek: regexSearch.cpp

Listing 19.9 zeigt den Umgang mit den verschiedenen Datentypen `const char*` (Zeile 13 – 24), `std::string` (Zeile 28 – 38), `const wchar_t*` (Zeile 45 – 56) und `std::wstring` (Zeile 60 – 71). Werden alle Parameter von `std::regex_search` mit dem gleichen Zeichentyp verwendet, dann klappt es auch mit der Ausgabe (Abbildung 19.6).

Zum Abschluss will ich den Umgang mit `std::wstring` in Listing 19.9 explizit auf den Punkt bringen. Für das richtige Verarbeiten von `std::regex_search` ist es erforderlich, dass der reguläre Ausdruck `wrgx` (Zeile 43), das Suchergebnis `wsmatch` (Zeile 62), die zu untersuchende Zeichenkette `wstime` (Zeile 64) und der Ausgabekanal `std::wcout` (Zeile 68) vom gleichen Datentyp sind.

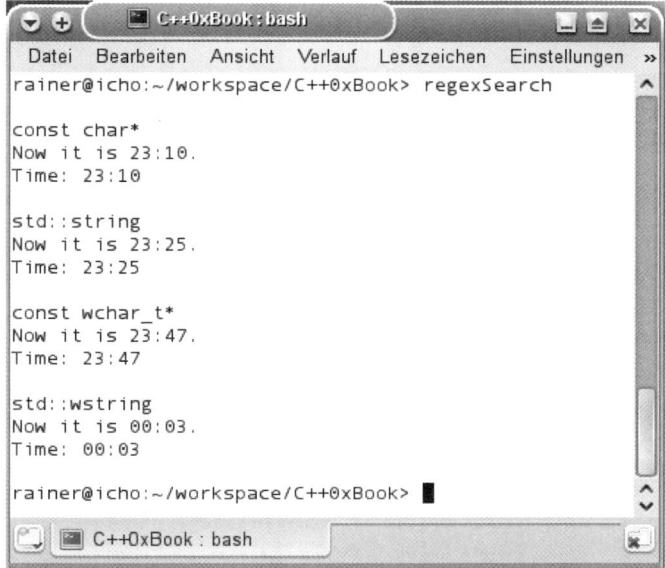

Abbildung 19.6: Anwendung von `std::regex_search` mit verschiedenen Datentypen

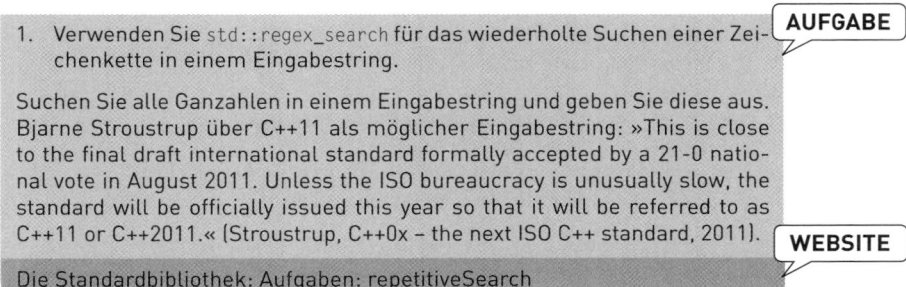

AUFGABE

1. Verwenden Sie `std::regex_search` für das wiederholte Suchen einer Zeichenkette in einem Eingabestring.

Suchen Sie alle Ganzzahlen in einem Eingabestring und geben Sie diese aus. Bjarne Stroustrup über C++11 als möglicher Eingabestring: »This is close to the final draft international standard formally accepted by a 21-0 national vote in August 2011. Unless the ISO bureaucracy is unusually slow, the standard will be officially issued this year so that it will be referred to as C++11 or C++2011.« (Stroustrup, C++0x – the next ISO C++ standard, 2011).

WEBSITE

Die Standardbibliothek: Aufgaben: repetitiveSearch

19.1.6   Ersetzen mit regex_replace

Während die Algorithmen `std::regex_match` und `std::regex_search` mächtige Helfer sind, um einen String in einem Eingabestring mit Hilfe eines regulären Ausdrucks zu identifizieren, erlaubt es `std::regex_replace`, diesen identifizierten String durch einen neuen String zu ersetzen.

regex_replace

In Listing 19.10 wird jeweils `std::string` in zwei Schritten modifiziert zurückgegeben.

```
01 #include <regex>
02
03 #include <iomanip>
```

regexReplace.cpp

```
04 #include <iostream>
05 #include <string>
06
07 int main(){
08
09   std::cout << std::endl;
10
11   std::string future{"Future"};
12   int len= sizeof(future);
13
14   std::string unofficialStandardName
      {"The unofficial name of the new C++ standard is C++0x."};
15   std::cout << std::setw(len) << std::left << "Now: "
               << unofficialStandardName << std::endl;
16
17   // replace C++0x with C++11
18   std::regex rgxCpp(R"(C\+\+0x)");
19   std::string newCppName{"C++11"};
20
21   std::string newStandardName{std::regex_replace(
      unofficialStandardName,rgxCpp,newCppName)};
22   std::cout << std::setw(len) << std::left <<  "Now: "
               << newStandardName << std::endl;
23
24   // replace unofficial with official
25   std::regex rgxOff{"unofficial"};
26   std::string makeOfficial{"official"};
27
28   std::string officialName{std::regex_replace(
      newStandardName,rgxOff,makeOfficial)};
29   std::cout << std::setw(len) << std::left  << "Future: "
               << officialName << std::endl;
30
31   std::cout << std::endl;
32
33 }
```

Listing 19.10: `std::regex_replace` auf einen `std::string` angewandt

WEBSITE
Die Standardbibliothek: regexReplace.cpp

Das Programm in Listing 19.10 versucht, mit der für einen Autor undankbaren Situation umzugehen, dem neuen Kind einen Namen geben zu müssen. Durch `std::regex_replace` wird in den Zeilen 21 und 28 der bestehende String durch einen neuen ersetzt. So bewirkt der Aufruf von `std::regex_re place(unofficialStandardName,rgxCpp,newCppName)`, dass jeder Teilstring in `unofficialStandardName`, der dem Muster `rgxCpp` entspricht, durch den String `newCppName` eingesetzt wird.

In der Hoffnung, dass die Ausgabe in Abbildung 19.7 korrekt ist:

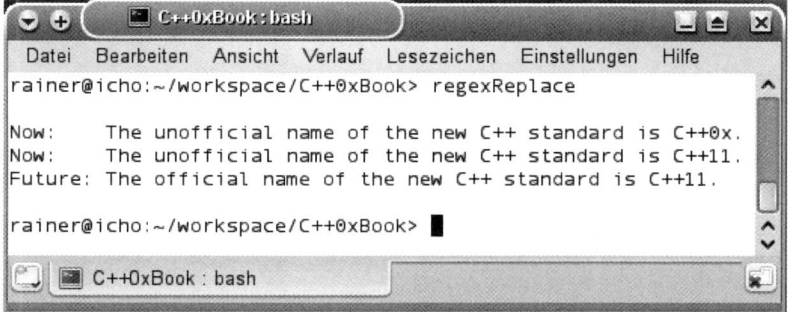

Abbildung 19.7: Doppelter Einsatz von `std::regex_replace`

Neben dem dargestellten Funktions-Template `std::regex_replace`, das das Ergebnis der Ersetzung als Rückgabewert zurückgibt, bietet C++11 noch eine allgemeinere Form des Funktions-Template an. Dieses Funktions-Template arbeitet in bekannter STL-Manier auf Iteratoren.

Verallgemeinertes regex_replace

Listing 19.11 stellt den `std::regex_replace`-Einsatz von Listing 19.10: std::regex_replace auf einen std::string angewandt dem verallgemeinernden Iteratorenansatz gegenüber. Der Einfachheit halber sind die Variablennamen deutlich verkürzt.

```
01 std::string unoff{"The unofficial name of the new C++ standard is
C++0x."};
02
03 std::regex rgx(R"(C\+\+0x)");
04 std::string cpp{"C++11"};
05
06 // string version
07 std::string newName{std::regex_replace(unoff,rgx,cpp)};
08
09 // iterator version
10 std::string newName2;
11 std::regex_replace(std::back_inserter(newName2),
                      unoff.begin(),unoff.end(),rgx,cpp);
```

Listing 19.11: Vergleich der zwei `std::regex_replace`-Versionen

In der Iterator-Version in Listing 19.11 wird in Zeile 10 eine Variable new-Name2 angelegt, in der das Ergebnis gespeichert werden soll. Der Ausdruck in Zeile 11 in Prosa übersetzt, lautet: Gehe durch den Bereich unoff.begin() bis unoff.end(), indem Du alle Treffer von rgx durch cpp ersetzt und an newName2 hinten anhängst (std::back_inserter(newName2)).

`std::regex_replace` kann über zwei Flags noch weiter parametrisiert werden. So bewirkt `std::regex_constants::format_no_copy`, dass lediglich die Teilstrings in den Ergebnisstring kopiert werden, die den regulären Aus-

Zwei Flags format_no_copy format_first_only

345

druck erfüllen. Soll nur der erste Teilstring kopiert werden, lässt sich dieses Verhalten über das Flag `std::regex_constants::format_first_only` steuern.

1. Schieben Sie alle Treffer auf einen neuen Vektor.

Verwenden Sie `std::regex_replace` und das Flag `std::regex_constants::format_not_copy`, um die Zahlen in dem String auf einen anderen Vektor zu schieben. Geben Sie den neuen Vektor aus.

Ein möglicher Eingabestring: »This is close to the final draft international standard formally accepted by a 21-0 national vote in August 2011. Unless the ISO bureaucracy is unusually slow, the standard will be officially issued this year so that it will be referred to as C++11 or C++2011. « (Stroustrup, C++0x – the next ISO C++ standard, 2011).

Nützen Sie dabei aus, dass in dem Eingabestring nur Ganzzahlen vorkommen. Dabei bezeichnet »$&« den gesamten Treffer im Ersetzungstext (Tabelle 19.10: Die Format-Escape-Sequenzen der ECMAScript-Grammatik).

Die Standardbibliothek: Aufgaben: replaceText.cpp

2. Ersetzen Sie den ersten Treffer durch einen neuen Text.

Die E-Mail ist leider nicht mehr aktuell. Ersetzen Sie die erste Zahl durch 2012.

»We happily announce to you the draw of the Euro – Afro Asian Sweepstake Lottery International programs held on the first of May 2004 in Dakar Senegal.Your e-mail address attached to ticket number: 564-75600545-188with Serial number 5388/02 drew the lucky numbers: 31-6-26-13-35-7, which subsequently won you the lottery in the 2nd category.\n\n CONGRATULATIONS!!!«

Die Standardbibliothek: Aufgaben: replaceTextFirst.cpp

19.1.7 Formatieren mit regex_replace und match_results.format

Um in Listing 19.10 den endgültigen String zu erhalten, waren zwei Iterationen notwendig. Das ist umständlich, verlangt doch jede Ersetzung eine Iteration. Erfassungsgruppen in Kombination mit der Elementfunktion `std::match_results.format` erlauben dies in einem Schritt. Dabei wird das Problem umformuliert. Statt in einen bestehenden String einen Teilstring über mehrere Iterationen hinweg zu verändern, wird ein Formatstring mit Platzhaltern vorgegeben, in den die neuen Werte eingesetzt werden. Dieser einfache Anwendungsfall lässt sich auch noch mit dem alten Bekannten `std::regex_replace` umsetzen.

```
01 #include <regex>
02
03 #include <iomanip>
04 #include <iostream>
05 #include <string>
06
07 int main(){
08
09    std::cout << std::endl;
10
11    std::string future{"Future"};
12    int len= sizeof(future);
13
14    const std::string unofficial{"unofficial,C++0x"};
15    const std::string official{"official,C++11"};
16
17    std::regex regValues{"(.*),(.*)"};
18
19    std::string standardText{
20       "The $1 name of the new C++ standard is $2."};
20
21    // using std::regex_replace
22    std::string textNow= std::regex_replace(
          unofficial,regValues,standardText );
23
24    std::cout <<  std::setw(len) << std::left << "Now: "
                << textNow << std::endl;
25
26    // using std::match_results
27    // typedef match_results<string::const_iterator> smatch;
28    std::smatch smatch;
29    if ( std::regex_match(official,smatch,regValues)){
30
31      std::string textFuture= smatch.format(standardText);
32      std::cout <<  std::setw(len) << std::left << "Future: "
                  << textFuture << std::endl;
33
34    }
35
36    std::cout << std::endl;
37
38 }
```

Listing 19.12: Text formatieren mit `std::regex_replace` und `std::match_result.`
`format`

Die Standardbibliothek: regexFormat.cpp   **WEBSITE**

In Listing 19.12 wird die erste Ausgabe mit `std::regex_replace` (Zeile 22), die
zweite Ausgabe mit `std::match_results.format` (Zeile 31) formatiert. Durch
»$i« kann in dem Formatstring `standardText` (Zeile 19) die i-te Erfassungs-

gruppe referenziert werden. Dabei beschreibt `regValues{"(.*),(.*)"}` in Zeile 17 die erste und zweite Erfassungsgruppe der Strings `unofficial` (Zeile 14) und `official` (Zeile 15).

Die formatierte Ausgabe ist in Abbildung 19.8 zu sehen.

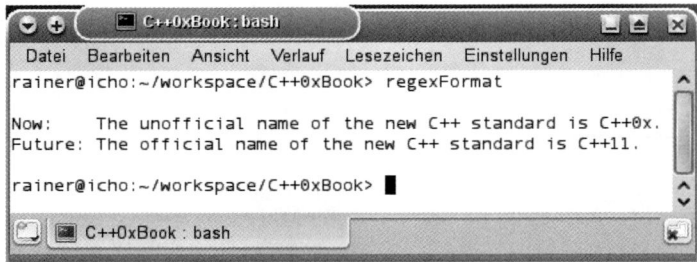

Abbildung 19.8: Formatierte Ausgabe mit `std::regex_replace` und `std::match_results::format`

Die weiteren Format-Escape-Sequenzen der ECMAScript-Grammatik sind in der Tabelle 19.10 zusammengefasst.

Format-Escape-Sequenz	Ersetzungstext
"$&"	Gibt den Gesamttreffer aus. Dies ist die 0-te Erfassungsgruppe. (smatch[0])
"$$"»	Gibt "$" aus.
"$`"« (Dollar-Zeichen gefolgt vom Backquote)	Gibt den Text vor dem Gesamttreffer aus. (smatch[0].prefix())
"$´" (Dollar Zeichen gefolgt von dem Vorwärtsquote)	Gibt den Text nach dem Gesamttreffer aus. (smatch[0].suffix())
"$i" (eine Ziffer)	Gibt die i-te Erfassungsgruppe aus. (smatch[i])
"$ii" (zwei Ziffern)	Gibt die ii-te Erfassungsgruppe aus.

Tabelle 19.10: Die Format-Escape-Sequenzen der ECMAScript-Grammatik

Mächtigkeit von match_results

Auch wenn der Einsatz des Suchergebnisses `std::match_results` aufwändiger ist als der von `std::regex_replace`, so bietet er doch zwei Vorteile.

1. Ein bereits erzeugtes Suchergebnis kann weiterverwendet werden.

2. Abhängig von den Eigenschaften des Suchergebnisses kann die Ausgabe angepasst werden.

Ziehen Sie regex_replace match_results::format vor.

Für die meisten Anwendungsfälle ist die direkte Anwendung `std::regex_replace` für die formatierte Ausgabe ausreichend. Der Einsatz von `std::match_results.format` sollte dann in Erwägung gezogen werden, wenn die Erzeugung des Suchergebnisses von dessen Anwendung in einem Formatstring getrennt werden muss.

In Analogie zu `std::regex_replace` (Listing 19.11: Vergleich der zwei std::regex_replace-Versionen) gibt es die Funktion `std::match_results.format` in zwei Varianten. Die einfache Variante, die in Listing 19.12 angewandt wurde, gibt einen String zurück. Die allgemeinere Form setzt Iteratoren voraus.

1. Gewappnet für die Zukunft

Im mittlerweile bekannten Text von Bjarne Stroustrup (Stroustrup, C++0x – the next ISO C++ standard, 2011) sind die Jahreszahlen als Variablen vorgehalten.

»This is close to the final draft international standard formally accepted by a 21-0 national vote in August $1. Unless the ISO bureaucracy is unusually slow, the standard will be officially issued this year so that it will be referred to as C++$2 or C++$1. «

Ein einfaches `std::regex_replace` löst das Problem. In erster Annäherung soll $1 den Wert 2011 und $2 den Wert 11 besitzen.

Die Standardbibliothek: Aufgaben: regexFormatStandard.cpp

19.1.8 Wiederholtes Suchen mit regex_iterator und regex_token_iterator

Mit `std::regex_iterator` und `std::regex_token_iterator` bietet die C++11-Bibliothek zwei mächtige Werkzeuge an, um über Vorkommen eines Teilstrings in einem String zu iterieren. Dabei erlaubt `std::regex_iterator` die Iteration über die Suchergebnisse `std::match_results` jedes Teilstrings, der einem regulären Ausdruck entspricht. Im Gegensatz hierzu geht die Iteration bei `std::regex_token_iterator` noch weiter ins Detail. Nicht nur über das Suchergebnis, sondern auch über die einzelnen Erfassungsgruppen wird iteriert. Die Art der Iteration lässt sich bei ihm durch Indizes genauer steuern.

regex_iterator

Wie oft kommt ein Wort in einem Text vor? Dieser Klassiker aller Programmieraufgaben lässt sich in C++11 annähernd mit der Leichtigkeit einer Interpretersprache wie Python programmieren (Listing 19.12).

regexIterator.cpp

```
01 #include <regex>
02
03 #include <iostream>
04 #include <string>
05 #include <unordered_map>
06
07 int main(){
08
09   std::cout << std::endl;
10
11   // Bjarne Stroustrup about C++0x on
         http://www2.research.att.com/~bs/C++0xFAQ.html
12   std::string text{"That's a (to me) amazingly frequent
         question. It may be the most frequently asked question.
         Surprisingly, C++0x feels like a new language: The
         pieces just fit together better than they used to and I
         find a higher-level style of programming more natural
         than before and as efficient as ever."};
13
14   // regular expression for a word
15   std::regex wordReg(R"(\w+)");
16
17   // get all words from text
18   std::sregex_iterator wordItBegin(
         text.begin(),text.end(),wordReg);
19   const std::sregex_iterator wordItEnd;
20
21   // use unordered_map to count the wourds
22   std::unordered_map<std::string, std::size_t> allWords;
23
24   // count the words
25   for (; wordItBegin != wordItEnd;++wordItBegin){
26     ++allWords[wordItBegin->str()];
27   }
28
29   for ( auto wordIt: allWords) std::cout
         << "(" << wordIt.first << ":" << wordIt.second << ")" ;
30
31   std::cout << std::endl;
32
33 }
```

Listing 19.13: Wörter zählen mit std::regex_iterator

WEBSITE
Die Standardbibliothek: regexIterator.cpp

Das Programm in Listing 19.12 sollte zum größten Teil vertraut sein. In Zeile 18 wird ein Iterator definiert. In diesem konkreten Fall iteriert er über alle Wörter von text.begin() bis text.end(), die dem regulären Ausdruck wordReg (Zeile 15) entsprechen. Diese Wörter werden in Zeile 25 und 26 in die neue C++11-Hashtabelle eingefügt und der Zähler wird erhöht. Dabei beendet `wordItEnd` die Iteration. `wordItBegin` ist vom bekannten Typ `std::match_results`, so dass die String-Repräsentation der ersten Erfassungsgruppe mittels `wordItBegin->str()` zur Verfügung steht. Sind alle Wörter durchlaufen, kann das Ergebnis in Zeile 29 kompakt ausgegeben werden.

Abbildung 19.9 zeigt das Ergebnis.

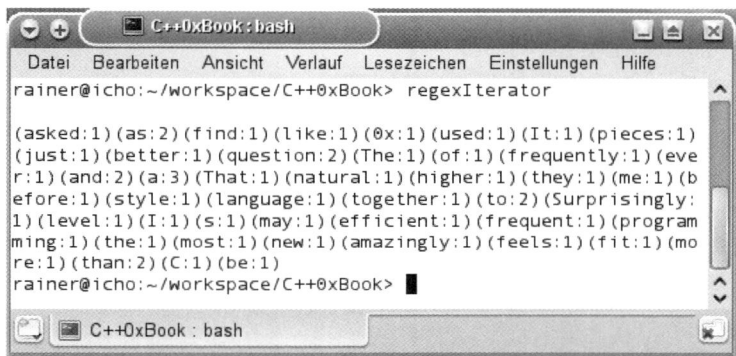

Abbildung 19.9: Wörter zählen mit `std::regex_iterator`

Eines sei nochmals explizit erwähnt. Jeder Teilstring, der dem regulären Ausdruck entspricht, wird über den Typ `std::match_results` zur Verfügung gestellt. Damit lässt sich jedes einzelne Suchergebnis mit der Mächtigkeit der Funktionen aus Tabelle 19.8: std::match_results-Funktionen weiterverarbeiten.

Diese Mächtigkeit zeigt das folgende Beispiel. In ihm wird auf jede Erfassungsgruppe direkt Bezug genommen.

```
01 #include <regex>
02
03 #include <iostream>
04 #include <string>
05 #include <vector>
06
07 int main(){
08
09   std::cout << std::endl;
10
11   // a few books
12   std::string text{"
      Pete Becker,The C++ Standard Library Extensions,2006;
      Nicolai Josuttis,The C++ Standard Library,1999;
      Andrei Alexandrescu,Modern C++ Design,2001"};
13
14   // regular expression for a book description
```

regexIteratorIndex.
cpp

```
15   std::regex regBook(
       R"((\w+)\s(\w+),([\w\s\+]*),(\d{4})))");
16
17   // get all books from text
18   std::sregex_iterator bookItBegin(
       text.begin(),text.end(),regBook);
19   const std::sregex_iterator bookItEnd;
20
21   // iterate over each match_results
22   while ( bookItBegin != bookItEnd){
23     auto match= *bookItBegin++;
24     // iterate over each capture group
25     for ( size_t i= 0; i < match.size(); ++i){
26       std::cout << i << ": "  << match[i] << std::endl;
27     }
28     std::cout << std::endl;
29   }
30
31   std::cout << std::endl;
32
33 }
```

Listing 19.14: Iteration über jede Erfassungsgruppe

WEBSITE Die Standardbibliothek: regexIteratorIndex.cpp

Der reguläre Ausdruck in Listing 19.14 in der Zeile 15 ist relativ schwierig zu lesen. Ein Suchergebnis besteht aus dem Vornamen (\w+) und dem
Nachnamen des Autors (\w+), dem Titel ([\w\s\+]*) und dem Erscheinungsdatum (\d{4}) des Werks. Diese Einträge, die zugleich die Erfassungsgruppen sind, sind durch Komma (,) getrennt. Der std::sregex_token_iterator
in Zeile 18 wendet diesen regulären Ausdruck an. In den Zeilen 21 – 29 wird
das Ergebnis optisch aufbereitet, indem jede Erfassungsgruppe mit ihrem
Index und ihrem Wert ausgegeben wird (Listing 19.14).

PRAXISTIPP **Verwenden Sie regex_iterator und regex_token_iterator.**

Natürlich bietet std::regex_search die ganze Funktionalität an, um einen
String von Hand auf Teilstrings zu durchsuchen. Von diesem Unterfangen
ist energisch abzuraten, da std::regex_iterator und std::regex_token_ite-
rator ein mächtiges Interface anbieten. Welche Gefahren im Detail bei der
Anwendung von std::regex_search lauern, wie das Verlieren der Wortgren-
zen oder leere Treffer, kann wiederum in dem Buch »The C++ Standard
Library Extensions« von Pete Becker (Becker, The C++ Standard Library Extension, 2006) nachgelesen werden.

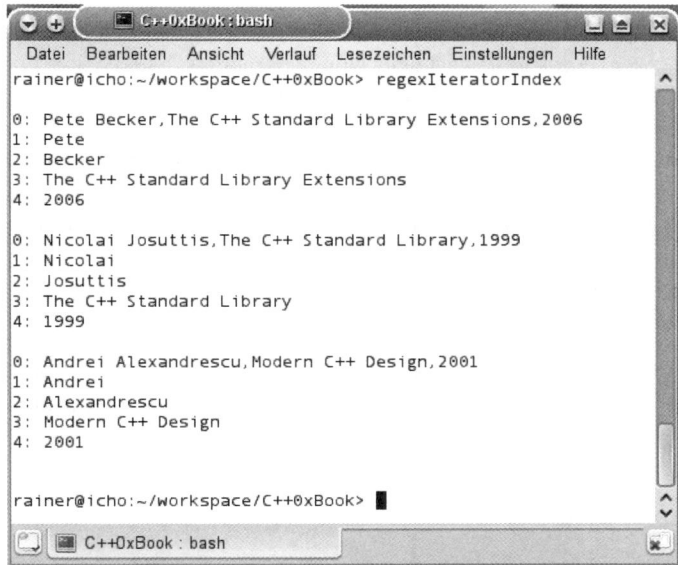

Abbildung 19.10: Jede Erfassungsgruppe dargestellt

In bekannter C++-Tradition gibt es für die Standardzeichentypen in C++11 die bekannten Synonyme, um Schreibarbeit zu sparen.

```
typedef regex_iterator<const char*> cregex_iterator;
typedef regex_iterator<std::string::const_iterator> sregex_iterator;

typedef regex_iterator<const wchar_t*> wcregex_iterator;
typedef regex_iterator<std::wstring::const_iterator> wsregex_itera-
tor;
```

Listing 19.15: Typsynonyme für `std::regex_iterator`

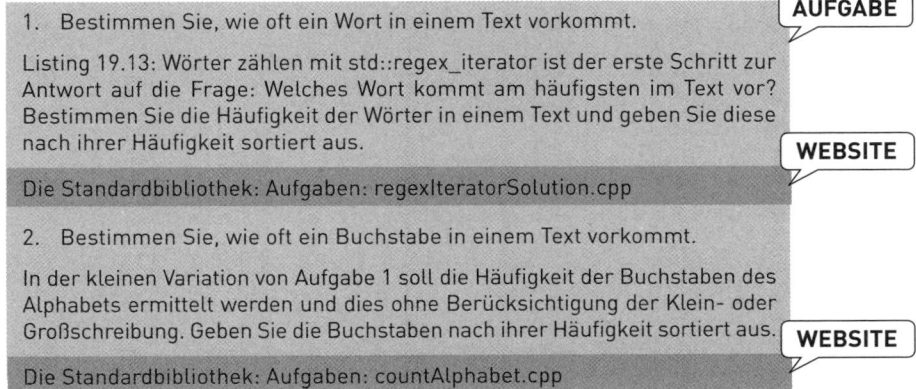

1. Bestimmen Sie, wie oft ein Wort in einem Text vorkommt. **AUFGABE**

Listing 19.13: Wörter zählen mit std::regex_iterator ist der erste Schritt zur Antwort auf die Frage: Welches Wort kommt am häufigsten im Text vor? Bestimmen Sie die Häufigkeit der Wörter in einem Text und geben Sie diese nach ihrer Häufigkeit sortiert aus. **WEBSITE**

Die Standardbibliothek: Aufgaben: regexIteratorSolution.cpp

2. Bestimmen Sie, wie oft ein Buchstabe in einem Text vorkommt.

In der kleinen Variation von Aufgabe 1 soll die Häufigkeit der Buchstaben des Alphabets ermittelt werden und dies ohne Berücksichtigung der Klein- oder Großschreibung. Geben Sie die Buchstaben nach ihrer Häufigkeit sortiert aus. **WEBSITE**

Die Standardbibliothek: Aufgaben: countAlphabet.cpp

regex_token_iterator

std::regex_token_iterator iteriert über die Suchergebnisse und deren Erfassungsgruppen. Darüber hinaus ist insbesondere konfigurierbar, welche
Komponenten einer Erfassungsgruppe angesprochen werden sollen. Dazu
besitzt std::regex_token_iterator Konstruktoren, die im Gegensatz zu
std::regex_iterator mit Indizes verwendet werden können. Diese Indizes
bewirken, dass nur über die entsprechenden Erfassungsgruppen iteriert
wird. Ein Index kann die Form einer einfachen Zahl oder auch eines Vektors besitzen. Die Zahl -1 hat eine besondere Bedeutung, da der Teilstrings
zwischen den Suchergebnissen ausgegeben wird.

Dieser besondere Anwendungsfall soll Variationen des Listing 19.14: Iteration über jede Erfassungsgruppe mit Indizes in Listing 19.16 verdeutlichen.

regexTokenIterator.
cpp

```
01 #include <regex>
02
03 #include <iostream>
04 #include <string>
05 #include <vector>
06
07 int main(){
08
09   std::cout << std::endl;
10
11   // a few books
12   std::string text{
        "Pete Becker,The C++ Standard Library Extensions,2006:
         Nicolai Josuttis,The C++ Standard Library,1999:
         Andrei Alexandrescu,Modern C++ Design,2001"};
13
14   // regular expression for a book
15   std::regex regBook(
        R"((\w+)\s(\w+),([\w\s\+]*),(\d{4}))");
16
17   // get all books from text
18   std::sregex_token_iterator bookItBegin(
        text.begin(),text.end(),regBook);
19   const std::sregex_token_iterator bookItEnd;
20
21   std::cout << "##### std::match_results ######"
               << "\n\n";
22   while ( bookItBegin != bookItEnd){
23     std::cout << *bookItBegin++ << std::endl;
24   }
25
26   std::cout << "\n\n"
               << "##### last name, date of publication #####"
               << "\n\n";
```

```
27
28    // get all last name and date of publication for the entries
29    std::sregex_token_iterator bookItNameIssueBegin(
          text.begin(),text.end(),regBook,{{2,4}});
30    const std::sregex_token_iterator bookItNameIssueEnd;
31    while ( bookItNameIssueBegin != bookItNameIssueEnd){
32        std::cout << *bookItNameIssueBegin++ << ", ";
33        std::cout << *bookItNameIssueBegin++ << std::endl;
34    }
35
36    // regular expression for a book, using negativ search
37    std::regex regBookNeg(":");
38
39    std::cout << "\n\n"
            << "##### get each entry, using negative search   ######"
                  << "\n\n";
40
41    // get all entries, only using ":" as regular expression
42    std::sregex_token_iterator bookItNegBegin(
          text.begin(),text.end(),regBookNeg,-1);
43    const std::sregex_token_iterator bookItNegEnd;
44     while ( bookItNegBegin != bookItNegEnd){
45        std::cout << *bookItNegBegin++ << std::endl;
46     }
47
48    std::cout << std::endl;
49
50 }
```

Listing 19.16: std::regex_token_iterator mit verschiedenen Indizes

Die Standardbibliothek: regexTokenIterator.cpp | **WEBSITE**

Für das Verständnis von Listing 19.16 ist die Ausgabe des Programmlaufs sehr hilfreich (Abbildung 19.11), die in drei Drittel geteilt ist.

Wird std::regex_token_iterator ohne einen Index verwendet (Zeile 18), zeigt er ähnlich zu std::regex_iterator jeden Eintrag an. Die erste und die dritte Teilausgabe sind identisch. Bemerkenswert ist, dass dies durch verschiedene reguläre Ausdrücke erreicht wurde. Während die erste Teilausgabe durch den bekannten regulären Ausdruck "(\w+)\s(\w+),([\w\s\+]*),(\d{4})" erzeugt wurde, resultiert die letzte aus dem regulären Ausdruck ":". Der Trick besteht darin, alle Teilstrings zu suchen, die **nicht** diesem regulären Ausdruck entsprechen. Das sind genau die gesuchten Einträge. Für diese negative Suche benötigt der Konstruktor von std::regex_token_iterator den Index -1 (Zeile 42). Die Ausgabe in der Mitte von Abbildung 19.11 besteht nur aus den Nachnamen und dem Veröffentlichungsdatum des Werks. Dazu wird der Konstruktor mit der Initialisiererliste {2,4} gefüttert (Zeile 29). Um den Zeilenumbruch für die dargestellten Erfassungsgruppen zu unterdrücken, werden zwei Einträge in einem Schleifendurchlauf ausgegeben (Zeile 32 und 33).

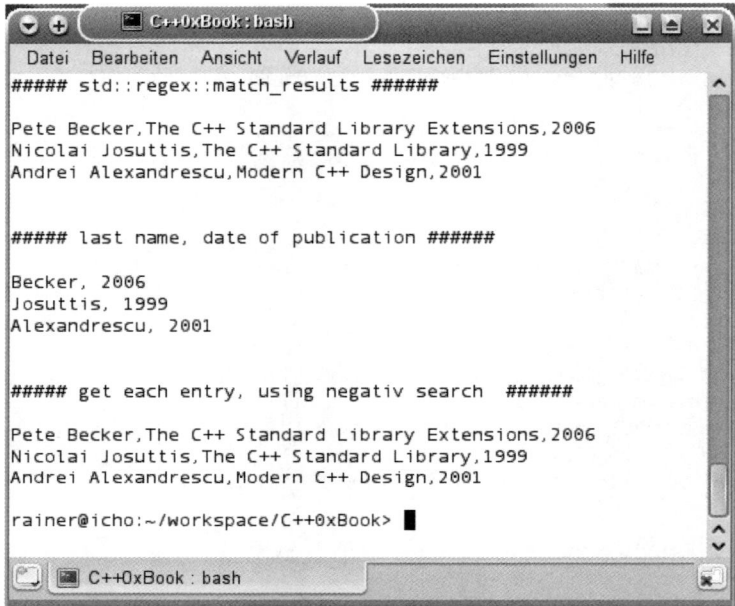

```
##### std::regex::match_results ######

Pete Becker,The C++ Standard Library Extensions,2006
Nicolai Josuttis,The C++ Standard Library,1999
Andrei Alexandrescu,Modern C++ Design,2001


##### last name, date of publication ######

Becker, 2006
Josuttis, 1999
Alexandrescu, 2001


##### get each entry, using negativ search  ######

Pete Becker,The C++ Standard Library Extensions,2006
Nicolai Josuttis,The C++ Standard Library,1999
Andrei Alexandrescu,Modern C++ Design,2001

rainer@icho:~/workspace/C++0xBook> █
```

Abbildung 19.11: `std::regex_token_iterator` im Einsatz

Für den einfachen Umgang mit den Standardzeichentyp hält C++11 wieder die bekannten Typsynonyme vor.

```
typedef regex_token_iterator<const char*>
cregex_token_iterator;
typedef regex_token_iterator<std::string::const_iterator>
sregex_token_iterator;

typedef regex_token_iterator<const wchar_t*>
wcregex_token_iterator;
typedef regex_token_iterator<<std::wstring::const_iterator>
wsregex_token_iterator;
```

Listing 19.17: Typsynonyme für std::rege_token_iterator

AUFGABE

1. Schreiben Sie die `split`-Funktion in C++11.

    Die Python-Funktion `str.split(sep)` auf einen String `str` angewandt, gibt eine Liste von Strings zurück, die mittels `sep` getrennt werden.

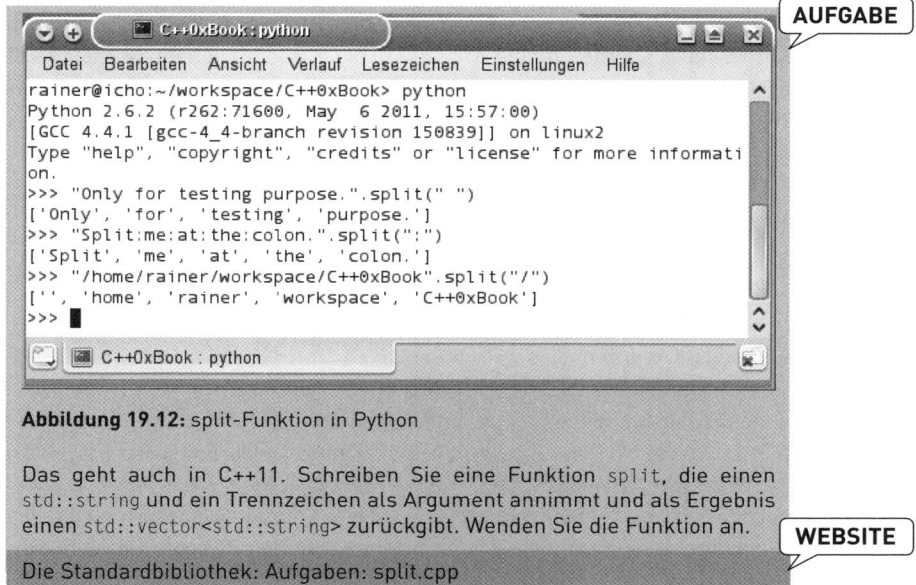

Abbildung 19.12: split-Funktion in Python

Das geht auch in C++11. Schreiben Sie eine Funktion split, die einen std::string und ein Trennzeichen als Argument annimmt und als Ergebnis einen std::vector<std::string> zurückgibt. Wenden Sie die Funktion an.

Die Standardbibliothek: Aufgaben: split.cpp

19.2 Type-Traits

Die neue Type-Traits-Bibliothek in C++11 ist ein mächtiges Werkzeug für den Bibliotheksautor, erlaubt sie es doch, Typabfragen und Typvergleich, ja sogar Typtransformationen zur Übersetzungszeit auszuführen. Kosten für die Laufzeit des C++-Programms sind nicht vorhanden, so dass der resultierende Code zur Laufzeit vorliegt. Mit dieser Bibliothek verliert Template-Metaprogramming viel von seiner Magie und setzt keinen Expertenstatus in C++ voraus. Konsequenterweise werden die Funktionen, die zur Übersetzungszeit den C++-Sourcecode erzeugen, als Metafunktionen bezeichnet. Der Name Metafunktion trifft natürlich nicht nur auf die Funktionen der Type-Traits-Bibliothek, die unter der Decke Klassen-Templates sind, zu. Dieser Name trifft auf alle Klassen-Templates zu, die zur Übersetzungszeit wie Funktionen angewandt werden können, um den resultierenden C++-Sourcecode zu erzeugen.

Welches Ziel wird mit der Type-Traits-Bibliothek verfolgt? Die Antwort ist schnell parat:

Verfolgtes Ziel

» Optimierung

» Korrektheit

Optimierung, da aufgrund von Typeigenschaften die schnellere Implementierung, Korrektheit, da aufgrund von Typeigenschaften die richtige Implementierung eines Algorithmus ausgewählt werden kann.

Anwendungen   Wer Anwendungen zur neuen Type-Traits-Bibliothek sucht, der wird in der Boost-Bibliothek fündig. Diese Beispiele lassen sich direkt auf C++11 übertragen, da die Boost-Implementierung Grundlage für die C++11-Type-Traits-Bibliothek ist. So finden sich Beispiele für:

1. Optimierte Version von `std::copy`

2. Optimierte Version von `std::fill`

3. Ein Array, das auf den Destruktoraufruf verzichtet

4. Verbesserte Version von `std::iter_swap`

Ermöglicht werden diese Optimierungen und Modifikationen durch die Type-Traits-Bibliothek. Deren Funktionen fragen die Typen zur Übersetzungszeit ab, ob diese hinreichende Bedingungen für die Optimierung anbieten. So setzen `std::copy` und `std::fill` unter anderem voraus, dass die Typen trivial zuweisbar (`std::is_trivially_copy_assignable` in C++11) sein sollen. Sind die Typen hinreichend einfach, können C-Funktionen für die Algorithmen angewandt werden, die Operationen bitweise und nicht elementweise durchführen. Auf den Destruktoraufruf kann nur verzichtet werden, wenn dieser trivial (`std::is_trivially_destructible` in C++11) ist. Die Bedingungen an `std::iter_swap` sind schon strenger. Die zu tauschenden Elemente müssen vom gleichen Typ und Referenzen (`std::is_reference` in C++11) sein. Dadurch lässt sich die `std::iter_swap`-Version anwenden.

> **EXKURS**
>
> ### Namensverwirrung in der Type-Traits-Bibliothek
>
> Kurz vor der endgültigen Standardisierung werden gerade die Namen der Type-Traits-Bibliothek heftig durcheinandergewürfelt. Die Abfrage, ob ein Datentyp einen trivialen Zuweisungsoperator besitzt, gibt es leider in drei verschiedenen Namensversionen.
>
> 1. `has_trivial_assign`
>
> 2. `has_trivial_copy_assign`
>
> 3. `is_trivially_copy_assignable`
>
> Der ursprüngliche Name lautet `has_trivial_assign`. Wohl um der Tatsache gerecht zu werden, dass es eine Copy-Zuweisung und eine Move-Zuweisung in C++11 gibt, wurde sie in `has_trivial_copy_assign` umbenannt. Endgültig heißt sie nun `is_trivially_copy_assignable`. Das Ende vom Lied ist, dass mit GCC 4.4 die Version 1 verwendet werden muss, mit dem aktuellen GCC 4.6 hingegen die Version 2. Neuere GCC als die Alpha-Version des GCC 4.7 (GCC 4.7, 2011) werden die Funktionen dann unter dem Namen 3 anbieten.
>
> Im aktuellen Code wird immer die Namensversion 2 des GCC 4.6 verwendet. Ändert die Funktion im neuen Standard ihren Namen, ist dieser wie in Listing 19.18 mit Kommentar auskommentiert. Bei der Beschreibung des Interface werde ich die neuen, standardisierten Namen verwenden.

Am einfachsten lässt sich der Einsatz der Type-Traits-Bibliothek an einem Beispiel erläutern. Der Klassiker hierzu ist eine optimierte std::copy-Implementierung, die die Struktur in Listing 19.18 besitzen kann.

```
01  // because of memcpy                                          copy.cpp
02  #include <string.h>
03
04  #include <iostream>
05  #include <type_traits>
06
07
08  namespace my{
09
10    template<typename I1, typename I2, bool b>
11    I2 copy_imp(I1 first, I1 last, I2 out,
                  const std::integral_constant<bool, b>&){
12
13      while(first != last){
14        *out = *first;
15        ++out;
16        ++first;
17      }
18
19      std::cout << "elementwise." << std::endl;
20      return out;
21
22    }
23
24    template<typename T>
25    T* copy_imp(const T* first, const T* last, T* out,
                  const std::true_type&){
26
27      memcpy(out, first, (last-first)*sizeof(T));
28      std::cout << "bitwise." << std::endl;
29      return out+(last-first);
30
31    }
32
33    template<typename I1, typename I2>
34    I2 copy(I1 first, I1 last, I2 out){
35
36      typedef typename std::iterator_traits<I1>::value_type
            value_type;
37      // standard name commented out
38      //return copy_imp(first, last, out,
            std::is_trivially_copy_assignable<value_type>());
39      return copy_imp(first, last, out,
            std::has_trivial_copy_assign<value_type>());
40
41    }
42  }
```

```
43
44 const int arraySize = 1000;
45
46 // intialize all elements to 0
47 int intArray[arraySize] = {0,};
48 int intArray2[arraySize]={0,};
49
50 int* pArray = intArray;
51 const int* pArray2 = intArray2;
52
53 int main(){
54
55   std::cout << std::endl;
56
57   std::cout << "Copying pArray ";
58
59   my::copy(pArray2, pArray2 + arraySize, pArray);
60
61   std::cout << "\n" << "Copying intArray ";
62
63   my::copy(intArray2, intArray2 + arraySize, intArray);
64
65   std::cout << std::endl;
66
67 }
```

Listing 19.18: Optimiertes Kopieren

WEBSITE Die Standardbibliothek: copy.cpp

Einsatz in der STL

Tatsächlich wird in der Implementierung des `std::copy`-Algorithmus des GCC 4.6 eine Kopierfunktion verwendet, die gegebenenfalls auf die C-Funktion `memmove` zurückgreift. Diese kann überlappende Speicherbereiche im Gegensatz zu `memcpy` (Listing 19.18/Zeile 27) verwenden. Das verrät die Dokumentation der Funktion `std::copy` im Sourcecode des STL-Algorithmus *This inline function will boil down to a call to @c memmove whenever possible.*

In Abbildung 19.13 ist zu sehen, dass `pArray2` in Zeile 50 bitweise, `intArray2` in Zeile 54 elementweise kopiert wird.

Wie funktioniert dieser Polymorphismus zur Übersetzungszeit? Um die performantere Implementierung von `copy_imp` in Zeile 24 zu verwenden, müssen die Argumente drei Bedingungen erfüllen. Diese Bedingungen, die sich alle in der Signatur der Funktion wiederfinden, sind insbesondere die, die `memcpy` fordert, um angewendet werden zu können.

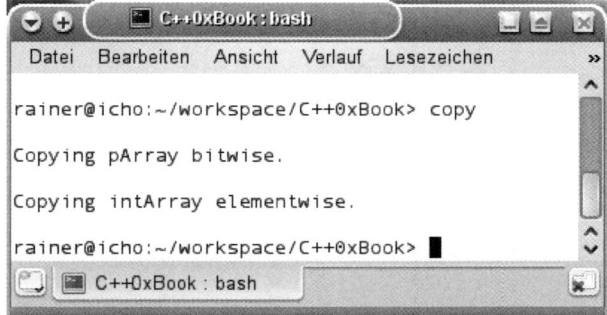

Abbildung 19.13: Bitweises und elementweises Kopieren

1. Die Iteratoren müssen Zeiger sein:

   > `const T* first, const T* last, T* out` (Zeile 25)

2. Die Iteratoren müssen auf die gleichen Typen verweisen:

   > `template <typename T>` enthält nur einen Typ (Zeile 24).

3. Die Elemente des Containers müssen einen trivialen Zuweisungsoperator besitzen:

   > `const std::true_type&` (Zeile 25)

Den eigentlichen Dispatch vollzieht das Funktions-Template `copy` in Zeile 33. In Zeile 36 wird durch `typedef typename std::iterator_traits<I1>::value_type value_type` der Typ der Containerelemente bestimmt, um ihn anschließend im Rückgabewert der Funktion in dem Klassen-Template `std::is_trivially_copy_assignable<value_type>()` zu nutzen. Ist dieses Klassen-Template von `std::true_type` abgeleitet worden, findet der Dispatch auf die spezielle Implementierung in Zeile 33, sonst auf die generische Implementierung in Zeile 24 statt.

Zugegeben, das war schwer verdauliche Kost. Zumeist sind die Funktionen der Type-Traits-Bibliothek einfach anzuwenden.

19.2.1 Typeigenschaften abfragen

Primäre Typkategorien

Die primären Typkategorien sind vollständig und schließen sich gegenseitig aus. Jeder Datentyp kann genau nur einer Kategorie angehören. Dabei ist das Ergebnis der Abfrage unabhängig davon, ob der Typ als `const` oder `volatile` deklariert ist. C++11 kennt 13 verschiedene primäre Typkategorien, die sich über ein Prädikat abfragen lassen.

```
template <class T> struct is_void;
template <class T> struct is_integral;
template <class T> struct is_floating_point;
template <class T> struct is_array;
template <class T> struct is_pointer;
template <class T> struct is_reference;
template <class T> struct is_member_object_pointer;
template <class T> struct is_member_function_pointer;
template <class T> struct is_enum;
template <class T> struct is_union;
template <class T> struct is_class;
template <class T> struct is_function;
```

Listing 19.19: Die primären Typkategorien

EXKURS

Implementierung von is_integral<T>

Für das Verständnis der Typkategorien hilft es, die Implementierung genauer zu studieren.

Als Beispiel soll template <class T> struct is_integal in Listing 19.20 dienen.

```
// integral_constant
template <class T, T val>
struct integral_constant{
 typedef integral_constant<T, val> type;
 typedef T        value_type;
 static const T value = val;
};

typedef integral_constant<bool, true> true_type;
typedef integral_constant<bool, false> false_type;
// is_integral

template <class T>
struct is_integral : public false_type{};

template <>
struct is_integral<bool> : public true_type{};

template <>
struct is_integral<char> : public true_type{};

template <>
struct is_integral<signed char> : public true_type{};

template <>
struct is_integral<unsigned char> : public true_type{};

template <>
struct is_integral<wchar_t> : public true_type{};
```

```
template <>
struct is_integral<short> : public true_type{};

template <>
struct is_integral<int> : public true_type{};

template <>
struct is_integral<long> : public true_type{};

template <>
struct is_integral<long long> : public true_type{};

template <>
struct is_integral<unsigned short> : public true_type{};

template <>
struct is_integral<unsigned int> : public true_type{};

template <>
struct is_integral<unsigned long> : public true_type{};

template <>
struct is_integral<unsigned long long> : public true_type{};
```

Listing 19.20: Implementierung von `std::is_integral<T>`

Als Erstes fällt auf, dass `std::is_integral` nur für integrale Datentypen spezialisiert und in diesem Fall von `true_type` abgeleitet ist. Der Rest ist schnell erklärt.

Ist T vom Typ `float`, dann ergibt:

» `std::is_integral<float>::type` den Typ `false_type`,

» `std::is_integral<float>::value_type` den Typ `bool`,

» `std::is_integral<float>::value` den Wert `false`.

Ist T vom Typ `short`, dann ergibt:

» `std::is_integral<short>::type` den Typ `true_type`,

» `std::is_integral<short>::value_type` den Typ `bool`,

» `std::is_integral<short>::value` den Wert `true`.

Zusammengesetzte Typkategorien

Die zusammengesetzten Typkategorien bauen auf den primären Typkategorien auf. Abfragen an sie ignorieren in Analogie zur primären Typkategorie, ob diese als `const` oder `volatile` deklariert wurde. Ausgehend von den dreizehn primären Typkategorien bietet die Type-Traits-Bibliothek sechs verschieden zusammengesetzte Typkategorien an, die im Listing 19.21 dargestellt sind.

```
template <class T> struct is_arithmetic;
template <class T> struct is_fundamental;
template <class T> struct is_object;
template <class T> struct is_scalar;
template <class T> struct is_compound;
template <class T> struct is_member_pointer;
```

Listing 19.21: Die zusammengesetzten Typkategorien

Die Komposition der zusammengesetzten aus den primären Typkategorien ist in Tabelle 19.11 dargestellt.

Zusammengesetzte Typkategorie	Primäre Typkategorie
is_arithmetic	is_floating_point<T>::value == true *oder* is_integral<T>::value == true
is_fundamental	is_arithmetic<T>::value == true *oder* is_void<T>::value == true
is_object	is_reference<T>::value == false *und* is_function<T>::value == false *und* is_void<T>::value == false
is_scalar	is_arithmetic<T>::value == true *oder* is_enum<T>::value == true *oder* is_pointer<T>::value == true *oder* is_member_pointer<T>::value == true
is_compound	is_compound<T>::value *!=* is_fundamental<T>::value
is_member_pointer	is_member_object_pointer<T>::value == true *oder* is_member_function_pointer<T>::value == true

Tabelle 19.11: Zusammengesetzte Typkategorien

Dabei ist die Tabelle 19.11 so zu lesen, dass

$std :: is\_arithmetic < T >:: value == true$ genau dann zutrifft, wenn

» $std :: is\_floating\_point < T >== true$ oder

» $std :: is\_integral < T >:: value == true$ gilt.

Einzig std::is_compound::value<T>::value wird über das Komplement von std::is_fundamental<T>::value definiert.

Das Listing 19.22 zeigt die Introspektionsfähigkeit der primären und zusammengesetzten Typkategorien.

typeCategories.cpp
```
01 #include <iostream>
02 #include <string>
03 #include <type_traits>
04
```

```
05
06 // using Euclid's Algorithm
07 template<typename T>
08 T gcd(T a, T b){
09
10   static_assert(std::is_integral<T>::value,
                   "T should be an integral type!");
11
12   if( b == 0 ){
13     return a;
14   }
15   else{
16     return gcd(b, a % b);
17   }
18 }
19
20 int main(){
21
22   std::cout << std::endl;
23   std::cout << std::boolalpha << std::endl;
24
25   std::cout << "primary type categories" << std::endl;
26
27   std::cout << "std::is_void<void>::value: "
               << std::is_void<void>::value << std::endl;
28   std::cout << "std::is_integral<short>::value: "
               << std::is_integral<short>::value << std::endl;
29   std::cout << "std::is_floating_point<double>::value: "
               << std::is_floating_point<double>::value
               << std::endl;
30   std::cout << "std::is_array<int []>::value: "
               << std::is_array<int [] >::value << std::endl;
31   std::cout << "std::is_pointer<int*>::value: "
               << std::is_pointer<int*>::value << std::endl;
32   std::cout << "std::is_reference<int&>::value: "
               << std::is_reference<int&>::value << std::endl;
33   struct A{
34     int a;
35     int f(double){return 2011;}
36   };
37   std::cout << "std::is_member_object_pointer<int A::*>::value: "
<< std::is_member_object_pointer<int A::*>::value << std::endl;
38   std::cout << "std::is_member_function_pointer<int(A::*)
(double)>::value: "<< std::is_member_function_pointer<int (A::*)
(double)>::value << std::endl;
39   enum E{
40     e= 1,
41   };
42   std::cout << "std::is_enum<E>::value: "
               << std::is_enum<E>::value << std::endl;
43   union U{
```

```
44    int u;
45  };
46  std::cout << "std::is_union<U>::value: "
            << std::is_union<U>::value << std::endl;
47  std::cout << "std::is_class<std::string>::value: "
            << std::is_class<std::string>::value
            << std::endl;
48  std::cout << "std::is_function<int * (double)>::value: "
            << std::is_function<int * (double)>::value
            << std::endl;
49
50  std::cout << std::endl;
51
52  std::cout << "compound type categories" << std::endl;
53
54  std::cout << "gcd(100,10)= " <<  gcd(100,10)
            << std::endl;
55  std::cout << "gcd(100,33)= " << gcd(100,33) << std::endl;
56  std::cout << "gcd(100,0)= " << gcd(100,0)  << std::endl;
57
58  /*
59  std::cout << gcd(3.5,4.0) << std::endl;
60  std::cout << gcd("100","10") << std::endl;
61  */
62
63  std::cout << std::endl;
64
65 }
```

Listing 19.22: Introspektion mit Typkategorien

WEBSITE
Die Standardbibliothek: typeCategories.cpp

Abbildung 19.14 zeigt die wortreichere Ausgabe des Programms in Listing 19.22. Während der Einsatz aller primären Typkategorien in der Ausgabe überflogen werden kann, verlangt der Einsatz der zusammengesetzten Typkategorie mehr Aufmerksamkeit. In Zeile 7 – 18 wird der größte gemeinsame Teiler nach dem euklidischen Algorithmus (Euklidscher Algorithmus, 2011) berechnet. Der Algorithmus ist generisch formuliert. Mit der statischen Zusicherung static_assert(std::is_integral<T>::value, ...) wird sichergestellt, dass nur Ganzzahlen verwendet werden. Dies ist nur die halbe Wahrheit, denn ein Aufruf gcd(true,true) führt zum Abbruch der Übersetzung. In Zeile 16 wird in diesem Fall der gcd-Algorithmus mit den Datentypen gcd(bool&,int) instanziiert. Die gcd-Implementierung setzt aber voraus, dass beide Argumente den gleichen Typ besitzen. Sieht man von diesem Grenzfall ab, führt die Übersetzung der auskommentierten Zeilen 59 und 60 zur erwarteten Fehlermeldung in Abbildung 19.15.

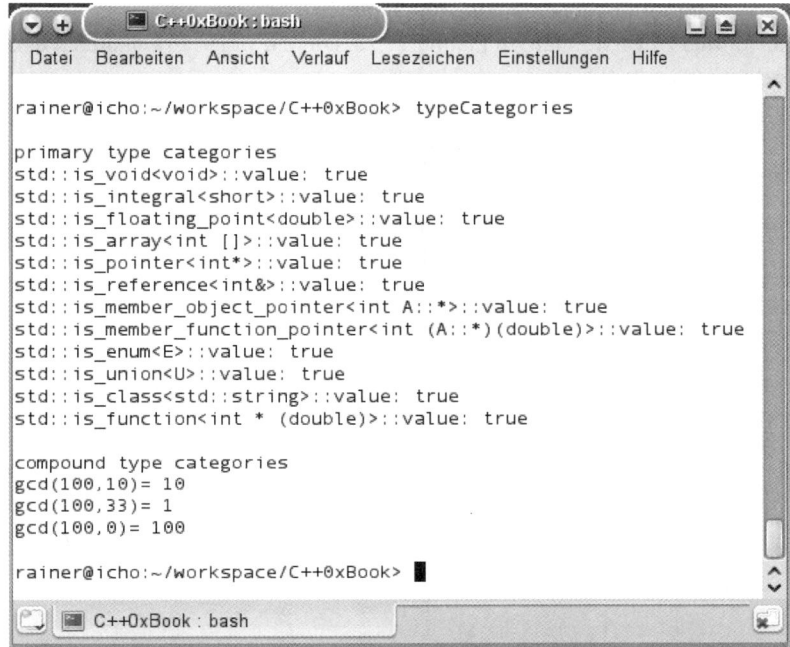

Abbildung 19.14: Primäre und zusammengesetzte Typkategorien im Einsatz

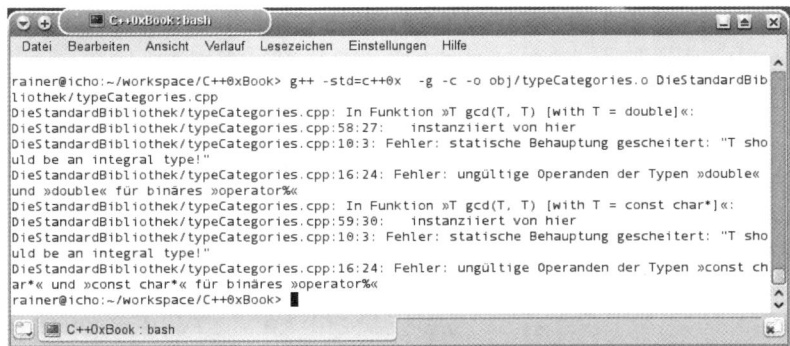

Abbildung 19.15: Fehlermeldung bei Verletzung der statischen Zusicherung

Typeigenschaften

Typeigenschaften bieten Zugang zu den wichtigeren Eigenschaften von Typen. Diese müssen von einer aktuellen Implementierung nicht implementiert werden, so dass eine Abfrage automatisch zu `false` evaluiert. In Listing 19.18 wurde die Typeigenschaft `std::is_trivially_copy_assignable` angewandt, um gegebenenfalls eine optimierte Version des `std::copy`-Algorithmus zu verwenden. In Listing 19.23 sind die vielen Prädikate zu den Datentypen aufgelistet.

```
template <class T> struct is_const;
template <class T> struct is_volatile;
template <class T> struct is_trivial;
template <class T> struct is_trivially_copyable;
template <class T> struct is_standard_layout;
template <class T> struct is_pod;
template <class T> struct is_literal_type;
template <class T> struct is_empty;
template <class T> struct is_polymorphic;
template <class T> struct is_abstract;

template <class T> struct is_signed;
template <class T> struct is_unsigned;

template <class T, class... Args> struct is_constructible;
template <class T> struct is_default_constructible;
template <class T> struct is_copy_constructible;
template <class T> struct is_move_constructible;

template <class T, class U> struct is_assignable;
template <class T> struct is_copy_assignable;
template <class T> struct is_move_assignable;

template <class T> struct is_destructible;

template <class T, class... Args> struct is_trivially_constructible;
template <class T> struct is_trivially_default_constructible;
template <class T> struct is_trivially_copy_constructible;
template <class T> struct is_trivially_move_constructible;

template <class T, class U> struct is_trivially_assignable;
template <class T> struct is_trivially_copy_assignable;
template <class T> struct is_trivially_move_assignable;
template <class T> struct is_trivially_destructible;

template <class T, class... Args> struct is_nothrow_constructible;
template <class T> struct is_nothrow_default_constructible;
template <class T> struct is_nothrow_copy_constructible;
template <class T> struct is_nothrow_move_constructible;

template <class T, class U> struct is_nothrow_assignable;
template <class T> struct is_nothrow_copy_assignable;
template <class T> struct is_nothrow_move_assignable;

template <class T> struct is_nothrow_destructible;
template <class T> struct has_virtual_destructor;
```

Listing 19.23: Typeigenschaften

Einzig die Eigenschaft `nothrow` im Namen eines Klassen-Template scheint ein bisschen ungewohnt. Die Klassen unterscheiden sich von ihrem Namensvetter ohne die `nothrow`-Eigenschaft (siehe Kernsprache: 9. Exkurs: noexcept) nur darin, dass sie keine Ausnahme werfen. Im Gegensatz zu den Prädikaten aus Listing 19.23 geben die weiteren, speziellen Typabfragen integrale Konstanten zurück. Das ist bei `alignment_of` die Speicherausrichtung eines Datentyps, bei `rank` die Anzahl der Dimensionen eines Arrays.

19.2.2 Typen vergleichen

Zur Übersetzungszeit Typen zu vergleichen, das ist mit der Type-Traits-Bibliothek möglich. Die Type-Traits-Bibliothek kennt die vier Vergleiche in der Tabelle 19.12.

Funktion	Anwendung
template <class T, class U> struct is_same	std::is_same<T,U> == true, falls Typ T == Typ U
template <class Base, class Derived> struct is_base_of	std::is_base_of<Base,Der> == true, falls Der von Base abgeleitet ist.
template <class From, class To> struct is_convertible	std::is:convertible<From,To> == true, falls From nach To konvertiert werden kann.
template <class From, class To> struct is_explicitly_convertible	std::is:convertible<From,To> == true, falls From nach To nur explizit konvertiert werden kann.

Tabelle 19.12: Typvergleiche mit der Type-Traits-Bibliothek

In Listing 19.24: Type Transformation wird der Funktionsaufruf `std::is_same<T,U>::value` verwendet.

19.2.3 Typen transformieren

Mit der Type-Traits-Bibliothek lässt sich nicht nur ein Typ auf dessen Eigenschaften abfragen oder lassen sich Typen vergleichen, sondern ein Typ kann zur Übersetzungszeit modifiziert werden. Bevor die einzelnen Funktionen dargestellt werden, soll das Programm in Listing 19.24 seine Mächtigkeit demonstrieren.

```
01 #include <iostream>
02 #include <type_traits>
03
04 using namespace std;
```

typeTransformation.cpp

```
05
06 int main(){
07
08   cout << endl;
09
10   cout << boolalpha;
11
12   // basic invocations
13   cout << "is_const<int>::value: "
            << is_const<int>::value << endl;
14   cout << "is_const<const int>::value: "
            << is_const<const int>::value << endl;
15
16   cout << endl;
17
18   // add const to int
19   cout << "is_const<add_const<int>::type>::value: "
            <<  is_const<add_const<int>::type>::value << endl;
20
21   cout << endl;
22
23   // declare new types
24   typedef add_const<int>::type myConstInt;
25   cout << "is_const<myConstInt>::value: "
            << is_const<myConstInt>::value << endl;
26   typedef const int myConstInt2;
27   cout << "is_same<myConstInt,myConstInt2>::value: "
            << is_same<myConstInt,myConstInt2>::value << endl;
28
29   cout << endl;
30
31   // recursive invocation
32   cout << "is_same<int,remove_const<
                add_const<int>::type>::type>::value: "
            << is_same<int,remove_const<
                add_const<int>::type>::type>::value << endl;
33   cout << "is_same<const int,
                add_const<add_const<int>::type>::type>::value: "
            << is_same<constint,add_const<
                add_const<int>::type>::type>::value << endl;
34
35   cout << endl;
36
37 }
```

Listing 19.24: Type Transformation

WEBSITE

Die Standardbibliothek: typeTransformation.cpp

Die Spielereien aus Listing 19.24: Type Transformation rund um const int
sind am einfachsten in der Ausgabe des Programms in Abbildung 19.16 zu
verfolgen.

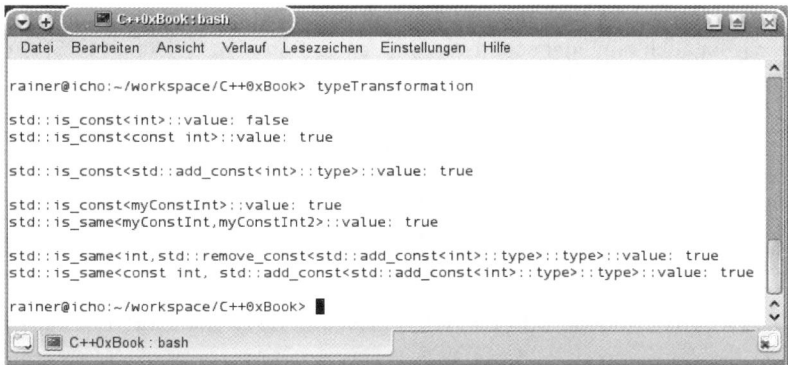

Abbildung 19.16: Type-Modifikation mit der Type-Traits-Bibliothek

Ein paar Worte noch zu dem Listing 19.24: Type Transformation. Die Aufrufe in den Zeilen 13 und 14 stellen den Standardfall dar. Für einen Typ wird mit der Funktion `std::is_const` evaluiert, ob er konstant ist. `std::add_const` in Zeile 19 bewirkt, dass ein `int` zur Übersetzungszeit in einen `const int` transformiert wird. Damit lassen sich neue Typen deklarieren, wie in den Zeilen 24 und 26 dargestellt. Dies kann man auf die Spitze treiben, indem die Aufrufe rekursiv in den Zeilen 32 und 33 verschachtelt werden. Bei der Abfrage, ob zwei Typen gleich sind, hilft auch wieder die Type-Traits-Bibliothek mit der Metafunktion `std::is_same`.

Prägen Sie sich die Konvention von Template Metaprogramming ein. **PRAXISTIPP**

Es ist Konvention und das nicht nur in der Type-Traits-Bibliothek, dass ein Wert durch `::value`, hingegen der Typ einer Metafunktion durch `::type` zur Verfügung steht. Beides ist in Listing 19.24: Type Transformation schön zu sehen.

Um ein Gefühl für das umfassende Interface zum Transformieren der Datentypen mit der Type-Traits-Bibliothek zu bekommen, will ich die wichtigsten Funktionen schnell überfliegen.

Working Draft, Standard for Programming Language C++ (N3242) **EXKURS**

Für die Beschreibung des detaillierten Funktionsumfangs muss zum aktuellen Zeitpunkt (2011) auf den neuen Standard *Standard for Programming Language C++* zurückgegriffen werden, der als *Working Draft* zur Verfügung steht. Die Darstellung in diesem Buch bezieht sich auf das Dokument N3242 vom 28.02.2011 (Becker, Working Draft, Standard for Programming Language C++ (N3242), 2011).

const-volatile   Neben den bereits bekannten Funktionen `std::remove_const` und `std::add_const` ist auch die Eigenschaft `volatile` eines Datentyps (Listing 19.25) zur Übersetzungszeit veränderbar.

```
template <class T> struct remove_volatile;
template <class T> struct remove_cv;
template <class T> struct add_const;
template <class T> struct add_volatile;
template <class T> struct add_cv;
```

Listing 19.25: const-volatile Modifikationen

Referenzen   Diese Transformation trifft auf Referenzen und vorzeichenbehaftete Typen zu.

```
template <class T> struct remove_reference;
template <class T> struct add_lvalue_reference;
template <class T> struct add_rvalue_reference;
```

Listing 19.26: Modifikation von Referenzen

Vorzeichen
```
template <class T> struct make_signed;
template <class T> struct make_unsigned;
```

Listing 19.27: Modifikationen des Vorzeichens

Die Modifikationen des Vorzeichens in Listing 19.27 benötigen keine *std::remove_signed*-Funktion, da diese Funktionalität durch `std::make_unsigned` angeboten wird. Komplizierter ist da schon die Transformation von Rvalues und Lvalues in Listing 19.26, da die Funktionen `std::add_lvalue_reference` und `std::add_rvalue_reference` die Referenz-Collapsing-Regeln (siehe Kernsprache: Rvalue-Referenzen) respektieren.

Zeiger   Hingegen ist die Modifikation der Zeigereigenschaft eines Datentyps deutlich direkter.

```
template <class T> struct remove_pointer;
template <class T> struct add_pointer;
```

Listing 19.28: Zeigermodifikationen

Array   Selbst die Anzahl der Dimensionen eines Arrays lässt sich zur Übersetzungszeit durch `std::remove_extent` um 1, durch `std::remove_all_extents` auf 0 reduzieren.

```
template <class T> struct remove_extent;
template <class T> struct remove_all_extents;
```

Listing 19.29: Modifikation eines Arrays

1. Schmökern Sie in der Standard Template Library.

Die Metafunktionen der Type-Traits-Bibliothek werden in der Implementierung der Standard Template Library häufig verwendet. Schauen Sie zum Beispiel die Implementierung der Algorithmen `std::copy`, `std::fill` oder auch `std::iter_swap` an und versuchen Sie, das Muster hinter ihrer Verwendung zu verstehen.

2. Implementieren Sie `RemoveConst`.

Schreiben Sie eine Metafunktion, die von einem Datentyp die const-Eigenschaft entfernt. Stellen Sie den modifizierten Typ über `::type` zur Verfügung. Stellen Sie die Funktionalität durch die Type-Traits-Metafunktion `std::is_const` sicher.

Die Standardbibliothek: Aufgaben: removeConst.cpp

19.3 Zufallszahlen

Die C++11-Zufallszahlenfunktionalität besteht aus zwei Teilen: `<random>`

1. Einem Zufallszahlererzeuger

   › Erzeugt einen Zufallszahlenstrom zwischen dem Minimum- und Maximumwert.

2. Einer Zufallszahlenverteilung

   › Bildet die Zufallszahlen mit Hilfe des Zufallszahlenerzeugers auf die entsprechende Verteilung ab.

Anwendung der Zufallszahlenfunktionalität

Ziel dieses Kapitels ist es, die Anwendung der Zufallszahlenfunktionalität in C++11 vorzustellen. Das heißt insbesondere, dass es den Rahmen dieses Buchs weit übersteigt – und nicht nur den Rahmen des Buchs –, auf die zugrunde liegende mathematische Theorie einzugehen. Daher werde ich in diesem Kapitel Verweise auf weiterführende Theorie anbieten.

Sowohl für den Erzeuger als auch den Verteiler der Zufallszahlen bietet C++11 verschiedene Implementierungen an. In bewährter Tradition zuerst ein einführendes Beispiel (Listing 19.30: Verschiedene Verteilungen im Einsatz).

```
01 #include <cstdlib>
02 #include <fstream>
03 #include <iostream>
04 #include <map>
05 #include <random>
06
07 static const int NUM=1000000;
```

distribution.cpp

```
08
09 void writeToFile(const char* fileName ,const std::map<int,int>&
data ){
10
11   std::ofstream file(fileName);
12
13   if ( !file ){
14     std::cerr << "Could not open the file "
                  << fileName << ".";
15     exit(EXIT_FAILURE);
16   }
17
18   // print the datapoints to the file
19   for ( auto mapIt: data) file << mapIt.first << " "
       <<  mapIt.second << std::endl;
20
21 }
22
23 int main(){
24
25   std::random_device seed;
26
27   // default generator
28   std::mt19937 engine(seed());
29
30   // distributions
31
32   // min= 0; max= 20
33   std::uniform_int_distribution<> uniformDist(0,20);
34   // mean= 50; sigma= 8
35   std::normal_distribution<> normDist(50,8);
36   // mean= 6;
37   std::poisson_distribution<> poiDist(6);
38   // alpha= 1;
39   std::gamma_distribution<> gammaDist;
40
41   std::map<int,int> uniformFrequency;
42   std::map<int,int> normFrequency;
43   std::map<int,int> poiFrequency;
44   std::map<int,int> gammaFrequency;
45
46   for ( int i=1; i<= NUM; ++i){
47     ++uniformFrequency[uniformDist(engine)];
48     ++normFrequency[round(normDist(engine))];
49     ++poiFrequency[poiDist(engine)];
50     ++gammaFrequency[round(gammaDist(engine))];
51   }
52
53   writeToFile("uniform_int_distribution.txt",uniformFrequency);
54   writeToFile("normal_distribution.txt",normFrequency);
55   writeToFile("poisson_distribution.txt",poiFrequency);
```

```
56    writeToFile("gamma_distribution.txt",gammaFrequency);
57
58  }
```

Listing 19.30: Verschiedene Verteilungen im Einsatz

Die Standardbibliothek: distribution.cpp

In Listing 19.30 werden mit Hilfe des Mersenne-Twister (Mersenne Twister, 2011)) 1.000.000 Zufallszahlen erzeugt. Um mit einem zufälligen Startwert zu beginnen, muss der Zufallszahlenerzeuger mit der sogenannten *seed* in Zeile 28 initialisiert werden. Dieser Zufallszahlenstrom wird anschließend gleich-, normal-, Poisson- und gammaverteilt (Wahrscheinlichkeitsverteilung, 2011). Genauer erläutert, werden die 1.000.000 Zufallszahlen in Zeile 33 auf die natürlichen Zahlen 0 – 20 gleichmäßig verteilt. In Zeile 35 wird die Normalverteilung oder auch Gaußverteilung mit dem Mittelwert 50 und der Standardabweichung 8 angewandt. In Zeile 37 kommt die Poisson-Verteilung mit dem Mittelwert 6 zum Einsatz, in Zeile 39 die Gammaverteilung. Die Ergebnisse der Normal- sowie der Gammaverteilung werden auf eine Ganzzahl gerundet. Für jede vorkommende natürliche Zahl wird ihre Häufigkeit gezählt (Zeile 46 – 51) und in eine Datei geschrieben (Zeile 9 – 21).

Die Ergebnisse sind in den nächsten vier Abbildungen dargestellt. Für die Optik sind die Datenpunkte mit einem Spline (Spline, 2011) interpoliert. Lediglich die Ergebnisse der Gleichverteilung (Abbildung 19.17) sind mit einer Geraden verbunden.

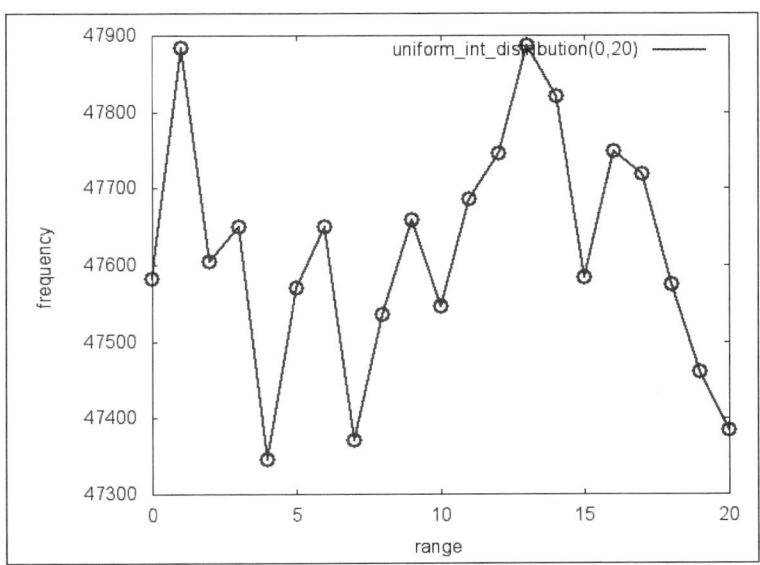

Abbildung 19.17: Gleichverteilung auf den natürlichen Zahlen 0 bis 20

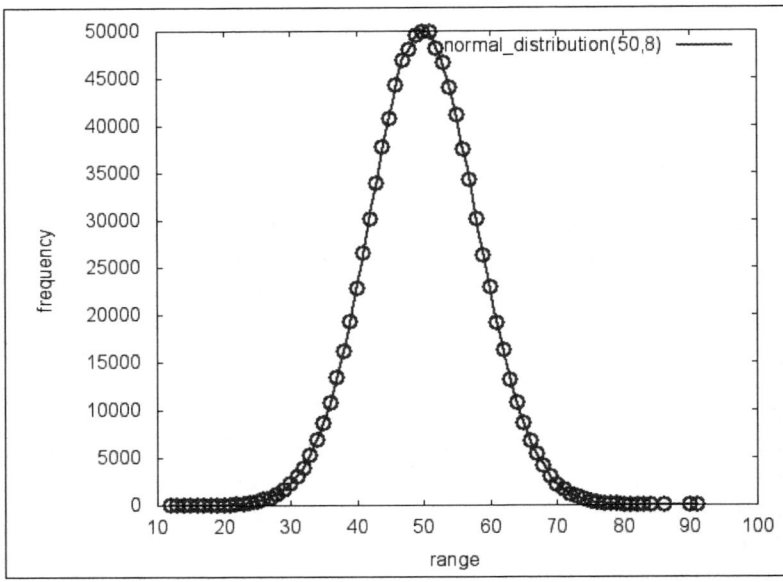

Abbildung 19.18: Normal- oder Gaußverteilung mit Mittelwert 50 und Standardabweichung 8 auf den natürlichen Zahlen

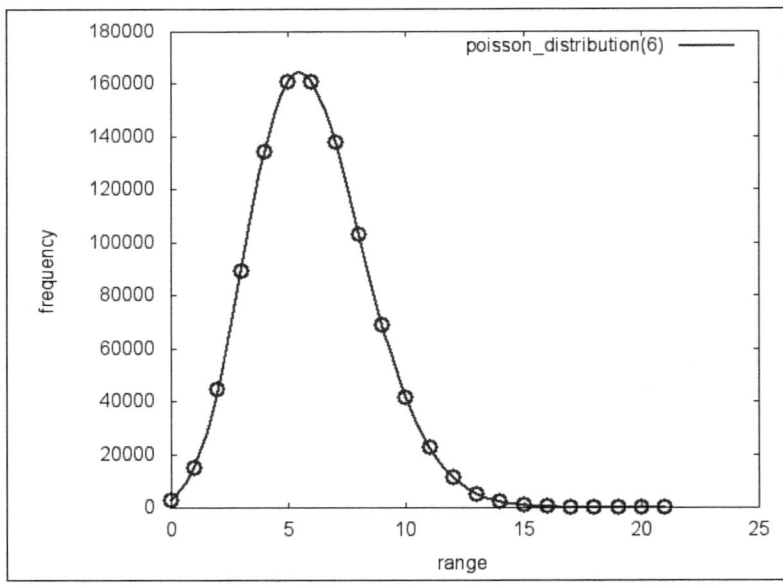

Abbildung 19.19: Poisson-Verteilung mit Mittelwert 6

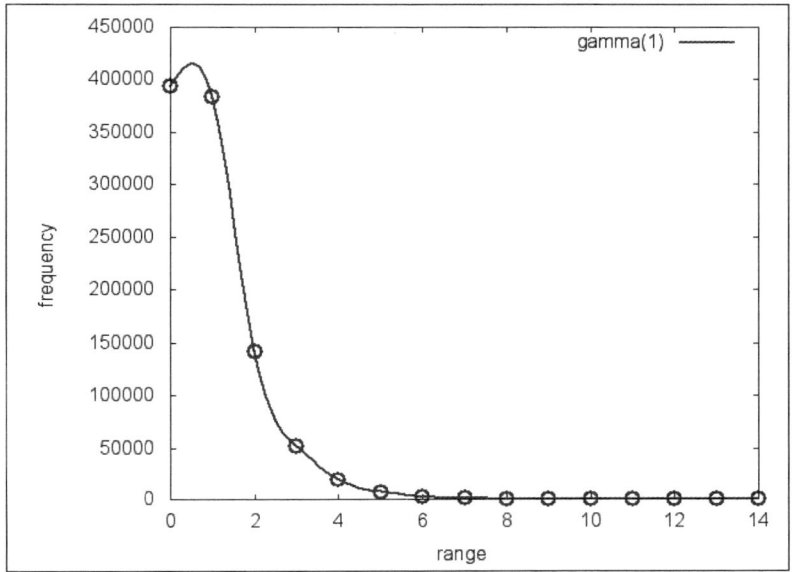

Abbildung 19.20: Gammaverteilung (alpha 1) auf den natürlichen Zahlen

19.3.1 Zufallszahlenerzeuger

Jeder Zufallszahlenerzeuger gen vom Typ Generator muss vier Anfrage-typen unterstützen:

1. Generator::result_type: Datentyp, der folgenden drei Ergebnisse von gen(), gen.min() und gen.max()

2. gen(): Rückgabe eines Zufallswerts

3. gen.min(): minimaler Wert, der von gen() zurückgegeben wird

4. gen.max(): maximaler Wert, der von gen() zurückgegeben wird

Zufallszahlenerzeuger gibt es in C++11 in verschiedenen Ausprägungen. Sechs Templates und zehn Synonyme für die am häufigsten verwendeten Zufallszahlenerzeuger stehen zur Verfügung.

Die sechs Templates sind:

```
template<class UIntType, UIntType a, UIntType c, UIntType m>
class linear_congruential_engine;

template<class UIntType, size_t w, size_t n, size_t m,
        size_t r,UIntType a, size_t u, UIntType d, size_t s,
        UIntType b, size_t t,UIntType c, size_t l, UIntType f>
class mersenne_twister_engine;
```

```
template<class UIntType, size_t w, size_t s, size_t r>
class subtract_with_carry_engine;

template<class Engine, size_t p, size_t r>
class discard_block_engine;

template<class Engine, size_t w, class UIntType>
class independent_bits_engine;

template<class Engine, size_t k>
class shuffle_order_engine;
```

Listing 19.31: Templates der Zufallszahlenerzeuger

Aufbauend auf den Templates in Listing 19.31 die zehn Synonyme, die das
Leben eines Programmierers leichter machen.

```
typedef linear_congruential_engine<uint_fast32_t, 16807, 0,
2147483647>
minstd_rand0;

typedef linear_congruential_engine<uint_fast32_t, 48271, 0,
2147483647>
minstd_rand;

typedef mersenne_twister_engine<uint_fast32_t,
32,624,397,31,0x9908b0df,11,0xffffffff,7,0x9d2c5680,15,0xe
fc60000,18,1812433253>
mt19937;

typedef mersenne_twister_engine<uint_fast64_t,
64,312,156,31,0xb5026f5aa96619e9,29,
0x5555555555555555,17,
0x71d67fffeda60000,37,
0xfff7eee000000000,43,
6364136223846793005>
mt19937_64;

typedef subtract_with_carry_engine<uint_fast32_t, 24, 10, 24>
ranlux24_base;

typedef subtract_with_carry_engine<uint_fast64_t, 48, 5, 12>
ranlux48_base;

typedef discard_block_engine<ranlux24_base, 223, 23>
ranlux24;

typedef discard_block_engine<ranlux48_base, 389, 11>
ranlux48;

typedef shuffle_order_engine<minstd_rand0,256>
knuth_b;
```

```
typedef implementation-defined
default_random_engine;
```
Listing 19.32: Synonyme für vordefinierte Zufallszahlenerzeuger

Eine kurze Bemerkung noch zu der `default_random_engine` in Listing 19.32. Es hängt von der Implementierung ab, welcher konkrete Zufallserzeuger verwendet wird. Die Entscheidungskriterien für die Implementierung sollen die Performance, Größe und Qualität des Zufallszahlenerzeugers sein.

random_device

`random_device` ist ein nichtdeterministischer Zufallszahlenerzeuger. Auf Systemen, auf denen dieser Zufallszahlenerzeuger nicht verfügbar ist, wird einer der vorhandenen Zufallszahlenerzeuger aus Listing 19.32: Synonyme für vordefinierte Zufallszahlenerzeuger verwendet. Unter Linux wird `random_device` auf die spezielle Datei `/dev/urandom` abgebildet.

random_device

19.3.2 Zufallszahlenverteilung

Die Zufallszahlenverteiler in C++11 lassen sich in zwei Klassen aufteilen. Die diskreten Verteiler erzeugen Ganzzahlen, kontinuierliche Verteiler erzeugen Fließkommazahlen in C++11.

Sowohl bei der diskreten als auch bei der kontinuierlichen Verteilung kann der Anwender auf viele bekannte Verteilungen zurückgreifen.

```
template<class IntType = int>
class uniform_int_distribution;

template<class RealType = double>
class uniform_real_distribution;

class bernoulli_distribution;

template<class IntType = int>
class binomial_distribution;

template<class IntType = int>
class geometric_distribution;

template<class IntType = int>
class negative_binomial_distribution;

template<class IntType = int>
class poisson_distribution;

template<class RealType = double>
class exponential_distribution;
```

```
template<class RealType = double>
class gamma_distribution;

template<class RealType = double>
class weibull_distribution;

template<class RealType = double>
class extreme_value_distribution;

template<class RealType = double>
class normal_distribution;

template<class RealType = double>
class lognormal_distribution;

template<class RealType = double>
class chi_squared_distribution;

template<class RealType = double>
class cauchy_distribution;

template<class RealType = double>
class fisher_f_distribution;

template<class RealType = double>
class student_t_distribution;

template<class IntType = int>
class discrete_distribution;

template<class RealType = double>
class piecewise_constant_distribution;

template<class RealType = double>
class piecewise_linear_distribution;
```

Listing 19.33: Diskrete und kontinuierliche Verteilungen

Die Unterscheidung, ob eine Verteilung diskret oder kontinuierlich ist, lässt sich aus dem Listing 19.33 direkt ablesen. Lautet der Template-Parameter IntType, so ist die Verteilung diskret. Im Falle von RealType ist die Verteilung kontinuierlich. Lediglich die Bernoulli-Verteilung bernoulli_distribution stellt eine Ausnahme von der Regel dar, da sie Wahrheitswerte zurückgibt.

Interface einer Verteilung   Eine Verteilung dist bietet nicht viel mehr an, als den nächsten Wert durch den Aufruf dist(gen) des Zufallszahlengenerators gen zu erhalten, den Zustand der Verteilung auf einen Ausgabestream out << dist zu schreiben und den Zustand einer Verteilung von einem Eingabestrom in >> dist zu lesen. Durch dist.reset() lässt sich der Zustand einer Verteilung zurücksetzen.

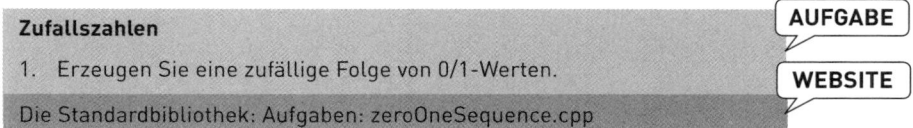

19.4 Zeitbibliothek

Die C++11-Zeitbibliothek besteht aus drei Komponenten: der Zeitdauer   `<chrono>`
(`duration`), dem Zeitpunkt (`time_point`) und den Zeitgebern (`system_clock`,
`steady_clock` und `high_resolution_clock`). Um die Begriffe, die sehr vonei-
nander abhängen, besser unterscheiden zu können, sind sie in dem folgenden Kästchen definiert.

Zeitdauer, Zeitpunkt und Zeitgeber   **DEFINITION**

Zeitdauer: Repräsentiert die Zeit zwischen zwei Zeitpunkten. Typische Beispiele für Zeitdauern sind Sekunden oder Stunden, die in einer festen Anzahl von Zeittakten pro Einheit angegeben werden.

Zeitpunkt: Ist eine Epoche mit einer positiven oder negativen Zeitdauer.
Dabei legt Epoche den Anfang der Zeitrechnung fest, auf den die Zeitdauer
angewandt wird.

Zeitgeber: Umfasst eine Zeitdauer zusammen mit einem Zeitpunkt, so dass
der aktuelle Zeitpunkt durch `now()` zurückgegeben werden kann.

In Listing 19.34: Features der Zeitbibliothek werden einige Features der
neuen Zeitbibliothek angewandt.

```
01 #include <chrono>                                              timeBibliothek.cpp
02 #include <iostream>
03 #include <ratio>
04 #include <thread>
05
06 int main(){
07
08   std::cout << std::endl;
09
10   // get the actual time
11   std::chrono::system_clock::time_point
       start = std::chrono::system_clock::now();
12
13   // sleep 1000 * 1 Millisecond
14   for ( int i = 0; i <= 1000;++i){
15     std::this_thread::sleep_for(
         std::chrono::milliseconds(1));
16   }
17
18   std::chrono::duration<double> dur   =
       std::chrono::system_clock::now() - start;
```

```
19
20    std::cout << "sleeping 1000 times 1 Milliseconds take: "
                << dur.count() << std::endl;
21
22    auto begin= std::chrono::system_clock::now();
23
24    auto end = std::chrono::system_clock::now() +
          std::chrono::duration<double, std::ratio<1>>(0.5);
25
26    while (std::chrono::system_clock::now() < end);
27
28    std::chrono::duration<double> dur1  =
          std::chrono::system_clock::now() - begin;
29
30    std::cout << "busy waiting for half a second :"
                << dur1.count() << std::endl;
31
32    // typedef for minutes, seconds and milliseconds
33    typedef std::chrono::duration<long long,
                                    std::ratio<60>> minutes;
34    typedef std::chrono::duration<long long,
                                    std::ratio<1>> seconds;
35    typedef std::chrono::duration<long long,
                            std::ratio<1,1000>> milliseconds;
36
37    seconds sec(5);
38    minutes min(2);
39    milliseconds mil(10);
40
41    milliseconds milRes= min + sec + mil;
42
43    std::cout << "2 Minutes + 5 Seconds + 10 Milliseconds="
                << milRes.count() << " Milliseconds"
                << std::endl;
44
45    // typedef for hours
46    typedef std::chrono::duration<double,
                                    std::ratio<3600>> hours;
47    hours hourRes= milRes;
48
49    std::cout << "2 Minutes + 5 Seconds + 10 Milliseconds=   "
                << hourRes.count() << " Hours" << std::endl;
50
51    std::cout << std::endl;
52
53 }
```

Listing 19.34: Features der Zeitbibliothek

WEBSITE Die Standardbibliothek: timeBibliothek.cpp

In Listing 19.34 wird in Zeile 11 der Startpunkt start mit der neuen System-zeit in Zeile 18 verrechnet. Die eigentliche Arbeit findet in der for-Schleife in Zeile 14 statt, in der der aktuelle Thread 1000 Mal für eine Millisekunde schlafen gelegt wird. In Abbildung 19.21 ist schön zu erkennen, dass durch das oftmalige Schlafenlegen und wieder Aufwachen ca. 13% mehr Zeit bean-sprucht wird. Dieser Overhead ist beim *busy-waiting* nicht vorhanden, denn die while-Schleife in Zeile 26 wird genau für ½ Sekunde ausgeführt (Abbil-dung 19.21). Sehr interessant ist das Rechnen mit verschiedenen Zeitdau-ern. Dazu wird in den Zeilen 33 bis 35 und 46 ein Synonym für Millisekunden, Sekunden, Minuten und Stunden definiert. Dabei bezeichnet das erste Ar-gument des Templates den Datentyp, der die Zeitdauer hält, und das zweite Argument die Einheit. Während std::ratio<1> eine Sekunde definiert, steht std::ratio<60> für 60 Sekunden bzw. eine Minute. Erhält std::ratio zwei Argumente wie im Fall std::ratio<1,1000>, dann steht dieser Ausdruck für 1/1000 Sekunde bzw. eine Millisekunde. Nach diesen Synonymen kann sehr elegant mit den Zeitdauern gerechnet werden. Wird der Zeitdauertyp als na-türliche Zahl definiert und mit dem Datentyp Millisekunde (Zeile 41) ange-nommen, so steht das Ergebnis normiert auf Millisekunden zur Verfügung. Aber auch im Stundenformat lässt sich das Ergebnis darstellen. Dazu ist es notwendig, als Repräsentation des Datentyps eine Fließkommazahl zu wäh-len und das Ergebnis in dem entsprechenden Typsynonym hours (Zeile 47) zu speichern. Diese verschiedenen Repräsentationen der gleichen Zeitdauer sind in der Abbildung 19.21 schön zu sehen.

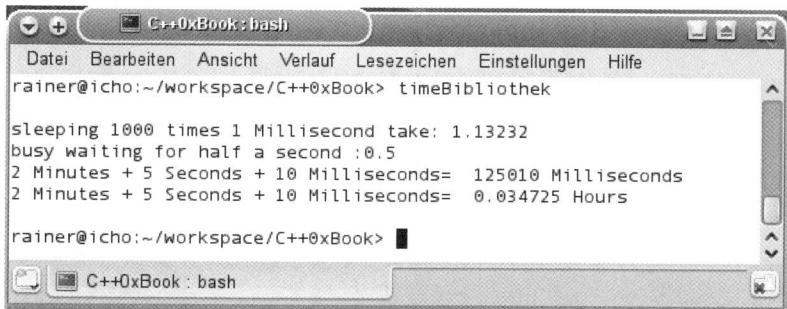

Abbildung 19.21: Die neue Zeitbibliothek im Einsatz

19.4.1 Zeitdauer

Die Zeitdauer ist die Differenz zwischen zwei Zeitpunkten. Sie besteht aus einem arithmetischen Typ und dem Zeittakt (*tick period*).

```
template <class Rep, class Period = ratio<1>> class duration;
```
Listing 19.35: Deklaration der Klasse duration

Ist der arithmetische Typ eine Fließkommazahl, so unterstützt die Zeitdauer Bruchteile ihres Zeittakts. Der Zeittakt ist eine rationale Zahl vom neuen Typ std::ratio. Per Default ist 1 Sekunde die Grundeinheit des Zeittakts.

Vordefinierte
Zeitdauern

Die wichtigsten Zeitdauern sind bereits in der Bibliothek als Synonyme definiert.

```
typedef duration<signed integer type of at least 64 bits ,
nano> nanoseconds;

typedef duration<signed integer type of at least 55 bits ,
micro> microseconds;

typedef duration<signed integer type of at least 45 bits ,
milli> milliseconds;

typedef duration<signed integer type of at least 35 bits > seconds;

typedef duration<signed integer type of at least 29 bits ,
ratio< 60>> minutes;

typedef duration<signed integer type of at least 23 bits ,
ratio<3600>> hours;
```

Listing 19.36: Vordefinierte Zeitdauern

Hierzu ein paar Anmerkungen. Eine Zeitdauer muss mindestens +/- 292 Jahre umfassen. Daraus resultieren die verschiedenen Anforderungen an die Größe der Datentypen in Listing 19.36. nano, micro und milli sind wiederum Aliase des Datentyps std::ratio.

EXKURS   **ratio**

<ratio>

Die neue Bibliothek std::ratio bietet Arithmetik mit rationalen Zahlen zur Übersetzungszeit an. Dabei wird eine rationale Zahl durch die zwei Template-Argumente definiert: So steht std::ratio<1,2> für die Zahl ½. Der Defaultwert für den Teiler ist 1, so dass der natürlichen Zahl 2/1 der Bruch std::ratio<2> entspricht.

Da der Zeittakt eine rationale Zahl vom Typ std::ratio ist, sind die vielen Typsynonyme in Listing 19.37 sehr praktisch.

```
typedef ratio<1, 1000000000000000000> atto;
typedef ratio<1, 1000000000000000> femto;
typedef ratio<1, 1000000000000> pico;
typedef ratio<1, 1000000000> nano;
typedef ratio<1, 1000000> micro;
typedef ratio<1, 1000> milli;
typedef ratio<1, 100> centi;
typedef ratio<1, 10> deci;
typedef ratio< 10, 1> deca;
typedef ratio< 100, 1> hecto;
```

```
typedef ratio< 1000, 1> kilo;
typedef ratio< 1000000, 1> mega;
typedef ratio< 1000000000, 1> giga;
typedef ratio< 1000000000000, 1> tera;
typedef ratio< 1000000000000000, 1> peta;
typedef ratio< 1000000000000000000, 1> exa;
```

EXKURS

Listing 19.37: Typsynonyme für std::ratio

Neben der Arithmetik mit Zeitdauern (Listing 19.34) ist die Definition eigener Zeittakte sicher ein interessanter Anwendungsbereich der Klasse duration. In Listing 19.38 werden die vordefinierten Zeitdauern ausgegeben. Darüber hinaus wird eine Schulstunde (45 Minuten) und eine ½ Sekunde definiert.

duration.cpp

```
01 #include <chrono>
02 #include <iostream>
03 #include <ratio>
04
05 int main(){
06
07   std::cout << std::endl;
08
09   typedef std::chrono::duration<long long, std::ratio<1>>
      MySecondTick;
10
11   MySecondTick aSecond(1);
12
13   std::chrono::nanoseconds nano(aSecond);
14   std::cout << nano.count() << " nanoseconds" << std::endl;
15
16   std::chrono::microseconds micro(aSecond);
17   std::cout << micro.count() << " microseconds"
            << std::endl;
18
19   std::chrono::milliseconds milli(aSecond);
20   std::cout << milli.count() << " milliseconds"
            << std::endl;
21
22   std::chrono::seconds seconds(aSecond);
23   std::cout << seconds.count() << " seconds" << std::endl;
24
25   // std::chrono::minutes minutes(aSecond);
26   std::chrono::minutes minutes(
std::chrono::duration_cast<std::chrono::minutes>(aSecond));
27   std::cout << minutes.count()
            << " minutes(truncated value)" << std::endl;
28
29   //std::chrono::hours hours(aSecond);
30   std::chrono::hours hours(
std::chrono::duration_cast<std::chrono::hours>(aSecond));
```

```
31    std::cout << hours.count() << " hours( truncated value)"
                 << std::endl;
32
33    std::cout << std::endl;
34
35    typedef std::chrono::duration<double, std::ratio<60>>
         MyMinuteTick;
36    MyMinuteTick myMinute(aSecond);
37    std::cout << myMinute.count() << " minutes" << std::endl;
38
39    typedef std::chrono::duration<double, std::ratio<3600>>
         MyHourTick;
40    MyHourTick myHour(aSecond);
41    std::cout << myHour.count() << " hours" << std::endl;
42
43    typedef std::chrono::duration<double, std::ratio<2700>>
         MyLessonTick;
44    MyLessonTick myLesson(aSecond);
45    std::cout << myLesson.count() << " lessons" << std::endl;
46
47    typedef std::chrono::duration<long long, std::ratio<1,2>>
         MyHalfASecondTick;
48    MyHalfASecondTick myHalfASecond(aSecond);
49    std::cout << myHalfASecond.count() << " HalfASeconds"
                 << std::endl;
50
51    std::cout << std::endl;
52
53 }
```

Listing 19.38: Eine Sekunde in verschiedenen Zeiteinheiten ausgegeben

WEBSITE Die Standardbibliothek: duration.cpp

In Listing 19.38 ist das Programm duration.cpp in Aktion zu sehen. aSecond(1) vom Typ MySecondTick in Zeile 11 ist die Zeitdauer, die es auszugeben gilt. Es ist in der Abbildung 19.22 schön zu sehen, dass die Werte für die Minute und die Stunde abgeschnitten werden. Dies wird durch die explizite Konvertierung std::chrono::duration_cast in Zeile 25 und 30 erreicht. Ein naiver Aufruf von std::chrono::minutes minutes(aSecond) führt zum Kompilierungsfehler, da sich eine Sekunde nicht als eine natürliche Zahl mit der Einheit Minute darstellen lässt. Für die exakte Darstellung der Sekunde in einer Minute und einer Stunde werden in den Zeilen 35 und 49 eigene Datentypen MyMinuteTick und MyHourTick definiert. Aber auch eigene Datentypen MyLessonTick oder MyHalfASecondTick sind schnell definiert, um eigene Zeiteinheiten zu verwenden.

Repräsentierung des arithmetischen Typs

Während die vordefinierten Zeitdauern alle einen integralen Datentyp als
Zeitzähler verwenden, stehen beim Definieren eigener Zeitdauern Fließkommazahlen neben den integralen Datentypen zur Verfügung. Während
die Repräsentierung mit integralen Datentypen exakt ist, lassen sich bei
der Repräsentierung mit Fließkommazahlen auch integrale Werte darstellen, ohne diese abzuschneiden.

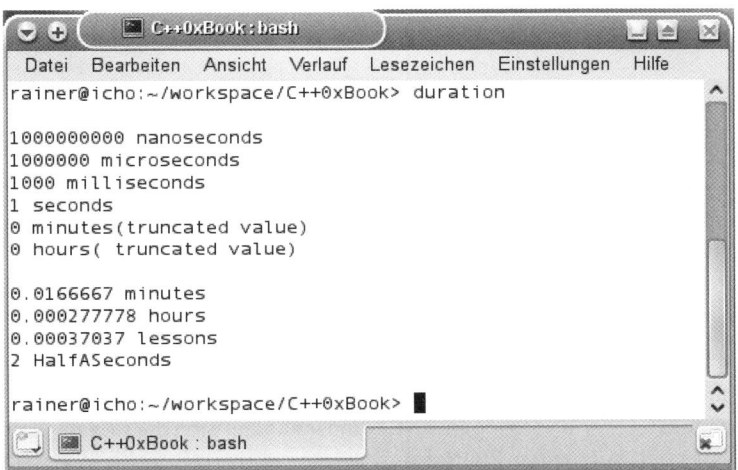

Abbildung 19.22: 1 Sekunde, in verschiedenen Zeittakten ausgegeben

19.4.2 Zeitgeber

Die Zeitgeber in C++11 umfassen eine Zeitdauer mit einem Zeitpunkt, so
dass der aktuelle Zeitpunkt durch now() zurückgegeben werden kann. Im
neuen C++11-Standard werden drei verschiedene Zeitgeber angeboten.

1. std::chrono::system_clock: Systemzeit, die mit der externen Uhr synchronisiert werden kann

2. std::chrono::steady_clock: Uhrzeit, die nicht explizit verändert werden
   kann

3. std::chrono::high_resolution_clock: Systemzeit mit der höchsten Auflösung

Verfügbare Zeitgeber

Da der aktuelle GCC 4.6 (C++0x Support in GCC 4.6, 2011) von den drei
C++11-Zeitgebern system_clock, steady_clock und high_resolution_clock
nur den std::chrono::system_clock implementiert, werden sich meine Beispiele auf diesen beziehen.

Jeder dieser Zeitgeber zeichnet sich durch ein einheitliches Interface aus.

```
class Clock {
public:
    typedef an arithmetic-like type        rep;
    typedef an instantiation of ratio      period;
    typedef bchrono::duration<rep, period> duration;
    typedef bchrono::time_point<Clock>     time_point;
    static constexpr bool is_steady =              true or false;

    static time_point now();
};
```

Listing 19.39: Interface der Zeitgeber

Lediglich für den Zeitgeber `std::chrono::steady_clock` gilt, dass `is_steady == true` ist, denn dessen Werte können nie kleiner werden. Durch dieses einheitliche Interface lässt sich gegebenenfalls schnell das Programm von `std::chrono::high_resolution_order` auf `std::chrono::system_clock` modifizieren, da insbesondere `std::chrono::high_resolution_order` deutlich teurer in der Anwendung ist.

Mit Hilfe der Typsynonyme aus Listing 19.39 und dem neuen Schlüsselwort `auto` lässt es sich einfach bestimmen, wie viele Nanosekunden seit der Epoche (1.1.1970) vergangen sind. Nanosekunden sind die Genauigkeit der Systemzeit auf meiner Plattform.

clock.cpp
```
01 #include <chrono>
02 #include <iostream>
03
04 int main(){
05
06   std::cout << std::boolalpha<< std::endl;
07
08   auto timeNow= std::chrono::system_clock::now();
09   auto duration= timeNow.time_since_epoch();
10
11   std::cout << "nanoseconds since 1.1.1970 :"
                 <<  duration.count() << std::endl;
12
13   //std::cout << "is steady: " << std::chrono::system_clock::is_
   steady << std::endl;
14   std::cout << "is steady: "
                 << std::chrono::system_clock::is_monotonic
                 << std::endl;
15
16   std::cout << std::endl;
17
18 }
```

Listing 19.40: Zeit in Nanosekunden seit dem 1.1.1970

In Listing 19.40 ist schön zu sehen, wie die statische Funktion `system_clock()::now()` in Zeile 8 verwendet wird, um den aktuellen Zeitpunkt zu erhalten. Dieser ist der Schlüssel für die Zeitdauer `duration` seit der Epoche in Zeile 9. Eine weitere statische Funktion von `std::chrono::system_clock` wird in Zeile 14 angewandt, um die Frage zu beantworten, ob diese stetig ist. Im neuen Standard wird die Funktion den Namen `is_steady` besitzen, der in Zeile 13 auskommentiert ist.

Das bisschen Ausgabe ist in Abbildung 19.23 zu sehen.

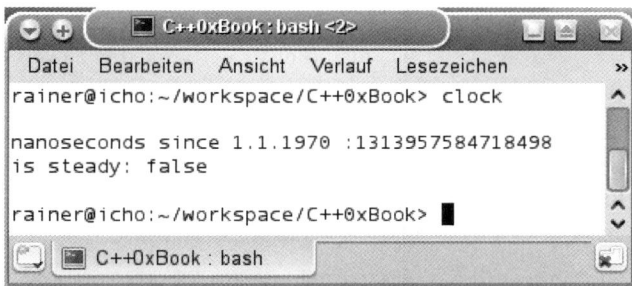

Abbildung 19.23: Ausgabe `std::chrono::system_clock`

Als einziger Zeitgeber besitzt `std::chrono::system_clock` zwei Methoden, um mit dem C-API zu interagieren.

system_clock

```
static time_t to_time_t (const time_point& t);
static time_point from_time_t(time_t t);
```

Listing 19.41: C-API

Auf POSIX-Systemen wird `std::chrono::system_clock` auf `times`, auf Windows-Systemen auf `GetProcessTimes` abgebildet.

19.4.3 Zeitpunkt

Ein Zeitpunkt wird durch einen Startpunkt, die sogenannte Epoche und die darauf bezogene Zeitdauer festgelegt.

```
template <class Clock, class Duration = typename Clock::duration>
class time_point;
```

Listing 19.42: Deklaration eines Zeitpunkts

Dabei enthält ein Zeitpunkt einen Zeitgeber und eine Zeitdauer. Über die Funktion `time_since_epoch` erhält der Aufrufer die Zeitdauer seit der Epoche zurück. Dabei ist der Beginn der Zeitrechnung für `std::chrono::system_clock` der 1.1.1970 und für die beiden anderen Zeit-

Epoche

geber `std::chrono::steady_clock` und `std::chrono::high_resolution_clock`
der Boot-Zeitpunkt des Rechners.

AUFGABE

1. Bestimmen Sie die Zeitdauer seit dem 1.1.1970.

   Gut 40 Jahre alt ist das Computerzeitalter. Bestimmen Sie die Zeit seit der
   Epoche in Sekunden, Minuten, Stunden, Tagen, Wochen, Monaten und Jahren. Der Einfachheit halber soll ein Monat 30 Tage lang sein.

   WEBSITE

   Die Standardbibliothek: Aufgaben: timeSinceEpoch.cpp

19.5 Referenz-Wrapper

`<utility>`   Ein `std::reference_wrapper<T>` ist ein kopierkonstruierbarer und zuweisbarer Wrapper um ein Objekt vom Typ `T&`. Damit entsteht ein Objekt, das
sich zwar wie eine Referenz verhält, aber, und das ist der entscheidende
Punkt, auch kopiert werden kann.

Diese Eigenschaften ermöglichen zwei neue Anwendungsfälle von
`std::reference_wrapper<T>` gegenüber Referenzen.

1. Sie können in Containern der Standard Template Library verwendet
   werden.

2. Klassen, die `std::reference_wrapper<T>`-Objekte enthalten, lassen
   sich kopieren.

Während die Verwendung von Referenz-Wrappern in Containern aus Tour
de C++11 im Kapitel Referenz-Wrapper bekannt ist, fehlt noch der zweite
Anwendungsfall.

referenceWrapper-
Class.cpp

```
01 #include <functional>
02 #include <iostream>
03 #include <string>
04
05 class Bad{
06 public:
07   Bad(std::string& s):message(s){}
08 private:
09   std::string& message;
10 };
11
12 class Good{
13 public:
14   Good(std::string& s):message(s){}
15   std::string getMessage(){
16     return message.get();
17   }
18   void changeMessage(std::string s){
```

```
19      message.get()= s;
20    }
21 private:
22    std::reference_wrapper<std::string> message;
23 };
24
25 int main(){
26
27    std::cout << std::endl;
28
29    std::string bad1{"bad1"};
30    std::string bad2{"bad2"};
31
32    Bad b1(bad1);
33    Bad b2(bad2);
34    // will not compile, because of reference
35    //b1= b2;
36
37    std::string good1{"good1"};
38    std::string good2{"good2"};
39
40    Good g1(good1);
41    Good g2(good2);
42    std::cout << "g1.getMessage(): " << g1.getMessage()
                << std::endl;
43    std::cout << "g2.getMessage(): " << g2.getMessage()
                << std::endl;
44
45    std::cout << std::endl;
46
47    std::cout << "g2= g1" << std::endl;
48    g2= g1;
49    std::cout << "g1.getMessage(): " << g1.getMessage()
                << std::endl;
50    std::cout << "g2.getMessage(): " << g2.getMessage()
                << std::endl;
51
52    std::cout << std::endl;
53
54    g1.changeMessage("veryGood");
55    std::cout << "g1.changeMessage(\"veryGood\")"
                << std::endl;
56    std::cout << "g1.getMessage(): " << g1.getMessage()
                << std::endl;
57    std::cout << "g2.getMessage(): " << g2.getMessage()
                << std::endl;
58
59    std::cout << std::endl;
60
61 }
```

Listing 19.43: Kopieren einer Klasse mit einer Referenz

Werden Instanzen der Klasse Bad (Zeile 32) in Listing 19.43 zugewiesen, moniert dies der GCC-Compiler unmissverständlich mit der eindeutigen Fehlermeldung in Abbildung 19.24.

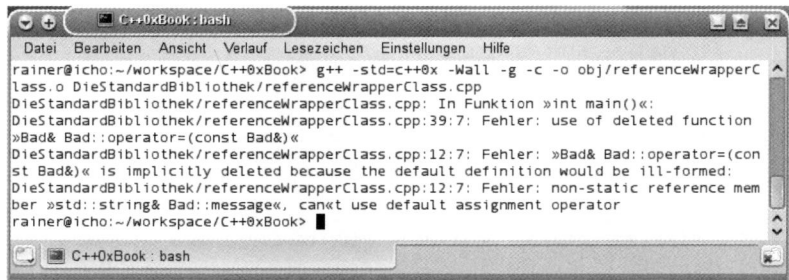

Abbildung 19.24: Versuch, eine Referenz zu kopieren

Dank Referenz-Wrapper wird dieser Anwendungsfall mit der Klasse Good unterstützt. Die Zuweisung in Zeile 48 führt zur Modifikation von g2 (Abbildung 19.25).

Abbildung 19.25: Kopieren einer Referenz mit Referenz-Wrapper

Der wesentliche Unterschied der Klasse Good (Zeilen 12) gegenüber Bad (Zeile 5) ist, dass Good den std::string in einem Referenz-Wrapper hält (Zeile 19). Interessant ist auch die Elementfunktion changeMessage in Zeile 18. Durch die get-Methode des Referenz-Wrappers steht eine Referenz auf das interne Datenobjekt zur Verfügung, so dass dieses (Zeile 19) auf einen neuen Wert gesetzt werden kann. Somit werden g1 und g2 in Abbildung 19.25 modifiziert.

Das Interface der Referenz-Wrapper ist schnell erklärt. Neben der bereits verwendeten `get`-Methode, die eine Referenz auf das interne Objekt anbietet, ist der Klammeroperator für Referenz-Wrapper überladen. Damit lässt sich eine aufrufbare Einheit in einem Referenz-Wrapper kapseln und anwenden.

Interface

```
void foo(){
  std::cout << "it works" << std::endl;
}
...

01 typedef void callable();
02 std::reference_wrapper<callable> refWrap1(foo);
03 refWrap1();
```

Listing 19.44: Funktionszeiger in einem Referenz-Wrapper gekapselt und aufgerufen

Für die Funktion `foo` aus Listing 19.44 wird in Zeile 1 ein Funktionstyp deklariert. Dieser wird in Zeile 2 verwendet, um einen Referenz-Wrapper zu definieren. Zuletzt wird der Referenz-Wrapper `refWrap1()` angewandt und die Funktion `foo` ausgeführt.

19.5.1 Die Hilfsfunktionen ref und cref

Für das einfache Definieren einer Referenz oder einer Referenz auf ein konstantes Objekt bietet C++11 die zwei Funktionen `std::ref` und `std::cref` an. Beide Funktionen nehmen ein Argument an und verpacken es. In Listing 19.45 werden die beiden Hilfsfunktionen angewandt.

refCref.cpp

```
01 #include <functional>
02 #include <iostream>
03 #include <string>
04
05 void invokeMe(std::string& s){
06   std::cout << s << ": not const " << std::endl;
07 }
08
09 void invokeMe(const std::string& s){
10   std::cout << s << ": const " << std::endl;
11 }
12
13
14 template <typename T>
15 void doubleMe(T t){
16   t *=2;
17 }
18
19 int main(){
20
```

```
21    std::cout << std::endl;
22
23    std::string s{"string"};
24
25    invokeMe(std::ref(s));
26    invokeMe(std::cref(s));
27
28    std::cout << std::endl;
29
30    int i=1;
31    std::cout << "i: " << i << std::endl;
32
33    doubleMe(i);
34    std::cout << "doubleMe(i): " << i << std::endl;
35
36    doubleMe(std::ref(i));
37    std::cout << "doubleMe(std::ref(i)): " << i << std::endl;
38
39    double a=5;
40    std::cout << "a= " << a << std::endl;
41    doubleMe(std::ref(a));
42    std::cout << "doubleMe(std::ref(a)): " << a << std::endl;
43
44    std::cout << std::endl;
45
46  }
```

Listing 19.45: Die Hilfsfunktionen std:: ref und std::cref

WEBSITE Die Standardbibliothek: refCref.cpp

Die Funktion invokeMe steht in zwei Varianten in Listing 19.45 zur Verfügung. In Zeile 5 nimmt sie Referenz auf einen std::string, in Zeile
9 eine Referenz auf einen konstanten std::string an. Durch den Aufruf invokeMe(std::ref(s)) wird die nicht konstante, durch den Aufruf
invokeMe(std::cref(s)) die konstante Version verwendet. Das Funktions-
Template in Zeile 14 verdoppelt ihr Argument. Dazu ist es aber notwendig, dass der Funktionskörper auf einer Referenz agiert. Genau dies wird
mit den Funktionsaufrufen in Zeile 36 doubleMe(std::ref(i)) und Zeile
41 doubleMe(std::ref(a)) erreicht. In der Ausgabe in Abbildung 19.26 ist
schön zu sehen, dass der Funktionsaufruf doubleMe(i) in Zeile 33 i nicht
verdoppelt.

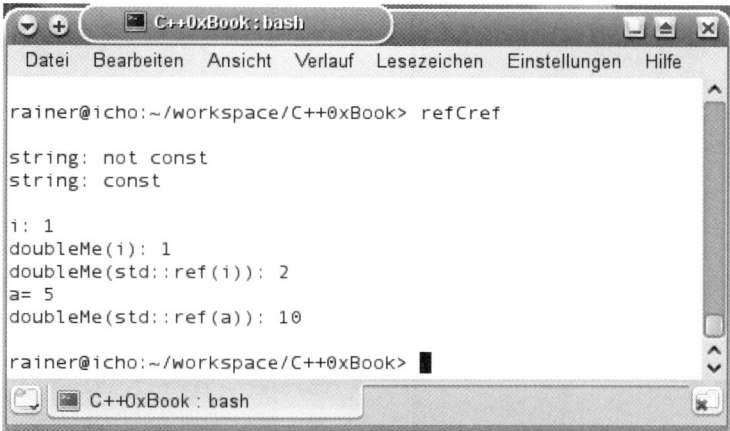

Abbildung 19.26: Funktionsaufrufe mit ref und cref

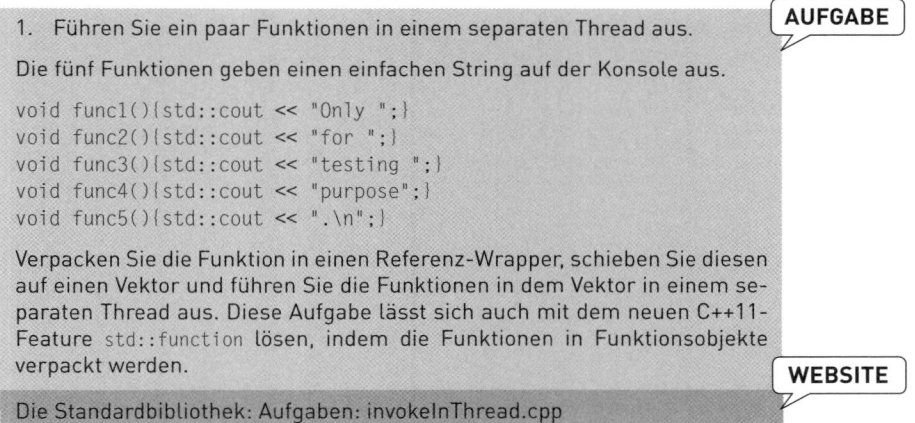

1. Führen Sie ein paar Funktionen in einem separaten Thread aus.

Die fünf Funktionen geben einen einfachen String auf der Konsole aus.

```
void func1(){std::cout << "Only ";}
void func2(){std::cout << "for ";}
void func3(){std::cout << "testing ";}
void func4(){std::cout << "purpose";}
void func5(){std::cout << ".\n";}
```

Verpacken Sie die Funktion in einen Referenz-Wrapper, schieben Sie diesen auf einen Vektor und führen Sie die Funktionen in dem Vektor in einem separaten Thread aus. Diese Aufgabe lässt sich auch mit dem neuen C++11-Feature std::function lösen, indem die Funktionen in Funktionsobjekte verpackt werden.

Die Standardbibliothek: Aufgaben: invokeInThread.cpp

20 Verbesserte Bibliotheken

20.1 Smart Pointer

20.1.1 unique_ptr <memory>

std::unique_ptr ersetzt den std::auto_ptr, der in C++11 *deprecated* ist. Beides sind Smart Pointer, die exklusiv eine Ressource besitzen und den transparenten Zugriff auf diese erlauben. Beide bieten ein sehr ähnliches Interface an. Bevor es in die Details geht, stellt Listing 20.1 das Interface von std::unique_ptr vor.

```
01 #include <iomanip>                                          uniquePtr.cpp
02 #include <iostream>
03 #include <memory>
04
```

```
05 struct MyStruct{
06   MyStruct(int v):val(v){
07     std::cout << std::setw(10) << std::left
                 << (void*) this << " Hello: " << val
                 << std::endl;
08   }
09   ~MyStruct(){
10     std::cout << std::setw(10) << std::left
                 << (void*)this << " Good Bye: "
                 << val << std::endl;
11   }
12   int val;
13 };
14
15 int main(){
16
17   std::cout << std::endl;
18
19   { // begin of scope
20
21     // Initialize with resource
22     std::unique_ptr<MyStruct> uniquePtr0{new MyStruct(0)};
23
24     // use an std::auto_ptr
25     std::auto_ptr<MyStruct> autoPtr{new MyStruct(1)};
26     std::unique_ptr<MyStruct> uniquePtr1{std::move(autoPtr)};
27
28     // Default Constructor
29     std::unique_ptr<MyStruct> uniquePtr2;
30
31     // Move Constructor
32     std::unique_ptr<MyStruct> uniquePtr4{new MyStruct(2)};
33     std::unique_ptr<MyStruct>
         uniquePtr5{std::move(uniquePtr4)};
34
35     // Move Assignment
36     std::unique_ptr<MyStruct> uniquePtr6{new MyStruct(3)};
37     std::unique_ptr<MyStruct> uniquePtr7=
         std::move(uniquePtr6);
38
39     // access the resource
40     std::cout << std::endl;
41     std::cout << "Address of resource of uniquePtr7"
                 << (void*)uniquePtr7.get() << " " << std::endl;
42     std::cout << "Get val: uniquePtr7.get()->val: "
                 << uniquePtr7.get()->val << std::endl;
43     std::cout << "Get val: uniquePtr7->val: "
                 <<  uniquePtr7->val << std::endl;
44     std::cout << std::endl;
45
46     // release the resource
```

```
47    MyStruct* myStruct= uniquePtr7.release();
48    std::cout << "myStruct->val: " << myStruct->val
                   << std::endl;
49    delete myStruct;
50
51    std::cout << std::endl;
52
53    // reset the resource
54    uniquePtr2.reset(new MyStruct(4));
55    std::unique_ptr<MyStruct> uniquePtr8{new MyStruct(5)};
56    uniquePtr8.reset(new MyStruct(6));
57
58    std::cout << std::endl;
59
60    // swap the std::unique_ptr
61    uniquePtr2.swap(uniquePtr1);
62    std::swap(uniquePtr2,uniquePtr1);
63
64    } // end of scope
65
66    std::cout << std::endl;
67
68  }
```

Listing 20.1: Das Interface von `std::unique_ptr`

Die Standardbibliothek: std::uniquePtr.cpp   **WEBSITE**

In Listing 20.1 hat `MyStruct` (Zeile 5) die Aufgabe, den Wert der Instanzvariablen `val`, ihre Adresse und eine kurze Nachricht im Konstruktor und Destruktor auszugeben. Damit ist es leichter, die Lebenszeit der Objekte vom Typ `MyStruct` in Abbildung 20.1 zu verfolgen. Ein `std::unique_ptr` bietet verschiedene Varianten der Instanziierung an. Er kann über einen Zeiger auf eine Ressource (Zeile 22), einen `std::auto_ptr` (Zeile 26) oder auch den Aufruf des Standardkonstruktors (Zeile 29) instanziert werden. Die Initialisierung über ein Rvalue (Zeile 33 und 37) wird unterstützt, für einen Lvalue wird sie unterbunden. Ist der `std::unique_ptr` `uniquePtr7` initialisiert, lässt sich durch `uniquePtr7.get()` (Zeile 41 und 42) auf die Ressource und durch `uniquePtr7->` (Zeile 43) auf die Elemente der Ressource zugreifen. Um die Ressource freizugegeben, steht `uniquePtr7.release()` (Zeile 47) bereit. Durch das explizite Löschen der Ressource in Zeile 49 wird ein Speicherloch vermieden. Eine neue Ressource kann mit `uniquePtr2.reset(new MyStruct(4))` (Zeile 54) gesetzt werden. Besitzt der `std::unique_ptr` bereits eine Ressource, wird die ursprüngliche Ressource gelöscht (Zeile 55). Dies lässt sich auch direkt in der Abbildung 20.1 nachvollziehen. Über `uniquePtr2.swap(uniquePtr1)` oder auch `std::swap(uniquePtr2,uniquePtr1)` lassen sich zwei `std::unique_ptr` tauschen.

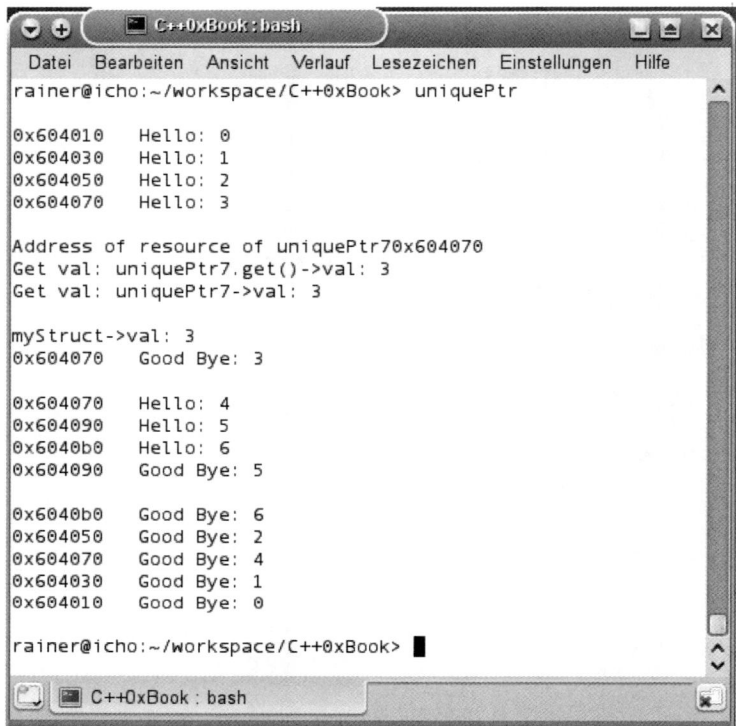

Abbildung 20.1: Anwendung von std::unique_ptr

auto_ptr versus
unique_ptr

Der feine, aber entscheidende Unterschied zwischen std::unique_ptr und std::auto_ptr ist, dass beim Kopieren eines std::auto_ptr dessen Ressource transferiert wird. Was oberflächlich wie Copy-Semantik wirkt, ist unter der Decke Move-Semantik. Im Kapitel Smart Pointer im Buchabschnitt Tour de C++11 wird das implizite Transferieren einer Ressource mit std::auto_ptr und das explizite Transferieren mit std::unique_ptr bildlich gegenübergestellt.

Wie wird nun verhindert, dass std::unique_ptr kopiert werden kann? Die Antwort gibt die Definition von std::unique_ptr in Listing 20.2: Auszug aus der Definition des Smart Pointer std::unique_ptr.

```
template <typename _Tp, ... >
  class unique_ptr{
public:
  ...

  // Move constructors
  unique_ptr(const unique_ptr&& __u) ...
```

```
  // Assignment
  unique_ptr&
  operator=(unique_ptr&& __u) ...

  ...

  // Disable copy from lvalue.
  unique_ptr(const unique_ptr&) = delete;
  unique_ptr& operator=(const unique_ptr&) = delete;
};
```

Listing 20.2: Auszug aus der Definition des Smart Pointer `std::unique_ptr`

In der Implementierung von `std::unique_ptr` (C++0x Support in GCC 4.6, 2011) wird das C++11-Schlüsselwort `delete` angewandt, um die Copy-Semantik zu unterbinden. Sowohl den Move-Konstruktor `unique_ptr(const unique_ptr&& __u)` als auch den Move-Zuweisungsoperator `unique_ptr& operator=(unique_ptr&& __u)` bietet dieser Smart Pointer an. Soll ein `std::unique_ptr` kopiert werden, muss der Umweg über `std::move` gegangen werden.

```
std::unique_ptr<int> up1(new int(10));
std::unique_ptr<int> up2= up1; //ERROR: use of deleted function

std::unique_ptr<int> up1(new int(10));
std::unique_ptr<int> up2= std::move(up1);
```

Listing 20.3: Explizites Transferieren der Ressource

Das *Sink and Source-Idiom* beschreibt zwei Funktionen, die eine Ressource verwalten. Dabei ist die Quelle (*Source*) die Funktion, die die Ressource bereitstellt und deren Besitz an die Funktion Senke (`Sink`) auf Anfrage übergibt. Das definierte Zusammenspiel, und das ohne potenzielle Speicherlöcher, lässt sich elegant mit `std::unique_ptr` in Listing 20.4: Sink and Source-Idiom mit std::unique_ptr formulieren.

Sink and
Source-Idiom

```
01 #include <memory>
02 #include <iostream>
03
04 struct BigData{
05   BigData(int i):mySize(i),myData(new int[i]){}
06   int mySize;
07   int* myData;
08   ~BigData(){
09     std::cout << "deleting BigData of size: "
               << mySize <<  std::endl;
10     delete [] myData;
11   }
12 };
13
14 // allocate an array of size BigData
```

sinkSource.cpp

```
15 std::unique_ptr<BigData> source(int size)
16 {
17   return std::unique_ptr<BigData>(new BigData(size) );
18 }
19
20 // get an array of BigData
21 void sink(std::unique_ptr<BigData> bd){
22    std::cout << "get an array of size: "
                << bd->mySize << std::endl;
23 }
24
25 void dontUseBigData(){
26    source(1000);
27 }
28
29 int main(){
30
31    std::cout << std::endl;
32
33    source(123456789);
34
35    std::cout << std::endl;
36
37    sink(source(100000000));
38
39    std::cout << std::endl;
40
41    dontUseBigData();
42
43    std::cout << std::endl;
44
45    sink( std::unique_ptr<BigData>( new BigData(2011)));
46
47    std::cout << std::endl;
48
49 }
```

Listing 20.4: Sink and Source-Idiom mit `std::unique_ptr`

> **WEBSITE**
> Die Standardbibliothek: sinkSource.cpp

Listing 20.4 dient nur zur Illustration des Grundproblems, das mit dem Sink and Source-Idiom gelöst wird: Eine Funktion stellt die Ressource bereit und übergibt den Besitz einer anderen Funktion. Wer ist nun für das Freigeben der Ressource zuständig? Die kritische Ressource ist in diesem konkreten Fall `BigData`, das ein beliebig großes, dynamisch allokiertes Array `myData` besitzt. Betrachten wir zuerst den typischen Anwendungsfall in Zeile 37. Wird `source(100000000)` prozessiert, so allokiert die Funktion `source` (Zeile 15) `BigData` und stellt es über seinen Rückgabewert zur Verfügung. Die Funktion `sink` in Zeile 21 verhält sich genau spiegelbildlich zur Funktion `source`, denn sie benötigt einen `std::unique_ptr<BigData>` als Eingabewert. Die Eleganz dieses Idioms ist, dass, wie auch immer die Funktionen `sink` und `source` verwendet werden, die Ressource automatisch freigegeben wird.

» `source(123456789)`:

Der Rückgabewert verliert am Ende des Funktionskörpers von `source` seine Gültigkeit und wird automatisch gelöscht.

» `sink(source(100000000))`:

Der Rückgabewert von `source` ist ein Rvalue, so dass die Ressource zum Aufruf `sink` (Move-Semantik) transferiert wird. Am Ende des Funktionskörpers von `sink` verliert der `std::unique_ptr` seine Gültigkeit und wird automatisch gelöscht.

» `source(1000)`:

Stellt eine Variation von `source(12345679)` dar.

» `sink( std::unique_ptr<BigData>( new BigData(2011)))`:

Die Funktion `sink` fordert die Ressource direkt.
Da diese Ressource ein Rvalue ist, wird sie transferiert.

Abbildung 20.2: Sink and Source-Idiom in verschiedenen Variationen zeigt den Programmlauf von Listing 20.4.

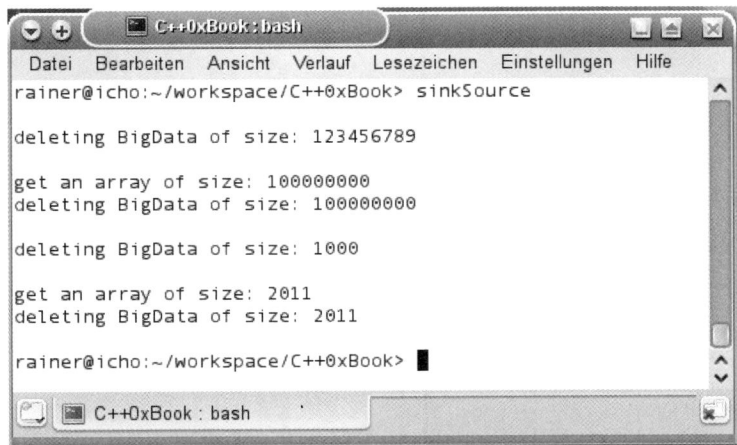

Abbildung 20.2: Sink and Source-Idiom in verschiedenen Variationen

Der explizite Transfer der Besitzverhältnisse beim `std::unique_ptr` gegenüber dem impliziten beim *deprecated* `std::auto_ptr` ist aber noch nicht das Ende der Geschichte. `std::unique_ptr` zeichnet sich in weiteren Punkten gegenüber dem `std::auto_ptr` aus. Er kann Arrays verwalten, über eine

auto_ptr versus unique_ptr

Löschfunktion parametrisiert und in der Standard Template Library verwendet werden. Zuerst die zusätzlichen Features des `std::unique_ptr` der Reihe nach.

» `std::unique_ptr` kann in Containern und den Algorithmen der STL verwendet werden. Diese Aussage trifft mit der Einschränkung zu, dass die `std::unique_ptr` in den STL-Containern und Algorithmen nur Move- und keine Copy-Semantik unterstützen. Wird jedoch ein `std::unique_ptr` kopiert, quittiert dies der Compiler mit einer Fehlermeldung.

» Der Konstruktor von `std::unique_ptr` lässt sich über eine Löschfunktion parametrisieren, die automatisch verwendet wird. Fehlt dieser optionale Parameter, wird auf den Destruktor der Ressource zurückgegriffen. Im Kapitel shared_ptr werden wir die Anwendung der Löschfunktion in Aktion sehen.

» `std::unique_ptr` besitzt eine Template-Spezialisierung für Arrays: `class unique_ptr<T[]>`. Optional kann er über eine Löschfunktion weiter parametrisiert werden. Damit sorgt diese Spezialisierung für das automatische Verwalten der Arrays. Mit dem Array lässt sich in gewohnter Weise interagieren, denn der Zugriff auf das Array wird durch die `get`-Funktion, der Zugriff auf die Elemente des Arrays durch den Indexoperator `operator[]` unterstützt. Als Default-Löschfunktion wird `delete []` angewandt.

Zum Abschluss zeigt das Listing 20.5: std::unique_ptr für Arrays den Umgang mit einem Array.

uniquePtrArray.cpp

```
01 #include <iomanip>
02 #include <iostream>
03 #include <memory>
04
05 class MyStruct{
06 public:
07   MyStruct():val(count){
08     std::cout << std::setw(15) << std::left
                 << (void*) this << " Hello: " << val
                 <<   std::endl;
09     MyStruct::count++;
10   }
11   ~MyStruct(){
12     std::cout << std::setw(15) << std::left
                 << (void*)this << " Good Bye: " << val
                 << std::endl;
13     MyStruct::count--;
14   }
15 private:
16   int val;
17   static int count;
```

```
18 };
19
20 int MyStruct::count= 0;
21
22 int main(){
23
24   std::cout << std::endl;
25
26   // create a myUniqueArray with five MyStructs
27   {
28
29   std::unique_ptr<MyStruct[]> myUniqueArray
       {new MyStruct[5]};
30
31   }
32
33   std::cout << std::endl;
34
35   // creat a myUniqueArray
36   // assign an myUnqiueArray element a new MyStruct
37   {
38
39   std::unique_ptr<MyStruct[]> myUniqueArray
       {new MyStruct[1]};
40   MyStruct myStruct;
41   myUniqueArray[0]=myStruct;
42
43   }
44
45   std::cout << std::endl;
46
47   // create a myUniqueArray
48   // assign a new MyStruct an myUniqueArray element
49   {
50
51   std::unique_ptr<MyStruct[]> myUniqueArray
       {new MyStruct[1]};
52   MyStruct myStruct;
53   myStruct= myUniqueArray[0];
54
55   }
56
57   std::cout << std::endl;
58
59 }
```

Listing 20.5: `std::unique_ptr` für Arrays

Die Standardbibliothek: uniquePtrArray.cpp

WEBSITE

Die Datenstruktur MyStruct (Zeile 5) in Listing 20.5 zählt über die statische Variable MyStruct::count mit, wie viele Instanzen der Struktur existieren. Dazu wird sie im Konstruktor in- und im Destruktor dekrementiert. Neben ihrem Wert wird in den beiden Funktionen zusätzlich die Adresse der Instanz ausgegeben. Die einfache Verwendung eines std::unique_ptr<MyStruct[]> zeigt die Zeile 29. Um den Lebenszyklus der Ressource MyStruct leichter zu verfolgen, wurde die Gültigkeit von std::unique_ptr<MyStruct[]> auf den Bereich (Zeile 27 – 31) eingeschränkt. In Abbildung 20.3 ist schön zu sehen, wie die Instanzen vom Typ MyStruct am Ende ihres Gültigkeitsbereichs (Zeile 31) in umgekehrter Reihenfolge ihrer Erzeugung automatisch gelöscht werden. In Zeile 41 wird dem ersten myUniqueArray-Element eine neue MyStruct-Instanz zugewiesen. Aber auch einer neuen MyStruct-Instanz kann ein myUniqueArray-Element in Zeile 53 zugewiesen werden.

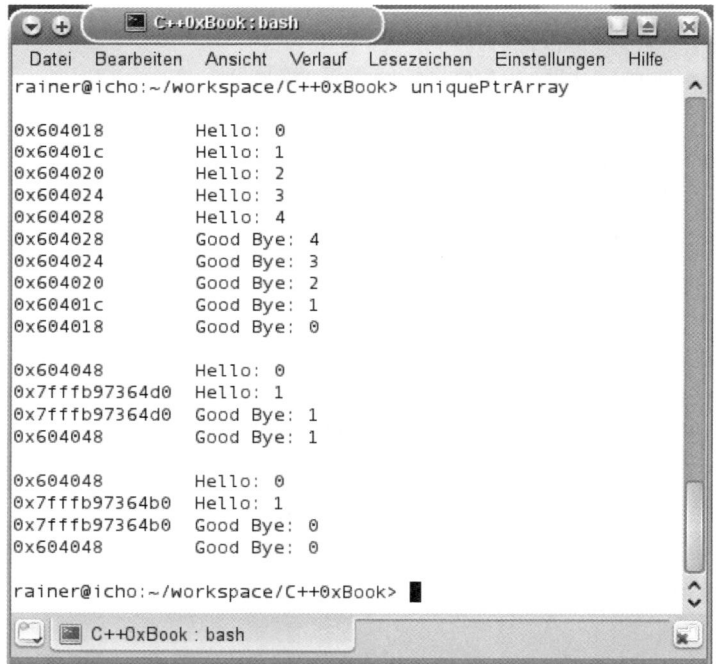

Abbildung 20.3: Verschiedene Variationen von std::unique_ptr mit einem Array

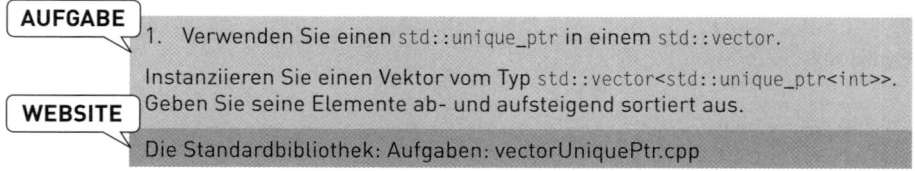

AUFGABE

1. Verwenden Sie einen std::unique_ptr in einem std::vector.

WEBSITE

Instanziieren Sie einen Vektor vom Typ std::vector<std::unique_ptr<int>>. Geben Sie seine Elemente ab- und aufsteigend sortiert aus.

Die Standardbibliothek: Aufgaben: vectorUniquePtr.cpp

20.1.2   shared_ptr

`std::shared_ptr` stellt den typischen Anwendungsfall für Smart Pointer in C++11 dar. Mit ihm lässt sich eine Ressource gemeinsam nutzen. Jeder `std::shared_ptr` hält einen Referenzzähler auf einen Zähler und auf eine gemeinsam genutzte Ressource. Wird nun der `std::shared_ptr` kopiert, wird der Referenzzähler erhöht. Beim Löschen des `std::shared_ptr` wird dieser dekrementiert. Erreicht der Referenzzähler den Wert 0, führt dies zur automatischen Löschung der Ressource. Der `std::shared_ptr` bietet ein ähnliches Interface wie der `std::unique_ptr` und der aus C++98 bekannte `std::auto_ptr`. sharedPtr.cpp in Listing 20.6: Das Interface von std::shared_ptr sollte nach uniquePtr.cpp in Listing 20.1: Das Interface von std::unique_ptr vertraut wirken.

```
01 #include <iomanip>
02 #include <iostream>
03 #include <memory>
04
05 struct MyStruct{
06   MyStruct(int v):val(v){
07     std::cout << std::setw(10) << std::left
                 << (void*) this << " Hello: "
                 << val << std::endl;
08   }
09   ~MyStruct(){
10     std::cout << std::setw(10) << std::left
                 << (void*)this << " Good Bye: "
                 << val << std::endl;
11   }
12   int val;
13 };
14
15 int main(){
16
17   std::cout << std::endl;
18
19   { // begin of scope
20
21   // Initialize with resource
22   std::shared_ptr<MyStruct> sharedPtr{new MyStruct(0)};
23
24   // use an std::auto_ptr
25   std::auto_ptr<MyStruct> autoPtr{new MyStruct(1)};
26   std::shared_ptr<MyStruct> sharedPtr1{std::move(autoPtr)};
27
28   std::unique_ptr<MyStruct> uniquePtr{new MyStruct(2)};
29   std::shared_ptr<MyStruct> sharedPtr2
                              {std::move(uniquePtr)};
30
```

sharedPtr.cpp

```
31    // Default Constructor
32    std::shared_ptr<MyStruct> sharedPtr3;
33
34    // Move Constructor
35    std::unique_ptr<MyStruct> uniquePtr1{new MyStruct(3)};
36    std::shared_ptr<MyStruct>
         sharedPtr4{std::move(uniquePtr1)};
37
38    // Move Assignment
39    std::unique_ptr<MyStruct> uniquePtr2{new MyStruct(4)};
40    std::shared_ptr<MyStruct> sharedPtr5=
         std::move(uniquePtr2);
41
42    // test, if unique owner of the resource
43    std::cout << std::boolalpha << std::endl;
44    std::cout << "sharedPtr5.unique(): "
                 << sharedPtr5.unique() << std::endl;
45    std::cout << std::endl;
46
47    // Copy Constructor form a std::shared_ptr
48    std::shared_ptr<MyStruct> sharedPtr6{new MyStruct(5)};
49    std::shared_ptr<MyStruct> sharedPtr7{sharedPtr6};
50
51    // Copy Assignment from a std::shared_ptr
52    std::shared_ptr<MyStruct> sharedPtr8= sharedPtr6;
53
54    // get the reference count
55    std::cout << std::endl;
56    std::cout << "sharedPtr8.use_count(): "
                 << sharedPtr8.use_count() << std::endl;
57
58    // access the resource
59    std::cout << std::endl;
60    std::cout << "Address of resource of sharedPtr8"
                 << (void*)sharedPtr8.get() << " " << std::endl;
61    std::cout << "Get val: sharedPtr8.get()->val: "
                 << sharedPtr8.get()->val << std::endl;
62    std::cout << "Get val: sharedPtr8->val: "
                 <<  sharedPtr8->val << std::endl;
63    std::cout << std::endl;
64
65    // reset the resource
66    sharedPtr8.reset(new MyStruct(8));
67
68    std::cout << std::endl;
69
70    // only sharedPtr8 will be reset
71    std::cout << "sharedPtr6.use_count(): "
                 << sharedPtr6.use_count() << std::endl;
72    std::cout << "sharedPtr6.get->val: "
                 << sharedPtr6.get()->val << std::endl;
73    std::cout << "sharedPtr7.use_count(): "
```

```
               << sharedPtr7.use_count() << std::endl;
74   std::cout << "sharedPtr7.get->val:"
               << sharedPtr7.get()->val << std::endl;
75
76   std::cout << std::endl;
77   std::cout << "sharedPtr8.use_count(): "
               << sharedPtr8.use_count() << std::endl;
78   {
79     std::shared_ptr<MyStruct> sharedPtr9{sharedPtr8};
80     std::shared_ptr<MyStruct> sharedPtr10= sharedPtr9;
81     std::cout << "sharedPtr8.use_count(): "
                 << sharedPtr8.use_count() << std::endl;
82     sharedPtr10.reset();
83     std::cout << "sharedPtr8.use_count(): "
                 << sharedPtr8.use_count() << std::endl;
84   }
85   std::cout << "sharedPtr8.use_count(): "
               << sharedPtr8.use_count() << std::endl;
86   sharedPtr8.reset();
87
88   std::cout << std::endl;
89
90   // swap the std::shared_ptr
91   sharedPtr2.swap(sharedPtr1);
92   std::swap(sharedPtr2,sharedPtr1);
93
94   } // end of scope
95
96   std::cout << std::endl;
97
98   }
```

Listing 20.6: Das Interface von std::shared_ptr

Die Standardbibliothek: sharedPtr.cpp   **WEBSITE**

Die einfache Datenstruktur MyStruct aus Listing 20.1: Das Interface von std::unique_ptr findet in Listing 20.6 ihre Wiederverwendung. Zuerst wird std::shared_ptr in verschiedenen Varianten instanziiert. Das findet in Zeile 22 durch eine Ressource, in Zeile 26 durch einen std::auto_ptr und in Zeile 29 durch ein std::unique_ptr statt. Entsprechend zum std::unique_ptr besitzt der std::shared_ptr auch einen Standardkonstruktor (Zeile 32). Ein std::shared_ptr kann über einen std::unique_ptr initialisiert werden (Zeile 36 und 40). Mit der Elementfunktion unique lässt sich in Zeile 44 testen, ob der std::shared_ptr als einziger eine Ressource besitzt. Durch den Aufruf des Kopierkonstruktors in Zeile 49 und den Kopier-Zuweisungsoperator in Zeile 52 besitzt der Referenzzähler sharedPtr8.use_count() in Zeile 56 den Wert 3. std::shared_ptr ist eng verwandt mit std::unique_ptr. Dies ist einfach an den Aufrufen in Zeile 60 bis 62 zu sehen, denn durch sharedPtr8.get() kann auf die Ressource, durch `sharedPtr8->val` auf den Wert von `MyStruct` zugegriffen werden. Erhält die Elementfunktion `reset` beim Aufruf eine Ressource (Zeile 66), bewirkt dies, dass `sharedPtr8` der alleinige Besitzer der neuen Ressource ist. `sharedPtr6` und `sharedPtr7` teilen sich `MyStruct5` aus Zeile 48. Ihr Referenzzähler besitzt jetzt den Wert 2. In dem Block von Zeile 79 – 84 wird der Referenzzähler von `sharedPtr8` zu Beginn wieder auf 3 erhöht. `sharedPtr10.reset()` ohne Argument bewirkt, dass `sharedPtr10` zurückgesetzt wird. Der Referenzzähler von `sharedPtr8` wird dekrementiert. Dekrementiert wird er nochmals beim Verlassen des Blocks, denn `sharedPtr9` verliert seine Gültigkeit. Ein letztes Mal `sharedPtr8.reset()` in Zeile 86 und die Ressource `MyStruct(8)` kann zerstört werden. Zum Abschluss folgt noch ein unspektakuläres Tauschen der `std::shared_ptr`. Diese lange Ausführung in Prosa lässt sich natürlich auch auf der Konsole in Abbildung 20.4 bewundern.

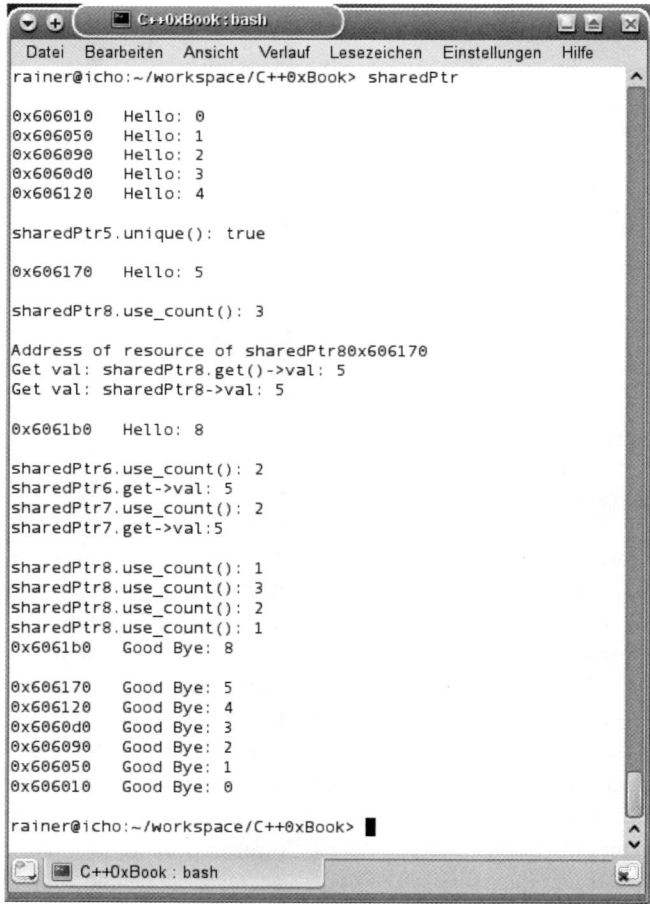

Abbildung 20.4: Anwendung von std::shared_ptr

Die enge Verwandtschaft von unique_ptr und shared_ptr

Die enge Verwandtschaft von std::unique_ptr und std::.shared_ptr lässt sich ganz einfach an der Tatsache festmachen, dass das Listing 20.1: Das Interface von std::unique_ptr, abgesehen von dem Aufruf von uniquePtr7.release()auch für std::shared_ptr gültig ist. Dies ist kein Zufall, erlaubt es doch den einfachen Umstieg von std::unique_ptr auf std::shared_ptr. Hinzu kommt noch, dass ein std::shared_ptr über einen std_unique_ptr und selbst einen std::auto_ptr initialisiert werden kann.

Waren es schon std::unique_ptr mit Einschränkungen, so gilt es für std::shared_ptr ohne jegliche Einschränkung. Sie können in den Containern und Algorithmen der Standard Template Library verwendet werden.

STL-konform

Erzeugen Sie die Ressource im Konstruktoraufruf des Smart Pointer.

Die Ressource sollte im Konstruktoraufruf des Smart Pointer erzeugt werden.

Zum einen sorgt der Konstruktor dafür, dass der Speicher wieder freigegeben wird, wenn in einem Aufruf eine Ausnahme vom Typ std::bad_alloc geworfen wird, falls die Speicherzuweisung fehlschlägt. Wird die Ressource nicht im Konstruktor allokiert, sollte durch Ausnahmebehandlung die Freigabe des Speichers sichergestellt werden. Listing 20.7 stellte beide Varianten gegenüber.

```
01 std::shared_ptr<VeryBig> sp( new VeryBig() );
02
03 try{
04   VeryBig *veryBig= new VeryBig() ;
05   std::shared_ptr<VeryBig> sp1(veryBig);
06 }
07 catch( ... ){
08   // handle the exception
09 }
```

Listing 20.7: Ausnahmebehandlung für std::shared_ptr

Zum anderen wird dadurch das falsche, mehrfache Zerstören einer Ressource verhindert. Listing 20.8: Mehrfaches Löschen einer Ressource zeigt die falsche Benutzung von std::shared_ptr. Um den Blick aufs Wesentliche zu richten, habe ich auf die Ausnahmebehandlung verzichtet.

```
01 #include <iomanip>
02 #include <iostream>
03 #include <memory>
04
05 struct MyStruct{
06   MyStruct(int v):val(new int(v)){
07     std::cout << std::setw(10) << std::left
                 << (void*) this << " Hello: "
                 << *val << std::endl;
08   }
09   ~MyStruct(){
```

sharedPtrDouDelete.cpp

PRAXISTIPP

```
10      std::cout << std::setw(10) << std::left
                  << (void*)this << " Good Bye: "
                  << *val << std::endl;
11   }
12   int* val;
13 };
14
15 int main(){
16
17   std::cout << std::endl;
18
19   std::cout << std::boolalpha;
20
21   MyStruct* myStruct1= new MyStruct(5);
22   MyStruct* myStruct2= myStruct1;
23
24   std::shared_ptr<MyStruct> sharedPtr1(myStruct1);
25   std::shared_ptr<MyStruct> sharedPtr2(myStruct2);
26
27   std::cout << "sharedPtr1.unique(): "
               << sharedPtr1.unique() << std::endl;
28   std::cout << "sharedPtr2.unique(): "
               << sharedPtr2.unique() << std::endl;
29
30 }
```

Listing 20.8: Mehrfaches Löschen einer Ressource

WEBSITE Die Standardbibliothek: sharedPtrDouDelete.cpp

Das Ausführen des Programms bringt es in Abbildung 20.5 auf den Punkt.

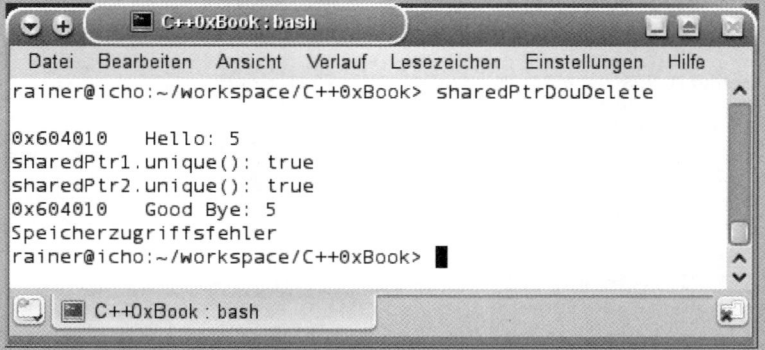

Abbildung 20.5: Doppeltes Löschen einer Ressource durch zwei std::shared_ptr

Die zwei std::shared_ptr sharedPtr1 und sharedPtr2 in Zeile 24 und 25 glauben, alleiniger Besitzer der Ressource zu sein. Beide antworten auf die Frage sharedPtr1.unique() bzw. sharedPtr2.unique() mit dem Wahrheitswert true. Dies führt dazu, dass beide den Speicher freigeben wollen. Dies schlägt beim zweiten Versuch fehl und führt zu einem Speicherzugriffsfehler.

Löschfunktion

std::shared_ptr sowie std::unique_ptr lassen sich über sogenannte Löschfunktionen parametrisieren. In diesem Fall wird zum Löschen der Ressource die benutzerdefinierte Löschfunktion verwendet. Dabei sind die Forderungen an die Löschfunktion d, dass sie eine aufrufbare Einheit ist. Statt delete p für die Ressource p wird in diesem Fall d(p) aufgerufen, wenn die Ressource p destruiert wird. Listing 20.9: std::shared_ptr und std::unique_ptr mit einer Löschfunktion parametrisiert zeigt die Anwendung einer Löschfunktion, die darüber hinaus über die statische Variable count mitzählt, wie oft sie schon aufgerufen wurde.

```
01 #include <iostream>
02 #include <memory>
03 #include <random>
04 #include <typeinfo>
05
06 template <typename T>
07 class Deleter{
08 public:
09   void operator()(T *ptr){
10     ++Deleter::count;
11     // do the actual work
12     delete ptr;
13   }
14   void getInfo(){
15     std::string typeId{typeid(T).name()};
16     size_t sz= Deleter::count * sizeof(T);
17     std::cout << "Deleted " << Deleter::count
                  << " objects of type: " << typeId
                  << std::endl;
18     std::cout <<"Freed size in bytes: "  << sz << "."
                  <<  std::endl;
19     std::cout << std::endl;
20
21   }
22 private:
23   static int count;
24 };
25
26 template <typename T>
27 int Deleter<T>::count=0;
28
29 typedef Deleter<int> IntDeleter;
30 typedef Deleter<double> DoubleDeleter;
31
32 void createRandomNumbers(){
33
34   std::random_device seed;
35
36   // generator
```

```
37    std::mt19937 engine(seed());
38
39    // distribution
40    std::uniform_int_distribution<int> thousand(1,1000);
41    int ranNumber= thousand(engine);
42    for ( int i=0 ; i <= ranNumber; ++i)
         std::shared_ptr<int>(new int(i),IntDeleter());
43
44 }
45
46 int main(){
47
48    std::cout << std::endl;
49
50    // declare a local scope
51    {
52      std::shared_ptr<int> sharedPtr1( new int,IntDeleter() );
53      std::shared_ptr<int> sharedPtr2( new int,IntDeleter() );
54      auto intDeleter=
           std::get_deleter<IntDeleter>(sharedPtr1);
55      intDeleter->getInfo();
56      sharedPtr2.reset();
57      intDeleter->getInfo();
58
59    }
60    // create up to 1000 std::shared_ptr of type int
61    createRandomNumbers();
62
63    // declare a local scope
64    {
65
66      // create three Smart pointer for doubles
67      std::unique_ptr<double,DoubleDeleter > uniquePtr(
                         new double, DoubleDeleter() );
68      std::unique_ptr<double,DoubleDeleter > uniquePtr1(
                         new double, DoubleDeleter() );
69      std::shared_ptr<double> sharedPtr(
                         new double, DoubleDeleter() );
70
71      std::shared_ptr<double> sharedPtr4(
           std::move(uniquePtr));
72      std::shared_ptr<double> sharedPtr5=
           std::move(uniquePtr1);
73
74    }
75
76    IntDeleter().getInfo();
77    DoubleDeleter().getInfo();
78
79 }
```

Listing 20.9: std::shared_ptr und std::unique_ptr mit einer Löschfunktion parametrisiert

Die Standardbibliothek: sharedPtrDeleter.cpp

`Deleter` (Zeile 6) in Listing 20.9 ist eine aufrufbare Einheit. Da sie Copy-konstruierbar ist, lässt sie sich als Löschfunktion anwenden. Tatsächlich ist es ein Klassen-Template, das seine statische Variable `count` (Zeile 23) im Aufrufoperator (Zeile 9) inkrementiert. Die gesammelte Information stellt das Template über die Funktion `getInfo` (Zeile 14) zur Verfügung. Die zwei Typsynonyme in Zeile 29 und 30 ersparen ein bisschen Tipparbeit. Bevor ich das Hauptprogramm beschreibe, noch ein paar Worte zur Funktion `createRandomNumbers`. Mit Hilfe der neuen C++11-Zufallszahlen-Bibliothek werden bis zu 1000 verschiedene Zufallszahlen erzeugt und genauso viele `std::shared_ptr` in Zeile 42 instanziiert. In dem ersten lokalen Bereich in Zeile 51 – 59 werden zwei `std::shared_ptr` erzeugt. Über den Aufruf `std::get_deleter<IntDeleter>(sharedPtr1)` steht die Löschfunktion des `sharedPtr2` zur Verfügung. Dieser kann benutzt werden, um Information über die Anzahl der Löschaufrufe zu erhalten. Erst nach dem Aufruf von `sharedPtr2.reset()` wurde ein `int`-Datentyp gelöscht. Das ist in der Abbildung 20.6 schön zu sehen. Genauso gut ist zu sehen, dass die Anzahl der Instanzen vom Typ `std::shared_ptr<int>` deutlich nach dem Aufruf von `createRandomNumbers` in Zeile 61 steigt. `Deleter` ist ein Klassen-Template, so dass sich Smart Pointer von `double`-Datentypen mit ihm parametrisieren lassen. In den Zeilen 67 und 68 wird dazu `std::unique_ptr` erzeugt. Durch den Move-Konstruktoraufruf in Zeile 72 und den Move-Zuweisungsaufruf in Zeile 72 werden die `std::shared_ptr<double>` die neuen Besitzer der Ressource und ihrer Löschfunktion. Dass die Löschfunktion ordentlich Buch führt, zeigt die Abbildung 20.6.

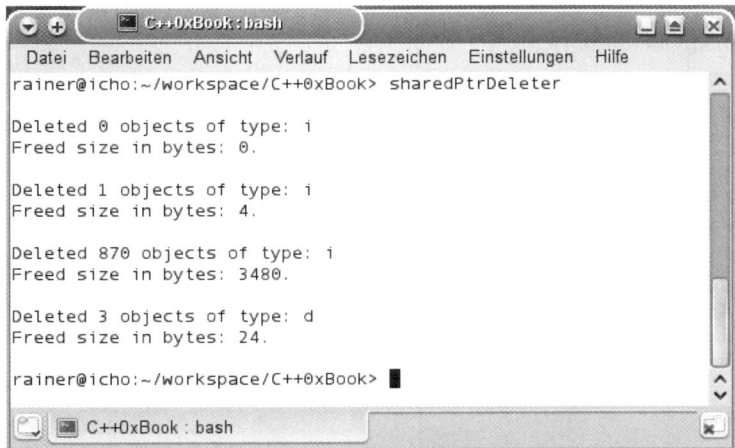

Abbildung 20.6: Die Löschfunktion im Einsatz beim `std::unique_ptr` und `std::shared_ptr`

EXKURS

Die unterschiedliche Verwendung der Löschfunktion beim unique_ptr und shared_ptr

Dem aufmerksamen Leser wird es nicht entgangen sein: Während die Löschfunktion beim std::shared_ptr ein Template-Argument ist, ist sie beim std::unique_ptr Teil des Typs. Vergleichen Sie die beiden Instanziierungen:

```
std::shared_ptr<int> sharPtr( new int,IntDeleter() );
std::unique_ptr<double,DoubleDeleter>
                uniPtr(new double, DoubleDeleter() );
```

Leicht verwirrt ob der unterschiedlichen Interfaces, beantwortet mir Daniel Krügler meine Anfrage in der Newsgruppe de.comp.lang.iso-c++:

»std::unique_ptr und std::shared_ptr haben zwei unterschiedliche Smart-Pointer-Ansätze. Der unique_ptr-Ansatz legt mehr Schwerpunkt auf Laufzeit- und Speicherperformance und repräsentiert den idealen Ersatz für std::auto_ptr. Bei shared_ptr ist der dynamische Aspekt wichtiger. Eine der Designdirektiven von shared_ptr war, dass man ihn aus einer dynamischen Bibliothek Objekte herausgeben können (kann,) und das soll funktionieren, unabhängig von der Tatsache, ob die Bibliothek und der Aufrufer unterschiedliche Allokationsfunktionen verwenden. Dies kann z.B. passieren, wenn verschiedene Laufzeit-Bibliotheken zusammentreffen.«

shared_ptr von this

Die Funktion std::shared_from_this ist eine praktische Hilfsfunktion, um aus einem bestehenden Objekt einen std::shared_ptr auf dieses zurückzugeben. Dazu ist es lediglich notwendig, dass die Klasse von std::enable_shared_from_this abgeleitet ist.

Die Funktion std::shared_from_this ist einfacher mit einem Beispiel (Listing 20.10: Mit std::enable_shared_from_this das aktuelle Objekt zur Verfügung stellen) erklärt, als mit vielen Worten beschrieben.

enabledShared.cpp

```
01 #include <iostream>
02 #include <memory>
03
04 class ShareMe: public std::enable_shared_from_this<ShareMe>{
05 public:
06   std::shared_ptr<ShareMe> getShared(){
07     return shared_from_this();
08   }
09 };
10
11 int main(){
12
13   std::cout << std::endl;
14
15   // share the same ShareMe object
16   std::shared_ptr<ShareMe> shareMe(new ShareMe);
17   std::shared_ptr<ShareMe> shareMe1= shareMe->getShared();
```

```
18
19    // both resources have the same address
20    std::cout << "Address of resource of shareMe  "
                << (void*)shareMe.get() << " " << std::endl;
21    std::cout << "Address of resource of shareMe1 "
                << (void*)shareMe1.get() << " " << std::endl;
22
23    // the use_count is 2
24    std::cout << "shareMe.use_count(): "
                << shareMe.use_count() << std::endl;
25
26    std::cout << std::endl;
27
28  }
```

Listing 20.10: Mit `std::enable_shared_from_this` das aktuelle Objekt zur Verfügung stellen

WEBSITE

> Die Standardbibliothek: enableShared.cpp

Was in Listing 20.10 wie Magie wirkt, hat in C++ einen Namen: *Curiously Recurring Template Pattern* (CRTP). `SharedMe` in Zeile 4 ist solch ein Exemplar. Das Besondere daran ist, dass die abgeleitete Klasse `SharedMe` Template-Argument der Basisklasse `std::enable_shared_from_this` ist. Die Details zu diesem bekannten C++-Idiom lassen sich in dem Buch C++ Templates von David Vandevoorde und Nicolai Josuttis nachlesen (Vandevoorde & Josuttis, 2002). Das Entscheidende an `SharedMe` ist, dass die Elementfunktion `getShared` einen Smart Pointer vom Typ `std::shared_ptr<SharedMe>` in Zeile 7 zurückgibt. Dazu verwendet die Funktion den Aufruf `shared_from_this`. Das Hauptprogramm ist unspektakulär. Durch `shareMe->getShared()` in Zeile 17 wird eine Referenz auf `ShareMe` zurückgegeben. Dies ist einfach zu sehen. Denn einerseits besitzen die Ressourcen beider Smart Pointer die gleiche Adresse (Zeile 20 und 21) und andererseits beträgt der `shareMe.use_count()`-Zähler 2. Beides lässt sich direkt von der Ausgabe in Abbildung 20.7 ablesen.

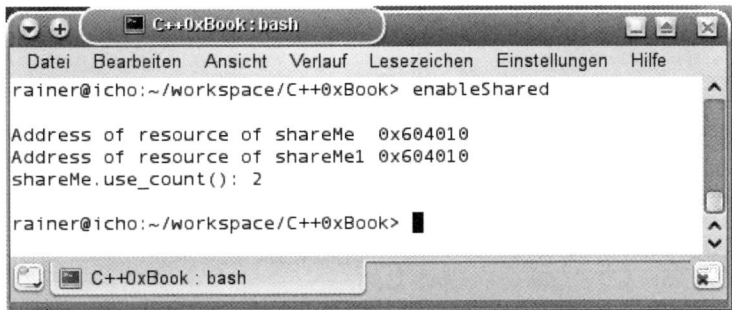

Abbildung 20.7: Die Anwendung von `std::enable_shared_from_this`

Konvertierung in Ableitungshierarchien

`std::shared_ptr`, `std::unique_ptr` und der im nächsten Abschnitt vorgestellte `std::weak_ptr` unterstützen die implizite Konvertierung in Ableitungshierarchien. Nur der *deprecated* `std::auto_ptr` macht die Ausnahme.
So ist ein Konstruktoraufruf `std::shared_ptr<Base> sp(new Der)` zulässig,
falls `Der` von `Base` öffentlich abgeleitet ist. Dies trifft nicht nur auf den Konstruktor, den Kopierkonstruktor und den Copy-Zuweisungsoperator, sondern im Falle des `std::shared_ptr` auch auf die `reset`-Elementfunktion zu.
Die gleiche Argumentation für die implizite Konvertierung einer Ressource
lässt sich auch direkt auf die Smart Pointer selbst anwenden. Ob die implizite Konvertierung eines Smart Pointers `std::shared_ptr<Base> sp(sp1)`
(`sp1` ist vom Typ `std::shared_ptr<Der>`) zulässig ist, hängt davon ab, ob die
Ressource `Der` von `Base` öffentlich abgeleitet ist.

dynamic_
pointer_cast,
static_pointer_cast
und const_
pointer_cast

`std::dynamic_pointer_cast`, `std::static_pointer_cast` und `std::const_`
`pointer_cast` verhalten sich so wie ihre bekannten Namensverwandten
`std::dynamic_cast`, `std::static_cast` und `std::const_cast` aus C++. Dies
lässt sich leicht einsehen, denn ein `std::dynamic_pointer_cast<Der>(p)`
setzt voraus, dass `dynamic_cast<Der*>(p.get())` gültig ist. Seman-
tisch ist `std::dynamic_pointer_cast<Der>(p)` äquivalent zu `std::shared_`
`ptr<Der>(std::dynamic_cast<Der*>(p.get()))`. Dies gilt natürlich auch für
die statische Variante `std::static_pointer_cast` und die konstante Variante `std::const_pointer_cast`. `std::reinterpret_pointer_cast` habe ich nicht
vergessen. Diese Variante existiert nicht in C++11.

> **AUFGABE**
>
> 1. Hinterfragen Sie die Verwendung von `std::auto_ptr` in Ihrem Source-
> code.
>
> `std::auto_ptr` ist deprecated in C++11. Dass `std::auto_ptr` deprecated ist
> und insbesondere die Tatsache, dass `std::auto_ptr` heimlich die Ressour-
> ce transferiert, sind Grund genug, den Sourcecode auf dessen Einsatz zu
> hinterfragen. Entscheiden Sie daher im Einzelfall, ob `std::unique_ptr` oder
> `std::shared_ptr` der Ersatz für `std::auto_ptr` ist. Die Umstellung sollte kurz
> und schmerzlos sein, denn die neuen `std::unique_ptr` und `std::shared_ptr`
> bieten ein sehr ähnliches Interface wie `std::auto_ptr` an. Lediglich das im-
> plizite Transferieren der Ressource ist mit `std::unique_ptr` nicht möglich
> und muss mit `std::move` explizit angefordert werden.
>
> 2. Automatisches Speichermanagement mit Ganzzahlen
>
> Variieren Sie das kleine Programm in Listing 20.11: Häufige Speicherbe-
> schaffung für einen int-Wert. Verwenden Sie einen `std::unique_ptr` und
> einen `std::shared_ptr` für das automatische Verwalten der Ressource und
> vergleichen Sie die Ausführungszeiten.

AUFGABE

```
#include <chrono>
#include <iostream>

static const long long numInt= 100000000;

int main(){

  auto start = std::chrono::system_clock::now();

  for ( long long i=0 ; i < numInt; ++i){
    int* tmp(new int(i));
    delete tmp;
  }

  std::chrono::duration<double> dur= std::chrono::system_
clock::now() - start;
  std::cout << "time native: " << dur.count() << " seconds" <<
std::endl;

}
```

Listing 20.11: Häufige Speicherbeschaffung für einen int-Wert

Mit dem GCC 4.6 Compiler und dem Optimierungsflag -O3 übersetzt, erhalte ich die folgenden Zeitangaben.

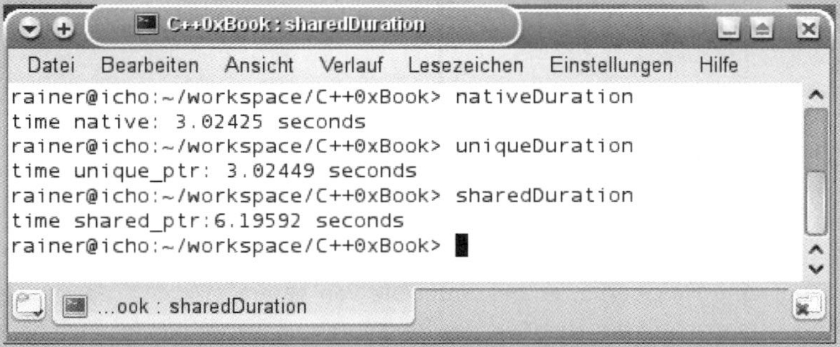

```
C++0xBook : sharedDuration

Datei  Bearbeiten  Ansicht  Verlauf  Lesezeichen  Einstellungen  Hilfe
rainer@icho:~/workspace/C++0xBook> nativeDuration
time native: 3.02425 seconds
rainer@icho:~/workspace/C++0xBook> uniqueDuration
time unique_ptr: 3.02449 seconds
rainer@icho:~/workspace/C++0xBook> sharedDuration
time shared_ptr:6.19592 seconds
rainer@icho:~/workspace/C++0xBook>

...ook : sharedDuration
```

Abbildung 20.8: Listing 20.11 im Vergleich mit std::unique_ptr und std::shared_ptr

Damit ist std::unique_ptr genauso schnell wie das direkte Löschen der Ressource. std::shared_ptr benötigt ca. doppelt so lang.

3. Verifizieren Sie die Aussagen zur Konvertierung in Ableitungshierarchien.

Leiten Sie eine Klasse public, protected und private von einer Klasse Base ab. Initialisieren Sie einen Smart Pointer std::shared_ptr<Base>, indem Sie die drei abgeleiteten Klassen von Base verwenden.

Entspricht das Ergebnis Ihren Erwartungen?

WEBSITE   Die Standardbibliothek: Aufgaben: nativeDuration.cpp

Die Standardbibliothek: Aufgaben: uniqueDuration.cpp

Die Standardbibliothek: Aufgaben: sharedDuration.cpp

AUFGABE   4. Eine mögliche Implementierung von std::enable_shared_from_this

Wem die Erläuterung zu std::enable_shared_from_this in shared_ptr von this nicht ausreicht, der sei auf eine mögliche Implementierung aus dem Standardentwurf N3242 (Becker, Working Draft, Standard for Programming Language C++ (N3242), 2011) von Pete Becker verwiesen.

```
template<class T>
class enable_shared_from_this {
  private:
  weak_ptr<T> __weak_this;
protected:
  constexpr enable_shared_from_this() : __weak_this() { }
  enable_shared_from_this(enable_shared_from_this const &) { }
  enable_shared_from_this& operator=(enable_shared_from_this
const &) { return *this; }
  ~enable_shared_from_this() { }
public:
  shared_ptr<T> shared_from_this() { return    shared_ptr<T>(__
weak_this); }
  shared_ptr<T const> shared_from_this() const { return    shared_
ptr<T const>(__weak_this); }
};
```

20.1.3 weak_ptr

Der std::weak_ptr ist kein Smart Pointer im eigentlichen Sinne, denn er bietet keinen transparenten Zugriff auf seine Ressource. Er besitzt nicht einmal eine Ressource, er bekommt sie von einem std::shared_ptr geliehen. Da er nicht der Besitzer der Ressource ist, verändert er auch nicht den Referenzzähler auf die Ressource. Die Existenzberechtigung für den std::weak_ptr ist es, zyklische Referenzen von std::shared_ptr aufzubrechen. Dazu reicht ihm ein einfaches Interface aus. Bevor zyklische Referenzen unser Thema sein werden, ein bewährter Blick auf die Schnittstelle des std::weak_ptr in Listing 20.12: Das Interface von std::weak_ptr.

weakPtr.cpp
```
01 #include <iostream>
02 #include <memory>
03
04 class MyInt{
05 public:
06
07   MyInt(int i):i_(i){}
08   int get() const{ return i_; }
09
```

```
10  private:
11    int i_;
12  };
13
14  int main(){
15
16    std::cout << std::endl;
17
18    std::cout << std::boolalpha;
19
20    // default constructor
21    std::weak_ptr<MyInt> weakPtr;
22    std::cout << "weakPtr.use_count(): "
                 << weakPtr.use_count() << std::endl;
23    std::cout << "weakPtr.expired(): " << weakPtr.expired()
                 << std::endl;
24
25    std::cout << std::endl;
26
27    std::shared_ptr<MyInt> sharedPtr(new MyInt(2011));
28    std::cout << "sharedPtr.use_count(): "
                 << sharedPtr.use_count() << std::endl;
29
30    // initialize weakPtr
31    weakPtr= sharedPtr;
32    std::cout << "weakPtr.use_count(): "
                 << weakPtr.use_count() << std::endl;
33    std::cout << "weakPtr.expired(): " << weakPtr.expired()
                 << std::endl;
34
35    std::weak_ptr<MyInt> weakPtr1(sharedPtr);
36
37    std::cout << std::endl;
38
39    // refer to the resource
40    std::cout << "sharedPtr->get(): " << sharedPtr->get()
                 << std::endl;
41    // will not work with weakPtr
42    // std::cout << "weakPtr->get()" << weakPtr->get()
                     << std::endl;
43
44    if(std::shared_ptr<MyInt> sharedPtr1 = weakPtr.lock()) {
45      std::cout << "sharedPtr->get(): " << sharedPtr->get()
                   << std::endl;
46    }
47    else{
48      std::cout << "Don't get the resource!" << std::endl;
49    }
50
51    std::cout << std::endl;
52
```

```
53    // reset the weakPtr
54    weakPtr.reset();
55    if(std::shared_ptr<MyInt> sharedPtr1 = weakPtr.lock()) {
56        std::cout << "sharedPtr->get(): "
                        << sharedPtr->get() << std::endl;
57    }
58    else{
59      std::cout << "Don't get the resource!" << std::endl;
60    }
61
62    // swap weakPtr2 and weakPtr3
63
64    std::cout << std::endl;
65    std::shared_ptr<MyInt> sharedPtr2(new MyInt(2));
66    std::shared_ptr<MyInt> sharedPtr3(new MyInt(3));
67    std::weak_ptr<MyInt> weakPtr2(sharedPtr2);
68    std::weak_ptr<MyInt> weakPtr3(sharedPtr3);
69
70    if(std::shared_ptr<MyInt> sharedFromWeak2 =
          weakPtr2.lock()) {
71      std::cout << "sharedFromWeak2->get(): "
                      << sharedFromWeak2->get() << std::endl;
72    }
73
74    std::cout << std::endl;
75
76    weakPtr2.swap(weakPtr3);
77    if(std::shared_ptr<MyInt> sharedFromWeak2 =
          weakPtr2.lock()) {
78        std::cout << "sharedFromWeak2->get(): "
                        << sharedFromWeak2->get() << std::endl;
79    }
80
81    std::cout << std::endl;
82
83    std::swap(weakPtr2,weakPtr3);
84    if(std::shared_ptr<MyInt> sharedFromWeak2 =
          weakPtr2.lock()) {
85      std::cout << "sharedFromWeak2->get(): "
                      << sharedFromWeak2->get() << std::endl;
86    }
87
88    std::cout << std::endl;
89
90 }
```

Listing 20.12: Das Interface von std::weak_ptr

WEBSITE Die Standardbibliothek: weakPtr.cpp

Die Klasse MyInt (Zeile 4) in Listing 20.12 ist lediglich eine dünne Hülle um den Datentyp int. Mit ihm lässt sich einfach der Zugriff auf die Ressource demonstrieren. std::weak_ptr besitzt einen Default-Konstruktor. Ohne eine Ressource besitzt der weakPtr.use_count() in Zeile 22 den Wert 0 und weakPtr.expired() in Zeile 23 den Wert true. Das ändert sich, nachdem sharedPtr in Zeile 27 eine Ressource erhält, mit der der weakPtr in Zeile 31 initialisiert wird. Ich will aber nochmals explizit darauf hinweisen, dass durch den Ausdruck weakPtr= sharedPtr in Zeile 31 der Referenzzähler **nicht** erhöht wird. Ein std::weak_ptr lässt sich auch direkt über einen std::shared_ptr (Zeile 35) initialisieren. Der std::weak_ptr bietet keine Schnittstelle für die direkte Adressierung der Ressource an. Dazu muss der Umweg über einen weakPtr.lock()-Aufruf und den resultierenden std::shared_ptr gegangen werden. In den Zeilen 44 – 49 ist der idiomatische Weg dargestellt. Wird der std::weak_ptr zurückgesetzt (Zeile 54), so gibt weakPtr.lock() einen std::shared_ptr<MyInt>() zurück. Dieser evaluiert in dem logischen Ausdruck zu false, so dass der else-Zweig in Zeile 59 ausgeführt wird. Das bisher Ausgeführte und die Anwendung der swap-Funktion in den folgenden Zeilen lässt sich auf bekannte Art und Weise bildlich in Abbildung 20.9 verfolgen.

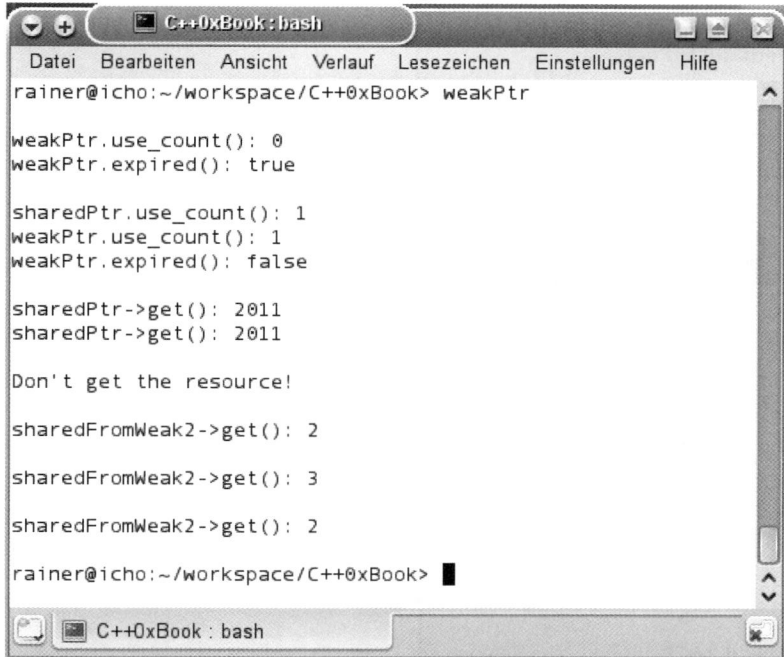

Abbildung 20.9: Der Einsatz von std::weak_ptr

> **EXKURS**
>
> **Das Initialisieren eines weak_ptr**
>
> In Listing 20.12: Das Interface von std::weak_ptr ist mir zuerst in den Zeilen 65 – 68 ein folgenschwerer Fehler unterlaufen. Um Platz zu sparen, hielt ich es für eine gute Idee, die Zeilen kompakter zu schreiben und die std::weak_ptr direkt über temporäre std::shared_ptr zu initialisieren.
>
> ```
> std::weak_ptr<MyInt> weakPtr2(std::shared_ptr<MyInt>(new My-
> Int(2)));
> std::weak_ptr<MyInt> weakPtr3(std::shared_ptr<MyInt>(new My-
> Int(3)));
> ```
> **Listing 20.13:** Falsches Initialisieren von std::weak_ptr
>
> Was ist das Problem mit den beiden Ausdrücken? Wie schon genannt, sind die std::shared_ptr nur temporär verfügbar. Das bedeutet insbesondere, dass am Ende jeder Zeile der betreffende std::shared_ptr seine Gültigkeit verliert und seine Ressource löscht. Damit ist der entsprechende std::weak_ptr verfallen (*expired*). Das war natürlich nicht im Sinne des Autors.

Zyklische Referenzen

Nun zum eigentlichen Einsatzgebiet von std::weak_ptr, dem Aufbrechen von zyklischen Referenzen des std::shared_ptr. Bevor wir uns aber die Lösung anschauen, sollten wir zuerst eine zyklische Referenz bilden.

Die zyklische Referenz in Listing 20.14: Zyklische Referenz ist nach folgendem Rezept gebaut.

Man nehme zwei Knoten Node mit einem next-Zeiger vom Typ std::shared_ptr<Node>. Verbinden Sie die next-Zeiger der zwei Knoten miteinander und Sie erhalten eine zyklische Referenz.

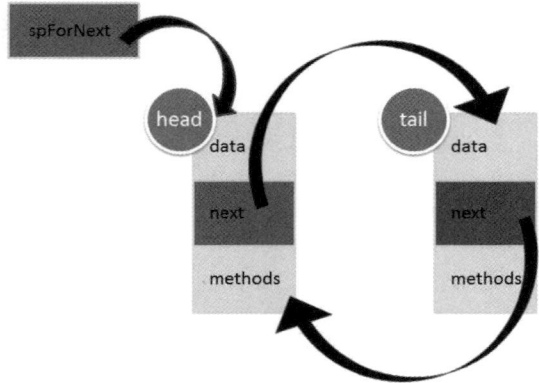

Abbildung 20.10: Zyklische Referenzen

Der Struktur von Abbildung 20.10 folgt das Listing 20.14: Zyklische Referenz.

```
01 #include <iostream>
02 #include <memory>
03
04 class Node{
05 public:
06   Node(const std::string& n):name(n){}
07
08   ~Node(){
09     std::cout << "destructor invoked" << std::endl;
10   }
11
12   void setNext( std::shared_ptr<Node>n ){
13     next= n;
14   }
15
16   std::string getName() const { return name; }
17
18   void getCycle() const{
19     std::cout << "this" << std::endl;
20     std::cout << "    (" << getName() << ":"
                   << (void*)this << ")" << std::endl;
21     std::cout << "this->next" << std::endl;
22     std::cout << "    (" << next->getName() << ":"
                   << (void*)next.get() << ")" << std::endl;
23     std::cout << "this->next->next" << std::endl;
24     std::cout << "    (" << next->next->getName()
                   << ":" << (void*)next->next.get() << ")"
                   << std::endl;
25
26   }
27
28 private:
29   std::string name;
30   std::shared_ptr<Node> next;
31 };
32
33
34
35 int main(){
36
37   std::cout << std::endl;
38
39   {
40
41     // create the Nodes and give them names
42     Node* head= new Node("head");
43     Node* tail= new Node("tail");
44     std::cout << "head->getName(): " << head->getName()
                   << std::endl;
45     std::cout << "tail->getName(): " << tail->getName()
                   << std::endl;
```

```
46
47      std::cout << std::endl;
48
49      // create the shared pointer
50      std::shared_ptr<Node> spForHead(head);
51      head->setNext(std::shared_ptr<Node>(tail));
52
53      // close the cycle
54      tail->setNext(spForHead);
55
56      // show the cycle
57      spForHead->getCycle();
58
59   }
60
61   std::cout << std::endl;
62
63 }
```

Listing 20.14: Zyklische Referenz

WEBSITE
Die Standardbibliothek: cycle.cpp

Node (Zeile 4) in Listing 20.14 ist der im Rezept zitierte Knoten. Dieser enthält einen Namen, einen Destruktor in Zeile 8, der anzeigt, wann er aufgerufen wurde, eine Elementfunktion, um den std::shared_ptr<Node> in Zeile 12 zu setzen, und eine Elementfunktion getCycle, die die ganze zyklische Referenz ausgibt. Zuerst werden in Zeile 42 und 43 die zwei Knoten instanziiert und deren Namen anschließend ausgegeben. Der Knoten head wird in Zeile 50 in einen std::shared_ptr<Node> verpackt und dessen next–Zeiger wird auf den ebenfalls frisch verpackten Knoten tail in Zeit 51 gesetzt. Die zyklische Referenz lässt sich in der Ausgabe des Programms in Abbildung 20.11 direkt und indirekt erkennen.

Direkt, denn die Ausgabe von getCycle zeigt in Abbildung 20.11 sehr schön, dass zweimaliges Verfolgen des next-Zeigers wieder zum Ursprungszeiger zurückführt. Der Name und die Adresse des Ursprungszeigers sind in Abbildung 20.11 (head:0x604040) dargestellt und dieses Wertepaar taucht in identischer Form im übernächsten Knoten auf. Indirekt, denn der Destruktor des Knotens wird nicht aufgerufen. Dass der Destruktor aufgerufen wird, zeigt das Auskommentieren der Zeilen 52 – 58. Dadurch wird der Zyklus nicht geschlossen und das Programm verhält sich anständig (Abbildung 20.12).

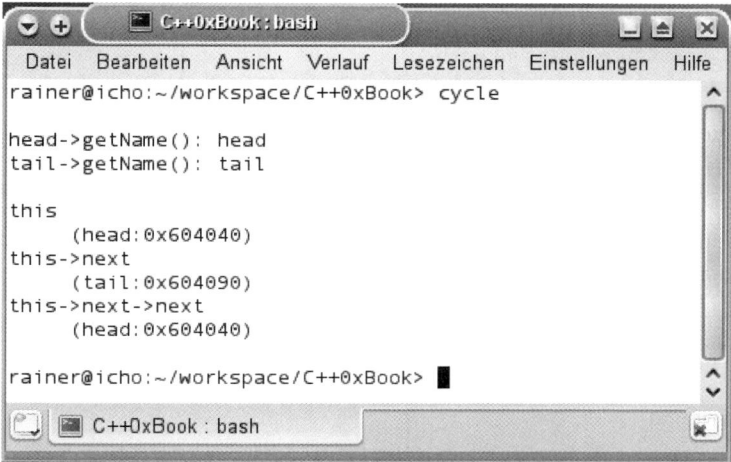

Abbildung 20.11: Eine zyklische Referenz mit `std::shared_ptr`

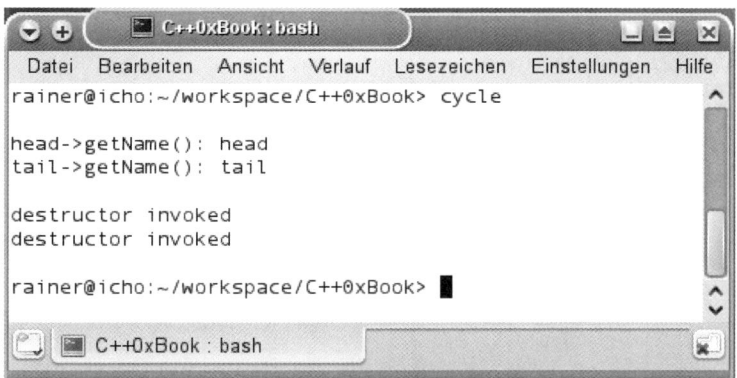

Abbildung 20.12: Die zyklische Referenz wird nicht geschlossen.

Die Lösung der zyklischen Referenz ist relativ einfach. Ein `next`-Zeiger vom Typ `std::shared_ptr<Node>` wird durch einen `std::weak_ptr<Node>` ausgetauscht. Der Komfort eines echten Smart Pointer `std::shared_ptr<Node>` ist natürlich dahin, denn um auf den nächsten `std::shared_ptr<Node>` mittels `next` zuzugreifen, muss der `std::weak_ptr<Node>` in einen `std::shared_ptr<Node>` konvertiert werden. Damit wird die Funktion `getCycle` noch komplizierter zu implementieren.

EXKURS **getCycle-Elementfunktion**

Eine kurze Anmerkung zur Funktion getCycle in Listing 20.14: Zyklische Referenz und insbesondere Listing 20.15: Aufbruch der zyklischen Referenzen durch std::weak_ptr kann ich mir nicht verkneifen. Diese Implementierung ist alles andere als robust. Weder wird geprüft, ob die next-Zeiger gültig sind, noch ob genügend Node-Knoten miteinander verbunden sind. Die Funktion dient nur dazu, zyklische Referenzen zu visualisieren.

In Listing 20.15: Aufbruch der zyklischen Referenzen durch std::weak_ptr folgt die angepasste Implementierung.

cycleBreak.cpp

```
01 #include <iostream>
02 #include <memory>
03
04 class Node{
05 public:
06   Node(const std::string& n):name(n){}
07
08   ~Node(){
09     std::cout << "destructor invoked" << std::endl;
10   }
11
12   void setWeakNext( std::shared_ptr<Node> n ){
13     weak_next= n;
14   }
15
16   void setSharedNext( std::shared_ptr<Node> n ){
17     shared_next= n;
18   }
19
20   std::string getName() const { return name; }
21
22   void getCycle() const{
23     std::cout << "this" << std::endl;
24     std::cout << "     (" << getName() << ":"
                  << (void*)this << ")" << std::endl;
25     std::cout << "this->next" << std::endl;
26     std::cout << "     (" << shared_next->getName()
                  << ":" << (void*)shared_next.get() << ")"
                  << std::endl;
27     if (std::shared_ptr<Node> next =
            shared_next->weak_next.lock()) {
28       std::cout << "this->next->next" << std::endl;
29       std::cout << "     (" << next->getName() << ":"
                    << (void*)next.get() << ")" << std::endl;
30     }
31   }
32
33 private:
```

```
34    std::string name;
35    std::weak_ptr<Node> weak_next;
36    std::shared_ptr<Node> shared_next;
37  };
38
39
40
41  int main(){
42
43    std::cout << std::endl;
44
45    {
46
47      // create the Nodes and give them names
48      Node* head= new Node("head");
49      Node* tail= new Node("tail");
50      std::cout << "head->getName(): " << head->getName()
                  << std::endl;
51      std::cout << "tail->getName(): " << tail->getName()
                  << std::endl;
52
53      std::cout << std::endl;
54
55      // create the shared pointer
56      std::shared_ptr<Node> spForHead(head);
57      head->setSharedNext(std::shared_ptr<Node>(tail));
58
59      // close the cycle
60      tail->setWeakNext(spForHead);
61
62      // show the cycle
63      spForHead->getCycle();
64
65      std::cout << std::endl;
66
67    }
68
69    std::cout << std::endl;
70
71  }
```

Listing 20.15: Aufbruch der zyklischen Referenzen durch std::weak_ptr

WEBSITE

Die Standardbibliothek: cycleBreak.cpp

Sowohl die zyklische Referenz als auch den Aufruf der beiden Konstruktoren zeigt die Abbildung 20.13.

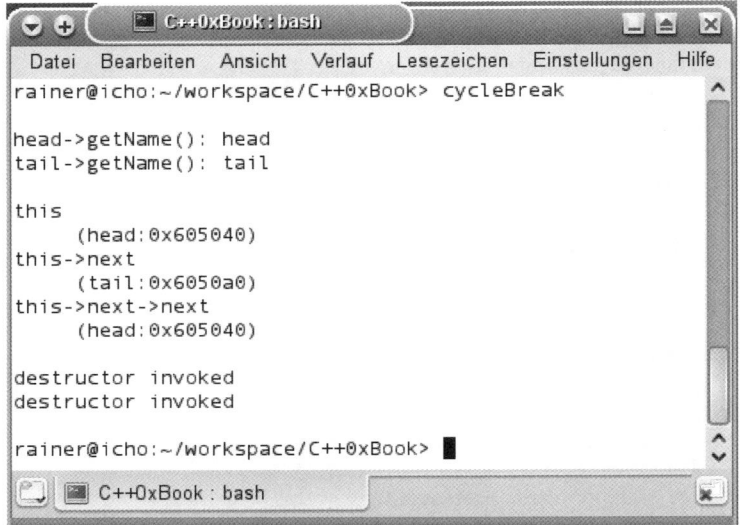

Abbildung 20.13: Zyklische Referenz und automatischer Aufruf der Destruktoren dank `std::weak_ptr`

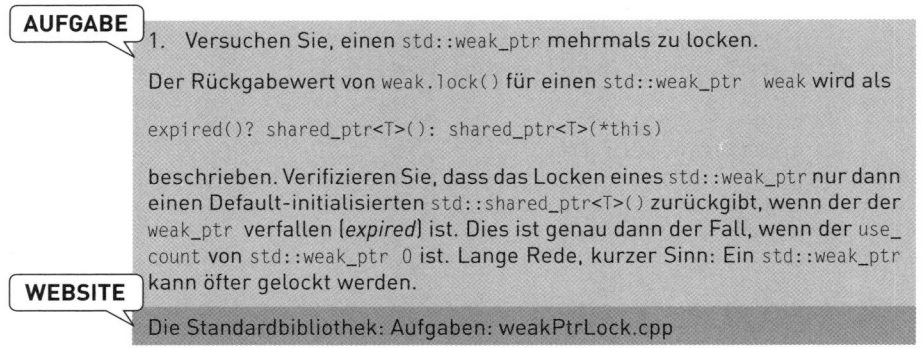

AUFGABE

1. Versuchen Sie, einen `std::weak_ptr` mehrmals zu locken.

Der Rückgabewert von `weak.lock()` für einen `std::weak_ptr` weak wird als

```
expired()? shared_ptr<T>(): shared_ptr<T>(*this)
```

beschrieben. Verifizieren Sie, dass das Locken eines `std::weak_ptr` nur dann einen Default-initialisierten `std::shared_ptr<T>()` zurückgibt, wenn der der `weak_ptr` verfallen (*expired*) ist. Dies ist genau dann der Fall, wenn der use_count von `std::weak_ptr` 0 ist. Lange Rede, kurzer Sinn: Ein `std::weak_ptr` kann öfter gelockt werden.

WEBSITE

Die Standardbibliothek: Aufgaben: weakPtrLock.cpp

20.2 Neue Container

20.2.1 Tupel

<tuple>
`std::tuple` ist eine Verallgemeinerung des heterogenen STL-Containers `std::pair`. Beim `std::tuple` gilt die Einschränkung auf ein Paar nicht mehr, denn er kann beliebig viele Elemente annehmen. Leider ist es dem `std::tuple` anzusehen, dass er ein Template ist. Das zeigt sich beim Zugriff auf seine Elemente oder auch die Iteration über den Tuple in Listing 20.16: Das std::tuple-Interface.

```
01 #include <iostream>
02 #include <string>
03 #include <tuple>
04 #include <typeinfo>
05
06 class MyInt{
07 public:
08   MyInt(int i): val(i){}
09   int getVal() const{
10     return val;
11   }
12 private:
13   int val;
14 };
15
16 bool operator < (const MyInt& l, const MyInt& r){
17   return l.getVal() < r.getVal();
18 }
19
20 std::ostream& operator << (std::ostream& strm,
                             const MyInt& myIn){
21   strm << "MyInt(" << myIn.getVal() << ")";
22   return strm;
23 }
24
25
26 int main(){
27
28   std::cout << std::endl;
29
30   std::cout << std::boolalpha;
31
32   // creating tuples
33   std::tuple<int,double> tup0;
34   std::pair<int,int> pair(2011,2011.5);
35   tup0= pair;
36   std::tuple<std::string,int,float> tup1("tup1",3,4.17);
37   std::tuple<std::string,int,double> tup2("tup2",4,1.1);
38
39   // print the values
40   std::cout << "tup1: "  << std::get<0>(tup1) << ","
             << std::get<1>(tup1) << ","
             << std::get<2>(tup1) << std::endl;
41   std::cout << "tup2: "  << std::get<0>(tup2) << ","
             << std::get<1>(tup2) << ","
             << std::get<2>(tup2) << std::endl;
42
43   // compare them
44   std::cout << "tup1 < tup2: " << (tup1 < tup2)
             << std::endl;
45
```

```
46   std::cout << std::endl;
47
48   // modify a tuple value
49   std::get<0>(tup2)= "Tup2";
50
51   // print the values
52   std::cout << "tup1: "  << std::get<0>(tup1) << ","
                  << std::get<1>(tup1) << ","
                  << std::get<2>(tup1) << std::endl;
53   std::cout << "tup2: "  << std::get<0>(tup2) << ","
                  << std::get<1>(tup2) << ","
                  << std::get<2>(tup2) << std::endl;
54
55   // compare them
56   std::cout << "tup1 < tup2: " << (tup1 < tup2)
                  << std::endl;
57
58   std::cout << std::endl;
59
60   // use MyInt
61   std::tuple<MyInt,int> tup3(MyInt(1),2011);
62   std::tuple<MyInt,int> tup4(MyInt(0),2011);
63
64   // print the values
65   std::cout << "tup3: "  << std::get<0>(tup3) << ","
                  << std::get<1>(tup3) << std::endl;
66   std::cout << "tup4: "  << std::get<0>(tup4) << ","
                  << std::get<1>(tup4) << std::endl;
67
68   std::cout << "tup3 < tup4: " << (tup3 < tup4)
                  << std::endl;
69
70   std::cout << std::endl;
71
72   // modify a tuple value
73   std::get<0>(tup4)= MyInt(2011);
74
75   // print the values
76   std::cout << "tup3: "  << std::get<0>(tup3) << ","
                  << std::get<1>(tup3) << std::endl;
77   std::cout << "tup4: "  << std::get<0>(tup4) << ","
                  << std::get<1>(tup4) << std::endl;
78
79   std::cout << "tup3 < tup4: " << (tup3 < tup4)
                  << std::endl;
80
81   std::cout << std::endl;
82
83 }
```

Listing 20.16: Das std::tuple-Interface

Listing 20.16 zeigt eine kleine Tour durch die wichtigsten `std::tuple`-Funktionen. Die Klasse `MyInt` in Zeile 6 ist die bekannte Hülle um den Datentyp `int`. Um ihn auf kleiner (<) vergleichen und ausgeben zu können, sind sowohl der Vergleichsoperator für kleiner als auch der Ausgabeoperator überladen. Dazu aber am Ende des Programms mehr. Zuerst werden in verschiedenen Varianten `std::tuple` erzeugt. In Zeile 33 wird ein Defaultkonstruierter Tupel definiert, der in Zeile 35 durch ein `std::pair` initialisiert wird. Dabei wird das zweite Argument von `int` nach `double` konvertiert. Die Elemente der zwei folgenden Tupel tup1 und tup2 werden anschließend ausgegeben und die Tupel werden verglichen. Auf das erste Element des Tupels tup1 lässt sich mit Hilfe des Aufrufs `std::get<0>(tup1)` sowohl lesend (Zeile 40) als auch schreibend (Zeile 49) zugreifen. Nachdem das erste Element des tup1 modifiziert wurde, gibt der Vergleich in Zeile 56 false aus. Das gleiche Spiel ist mit dem eigenen Datentyp `MyInt` möglich, da für ihn der entsprechende Vergleichsoperator und der Ausgabeoperator definiert wurden. In Zeile 61 und 62 werden dazu die zwei `std::tuple` tup3 und tup4 definiert. Die aufwändige Ausgabe und der Vergleich der `std::tuple` sind in Abbildung 20.14 dargestellt.

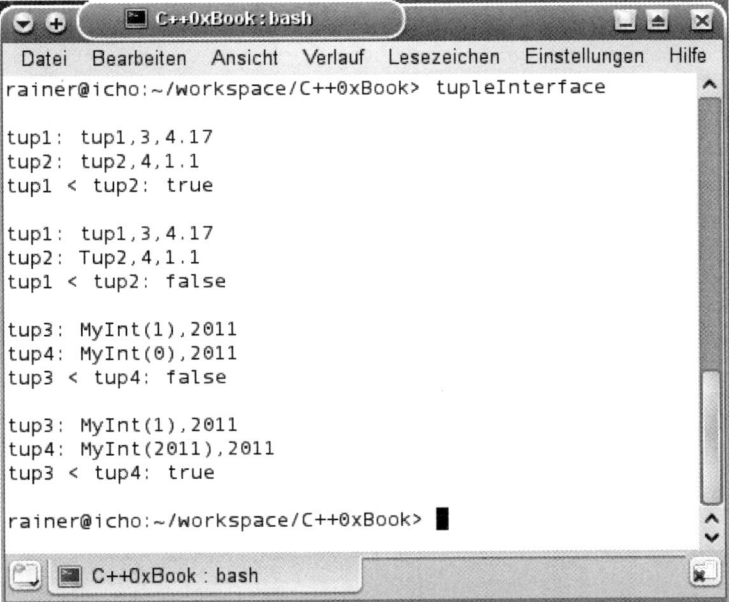

Abbildung 20.14: Vergleiche von `std::tuple` mit dem eigenen Datentyp `MyInt`

Hilfsfunktionen

Die zwei Hilfsfunktionen `std::make_tuple` und `std::tie` vereinfachen den Umgang mit `std::tuple`. Werden diese praktischen Erzeugungsfunktionen mit dem neuen Schlüsselwort `auto` kombiniert, reduziert sich der Schreibaufwand auf das Notwendigste.

make_tuple

War `std::make_pair` in C++98 eine praktische Hilfsfunktion, um `std::pair` Datentypen zu erzeugen, so ist es `std::make_tuple` für `std::tuple`. Diese Erzeugerfunktion ist ein Funktions-Template, das den Typ der Template-Parameter automatisch aus dem Argument ableitet. Vereinfachend gesagt erzeugt ein Aufruf `std::make_tuple(1,'a',3.14)` dank automatischer Typableitung ein Tupel der Form *std::tuple<type(1),type('a'),type(3.14)>(1, 'a',3.14)*. Kommen die `std::ref` oder `std::cref` für die Argumente der Tupel zum Einsatz, werden Referenzen oder konstante Referenzen erzeugt.

Deutlich einfacher ist dies mit der weiteren Hilfsfunktion `std::tie`, die ein Tupel erzeugt, das nur Referenzen auf Objekte hält. Wird der Rückgabewert von `std::tie` ignoriert, ist `std::tie` eine einfache Möglichkeit, ein bestehendes `std::tuple` in Variablen zu entpacken. Dabei können Argumente des zu entpackenden Tupels mit `std::ignore` ignoriert werden.

Genug der Worte. Listing 20.17: Die Hilfsfunktionen std::make_tuple und std::tie soll für Klarheit sorgen. Der Übersichtlichkeit halber werden in dem Beispiel nur Tupel von `int`-Datentypen verwendet.

helperTuple.cpp

```
01 #include <functional>
02 #include <iostream>
03 #include <tuple>
04
05 int main(){
06
07   std::cout << std::endl;
08
09   // make a tuple
10   auto tup1= std::make_tuple(1,2,3);
11
12   // print the values
13   std::cout << "std::tuple tup1: ("
                << std::get<0>(tup1) << ","
                << std::get<1>(tup1) << ","
                << std::get<2>(tup1) << ")" << std::endl;
14
15   std::cout << std::endl;
16
17   int first= 1;
18   int second= 2;
19   int third= 3;
20   int fourth= 4;
```

```
21
22    // create a tuple with references
23    auto tup2= std::make_tuple(
      std::cref(first),std::ref(second),std::ref(third),fourth);
24
25    // print the values
26    std::cout << "std::tuple tup2: (" << std::get<0>(tup2)
              << "," << std::get<1>(tup2) << ","
              << std::get<2>(tup2) << ","
              << std::get<3>(tup2) << ")" <<  std::endl;
27
28    std::cout << std::endl;
29
30    //change the values
31    // will not work, because of std::cref(first)
32    // std::get<0>(tup2)= 1001;
33    first= 1001;
34    std::get<1>(tup2)=1002;
35    third= 1003;
36    fourth= 1004;
37
38    // print the values
39    std::cout << "std::tuple tup2: (" << std::get<0>(tup2)
              << "," << std::get<1>(tup2)
              << "," << std::get<2>(tup2)
              << "," << std::get<3>(tup2) << ")" << std::endl;
40    std::cout << "global variables: " << first
              << " " << second << " " << third
              << " " << fourth << std::endl;
41
42    std::cout << std::endl;
43
44    first= 1;
45    second= 2;
46    third= 3;
47    fourth= 4;
48
49    // create tup3 and set the variables
50    auto tup3= std::tie(first,second,third,fourth)=
                std::make_tuple(1001,1002,1003,1004);
51
52    // print the values
53    std::cout << "std::tuple tup3: (" << std::get<0>(tup3)
              << "," << std::get<1>(tup3)
              << "," << std::get<2>(tup3)
              << "," << std::get<3>(tup3) << ")" << std::endl;
54    std::cout << "global variables: " << first << " "
              << second << " " << third << " "
              << fourth << std::endl;
55
56    std::cout << std::endl;
```

```
57
58    int a;
59    int b;
60
61    // bind the 2th and 4th argument to a and b
62    std::tie(std::ignore,a,std::ignore,b)= tup3;
63
64    // print the values
65    std::cout << "a: " << a << std::endl;
66    std::cout << "b: " << b << std::endl;
67
68    std::cout << std::endl;
69
70    // will also work for std::pair
71    std::tie(a,b)= std::make_pair(3001,3002);
72
73    // print the values
74    std::cout << "a: " << a << std::endl;
75    std::cout << "b: " << b << std::endl;
76
77    std::cout << std::endl;
78
79 }
```

Listing 20.17: Die Hilfsfunktionen std::make_tuple und std::tie

> **WEBSITE** Die Standardbibliothek: helperTuple.cpp

Das Erzeugen eines Tupels in Listing 20.17 geht in Zeile 10 dank std::make_
pair und automatischer Typableitung mit auto schnell von der Hand. In
Zeile 23 werden die Argumente von tup2 auf verschiedene Arten an die
Variablen gebunden. first wird als konstante Referenz adressiert, second
und third als Referenz. Lediglich fourth wird kopiert. Diese Deklarationen
bewirken, dass das erste Element nicht über das Tupel-Interface modifiziert werden kann (Zeile 32). Hingegen second und third sind sowohl über
das Tupel-Interface std::get<1>(tup2)= 1001 in Zeile 33 als auch die Variable third modifizierbar. Die Ausgabe in Abbildung 20.15 zeigt, dass die
Variablenzuweisung fourth=4 in Zeile 47 keine Auswirkung auf tup2 besitzt.
Dies ist nicht verwunderlich, wurde das vierte Argument von tup2 in Zeile 23 doch mit Copy-Semantik versehen. std::tie in Zeile 50 erzeugt ein
std::tuple aus Referenzen. Damit ist die Anwendung von std::ref auf die
Tupelargumente nicht mehr notwendig. Die Zeile 50 hat mehr Aufmerksamkeit verdient. Durch std::make_tuple(1001,1002,1003,1004) lässt sich
ein Tupel erzeugen. Dies wird std::tie(first,second,third,fourth) zugewiesen. std::tie erledigt zwei Aufgaben. Zuerst entpackt die Funktion das
Tupel in die Variablen first, second, third und fourth. Anschließend gibt
sie ein Tupel zurück, das Referenzen auf diese vier Variablen hält. Zuletzt
wird das Tupel an die Variable tup3 gebunden. Das von std::tie erzeugte

Tupel muss aber an keine Variable gebunden werden. In Zeile 62 werden nur die Werte der Variablen `a` und `b` als reiner Seiteneffekt des Aufrufs des Funktions-Template `std::tie` gesetzt. Da `tup3` vier Argumente besitzt und nur zwei Argumente in dem Aufruf von `std::tie` verwendet werden, werden die überflüssigen Argumente durch `std::ignore` ignoriert. Dass `std::tuple` nur ein Verallgemeinerung von `std::pair` ist, zeigt ein weiteres Mal Zeile 71, denn `std::tie` kann den Rückgabewert von `std::make_pair` annehmen.

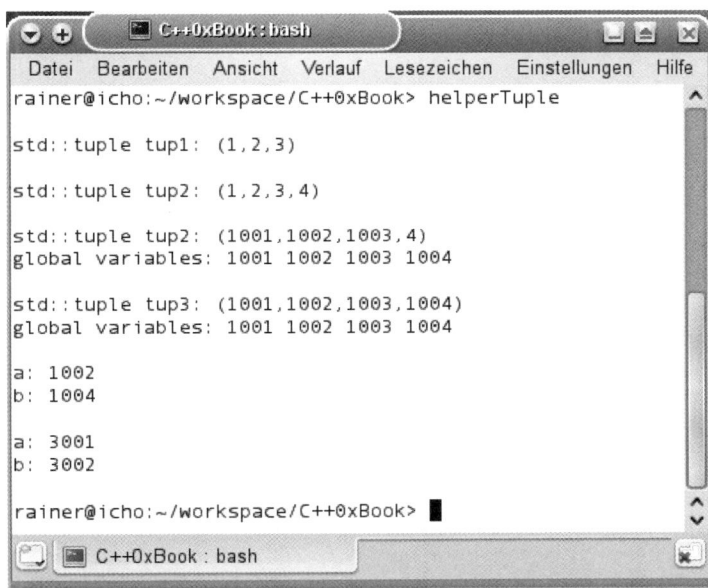

Abbildung 20.15: Die Hilfsfunktionen `std::make_tuple` und `std::tie` mit Copy- und Referenz-Semantik

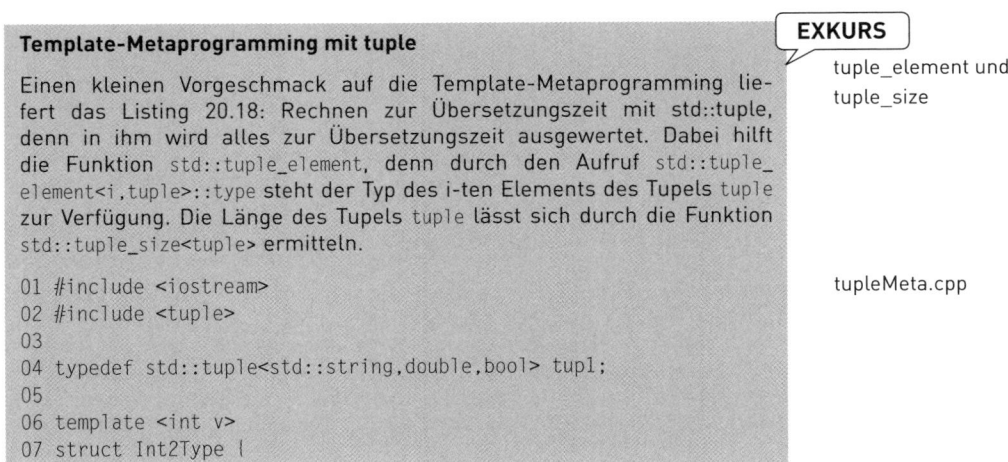

Template-Metaprogramming mit tuple

EXKURS

Einen kleinen Vorgeschmack auf die Template-Metaprogramming liefert das Listing 20.18: Rechnen zur Übersetzungszeit mit `std::tuple`, denn in ihm wird alles zur Übersetzungszeit ausgewertet. Dabei hilft die Funktion `std::tuple_element`, denn durch den Aufruf `std::tuple_element<i,tuple>::type` steht der Typ des i-ten Elements des Tupels `tuple` zur Verfügung. Die Länge des Tupels `tuple` lässt sich durch die Funktion `std::tuple_size<tuple>` ermitteln.

`tuple_element` und `tuple_size`

```
01 #include <iostream>
02 #include <tuple>
03
04 typedef std::tuple<std::string,double,bool> tup1;
05
06 template <int v>
07 struct Int2Type {
```

`tupleMeta.cpp`

```
08    const static int value= v;
09 };
10
11 typedef std::tuple<Int2Type<2000>,Int2Type<10>,
                       Int2Type<1>> tup2;
12
13 int main(){
14
15    std::cout << std::endl;
16
17    std::cout << std::boolalpha;
18
19    std::tuple_element<0,tup1>::type fir= "meta-programming";
20    std::tuple_element<1,tup1>::type sec= 3.14;
21    std::tuple_element<2,tup1>::type thir= true;
22
23    std::cout << fir << std::endl;
24    std::cout << sec << std::endl;
25    std::cout << thir << std::endl;
26
27    std::cout << std::endl;
28
29    std::cout << "std::tuple_size<tup1>::value: "
                 << std::tuple_size<tup1>::value << std::endl;
30
31    std::cout << std::endl;
32
33    typedef std::tuple_element<0,tup2>::type twoThousand;
34    typedef std::tuple_element<1,tup2>::type ten;
35    typedef std::tuple_element<2,tup2>::type one;
36
37    const int actYear= twoThousand::value + ten::value +
                          one::value;
38
39    static_assert(actYear == 2011 ,"Will be done at runtime");
40
41    std::cout << "The actual year: " << actYear << std::endl;
42
43    std::cout << std::endl;
44
45 }
```

Listing 20.18: Rechnen zur Übersetzungszeit mit `std::tuple`

Die Standardbibliothek: tupleMeta.cpp

Zeile 4 in Listing 20.18 definiert das Typsynonym `tup1`. Dieses kann benutzt werden, um die Datentypen `std::string` `fir`, `double` `sec` oder auch `bool` `thir` zu erklären. In den Zeilen 19 – 21 wird dazu `std::tuple_element<0,tup1>::type` auf die einzelnen Elemente von `tup1` angewandt, um den entsprechenden Datentyp zu erhalten. Die Länge von `tup1` steht in Zeile 29 durch `std::tuple_size<tup1>::value` zur Verfügung. Es ist eine Konvention in der Template-Metaprogrammierung, Typen über `::type` und Werte über `::value` anzubieten. Ein Typsynonym `tup2` zu erklären, das unter der Decke einen Wert beinhaltet, das wird durch das bekannte Idiom `Int2Type` von Andrei Alexandrescu aus Modern C++ Design [Alexandrescu, 2001] erreicht. Der Datentyp `Int2Typ` ist eine dünne Hülle um eine natürliche Zahl v, die über die statische Variable `value` abgefragt werden kann. So ist `Int-2Type<2000>` ein Typ, der die Zahl 2000 beherbergt. Um mit den Werten zu rechnen, werden die Datentypen in den Zeilen 33 – 35 instanziiert und in der Zeile 37 wird ihr Wert referenziert. Das Ergebnis steht zur Übersetzungszeit zur Verfügung, denn die statische Zusicherung in Zeile 39 wird eingehalten. In Zeile 41 wird zuletzt das Ergebnis der Addition ausgegeben. Zugegeben, es gibt einfachere Arten, Zahlen zu addieren. In Abbildung 20.16 ist die Ausgabe des Programmlaufs zu sehen.

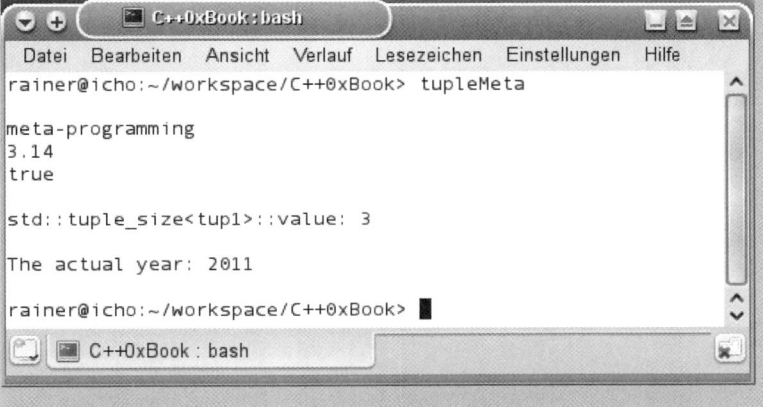

Abbildung 20.16: Alles zur Compile-Zeit mit `std::tuple`

AUFGABE

1. Schreiben Sie eine Funktion, die vier heterogene Typen zurückgibt.

Die Funktion `returnFourValues` ist nicht vollständig implementiert. Vervollständigen Sie die Funktion und geben Sie ihre Werte aus.

```
??? returnFourValues(){
  int a= 5;
  double b= 10.1;
  std::string c= "test";
  bool c= true;
  return ??? a, b, c, d
}
```

Der klassische C++-Weg bestand darin, eine Struktur zu definieren, die die vier Typen bindet und diese Struktur als Rückgabewert zu verwenden. In C++11 gib es einen einfacheren und besseren Weg.

WEBSITE

Die Standardbibliothek: Aufgaben: fourReturnValues.cpp

AUFGABE

2. Implementieren Sie die Funktion `divmod`, die für die Division von zwei Ganzzahlen den ganzen Anteil und den Rest der Division zurückgibt.

`divmod` ist eine bekannte Funktion aus Python. Aus der Dokumentation von Python: `divmod(x, y) -> (div, mod)`. Sie können das Ergebnis der Operation als Tupel oder einfach nur als Paar zurückgeben.

WEBSITE

Die Standardbibliothek: Aufgabe: divmod.cpp

3. `std::array` ist mit `std::tuple` verwandt.

Ist `std::array` ein sequentieller Container, so ist es auch entfernt verwandt mit `std::tuple`.

```
01 #include <iostream>
02 #include <tuple>
03
04 int main(){
05
06    std::cout << std::endl;
07
08    typedef std::tuple<int,int,int> IntTuple;
09
10    IntTuple intTuple(1,2,3);
11
12    std::cout << "std::tuple_size<IntTuple>::value: "
                 <<  std::tuple_size<IntTuple>::value
                 << std::endl;
13    typedef std::tuple_element<0,IntTuple>::type MyInt;
14    MyInt a= 5;
15
16    std::cout << "a: " << a << std::endl;
17
18    std::cout << "intTuple: "
19              << std::get<0>(intTuple) << ","
20              << std::get<1>(intTuple) << ","
21              << std::get<2>(intTuple) << std::endl;
22
23    std::cout << std::endl;
24
25 }
```

Listing 20.19: Ein Tupel von ints

Portieren Sie Listing 20.19 auf `std::array<int,3>` und führen Sie das Programm aus.

WEBSITE

Die Standardbibliothek: Aufgaben: tupleArrayComp.cpp

Die Standardbibliothek: Aufgaben: tupleArrayCompSolution.cpp

20.2.2 Array

std::array lässt sich kurz und knapp charakterisieren: std::array vereint die Speicher- und Laufzeitanforderungen des C-Arrays mit einem STL-konformen Interface. Das Beste aus beiden Welten.

Ein bisschen detaillierter soll es aber schon sein. Der neue Standard-Container std::array ist ein sequentieller Container fester Länge, der wahlfreien Zugriff erlaubt. Damit schließt er genau die Lücke zwischen dem C-Array und dem C++-std::vector. Mit dem C-Array hat er gemein, dass er keinen zusätzlichen Speicher benötigt, und mit dem std::vector, dass er STL-konform ist. Selbst mit dem std::tuple teilt sich das std::array einige Eigenschaften. So lässt sich ein Element mit der get-Elementfunktion referenzieren. Dazu im Listing 20.20: Das Interface von std::array mehr.

`<array>`

`arrayInterface.cpp`

```
01 #include <algorithm>
02 #include <array>
03 #include <iostream>
04 #include <iterator>
05
06 const int NUM= 10;
07
08 int main(){
09
10    std::cout << std::endl;
11
12    std::cout << std::boolalpha;
13
14    // not value initialized
15    std::array<int,NUM> arr1;
16    std::cout << "arr1: ";
17    std::copy(arr1.begin(),arr1.end(),
         std::ostream_iterator<int>(std::cout, " "));
18
19    std::cout << std::endl;
20    std::cout << std::endl << "arr2:   ";
21
22    // value-initialization
23    std::array<int,NUM> arr2= {};
24    std::array<int,NUM>::const_iterator arrIt;
25    for( arrIt= arr2.begin(); arrIt != arr2.end(); ++arrIt){
26       std::cout << *arrIt << " ";
27    }
28
29    std::cout << std::endl;
30
31    std::array<int,NUM> arr3({{1,2,3,4}});
32    std::cout << std::endl << "arr3: ";
33    for ( auto a: arr3){
34       std::cout << a << " " ;
```

```
35    }
36
37    std::cout << std::endl;
38
39    // initializer list
40    std::array<int,NUM> arr4({{1,2,3,4,5,6,7,8,9,10}});
41    std::cout << std::endl << "arr4: ";
42    std::copy(arr4.rbegin(),arr4.rend(),
        std::ostream_iterator<int>(std::cout, " "));
43
44    std::cout << std::endl;
45
46    // get the size of arr4
47    double sum= std::accumulate(arr4.begin(),arr4.end(),0);
48    double mean= sum / arr4.size();
49    std::cout << "mean of a4: " << mean << std::endl;
50
51    // read and write
52    std::cout << "arr4[5]: " << arr4[5] << std::endl;
53    std::cout << "arr4.at(5): " << arr4.at(5) << std::endl;
54    arr4[5]= 2011;
55    std::cout << "arr4[5]: " << arr4[5] << std::endl;
56
57    // swap arrays
58    std::swap(arr1,arr4);
59    std::cout << std::endl << "arr4: ";
60      for ( auto a: arr4){
61        std::cout << a << " " ;
62      }
63
64    std::cout << std::endl;
65
66    // comparison
67    std::cout << "(arr1 < arr4): " << (arr1 < arr4 )
                << std::endl;
68
69    // tuple like
70    std::cout << "(arr4[0] == std::get<0>(arr4)): "
                << (arr4[0] == std::get<0>(arr4)) << std::endl;
71
72    std::cout << std::endl;
73
74 }
```

Listing 20.20: Das Interface von std::array

WEBSITE
Die Standardbibliothek: arrayInterface.cpp

Die Verwandtschaft von std::array und std::vector geht so weit, dass,
sieht man von kleinen Modifikationen ab, in Listing 20.20 std::array mit
std::vector getauscht werden könnten. Ein std::array als ein STL-Con-

tainer lässt sich auf verschiedene Weisen instanziieren. `arr1` in Zeile 15 wird mit zehn Werten instanziiert. Dabei werden die Werte nicht initialisiert. Dies steht im Gegensatz zu `arr2` in Zeile 23, denn hier werden durch die leere Initialisiererliste alle Elemente auf 0 initialisiert. Ist die Initialisiererliste zu kurz gewählt, trifft die Initialisierung mit 0 auf die restlichen Elemente zu. Neben der Instanziierung der `std::array`-Objekte, variiert in Listing 20.20 die Ausgabe der einzelnen Elemente. In Zeile 17 kommt der Algorithmus `std::copy` zum Einsatz. Deutlich umständlicher ist da schon die klassische Form mit Iteratoren in Zeile 25. Komfort pur stellt die `for`-Schleife in Zeile 33 dar. Die letzte Variation besteht darin, die Elemente in Zeile 42 in der umgekehrten Reihenfolge auszugeben. `std::array` kennt im Gegensatz zum `C-Array` seine Länge. Dies nützt die Berechnung des Mittelwerts in Zeile 48 aus. Lesenden und schreibenden Indexzugriff unterstützt `std::array` natürlich als sequentieller Container. Der Unterschied zwischen dem Indexzugriff in Zeile 52 und dem `at`-Zugriff in Zeile 53 ist, dass Letzterer die Array-Grenzen überprüft. Natürlich lassen sich `std::array`-Objekte tauschen (Zeile 58) und vergleichen (Zeile 67). Vertraut sollte der Aufruf von `std::get<0>(arr4)` aus Zeile 70 wirken. Mit der gleichen Syntax lassen sich auch die Elemente des Tupels referenzieren. Abbildung 20.17 zeigt insbesondere, dass die Elemente von `arr1` nicht initialisiert sind.

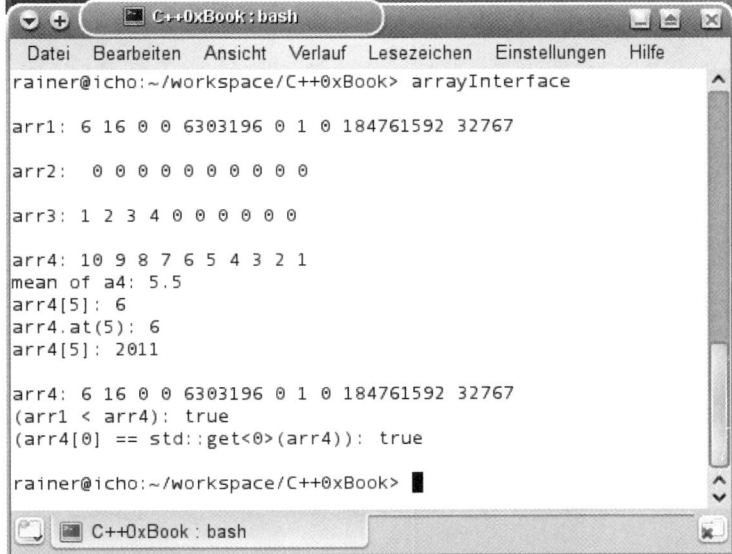

Abbildung 20.17: Variationen mit `std::array`

Ein array ist ein Aggregat, das ein Aggregat enthält.

Gewöhnungsbedürftig sind die doppelten {{{}} bzw. {}}} in der Initialisierung der std::array arr3 und arr4 in Listing 20.20, Zeile 31 und 40, durch eine Initialisiererliste. Der Grund liegt in der Implementierung des std::array.

»   Ein std::array ist ein Aggregat, das ein Aggregat enthält.

Mit dieser Merkregel im Kopf lässt sich ein std::array richtig über eine Initialisiererliste initialisieren.

arrayAggregate.cpp

```
#include <array>
#include <iostream>
#include <vector>

int main(){

    std::vector<int> myVec({1,2,3,4,5});

    for (auto v: myVec) std::cout << v << " ";

    std::cout << std::endl;

    std::array<int,5> myArr({{1,2,3,4,5}});

    for (auto a: myArr) std::cout << a << " ";

    std::cout << std::endl;

}
```

Listing 20.21: Vergleich der Initialisierung eines std::vector und eines std::array durch eine Initialisiererliste

Die Standardbibliothek: arrayAggregate.cpp

Unterscheiden Sie die Einsatzgebiete von array und vector.

Die entscheidende Frage ist, welchen sequentiellen Datentyp der Anwender wählen sollte: das C-Array, das neue std::array oder den etablierten std::vector. Die Antwort zum C-Array fällt sehr leicht. Dieser C-Datentyp wird nicht mehr benötigt. Ist nun die Länge des sequentiellen Datentyps zur Übersetzungszeit bekannt, ist das neue std::array die erste Wahl. Soll die Länge des sequentiellen Datentyps dynamisch sein, führt kein Weg an std::vector vorbei. (Der Einfachheit halber berücksichtige ich nicht die weiteren sequentiellen Container std::list, std::deque und std::string aus C++98 und std::forward_list aus C++11.)

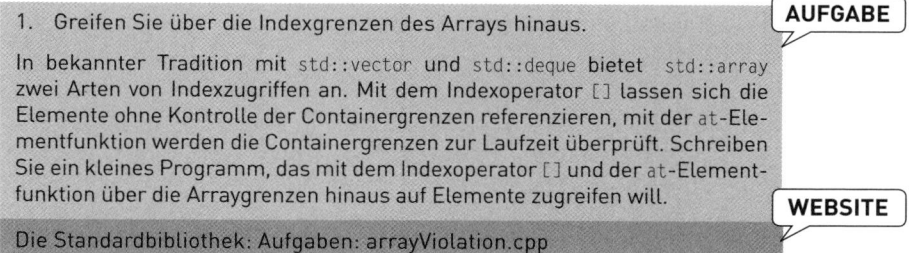

Die Standardbibliothek: Aufgaben: arrayViolation.cpp

20.2.3 Einfach verkettete Liste

std::forward_list ist ein sequentieller Container mit einem eingeschränk- <forward_list>
ten Interface. Als einfach verkettete Liste benötigt sie nicht mehr Speicher
als die entsprechende C-Datenstruktur. std::forward_list ist für den speziellen Einsatz konzipiert: Wenn die optimierte Speicheranforderung, das
schnelle Einfügen oder Entfernen von Elementen gefragt und der wahlfreie
Zugriff nicht benötigt wird, sollte die einfach verkettete Liste in Erwägung
gezogen werden. Dabei unterstützt std::forward_list vertraute Operationen wie das Dekrementieren eines Iterators --It oder das Hinzufügen
eines neuen Elements mit push_back nicht. Ihre minimalen Speicheranfor-
derungen drücken sich auch darin aus, dass sie nicht die Anzahl ihrer Elemente speichert und diese über eine Methode size zur Verfügung stellt.
Während das Hinzufügen zu oder auch das Entfernen von Elementen der
einfach verketteten Liste an ihrem Anfang direkt möglich ist, wird für diese
Operationen im allgemeinen Fall ein Iterator benötigt. Manipulationen der
std::forward_list beziehen sich in diesem allgemeinen Fall auf die dem
Iterator folgenden Positionen.

In Listing 20.22: Arbeiten mir einer std::forward_list ist das Interface der
std::forward_list in Aktion zu sehen.

```
01 #include <algorithm>
02 #include <forward_list>
03 #include <iostream>
04
05 int main(){
06
07   std::cout << std::boolalpha << std::endl;
08
09   std::forward_list<int> myForList;
10
11   std::cout << "myForList.empty(): "
               << myForList.empty() << std::endl;
12   myForList.push_front(7);
13   myForList.push_front(6);
```

forwardList-
Manipulate.cpp

445

```
14   myForList.push_front(5);
15   myForList.push_front(4);
16   myForList.push_front(3);
17   myForList.push_front(2);
18   myForList.push_front(1);
19
20   std::cout << std::endl;
21
22   std::cout << "myForList: " << std::endl;
23   for (auto It= myForList.cbegin();It != myForList.cend();
         ++It) std::cout << *It << " ";
24   std::cout << "\n\n";
25
26   std::cout <<
     "myForList.erase_after(myForList.before_begin()): "
              << std::endl;
27   myForList.erase_after(myForList.before_begin());
28   std::cout<< "myForList.front(): " << myForList.front()
            << "\n\n";
29
30   std::forward_list<int>myForList2;
31   myForList2.insert_after(myForList2.before_begin(),1);
32   myForList2.insert_after(myForList2.before_begin()++,2);
33   myForList2.insert_after(
                             (myForList2.before_begin()++)++,3);
34   myForList2.push_front(1000);
35
36   std::cout << "myForList2: " << std::endl;
37   for (auto It= myForList2.cbegin();It != myForList2.cend();
         ++It) std::cout << *It << " ";
38   std::cout << "\n\n";
39   auto IteratorTo5=
         std::find(myForList.begin(),myForList.end(),5);
40   myForList.splice_after(IteratorTo5,std::move(myForList2));
41
42   std::cout << "myForList.splice_after(IteratorTo5,std::move(myFo
rList2)): "
              << std::endl;
43   for (auto It= myForList.cbegin();It != myForList.cend();
         ++It) std::cout << *It << " ";
44   std::cout << "\n\n";
45
46   myForList.sort();
47
48   std::cout << "myForList.sort(): " << std::endl;
49   for (auto It= myForList.cbegin();It != myForList.cend();
         ++It) std::cout << *It << " ";
50   std::cout << "\n\n";
51
52   myForList.reverse();
53
```

```
54    std::cout << "myForList.reverse(): " << std::endl;
55    for (auto It= myForList.cbegin();It != myForList.cend();
          ++It) std::cout << *It << " ";
56    std::cout << "\n\n";
57
58    myForList.unique();
59
60    std::cout << "myForList.unique(): " << std::endl;
61    for (auto It= myForList.cbegin();It != myForList.cend();
          ++It) std::cout << *It << " ";
62    std::cout << "\n";
63
64    std::cout << std::endl;
65
66  }
```

Listing 20.22: Arbeiten mir einer `std::forward_list`

Die Standardbibliothek: forwardListManipulate.cpp   **WEBSITE**

Ein paar Anmerkungen noch zu Listing 20.22, bevor in Abbildung 20.18 die Ausgabe des Programms folgt. Vertraut sollten die ersten Zeilen des Listings wirken. In Zeile 40 wird durch den Ausdruck myForList.splice_ after(IteratorTo5,std::move(myForList2)) myForList2 an myForList nach der Position IteratorTo5 angehängt. Die Elemente von myForList2 werden transferiert. Das Sortieren (Zeile 46), Umkehren der Reihenfolge (Zeile 52) oder das Entfernen von Duplikaten (Zeile 58) der Elemente einer verketteten Liste sind Elementfunktionen von std::forward_list. Bei unique gilt es zu beachten, dass nur Duplikate entfernt werden, die aufeinanderfolgen.

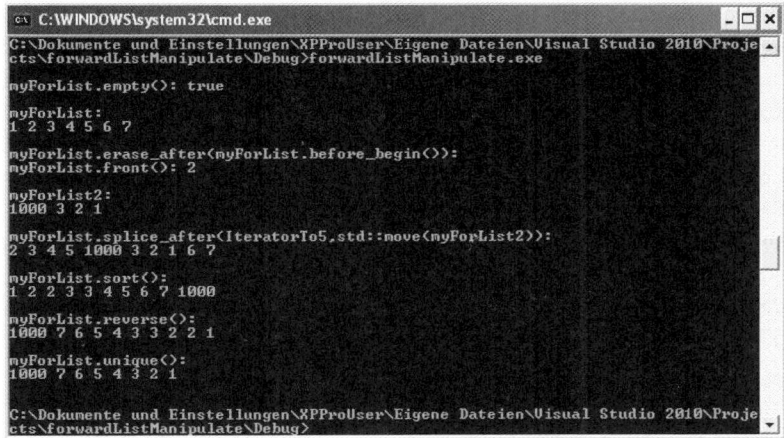

Abbildung 20.18: Operationen auf einer std::forward_list

AUFGABE

1. Bestimmen Sie die Anzahl der Elemente einer `std::forward_list`.

WEBSITE

Die Standardbibliothek: Aufgaben: forwardListSize.cpp

2. Entfernen Sie Elemente, die ein Prädikat erfüllen, aus einer `std::forward_list`.

Füllen Sie eine `std::forward_list<int>` mit den Ganzzahlen von 0 – 9. Entfernen Sie im ersten Schritt das Element, das den Wert 8 besitzt. Entfernen Sie im zweiten Schritt alle Elemente, die kleiner als 3 oder größer als 5 sind. Geben Sie jeweils die Ergebnisse zur Kontrolle aus.

Ohne die Elementfunktionen `remove` und `remove_if` ist die Aufgabe relativ umständlich zu lösen.

WEBSITE

Die Standardbibliothek: Aufgaben: forwardListRemoveIf.cpp

20.2.4 Hashtabellen

`<unordered_set>`
`<unordered_map>`

Hashtabellen, auch bekannt als Dictionary oder assoziatives Array sind aus dem Leben eines Programmierers nicht wegzudenken. Erlauben sie es doch, einfach und performant Werte über assoziierte Schlüssel abzufragen. Dass C++ keine Hashtabellen besaß, wog nicht so schwer, denn mit der Datenstruktur `std::map` stand ein Container zur Verfügung, der einer Hashtabelle sehr ähnlich ist. Einerseits ist `std::map` mächtiger als eine Hashtabelle, da seine Schlüssel geordnet sind, andererseits hängt die Zugriffszeit auf die Schlüssel logarithmisch von der Anzahl der Schlüssel ab. Hier spielt die neue Hashtabelle ihre wahre Stärke aus, denn die Zugriffszeit auf die Schlüssel ist unabhängig von der Anzahl der Schlüssel. Den bekannten assoziativen Containern `std::set`, `std::multiset`, `std::map` und `std::multimap` stellt C++11 die ungeordneten assoziativen Container `std::unordered_set`, `std::unordered_multiset`, `std::unordered_map` und `std::unordered_multimap` gegenüber. Die Tabellen im Kapitel Hashtabellen der Tour de C++11 helfen, Ordnung in die verschiedenen assoziativen Container zu bringen. Wer mit den bekannten assoziativen Containern aus C++98 vertraut ist, kann Listing 20.23: Das Interface von std::unordered_set und std::unordered_multiset und Listing 20.24: Das Interface von std::unordered_map und std::unordered_multimap gerne überspringen, denn die neuen ungeordneten assoziativen Container bieten nahezu das gleiche Interface wie die bekannten geordneten assoziativen Container an.

unordSet.cpp

```
01 #include <iostream>
02 #include <set>
03 #include <unordered_set>
04
05 int main(){
06
07    std::cout << std::endl;
```

```
08
09    // constructor
10    std::unordered_multiset<int>multiSet
        {1,2,3,4,5,6,7,8,9,8,7,6,5,4,3,2,1};
11    std::unordered_set<int> uniqSet
        (multiSet.begin(),multiSet.end());
12
13    // show the difference
14    std::cout << "multiSet: ";
15    for(auto m : multiSet) std::cout << m << " ";
16
17    std::cout << std::endl;
18
19    std::cout << "uniqSet: ";
20    for(auto s : uniqSet) std::cout << s << " ";
21
22    std::cout << std::endl << std::endl;
23
24    // insert elements
25    multiSet.insert(-1000);
26    uniqSet.insert(-1000);
27
28    std::set<int> mySet{-5,-4,-3,-2,-1};
29    multiSet.insert(mySet.begin(),mySet.end());
30    uniqSet.insert(mySet.begin(),mySet.end());
31
32    // show the difference
33    std::cout << "multiSet: ";
34    for(auto m : multiSet) std::cout << m << " ";
35
36    std::cout << std::endl;
37
38    std::cout << "uniqSet: ";
39    for(auto s : uniqSet) std::cout << s << " ";
40
41    std::cout << std::endl << std::endl;
42
43    // search for elements
44    auto it= uniqSet.find(5);
45    if ( it != uniqSet.end()){
46      std::cout << "uniqSet.find(5): " << *it << std::endl;
47    }
48
49    std::cout << "multiSet.count(5): " << multiSet.count(5)
                << std::endl;
50
51    std::cout << std::endl;
52
53    // remove
54    int numMulti= multiSet.erase(5);
55    int numUniq= uniqSet.erase(5);
```

```
56
57   std::cout << "Erased " << numMulti
             << " times 5 from multiSet." << std::endl;
58   std::cout << "Erased " << numUniq
             << " times 5 from uniqSet." << std::endl;
59
60   // all
61   multiSet.clear();
62   uniqSet.clear();
63
64   std::cout << std::endl;
65
66   std::cout << "multiSet.size(): " << multiSet.size()
             << std::endl;
67   std::cout << "uniqSet.size(): " << uniqSet.size()
             << std::endl;
68
69   std::cout << std::endl;
70
71 }
```

Listing 20.23: Das Interface von `std::unordered_set` und `std::unordered_multiset`

WEBSITE
Die Standardbibliothek: unordSet.cpp

In Listing 20.23 werden zwei ungeordnete, assoziative Container instanzi-iert, deren Schlüssel kein Wert zugeordnet ist. Natürlich lässt sich auch argumentieren, jedem Schlüssel ist als Wert der Schlüssel selbst zuge-ordnet. Dabei kann `multiSet` in Zeile 10 mehrere gleiche Schlüssel besit-zen, `uniqSet` in Zeile 11 dagegen nicht. Das zeigt die Ausgabe in Abbildung 20.19, denn alle Duplikate in `uniqSet` sind nicht mehr vorhanden. Dass die Elemente in den beiden Containern sortiert sind, ist rein zufällig. Dies ist in der nächsten Ausgabe zu sehen, nachdem ein paar weitere Zahlen mit der Elementfunktion `insert` in den Zeilen 25 – 30 hinzugefügt wurden. Die Elementfunktion `find` in Zeile 44 gibt im Erfolgsfall einen Iterator auf das zu suchende Element zurück und einen Iterator auf `uniqSet.end()` im Misserfolgsfall. Wer es genauer wissen will, kann sich mit der Ele-mentfunktion `count` in Zeile 49 die Anzahl der Elemente ermitteln lassen. Durch die Elementfunktion `erase` in Zeile 54 werden alle adressierten Ele-mente entfernt. Dies schließt die mehrfach vorkommenden Schlüssel im Fall von `muliSet.erase(5)` in Zeile 54 ein. Die Funktion `clear` löscht alle Schlüssel, so dass die Länge der beiden ungeordneten, assoziativen Ar-rays danach 0 beträgt.

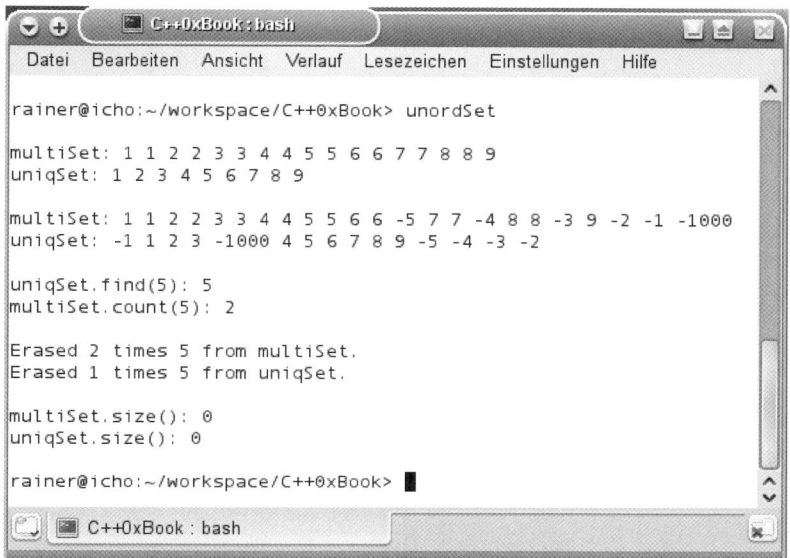

Abbildung 20.19: Verschiedene Anwendungen von std::unordered_set und std::unordered_multiset

std::map ist im klassischen C++ der mit Abstand am häufigsten eingesetzte assoziative Container, verhält er sich doch fast wie eine Hashtabelle. std::unordered_map ist eine Hashtabelle. Seine Schlüssel sind nicht sortiert und jedem Schlüssel ist ein Wert zugeordnet. Der entscheidende Punkt ist aber, dass die Suche nach einem Schlüssel in der Hashtabelle unabhängig von dessen Größe ist.

Listing 20.24: Das Interface von std::unordered_map und std::unordered_multimap zeigt die Anwendung von std::unordered_map zusammen mit dem std::unordered_multimap, der mehrere gleiche Schlüssel unterstützt.

```
01 #include <iostream>                                    unordMap.cpp
02 #include <map>
03 #include <unordered_map>
04
05 int main(){
06
07   std::cout << std::endl;
08
09   long long home= 497074123456;
10   long long mobile= 4916046123356;
11
12   // constructor
13   std::unordered_multimap<std::string,long long> multiMap
       {{"grimm",home},{"grimm",mobile},{"jaud-grimm",home}};
```

451

```
14    std::unordered_map<std::string,int> uniqMap
        {{"bin",1},{"root",0},{"nobody",65834},{"rainer",1000}};
15
16    // show the unordered maps
17    std::cout << "multiMap: ";
18    for(auto m : multiMap) std::cout << ,{, << m.first
                                       << ,,' << m.second << ,}';
19
20    std::cout << std::endl;
21
22    std::cout << "uniqMap: ";
23    for(auto u : uniqMap) std::cout << ,{, << u.first
                                      << ,,' << u.second << ,}';
24    std::cout << std::endl;
25
26    std::cout << std::endl;
27
28    // insert elements
29    long long work= 4970719754513;
30
31    multiMap.insert({"grimm",work});
32    // will not work
33    // multiMap["grimm-jaud"]=4916012323356;
34
35    uniqMap["lp"]=4;
36    uniqMap.insert({"sshd",71});
37
38    std::map<std::string,int> myMap
        {{"ftp",40},{"rainer",999}};
39    uniqMap.insert(myMap.begin(),myMap.end());
40
41    // show the unordered maps
42    std::cout << "multiMap: ";
43    for(auto m : multiMap) std::cout << ,{, << m.first
                                       << ,,' << m.second << ,}';
44
45    std::cout << std::endl;
46
47    std::cout << "uniqMap: ";
48    for(auto u : uniqMap) std::cout << ,{, << u.first
                                      << ,,' << u.second << ,}';
49    std::cout << std::endl;
50
51
52    std::cout << std::endl;
53    // search for elements
54
55    // only grimm
56    auto iter= multiMap.equal_range("grimm");
57    std::cout << "grimm: ";
58    for(auto itVal= iter.first; itVal !=iter.second;++itVal){
```

```
59      std::cout << itVal->second << " ";
60    }
61
62    std::cout << std::endl;
63
64    std::cout << "multiMap.count(grimm): "
                  << multiMap.count("grimm") << std::endl;
65
66    auto it= uniqMap.find("root");
67    if ( it != uniqMap.end()){
68      std::cout << "uniqMap.find(root): " << it->second
                    << std::endl;
69      std::cout << "uniqMap[root]: " << uniqMap["root"]
                    << std::endl;
70    }
71
72    // will create a new entry
73    std::cout << "uniqMap[notAvailable]: "
                  << uniqMap["notAvailable"] << std::endl;
74
75    std::cout << std::endl;
76
77    // remove
78    int numMulti= multiMap.erase("grimm");
79    int numUniq= uniqMap.erase("rainer");
80
81    std::cout << "Erased " << numMulti
                  << " times grimm from multiMap." << std::endl;
82    std::cout << "Erased " << numUniq
                  << " times rainer from uniqMap." << std::endl;
83
84    // all
85    multiMap.clear();
86    uniqMap.clear();
87
88    std::cout << std::endl;
89
90    std::cout << "multiMap.size(): " << multiMap.size()
                  << std::endl;
91    std::cout << "uniqMap.size(): " << uniqMap.size()
                  << std::endl;
92
93    std::cout << std::endl;
94
95  }
```

Listing 20.24: Das Interface von `std::unordered_map` und `std::unordered_multimap`

Die Standardbibliothek: unordMap.cpp

WEBSITE

Listing 20.24 folgt einer ähnlichen Struktur wie Listing 20.23. In den Zeilen 13 und 14 werden zwei Hashtabellen deklariert. Dabei kann `multiMap` mit mehreren identischen Schlüsseln umgehen, `uniqMap` hingegen nicht. Dies macht durchaus Sinn, soll doch `multiMap` zu einer Person alle Telefonnummern speichern und `uniqMap` die eindeutige Beziehung zwischen einem Benutzer und seiner ID zur Verfügung stellen. Beide Datenstrukturen lassen sich auf gewohnte Weise als Pärchen ausgeben. Dabei wird mit `m.first` der Schlüssel und mit `m.second` der Wert in Zeile 18 referenziert. Auch das Hinzufügen neuer Paare fühlt sich wie bei allen assoziativen Containern an. Für eine Hashtabelle typisch ist der Zugriff auf `uniqMap` über den Indexoperator in Zeile 35 möglich. Dies gilt natürlich auch für den lesenden Zugriff. Ein `std::map` kann dazu verwendet werden, einem `std::unorderd_map` neue Elemente hinzuzufügen. Da der Schlüssel `"rainer"` in Zeile 38 in `uniqMap` vorhanden ist, wird dessen ursprünglicher Wert überschrieben. Dies zeigt am einfachsten die Ausgabe in Abbildung 20.20. Das Suchen nach Schlüsseln und deren assoziierten Werten ist die Stärke von Hashtabellen. In Zeile 56 – 60 werden alle Werte ausgegeben, die den Schlüssel `"grimm"` besitzen. Das ist zugegeben ein bisschen umständlich. Durch `auto iter= multiMap.equal_range("grimm")` wird ein Iterator zurückgegeben, der in Zeile 58 benutzt wird, um über alle Werte zu iterieren. Dabei erleichtert `auto` das Leben des Anwenders enorm. Tatsächlich ist `iter` vom Typ `std::pair<std::unordered_map<std::string,long long>::iterator, std::unordered_map<std::string,long long>::iterator>`. Deutlich einfacher in der Anwendung ist das Zählen der Telefonnummern in Zeile 64, die dem Schlüssel `"grimm"` zugeordnet sind. Ob ein Schlüssel existiert, lässt sich in Zeile 66 mit der Elementfunktion `find` ermitteln. Mit `it->second` (Zeile 68) oder dem Indexoperator (Zeile 69) kann anschließend auf den Wert zugegriffen werden. Ist der Schlüssel nicht vorhanden, wird ein Paar (Schlüssel,Wert) erzeugt und zur Hashtabelle hinzugefügt. Für den Wert wird der Standardkonstruktor ausgeführt. Genau dieses Verhalten ist in Zeile 73 zu sehen, so dass `uniqMap` um das Paar `(std::string("notAvailable"),int())` erweitert wird. Der Rest des Listings sollte keine Überraschungen bergen. Durch `multiMap.erase("grimm")` bzw. `uniqueMap.erase("rainer")` werden alle Paare aus den Hashtabellen mit den angegebenen Schlüsseln entfernt. Die Elementfunktion `clear` entfernt in bekannter Manier alle (Schlüssel,Wert)-Paare.

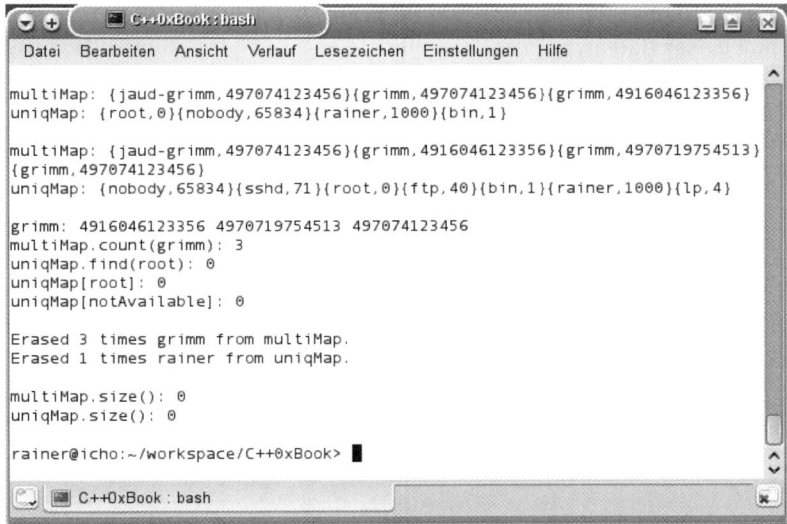

Abbildung 20.20: Verschiedene Anwendungen von std::unordered_map und std::unordered_multimap

Hashfunktion

Die zentrale Komponente einer Hashtabelle ist die sogenannte Hashfunktion. Diese Funktion bildet die Schlüssel auf ihren assoziierten Wert ab. Dabei transformiert die Hashfunktion den Schlüssel in einen Index des Arrays, um den Wert zu adressieren. Der wesentliche Unterschied zwischen einem Array und einem assoziativen Array ist, das Letzteres nicht nur natürliche Zahlen als Indizes erlaubt. Andersherum betrachtet, verhält sich ein assoziatives Array, das natürliche Zahlen als Indizes erlaubt und deren Hashfunktion die Identität ist, wie ein Array.

Eine Frage bleibt aber noch offen. Welche Datentypen können als Schlüssel verwendet werden. C++11 unterstützt von Hause aus die folgenden Datentypen:

» bool

» **Ganzzahlen:** char, signed char, unsigned char, short, unsigned short, int, unsigned int, long, unsigned long

» **Fließkommazahlen:** float, double, long double

» Zeiger

» **Strings:** std::string, std::wstring

Soll ein eigener Datentyp als Schlüssel verwendet werden, haben die Objekte dieses Datentyps zwei Charakteristiken zu erfüllen. Zum einen muss der Hashwert zur Verfügung stehen, zum anderen müssen die Objekte auf Gleichheit == vergleichbar sein. Der alte Bekannte MyInt wird in Listing 20.25: Einen eigenen Datentyp als Schlüssel in einem assoziativen Array verwenden als Schlüssel verwendet.

hashClass.cpp

```
01 #include <iostream>
02 #include <ostream>
03 #include <unordered_map>
04
05 struct MyInt{
06   MyInt(int v):val(v){}
07   bool operator== (const MyInt& other) const {
08     return val == other.val;
09   }
10   int val;
11 };
12
13 struct MyHash{
14   std::size_t operator()(MyInt m) const {
15     std::hash<int> hashVal;
16     return hashVal(m.val);
17   }
18 };
19
20 struct MyAbsHash{
21   std::size_t operator()(MyInt m) const {
22     std::hash<int> hashVal;
23     return hashVal(abs(m.val));
24   }
25 };
26
27 struct MyEq{
28   bool operator() (const MyInt& l, const MyInt& r) const {
29     return abs(l.val) ==  abs(r.val);
30   }
31 };
32
33 std::ostream& operator << (std::ostream& strm,
                              const MyInt& myIn){
34   strm << "MyInt(" << myIn.val << ")";
35   return strm;
36 }
37
38 int main(){
39
40   std::cout << std::endl;
41
42   std::hash<int> hashVal;
43
```

```
44    // a few hash values
45    for ( int i= -2; i <= 1 ; ++i){
46      std::cout << "hashVal(" << i << "): " << hashVal(i)
                << std::endl;
47    }
48
49    std::cout << std::endl;
50
51    typedef std::unordered_map<MyInt,int,MyHash> MyIntMap;
52
53    std::cout << "MyIntMap: ";
54    MyIntMap myMap{{MyInt(-2),-2},{MyInt(-1),-1},
                    {MyInt(0),0},{MyInt(1),1}};
55
56    for(auto m : myMap) std::cout << ,{, << m.first << ,,'
                                    << m.second << ,}';
57
58    std::cout << std::endl << std::endl;
59
60    typedef std::unordered_map<MyInt,int,MyAbsHash,MyEq>
        MyAbsMap;
61    std::cout << "MyAbsMap: ";
62    MyAbsMap myAbsMap{{MyInt(-2),-2},{MyInt(-1),-1},
                       {MyInt(0),0},{MyInt(1),1}};
63
64    for(auto m : myAbsMap) std::cout << ,{, << m.first
                                       << ,,' << m.second << ,}';
65
66    std::cout << std::endl << std::endl;
67
68    std::cout << "myAbsMap[MyInt(-2)]: "
                << myAbsMap[MyInt(-2)] << std::endl;
69    std::cout << "myAbsMap[MyInt(2)]: "
                << myAbsMap[MyInt(2)] << std::endl;
70    std::cout << "myAbsMap[MyInt(3)]: "
                << myAbsMap[MyInt(3)] << std::endl;
71
72    std::cout << std::endl << std::endl;
73
74 }
```

Listing 20.25: Einen eigenen Datentyp als Schlüssel in einem assoziativen Array verwenden

Die Standardbibliothek: arrayClass.cpp   WEBSITE

Für den Datentyp MyInt (Zeile 5) in Listing 20.25 ist die Gleichheit über seinen Datentyp val definiert. Dieser einfache Ansatz wird auch auf die Hashfunktion von MyInt angewandt. Aber zuerst der Reihe nach. In der main-Funktion wird in Zeile 42 ein Klassen-Template hashVal definiert, das sich wie eine Funktion benutzen lässt. Dies ist in der Zeile 46 sehr schön zu sehen, da diese Funktion zu jeder Zahl ihren Hashwert ausgibt. In der Abbildung 20.21 sind die numerischen Werte dargestellt. Interessant ist, dass die natürlichen Zahlen 0 und 1 auf sich selbst abgebildet werden. Dies trifft nicht auf negative Ganzzahlen zu. Der Typ `MyIntMap` in Zeile 51 verwendet `MyInt` als Schlüssel. Als drittes Template-Argument erhält `MyIntMap` die Hashfunktion. Diese Klasse `MyHash` in Zeile 13 ist ein aufrufbares Objekt, denn der `operator()` ist implementiert. Dabei nimmt dieser einen Typ `MyInt` an und gibt als Hashwert den Hashwert der Variablen `val` zurück. Auch die zweite Bedingung erfüllt `MyInt`. Durch das Überladen des Operators == in Zeile 7 sind seine Objekte auf Gleichheit vergleichbar. Der Instanziierung von `myMap` und deren Ausgabe (Abbildung 20.21) steht nichts mehr entgegen.

`MyAbsMap` in Zeile erhält ein viertes Template-Argument. Das Funktionsobjekt `MyEq` ist in `MyAbsMap` für den Vergleich auf Gleichheit zuständig. Das Besondere von `MyIntMap` gegenüber `MyAbsMap` ist, dass in `MyAbsMap` der absolute Wert von `val` für die Berechnung des Hashwerts und den Gleichheitsvergleich verwendet werden soll. Dies ist der Grund, warum in dem Funktionsobjekt `MyAbsHash` der Hashwert von `hash(abs(m.val))` in Zeile 23 zurückgegeben wird und warum in Zeile 29 der Gleichheitsvergleich `abs(l.val) == abs(r.val)` lautet. Für die einfache Ausgabe der assoziativen Arrays ist noch der Ausgabeoperator in Zeile 33 definiert. Betrachten wir nun die Abbildung 20.21, so fällt auf, dass `MyAbsMap` ein Wertepaar weniger besitzt. Was ist der Grund? Da der Hashwert von `MyInt(1)` identisch mit dem von `MyInt(-1)` ist, wenn der absolute Wert verwendet wird, tritt das bekannte Verhalten von Hashtabellen auf. Das Wertepaar `(MyInt(1),1)` wird durch `(MyInt(-1),-1)` überschrieben. Aber nicht nur die Hashfunktion, auch der Test auf Gleichheit ignoriert das Vorzeichen. In den Zeilen 68 und 69 ergibt die Abfrage an `myAbsMap[MyInt(-2)]` und `myAbsMap[MyInt(2)]` jeweils den Wert -2. Das Bemerkenswerte ist, dass der Hashwert von `MyInt(-2)` gleich dem von `MyInt(2)` ist. Dies bewirkt, dass kein neues Element `(MyInt(2),2)` zu `myAbsMap` hinzugefügt wird. Den feinen Unterschied zeigt die Abfrage `myAbsMap[MyInt(3)]` in Zeile 70. `MyInt(3)` ist kein Element von `myAbsMap`, so dass der assoziative Container um ein neues Paar `(MyInt(3),int())` erweitert wird.

Für den Anwender ist die Geschichte zu Hashtabellen in C++11 hier zu Ende. C++11 erlaubt es aber, wie so oft, seine Datenstrukturen weiter zu tunen. Die Hashtabelle macht da keine Ausnahme. Dazu ist ein tieferes Verständnis von Hashtabellen notwendig.

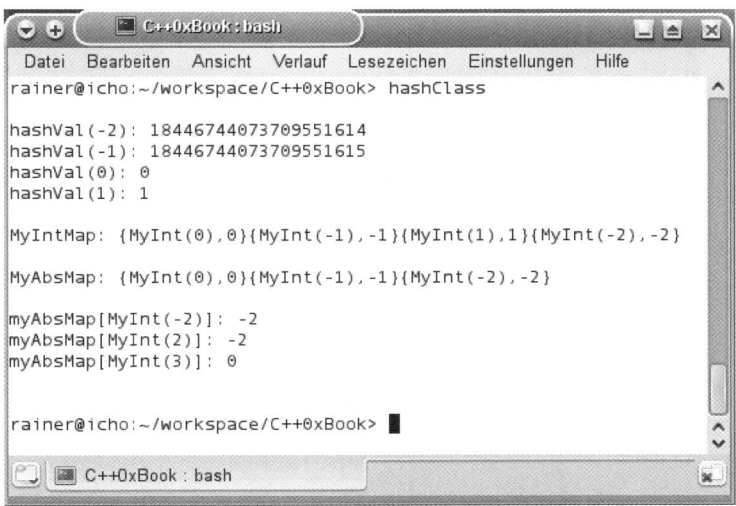

Abbildung 20.21: MyInt als Schlüssel in einem assoziativen Array

EXKURS

Buckets, Kapazität und Ladefaktor

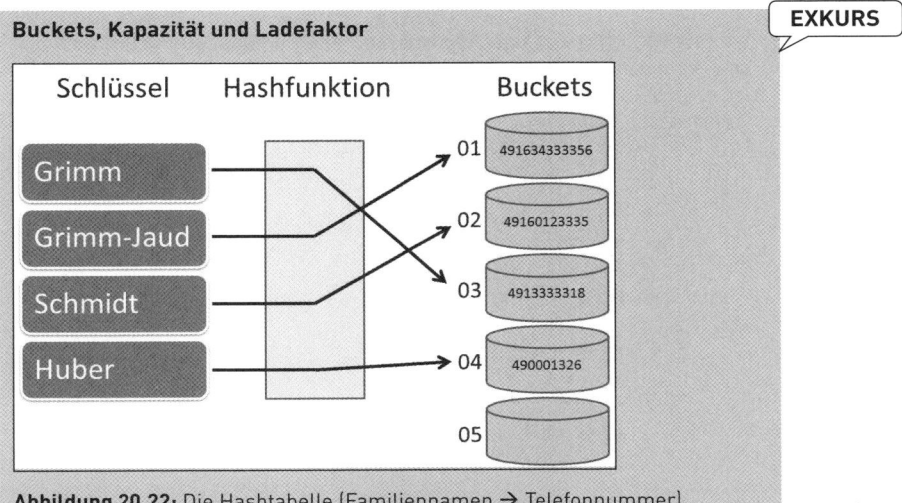

Abbildung 20.22: Die Hashtabelle (Familiennamen → Telefonnummer)

Die Hashtabelle speichert ihre Elemente in den sogenannten *Buckets*. In welchem *Bucket* ein Eintrag landet, entscheidet dessen Hashwert. Dieser wird durch die Hashfunktion gebildet. Die Hashfunktion ermittelt aus dem Schlüssel einen Index in das *Bucket*. Für eine Hashtabelle, die den Familiennamen als Schlüssel verwendet und die Telefonnummer als Wert, ist diese Abbildung exemplarisch in Abbildung 20.22 dargestellt. Damit ist der Zugriff auf einen *Bucket* immer konstant, da lediglich die Hashfunktion angewandt werden muss. Dies trifft natürlich auch für das Hinzufügen eines neuen Elements zu einer Hashtabelle zu. Komplizierter ist der Schlüsselzugriff auf ein Element einer Hashtabelle. Befindet sich ein einzi-

EXKURS

ges Element in einem *Bucket*, den die Hashfunktion ermittelt hat, so ist die Zugriffszeit auf das Element konstant. Andererseits kann es natürlich vorkommen, dass sich mehrere Elemente in einem *Bucket* befinden. Mit dieser Situation, Kollision genannt, muss die Hashtabelle umgehen können. Ziel einer Hashtabelle und insbesondere der Hashfunktion ist es, Kollisionen zu vermeiden. Für den Umgang mit Kollisionen gibt es mehrere Strategien. Eine einfache Strategie kann darin bestehen, die Elemente in einem `Bucket` als verlinkte Liste zu repräsentieren. Nun wird es kompliziert. Der Zugriff **auf** das Bucket ist konstant, die Suche **im** Bucket ist linear. Zu Hashtabellen im Allgemeinen und Kollisionen im Besonderen möchte ich gerne auf den ausgezeichneten Wiki-Artikel zu Hashtabellen verweisen (hash table, 2011).

Zwei Begriffe, Kapazität und Ladefaktor, fehlen noch, um die in C++11 angebotenen Elementfunktionen verstehen und nutzen zu können. Kapazität bezeichnet die Anzahl der *Buckets* und Ladefaktor die durchschnittliche Anzahl der Elemente je Bucket. Ist B die Anzahl der *Buckets* und n die Anzahl der Elemente einer Hashtabelle hash, so ist $l = n / B$ der Ladefaktor der Hashtabelle. Übersteigt der Ladefaktor der Hashtabelle deren maximalen Ladefaktor, so werden in der Regel neue *Buckets* erzeugt und die Elemente auf diese neu verteilt. Dieser Vorgang wird als *rehashing* bezeichnet und automatisch von der Hashtabelle ausgeführt. Mit der Elementfunktion `hash.max_load_factor(L)` kann der Anwender den maximalen Ladefaktor L einer Hashtabelle setzen, so dass ein Überschreiten dieses Werts zum automatischen *rehashing* der Hashtabelle führt. Dieses `rehashing` ist auch direkt möglich. Denn durch einen Aufruf der Elementfunktion `hash.rehash(B)` wird die Anzahl der *Buckets* der Hashtabelle hash auf mindestens B gesetzt. Listing 20.26: Bucket, Kapazität und Ladefaktor zeigt die Theorie in der Praxis.

hashInfo.cpp

```
01 #include <iostream>
02 #include <random>
03 #include <unordered_set>
04
05 void getInfo(const std::unordered_set<int>& hash){
06
07   std::cout << "hash.bucket_count(): "
               << hash.bucket_count() << std::endl;
08   std::cout << "hash.load_factor(): "
               << hash.load_factor() << std::endl;
09
10 }
11
12 void fillHash(std::unordered_set<int>& h,int n){
13
14   std::random_device seed;
15   // default generator
16   std::mt19937 engine(seed());
17   // get random numbers 0 - 1000
18   std::uniform_int_distribution<> uniformDist(0,1000);
19
20   for ( int i=1; i<= n; ++i){
21     h.insert(uniformDist(engine));
22   }
```

EXKURS

```
23
24 }
25
26 int main(){
27
28   std::cout << std::endl;
29
30   std::unordered_set<int> hash;
31   std::cout << "hash.max_load_factor(): "
                << hash.max_load_factor() << std::endl;
32
33   std::cout << std::endl;
34
35   getInfo(hash);
36
37   std::cout << std::endl;
38
39   // only to be sure
40   hash.insert(500);
41   // get the bucket of 500
42   std::cout << "hash.bucket(500): " << hash.bucket(500)
                << std::endl;
43
44   std::cout << std::endl;
45
46   // add 100 element
47   fillHash(hash,100);
48   getInfo(hash);
49
50   std::cout << std::endl;
51
52   // at least 500 buckets
53   std::cout << "hash.rehash(500): " << std::endl;
54   hash.rehash(500);
55
56   std::cout << std::endl;
57
58   getInfo(hash);
59
60   std::cout << std::endl;
61
62   // get the bucket of 500
63   std::cout << "hash.bucket(500): " << hash.bucket(500)
                << std::endl;
64
65   std::cout << std::endl;
66
67 }
```

Listing 20.26: Bucket, Kapazität und Ladefaktor

WEBSITE

Die Standardbibliothek: hashInfo.cpp

EXKURS

Auch wenn ein `std::unordered_set<int>` in Zeile 30 eine degenerierte Hash-tabelle ist, da ihrem Schlüssel kein Wert zugeordnet ist, gelten die in Listing 20.26 gewonnenen Erkenntnisse für alle ungeordneten, assoziativen Container. In der Hilfsfunktion `getInfo` in Zeile 5 wird die Information zur Kapazität (Zeile 7) und zum Ladefaktor (Zeile 8) ausgegeben. Die weitere Hilfsfunktion `fillHash` in Zeile 12 fügt n neue Elemente, zufällig aus 0 – 1000 ausgewählt, zu dem `std::unordered_set<int>` hinzu. Die Ausgabe des Programmlaufs lässt sich in Abbildung 20.23 verfolgen. Für die leere Hashtabelle ergibt der maximale Ladefaktor in Zeile 31 1. In diesem Fall werden elf *Buckets* auf Verdacht angelegt und der durchschnittliche Ladefaktor ist 0 (Zeile 35). In Zeile 40 wird die 500 der Hashtabelle hinzugefügt. Der Wert landet im fünften *Bucket* (Zeile 42). Nun wird es interessanter. In die Hashtabelle werden 100 weitere Elemente in Zeile 47 eingefügt. Das ändert drastisch die Kapazität und den Ladefaktor. Während nun 199 *Buckets* zur Verfügung stehen, steigt der Ladefaktor auf fast 0.5. Dies ist immer noch deutlich niedriger als der maximale Ladefaktor von 1. So schnell ist daher kein *rehashing* der Hashtabelle notwendig. Genau dieses *rehashing* wird in Zeile 54 erzwungen, indem die Anzahl der Buckets auf mindestens 500 gesetzt wird. Die Auswirkung zeigt die Ausgabe von `getInfo(hash)` in Zeile 58. Die Kapazität beträgt nun 503, der Ladefaktor knapp 0.2. Was ist mit dem Schlüssel 500 passiert? Dieser ist jetzt im 500-ten *Bucket*.

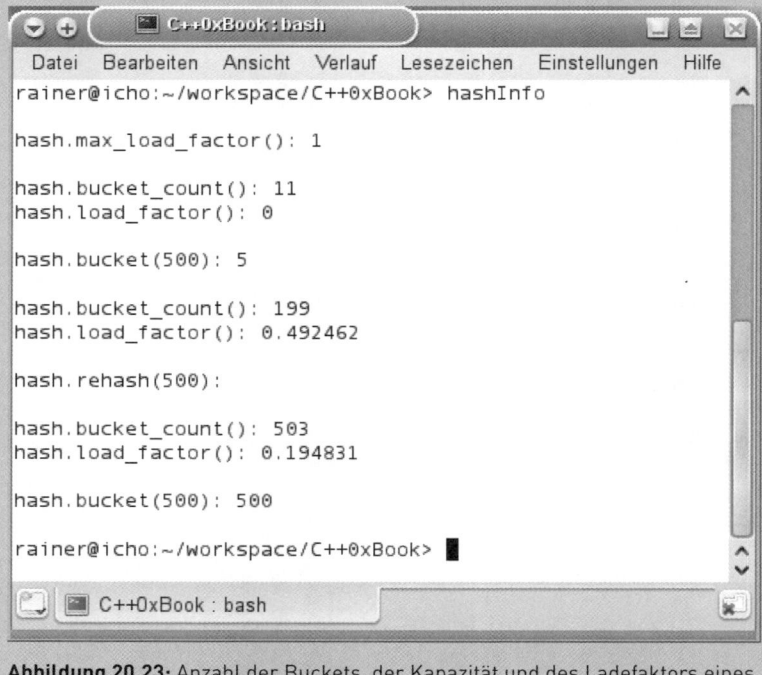

Abbildung 20.23: Anzahl der Buckets, der Kapazität und des Ladefaktors eines `std::unordered_set<int>`

AUFGABE

1. Vergleichen Sie die Zugriffszeit von std::map und std::unordered_map.

Legen Sie zwei große assoziative Container vom Datentyp std::map<int,int> und std::unordered_map<int,int> an und greifen Sie mit dem Indexoperator auf ein Zehntel der bestehenden Elemente zufällig zu. Vergrößern Sie sukzessive die Größe der assoziativen Container. Vergleichen Sie die Zugriffszeiten auf die Elemente. Entspricht das Ergebnis Ihren Erwartungen?

Bei 10.000.000 Elementen und 1.000.000 Zugriffen ist der Zugriff auf meiner Plattform für std::unordered_map um den Faktor 20 schneller als der für std::map.

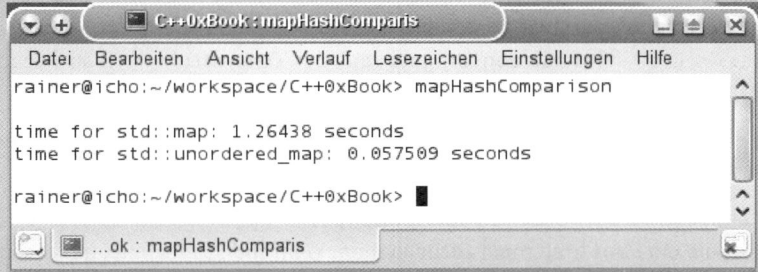

Abbildung 20.24: Vergleich von std::map und std::unordered_map

WEBSITE

Die Standardbibliothek: Aufgaben: mapHashComparison.cpp

2. Geben Sie den Inhalt jedes *Bucket* aus.

Ein std::unordered_map<int,std::string> myDict verrät viel über sich. Neben der Anzahl der *Buckets* mit myDict.bucket_count() lässt sich die Anzahl der Elemente in einem *Bucket* mit myDict.bucket_size(b) für den b-ten *Bucket* ermitteln. Darüber hinaus lassen sich die Elemente des b-ten *Bucket* mit den zwei Iteratoren myDict.begin(b) und myDict.end(b) ausgeben.

Definieren Sie eine Hashtabelle std::unordered_map<int,std::string> myDict und füllen Sie sie mit ein paar (Schlüssel,Wert)-Paaren. Bestimmen Sie für myDict die Anzahl der *Buckets*, die Anzahl der Elemente jedes *Bucket* und iterieren Sie zum Abschluss über jeden *Bucket*.

WEBSITE

Die Standardbibliothek: Aufgaben: bucketInfo.cpp

20.3 Neue Algorithmen

Die Algorithmen `std::all_of`, `std::any_of` und `std::none_of` prüfen logische Zusicherungen auf Bereichen.

`std::copy_if` und `std::copy_n` sind weitere Kopieralgorithmen auf Bereichen.

`std::iota` hilft beim schnellen Erzeugen von Werten.

Es geht weiter mit `std::partition_copy`, `std::is_partitioned` und `std::partition_point` für den Umgang mit Partitionen, `std::is_heap` und `std::is_heap_until` für den Umgang mit der Datenstruktur Heap (Heap, 2011).

Auch zum Sortieren gibt es zwei neue Algorithmen: `std::is_sorted` und `std::is_sorted_until`.

Praktisch sind auch die zwei Algorithmen `std::minmax` und `std::minmax_element`, die ein Paar (min,max) zurückgeben. Während `std::minmax` auf einem Wertepaar oder einer `std::initializer_list` aufgerufen werden kann und das (Minimum,Maxium)-Wertepaar ermittelt, wirkt `std::minmax_element` auf einem Bereich und ermittelt ein (Minimum,Maximum)-Iteratorenpaar.

Viele der Algorithmen sind in Listing 20.27: Die neuen Algorithmen im Einsatz zu sehen.

newAlgorithm.cpp

```
01 #include <algorithm>
02 #include <array>
03 #include <deque>
04 #include <iostream>
05 #include <iterator>
06 #include <list>
07 #include <vector>
08
09 bool even_(const int& i){
10     return ( i % 2 );
11 }
12
13 int main() {
14
15   std::cout << std::endl;
16
17   std::cout << std::boolalpha;
18
19   // increase each element by 1
20   std::vector<int> myVec(20);
21   std::iota(myVec.begin(),myVec.end(),1);
22
23   std::cout << "myVec:";
```

```
24    for (auto i: myVec) std::cout << i << " ";
25    std::cout << std::endl << std::endl;
26
27    // test a predicate on a range
28    std::cout << "one even in myVec: "
                 << std::any_of(myVec.begin(),myVec.end(),even_)
                 << std::endl;
29    std::cout << "all even in myVec: "
                 << std::all_of(myVec.begin(),myVec.end(),even_)
                 << std::endl;
30    std::cout << "all even in myVec with lambda: "
                 << std::all_of(myVec.begin(),myVec.end(),
                               [](int i){ return i % 2; })
                 << std::endl;
31    std::cout << "none even in myVec with lambda: "
                 << std::none_of(myVec.begin(),myVec.end(),
                                [](int i){ return i % 2; })
                 << std::endl;
32
33    std::cout << std::endl;
34
35    // copying all odd element to std::cout
36    std::cout << "all odd elements: ";
37    std::copy_if(myVec.begin(), myVec.end(),
          std::ostream_iterator<int>(std::cout, " "),
          [](int a){ return a % 2;} );
38
39    std::cout << std::endl;
40
41    // copying the first 10 element
42    std::cout << "The first 10 elements: ";
43    std::copy_n(myVec.begin(),10,
         std::ostream_iterator<int>(std::cout, " "));
44
45    std::cout << std::endl << std::endl;
46
47    std::list<int> allOdd;
48    std::deque<int> allEven;
49
50    // odd ints to list allOdd
51    // even ints to deque allEven
52    std::partition_copy(myVec.begin(),myVec.end(),
          std::back_inserter(allOdd),std::back_inserter(allEven),
          even_);
53
54    std::cout << "allOdd: ";
55    for (auto o: allOdd) std::cout << o << " ";
56
57    std::cout << std::endl;
58
59    std::cout << "allEven: ";
```

```
60   for (auto e: allEven) std::cout << e << " ";
61
62   std::cout << std::endl;
63
64   // test, if partitioned
65   std::cout << "Partition a < 10: "
                << std::is_partitioned(myVec.begin(),myVec.end(),
                   [](int a){ return a < 10;}) << std::endl;
66
67   std::cout << std::endl;
68
69   // get the partition point
70   std::cout << "Partition Point for a < 10: " <<
               *(std::partition_point(myVec.begin(),myVec.end(),
               [](int a){ return a < 10;})) << std::endl;
71
72   std::cout << std::endl;
73
74   // test, if sorted
75   std::cout << "Is sorted (ascending): "
                << std::is_sorted(myVec.begin(),myVec.end())
                << std::endl;
76
77   std::cout << "Is sorted (descending): "
                << std::is_sorted(myVec.begin(),myVec.end(),
                   [](int a, int b ){return a > b;})
                << std::endl;
78
79   myVec.push_back(-10);
80   myVec.push_back(100);
81   myVec.push_back(2011);
82
83   std::cout << std::endl;
84
85   std::cout << "myVec:";
86   for (auto i: myVec) std::cout << i << " ";
87   std::cout << std::endl << std::endl;
88
89   std::cout << "Is sorted until: "
                << *(std::is_sorted_until(myVec.begin(),myVec.end()))
                << std::endl;
90
91   std::cout << std::endl;
92
93 }
```

Listing 20.27: Die neuen Algorithmen

Die Funktion `even_` (Zeile 9) in Listing 20.27 ist ein einfaches Prädikat, das auf Anfrage ermittelt, ob das Argument gerade ist. Der Vektor `myVec` wird durch den neuen Algorithmus `std::iota` in Zeile 21 initialisiert. Das erste Element des Vektors erhält den Wert des Funktionsarguments 1, jedes weitere Element wird um 1 inkrementiert. Anschließend wird auf `myVec` bestimmt, ob ein Element gerade ist `std::any_of` (Zeile 28), ob alle Elemente `std::all_of` gerade sind (Zeile 29 und Zeile 30) und ob kein Element gerade ist `std::none_of` (Zeile 31). Neben dem Prädikat kommt eine Lambda-Funktion in Zeile 30 und 31 zum Einsatz. Die drei praktischen Funktionen sollten dem einen oder anderen aus Haskell oder auch Python vertraut sein. Praktisch ist auch der Algorithmus `std::copy_if` in Zeile 37, der es erlaubt, nur die Elemente auf `std::cout` zu kopieren, die das Prädikat in Form einer anonymen Funktion erfüllen. `std::copy_n` erlaubt es hingegen, eine feste Anzahl von Elementen zu kopieren. Das Kopieren wird mit `std::partition_copy` in Zeile 52 noch mächtiger. Diesmal ist das Ziel der Kopieraktion nicht `std::cout`, sondern zwei Container vom Typ `std::list` und `std::deque`. Vollkommen generisch lassen sich die Elemente, die das Prädikat erfüllen, auf den Container `allEven` schieben. Der Rest landet in `allOdd`. Generisch ist, dass es weder dem Container noch der `for`-Schleife anzusehen ist, welcher Containertyp der Operation zugrunde liegt. Generisch ist, dass durch den Iterator-Adapter `std::back_inserter` in Zeile 52 die Elemente direkt auf den Container geschoben werden können. Ob ein Bereich partitioniert ist, lässt sich leicht durch `std::is_partitioned` in Zeile 65 ermitteln. `std::partition_point` liefert darüber hinaus noch den Iterator `iter` auf das erste Element der zweiten Teilmenge. Durch `*iter` lässt sich auf sein Element zugreifen. `std::is_sorted` beantwortet die Frage, ob ein Bereich aufsteigend sortiert ist. Durch die Parametrisierung des Algorithmus mit der Vergleichsfunktion `[](int a, int b){return a>b;}` ist schnell getestet, ob ein Bereich absteigend sortiert ist. Nachdem in Zeile 79 das Element `-10` auf den Container geschoben wurde, ist dieser nicht mehr aufsteigend sortiert. Bis zu welcher Stelle dieser sortiert ist, das beantwortet der neue Algorithmus `std::is_sorted`. `std::is_sorted` gibt wieder einen Iterator zurück, der auf das erste Element zeigt, das der Sortierreihenfolge widerspricht. In der Abbildung 20.25 lässt sich alles noch in der Konsole nachvollziehen.

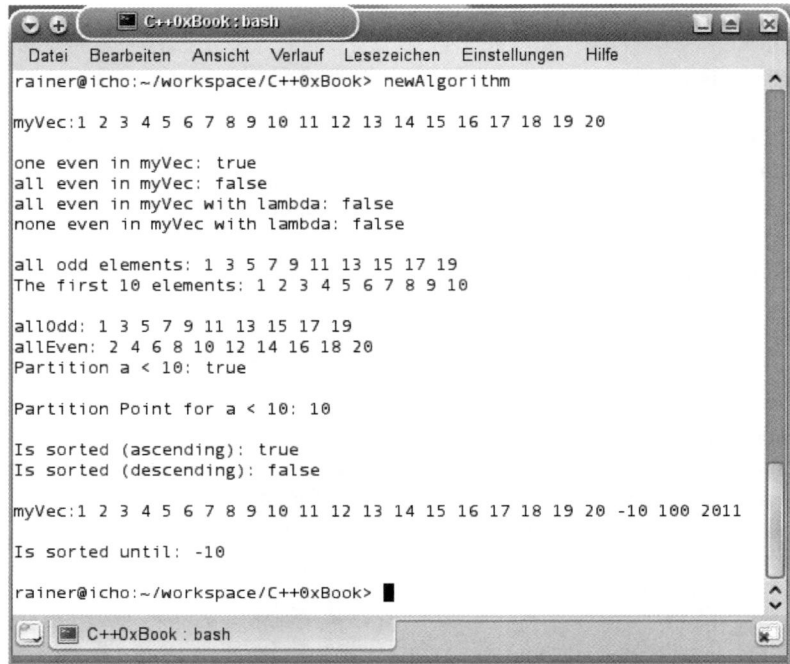

Abbildung 20.25: Anwendung der neuen Algorithmen

20.3.1   Praktische Helferlein

C++11 bringt noch ein paar weitere praktische Algorithmen mit, die den Umgang mit den Containern der STL vereinfachen. Die Container in C++11 können mit Initialisiererlisten initialisiert werden, unterstützen die Move-Semantik und erzeugen auf Anfrage einen konstanten Iterator mit den Methoden cbegin, cend bzw. einen reversen konstanten Iterator mit crbegin und crend.

emplace,
emplace_back
und emplace_front

Das direkte Erzeugen eines neuen Datentyps in einem Container ist mit emplace, emplace_back und emplace_front, die sich im Wesentlichen wie die bekannten insert, push_back und push_front verhalten, direkt möglich. Der feine Unterschied ist, dass beim emplace_back im Gegensatz zu push_back kein unnötiges Konstruieren eines temporären Objekts und das anschließende Kopieren notwendig sind. Listing 20.28: Direktes Konstruieren in den sequentiellen Container std::deque und den assoziativen Container std::map zeigt die Methoden im Einsatz.

emplace.cpp

```
01 #include <deque>
02 #include <iostream>
03 #include <map>
```

```
04 #include <utility>
05
06 class MyVal{
07 public:
08     MyVal(){};
09   MyVal(int i):val(i){}
10   int getVal() const{
11     return val;
12   }
13 private:
14   int val;
15 };
16
17 int main(){
18
19   std::cout << std::endl;
20
21   std::deque<MyVal> myDeq;
22   myDeq.push_back(MyVal(10));
23   myDeq.push_front(MyVal(11));
24   myDeq.emplace_back(12);
25   myDeq.emplace_front(13);
26
27   std::cout << "myDeq: ";
28   for ( auto it= myDeq.cbegin(); it != myDeq.cend(); ++it){
29     std::cout << it->getVal() << " ";
30   }
31
32   std::cout << std::endl;
33
34   std::map<int,MyVal> myMap;
35   myMap.insert(std::make_pair(1,MyVal(14)));
36   myMap.insert(std::make_pair(2,15));
37
38   std::cout << "myMap: ";
39   std::cout << myMap[1].getVal() << " ";
40   std::cout << myMap[2].getVal();
41
42   std::cout << std::endl;
43
44 }
```

Listing 20.28: Direktes Konstruieren in den sequentiellen Container `std::deque` und den assoziativen Container `std::map`

In Listing 20.28 ist die ressourcenschonende Anwendung der `emplace`-Funktionen zu sehen. In den Zeilen 24 und 25 werden die Argumente direkt an den Konstruktor von `MyVal` durchgereicht. Entsprechend wird in Zeile 36 der Wert `MyVal(15)` für den Schlüssel 2 in `myMap` eingefügt. In Abbildung 20.26 ist die Ausführung des Programms zu sehen.

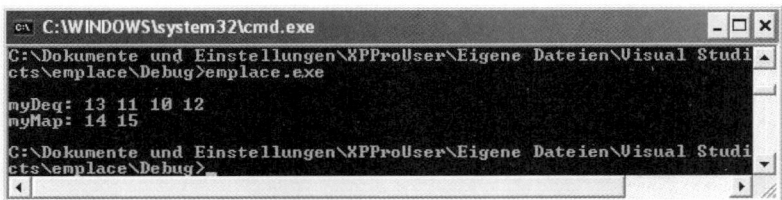

Abbildung 20.26: emplace im Einsatz

shrink_to_fit   Die Verbesserungen gehen weiter. In C++ gibt es das bekannte Idiom »shrink-to-fit«, um einen Vektor `std::vector<int>` vecInt auf seine tatsächlich benötigte Größe zu reduzieren: `std::vector<int>(vecInt).swap(vecInt)`. Der Name dieses Tricks stand Pate für die neuen `shrink_to_fit`-Algorithmen, die für `std::string`, `std::deque` und `std::vector` zur Verfügung stehen. Der Aufruf ist aber nicht bindend.

at   Wird in einer Map `std::map<int,std::string>` myMap nach einem Element `myMap[2011]` gefragt, das es nicht gibt, erzeugt die C++-Laufzeit implizit ein neues Paar `(2011,std::string())` und fügt dieses in myMap ein. Für den Wert wird der Standardkonstruktor aufgerufen.

Ein Aufruf `myMap.at(2012)` in C++11 wirft eine Ausnahme, falls der Schlüssel 2012 in myMap nicht vorhanden ist.

AUFGABE

1. Was ist ein Heap?

In Listing 20.27 findet sich kein Beispiel zu den neuen C++11-Algorithmen `std::is_heap` und `std::is_heap_until`. Die erste Frage ist natürlich. Was ist ein Heap? Die kurze Antwort lautet: Ein Heap ist ein binärer Baum, bei dem das Vaterelement immer größer ist als seine Kinderelemente. In Abbildung 20.27: Ein Heap-Baum ist ein Heap in Baumstruktur dargestellt.

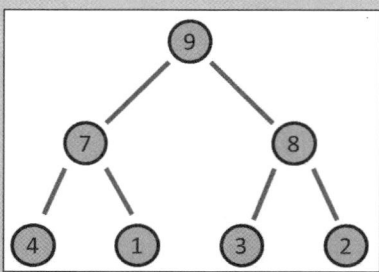

Abbildung 20.27: Ein Heap-Baum

Die lange Antwort lässt sich im Wikipedia-Artikel zur Heap-Datenstruktur (Heap, 2011) nachlesen.

2. Erzeugen Sie einen Heap.

Durch die C++-Algorithmen `std::make_heap` wird ein Heap erzeugt. Mit `std::sort_heap` lassen sich die Elemente des Heap sortiert ausgeben. Die C++11-Algorithmen `std::is_heap` und `std::is_heap_until` beantworten die Frage, ob eine Sequenz ein Heap ist.

Die Standardbibliothek: Aufgaben: heap.cpp

3. Ermitteln Sie den minimalen und den maximalen Wert des sequentiellen Containers `std::deque`.

`std::minmax_element` lässt sich über eine Vergleichsfunktion parametrisieren. Ermitteln Sie das minimale und das maximale Element eines `std::deque<std::string>`. Variieren Sie im zweiten Schritt die Aufgabenstellung, indem Sie die Länge des Strings als Vergleichskriterium verwenden.

Die Standardbibliothek: Aufgaben: minMax.cpp

4. Wenden Sie die neue Methode `shrink_to_fit` auf einem `std::vector` an.

In {Becker, Working Draft, Standard for Programming Language C++ (N3242), 2011} ist über `shrink_to_fit` für `std::vector` zu lesen: »... shrink_to_fit is a non-binding request to reduce capacity() to size().« Legen Sie einen `std::vector` an, dessen Kapazität größer als seine tatsächliche Größe ist. Geben Sie die Kapazität und seine tatsächliche Größe vor und nach `shrink_to_fit` aus. Besitzt der Aufruf von `shrink_to_fit` auf Ihrer Plattform eine Auswirkung?

Die Standardbibliothek: Aufgaben: shrinkToFit.cpp

20.4 bind und function

Der Anwendungsbereich von `std::bind` ist die Definition von aufrufbaren Einheiten aus Funktionsobjekten oder Funktionen. Diese aufrufbaren Einheiten können direkt ausgeführt oder in einem Funktionsobjekt gespeichert werden. Hier tritt `std::function` in Aktion, denn sie nimmt die Funktionsobjekte von `std::bind` an. `std::function`-Objekte fühlen sich wie Daten an. Sie können kopiert oder als Ein- oder Ausgabe einer Funktion verwendet werden. Da `std::bind` es erlaubt, Funktionen teilweise zu evaluieren, ist die beliebte Technik der funktionalen Programmierung nun auch in C++11 zu Hause. Evaluieren Sie eine Funktion teilweise mit `std::bind` und binden Sie das Ergebnis an eine neue Funktion mit `std::function`.

`<functional>`

bind, function und result_of werden zunehmend überflüssig.

Die Bibliotheksfunktionen `std::bind` und `std::function` sind ein mächtiges Paar, da sie es in C++11 erlauben, funktionale Konzepte anzuwenden. Diese Standarderweiterung ist mit der TR1-Erweiterung der C++-Bibliothek schon lange im Einsatz. Mittlerweile ist sie nahezu überflüssig, da inzwischen mit C++11 eine ähnliche Funktionalität in der Kernsprache zur Verfügung steht. So kann die Funktionalität von `std::function` fast vollständig durch die automatische Typableitung von `auto`, die Funktionalität von `std::bind` durch die Lambda-Funktionen angeboten werden. Dieses Schicksal teilen sich `std::bind` und `std::function` mit `std::result_of`. Durch `std::result_of` lässt sich der Rückgabetyp einer aufrufbaren Einheit bestimmen. Klar, das kann `decltype` auch. Tatsächlich wird in der Implementierung von `std::result_of` des aktuellen GCC 4.6 (C++0x Support in GCC, 2011) auf `decltype` zurückgegriffen.

Notwendig ist der Einsatz vor allem dann, wenn der Compiler die Erweiterung der Kernsprache von C++ noch nicht unterstützt. In diesem Fall hilft ein Rückgriff auf die TR1-Bibliothekserweiterung von C++98, um in den Genuss der funktionalen Features zu kommen. Denn dies sei nochmals explizit betont: Sie sind ein großer Schritt in die richtige Richtung.

20.4.1 bind

Das C++11 `std::bind` erweitert die beiden C++98-Templates `std::bind1st` und `std::bind2nd`, die nur ein Argument binden können und dann auch nur das erste oder das zweite. Ein Ausdruck der Form

```
std::remove_if(con.begin(),con.end(),
            std::bind2nd(std::greater<int>(), 8));
```

entfernt alle Elemente aus dem Container `con`, die größer als 8 sind. Dabei wird das binäre Funktionsobjekt `std::greater<int>` in ein unäres Funktionsobjekt transformiert, da 8 an das zweite Argument gebunden wird. Das kann `std::bind` auch.

```
std::remove_if(con.begin(),con.end(),
  std::bind(std::greater<int>(),std::placeholders::_1,8));
```

Verwenden Sie erase nach remove_if.

`std::remove_if` entfernt keine Elemente aus `con`, sondern gibt einen Iterator `pos= remove_if( ... )` auf das neue logische Ende des Containers `con` zurück. Dieser Iterator `con` kann im nächsten Schritt verwendet werden, um die Elemente tatsächlich zu entfernen:

```
std::erase(pos,con.end());
```

Natürlich kann `std::bind` noch viel mehr, denn es erlaubt:

» die Argumente an beliebige Positionen zu binden,

» die Reihenfolge der Argumente umzustellen,

» Platzhalter für Argumente einzuführen,

» Funktionen nur teilweise zu evaluieren,

» das resultierende Funktionsobjekt direkt aufzurufen, in den Algorithmen der STL zu verwenden oder in `std::function` zu speichern.

20.4.2   function

`std::function` nimmt die Funktionsobjekte von `std::bind` an und bindet es unter einem neuen Namen. Der Funktionstyp der anzunehmenden Funktion wird durch das Template-Argument `tempArg` von `std::function <tempArg>` spezifiziert. Tabelle 20.1 stellt ein paar Funktionstypen `tempArg` dar.

Funktionstyp	Argumente	Rückgabetyp
int()		int
double(int,double)	int, double	double
std::string(float)	float	std::string
void()		

Tabelle 20.1: Beispiele für Template-Argumente von `std::function`

`std::function`-Objekte können wie gewöhnliche Werte kopiert oder auch als Callback verwendet werden. In Listing 20.29: Zusammenspiel von std::bind und std:function ist das perfekte Zusammenspiel von `std::bind` und `std::function` zu sehen.

bindAndFunction.cpp

```
01 #include <algorithm>
02 #include <functional>
03 #include <iostream>
04 #include <iterator>
05 #include <vector>
06
07 double divMe(double a, double b){
08   return double(a/b);
09 }
10
11 using namespace std::placeholders;
12
13 int main(){
14
15   std::cout << std::endl;
16
17   // invoking the function object directly
18   std::cout << "1/2.0= " << std::bind(divMe,1,2.0)()
19           << std::endl;
20   // placeholders for both arguments
21   std::function<double(double,double)> myDivBindPlaceholder=
        std::bind(divMe,_1,_2);
22   std::cout << "1/2.0= " << myDivBindPlaceholder(1,2.0)
           << std::endl;
23
24   // placeholders for both arguments, swap the arguments
```

```
25    std::function<double(double,double)>
        myDivBindPlaceholderSwap= std::bind(divMe,_2,_1);
26    std::cout << "1/2.0= " << myDivBindPlaceholderSwap(2.0,1)
            << std::endl;
27
28    // placeholder for the first argument
29    std::function<double(double)> myDivBind1St=
        std::bind(divMe,_1,2.0);
30    std::cout<< "1/2.0= " << myDivBind1St(1) << std::endl;
31
32    // placeholder for the second argument
33    std::function<double(double)> myDivBind2Nd=
        std::bind(divMe,1.0,_1);
34    std::cout << "1/2.0= " << myDivBind2Nd(2.0) << std::endl;
35
36    // copy all element to std::cout, which are bigger then 10
37    std::vector<int>
        myVec{5,6,7,8,9,10,11,12,13,14,15,16,17,18,19,20};
38    std::copy_if(myVec.begin(),myVec.end(),
        std::ostream_iterator<int>( std::cout," "),
        std::bind( std::greater <int>(),_1,10));
39
40    std::cout << std::endl;
41    std::cout << std::endl;
42
43 }
```

Listing 20.29: Zusammenspiel von `std::bind` und `std:function`

WEBSITE Die Standardbibliothek: bindAndFunction.cpp

Currying   `std::bind` in Listing 20.29 definiert in verschiedenen Variationen ein Funktionsobjekt. In Zeile 18 werden die Argumente direkt an `divMe` gebunden und die abschließenden Klammern rufen das Funktionsobjekt auf. Im Gegensatz hierzu sind die Ausdrücke _1 und _2 in den `std::bind`-Ausdrücken (Zeile 21, 25, 29 und 33) Platzhalter, die ihre Argumente erst beim Aufruf in der jeweils nächsten Zeile erhalten. Durch diese Platzhalter wird erreicht (Zeile 29), dass aus einer Funktion, die zwei Argumente erwartet, eine Funktion erzeugt wird, die nur noch ein Argument benötigt. Diese Technik ist unter dem Namen *Currying* (siehe Exkurs: Currying) aus der funktionalen Programmierung sehr bekannt. Der `std::function`-Aufruf gibt dem neu erzeugten Funktionsobjekt einen Namen. Dabei definiert das Template -Argument `<double(double)>` den Funktionstyp des Arguments. Eine Funktion, die ein `double` annimmt und ein `double` zurückgibt. Relativ schwierig zu lesen ist der Ausdruck `std::bind( std::greater <int>(),_1,10)`, denn hier wird ein spezielles Funktionsobjekt erklärt, ein Prädikat. Ein Prädikat gibt nur `true` oder `false` zurück. In diesem Fall gibt es genau dann `true` zurück, wenn die Zahl größer als 10 ist. Die Zahlen aus `myVec`, die größer als 10 sind, werden direkt nach `std::cout` kopiert. Genau diese Ausgabe ist in Abbildung 20.28 zu sehen.

Currying

Currying oder auch Schönfinkeln ist eine Technik aus der funktionalen Programmierung, bei der eine Funktion mit mehreren Argumenten in eine Folge von Funktionen mit einem Argument umgewandelt wird.

Currying wurde von Moses Schönfinkel erfunden, aber nach Haskell Curry benannt. Sein Vorname stand Pate für die funktionale Programmiersprache Haskell, die nur Funktionen mit einem Argument kennt. In Haskell geschieht diese Funktionstransformation einer Funktion, die mehrere Argumente verlangt, in eine Folge von Funktionen, die jeweils nur ein Argument verlangen, völlig transparent.

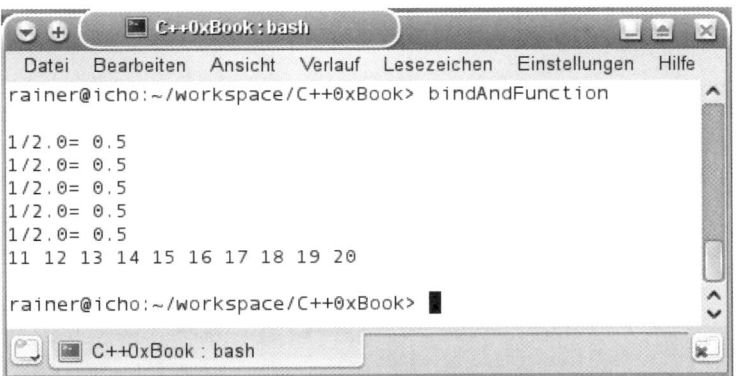

Abbildung 20.28: std::bind und std::function in einigen Variationen

Dies waren schon die wesentlichen Punkte zum Zusammenspiel von `std::bind` und `std::function`. Ein paar Details folgen noch.

Auf den ersten Blick sind die Platzhalter in Listing 20.29 unvertraut. Voll ausgeschrieben sind sie ein bisschen sperrig: `std::placeholders::_1`. Dabei bezeichnen sie die Argumente, die das aus `std::bind` resultierende Funktionsobjekt erhält. Das erste Argument des resultierenden Funktionsobjekts wird an `std::placeholders::_1` gegeben, das zweite an `std::placeholders::_2`, das dritte an ... . Ich denke, das Prinzip ist klar. Es hängt von der Implementierung ab, wie viele Platzhalter sie definiert. Ein Blick in die Implementierung verrät: Der GCC 4.6 (C++0x Support in GCC, 2011) definiert 29 Platzhalter, der Microsoft Visual C++ Compiler VC10 zehn Platzhalter.

Platzhalter

Nicht nur Funktionen und Funktionsobjekte, auch Elementfunktionen lassen sich mit `std::bind` extrahieren und als freie Funktionen anbieten.

Elementfunktionen

Dieses Extrahieren gilt nicht nur für die Elementfunktion, sondern auch für den Zustand des Objekts. Listing 20.30: Binden von Elementfunktionen zeigt diese Magie in der Anwendung.

bindFuncObject.cpp

```
01 #include <functional>
02 #include <iomanip>
03 #include <iostream>
04
05 class Family{
06 public:
07   Family(const std::string& s):family(s){}
08
09   std::string getName(const std::string& first){
10     return family + ", " + first;
11   }
12 private:
13   std::string family;
14 };
15
16 int main(){
17
18   std::cout << std::endl;
19   int len= 23;
20
21   // using methods
22   Family grimm("Grimm");
23   std::cout << std::setw(len) << std::left
             << "grimm.getName(Rainer): "
             << grimm.getName("Rainer") << std::endl;
24
25   std::cout << std::endl;
26
27   // using std::bind with objects
28   Family mann("Mann");
29   std::function<std::string(const std::string&)> mannCrea=
       std::bind(&Family::getName,mann,std::placeholders::_1);
30
31   std::cout << std::setw(len) << std::left
             << "mannCrea(Heinrich): "
             << mannCrea("Heinrich") << std::endl;
32   std::cout << std::setw(len) << std::left
             << "mannCrea(Golo): "
             << mannCrea("Golo") << std::endl;
33   std::cout << std::setw(len) << std::left
             << "mannCrea(thomas): "
             << mannCrea("Thomas") << std::endl;
34
35   std::cout << std::endl;
36
37 }
```

Listing 20.30: Binden von Elementfunktionen

Die Standardbibliothek: bindFuncObject.cpp

Family (Zeile 5) in Listing 20.30 stellt Familienobjekte zur Verfügung. Im Konstruktor wird der Familienname gesetzt, die Elementfunktion getName (Zeile 9) fügt zum Familiennamen den Vornamen hinzu und gibt ihn aus. Das Objekt grimm in Zeile 22 gibt den vollständigen Namen in der folgenden Zeile aus. Bis hierher nichts Besonderes. Das beginnt mit Zeile 28. Hier wird das Objekt mann vom Typ Family erzeugt. Das Objekt mann besitzt einen Zustand, denn der Familienname wurde im Konstruktoraufruf gesetzt. Dieses Objekt wird in der Zeile 29 an mannCrea gebunden. Die Argumente von std::bind sind nicht ganz einfach zu lesen. Auf den Zeiger auf die Elementfunktion &Family::getName folgen das Objekt mann und der Platzhalter std::placeholders::_1. Das Template-Argument std::string<(const std::string&)> entspricht dabei der Signatur der Elementfunktion getName. Damit steht der Objektzustand in der freien Funktion mannCrea zur Verfügung und kann in den Funktionsaufrufen in Zeile 31, 32 und 33 angewandt werden. Die Ausgabe des Programms folgt in Abbildung 20.29.

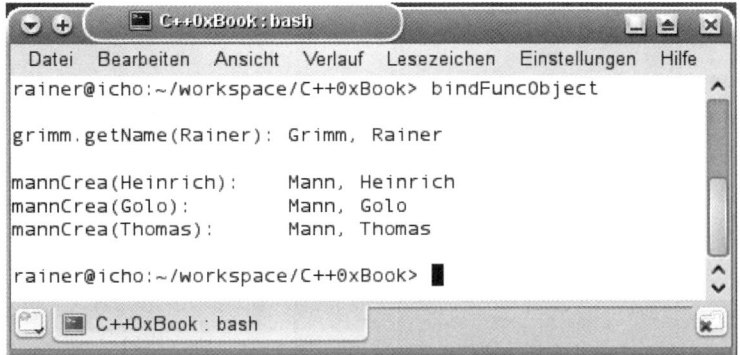

Abbildung 20.29: std::bind und std::function mit Elementfunktionen

Ziehen Sie auto und Lambda-Funktionen bind und function vor.

Für das einfache Erzeugen von neuen Funktionsobjekten aus bestehenden Funktionen oder auch das Kopieren von Funktionsobjekten bietet C++11 zwei Wege an. Der eine Weg führt über die Bibliotheksfunktionen std::bind und std::function, der andere über auto und Lambda-Funktionen. Da stellt sich natürlich die Frage: Welchen Weg soll man wählen? Meist sind die Erweiterungen der Kernsprache einfacher zu schreiben und zu lesen. Ein paar Codeschnipsel sollen dies veranschaulichen.

Beide Funktionsobjekte beschreiben Prädikate, die für einen Eingabewert entscheiden, ob dieser größer als 10 ist.

```
01 std::bind(std::greater<int> (),std::placeholders::_1,10)
02 [](int a){return a > 10;}
```
Listing 20.31: Einfaches Prädikat

Wird das resultierende Funktionsobjekt an eine Variable gebunden, wird der Unterschied noch deutlicher.

```
01 std:function<double(double)>func=
                std::bind(divMe,1.0,std::placeholders::_1)
02 auto func= [](double b){return divMe(1.0,b);}
```
Listing 20.32: Binden eines Funktionsobjekts an func

Beim nächsten Beispiel ist die Implementierung mit Funktionen der Standard Template Library meines Erachtens sehr verständnisresistent. Dabei lässt sich der Algorithmus einfach beschreiben: Kopiere alle Elemente von myVec nach std::cout, die größer als 9 und kleiner als 16 sind.

```
std::copy_if( myVec.begin(), myVec.end(),
  std::ostream_iterator<int>( std::cout, ", " ),
  std::bind( std::logical_and<bool>(),
    std::bind( std::greater <int>(),std::placeholders::_1,9 ),
    std::bind( std::less <int>(),std::placeholders::_1,16 )))
```

```
std::copy_if( myVec.begin(), myVec.end(),
  std::ostream_iterator<int>( std::cout, ", " ),
  [](int a){return (a>9)&&(a<16);});
```
Listing 20.33: Kopieren aller Elemente nach std::cout, die das Prädikat erfüllen

Der entscheidende Punkt in Listing 20.33 ist, dass sich das Prädikat mit einer Lambda-Funktion in einem Ausdruck beschreiben lässt, während mehrere Funktionsobjekte bei der STL-Implementierung ineinander verschachtelt werden müssen.

Insbesondere Programmierer, die mit den funktionalen Ideen vertraut sind, werden sich bei automatischer Typableitung und Lambda-Funktionen sofort zu Hause fühlen.

1. Löschen Sie alle Elemente aus einem Vektor, die das Prädikat aus Listing 20.33 erfüllen.

Der Vektor soll vom Typ std::vector<int> sein. Lösen Sie die Aufgabe in zwei Variationen.

Definieren Sie das Prädikat durch

» std::bind und speichern Sie es in std::function.

» eine Lambda-Funktion und verwenden Sie auto, um es zu speichern.

Wenden Sie anschließend das Prädikat mit den Algorithmen der Standard Template Library an und geben Sie den reduzierten Vektor zur Kontrolle aus.

Die Standardbibliothek: Aufgaben: bindLamdaComparison.cpp

2. Bestimmen Sie, wie oft ein Buchstabe in einem Text vorkommt.

Zählen Sie die Häufigkeit der Buchstaben des Alphabets in einem Text und dies ohne Berücksichtigung der Klein- oder Großschreibung. Geben Sie die Buchstaben nach ihrer Häufigkeit sortiert aus.

Das war eine Aufgabenstellung in regex_iterator, aber dies hier ist eine neue Aufgabe, die es gilt, mit Hilfe von `std::function` und `std::bind` zu lösen. Der Algorithmus `std::for_each` aus der Standard Template Library hilft Ihnen dabei, das Problem zu lösen.

Lösen Sie die Aufgabe und vergleichen Sie die Lösung mit der Lösung in regex_iterator, die auf regulären Ausdrücken aufbaut.

Die Standardbibliothek: Aufgaben: countAlphabetFunctional.cpp

Teil V

Ausblick

21
Der nächste C++ Standard

Nach dem Standard ist vor dem Standard. Da stellt sich natürlich die Frage, welche Features soll der nächste C++-Standard besitzen, den Bjarne Stroustrup C++1y (Stroustrup, C++0x – the next ISO C++ standard, 2011) nennt. Neben den Bibliotheken des *Technical Report 2* (TR2), der in der bewährten Tradition des *Technical Report 1* (TR1) steht, sind natürlich die für C++11 geplanten Features, die nicht in den C++11-Standard aufgenommen wurden, heiße Kandidaten für C++1y.

21.1 Für C++11 geplant

21.1.1 Module

Module stellen einen Mechanismus dar, Bibliotheken zusammenzupacken und ihre Implementierung zu kapseln. Damit soll die klassische Trennung von Übersetzungseinheit und Header-Datei in C++ aufgehoben werden, da Module an einer Stelle definiert werden können. Ursprünglich für C++11 angedacht, sollen sie in den nächsten Technical Report aufgenommen werden. David Vandevoorde stellt in dem Vorschlag (*Proposal*) Modules in C++ (Vandevoorde, 2007) ihre drei primären Ziele dar:

» Signifikant schnellere Übersetzungszeit von großen Projekten (*Significantly improve build times of large projects*)

» Sie erlauben eine bessere Trennung von Interface und Implementierung. (*Enable a better separation between interface and implementation.*)

» Sie bieten einen tragfähigen Migrationspfad für bestehende Bibliotheken an. (*Provide a viable transition path for existing libraries.*)

Darüber hinaus sollen Module bekannte Probleme in C++ wie die Initialisierungsreihenfolge von Variablen lösen und dem Compiler weiteres Optimierungspotenzial an die Hand geben.

21.1.2 Spezielle mathematische Funktionen

Die speziellen mathematischen Funktionen sind der Teil aus dem TR1, der nicht in den C++11-Standard übernommen wurde. Dies wird sich wohl mit C++1y ändern. Die 23 Funktionen, die in überladenen Formen für float, double und long double angeboten werden, besitzen einen speziellen Fokus auf naturwissenschaftliche Disziplinen. Ohne ins Detail zu gehen, folgt ein kleiner Überblick.

» Polynom von Laguerre, Legendre und Hermite

» Elliptische und exponentielle Integrale

» Hypergeometrische-, Beta-, Gamma-, Bessel-, Zeta-, Legendre- und Neumann-Funktionen

Die genauen Formeln und weiterführende Erläuterungen sind auf der TR1-Wikipedia-Seite dargestellt (C++ Technical Report 1, 2011).

21.1.3 Concepts

Es war schon eine große Überraschung, als im Juli 2009 Concepts aus
dem C++11-Standard (Stroustrup, The C++0x »Remove Concepts« Decis-
ion, 2009) entfernt wurden. Dies geschah beim ISO C++-Standard Komitee
Meeting in Frankfurt und war umso überraschender, da Concepts als das
wichtigste Feature für die generische Programmierung in C++ angesehen
wurden. Wichtig, um die Programmierung mit Templates auf eine theore-
tische Basis zu stellen, wichtig, um die Verwendung von Templates für den
alltäglichen Gebrauch zu verbessern.

Was sind Concepts? Concepts sind ein Typsystem für Templates. Sie leisten in ähnlicher Weise das für die generische Programmierung, was Vererbung für die objektorientierte Programmierung leistet. Ein Datentyp
muss ein definiertes Interface anbieten, um in einem Algorithmus verwendet werden zu können. Wem die Typklassen von Haskell (The Haskell
Programming Language, 2011) bekannt sind, der wird viele Ähnlichkeiten
zu den Concepts in C++ entdecken. Das kleine Beispiel in Die generische
getMinimum-Funktion soll aufzeigen, welches Problem Concepts beim generischen Programmieren adressieren sollen.

```
01 template<typename T>                                    concepts.cpp
02 const T& getMinimum(const T& l, const T& r){
03    return (l<r) ? l : r;
04 }
05
06 class MyInt{
07 public:
08    MyInt(int i):val(i){}
09    int getVal() const {
10       return val;
11    }
12 private:
13    int val;
14 };
15
16 int main(){
17
18    int a=0;
19    int b=1;
20
21    int min1= getMinimum(a,b);
22
23    MyInt c(min1);
24    MyInt d(0);
25
```

```
26    getMinimum(c,d);
27
28 }
```

Listing 21.1: Die generische getMinimum-Funktion

WEBSITE Ausblick: concepts.cpp

Wird Listing 21.1 übersetzt, moniert der Compiler dies (Abbildung 21.1)
sofort.

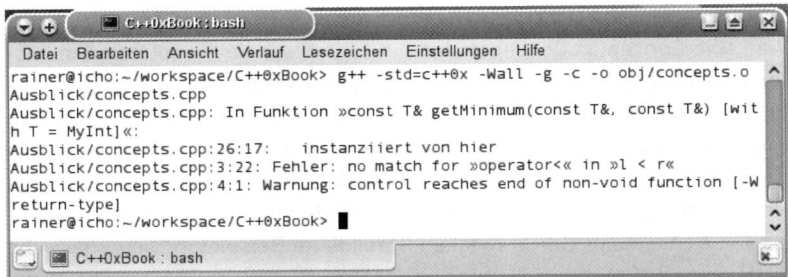

Abbildung 21.1: Fehler beim Übersetzen von Listing 21.1

Der Compiler weist in diesem Fall direkt auf den Fehler hin. Für den Datentyp MyInt ist kein kleiner Operator operator < definiert. Klar, der fehlt. Die
Idee von Concepts ist es nun, dass der generische Algorithmus getMinimum
die Bedingungen an seine Typparameter stellt.

```
template<std::LessThanComparable T>
const T& getMinimum(const T& l, const T& r){
  return (l<r) ? l : r;
}
```

Listing 21.2: Die generische Funktion getMinimum mit Concepts

Damit drückt die Signatur des Template std::LessThanComparable explizit
aus, welche Bedingungen ein Typparameter erfüllen muss, um verwendet
werden zu können. Die Fehlermeldung soll deutlich einfacher zu lesen sein.
Die Ist-Situation ist es und bleibt es für den Fehlerfall, dass die Template-
Implementierung daraufhin analysiert werden muss, welche Operation der
konkrete Datentyp nicht unterstützt.

Die Funktionalität von Concepts umfasst die folgenden Bereiche:

» Durch C++11 vordefinierte und selbst definierte Concepts

```
auto concept LessThanComparable<typename T> {
    bool operator<(T, T);
}
```

Listing 21.3: Das Concept LessThanComparable

» Binden eines Datentyps an ein Concept durch `concept_map`

```
concept_map LessThanComparable<MyInt> {
  bool operator<(MyInt l, MyInt r){
    return l.getVal() < r.getVal();
};
```

Listing 21.4: Binden von MyInt an das LessThanComparable Concept

» Axiome, um die Bedeutung von Concepts auszudrücken. Damit besitzt der Compiler weitreichende Optimierungsmöglichkeiten.

Wer einen genaueren Einstieg in Concepts sucht, findet ihn auf Wikipedia (Concepts (C++), 2011).

Die entscheidende Frage, die noch im Raum steht, ist, was passiert mit den Concepts? Der Tenor in der C++-Community ist, dass sie in der einen oder anderen Form Teil einer späteren Version von C++ sein werden (Stroustrup, C++0x – the next ISO C++ standard, 2011).

21.2 Technical Report 2

Viele Erweiterungen der Standardbibliothek von C++11 haben ihren Ursprung im Technical Report 1. Der Technical Report 1 wiederum bestand aus Bibliotheken der Boost-Bibliothek (boost, 2011), die schon länger im Einsatz waren. Dieses Verfahren hat sich bewährt und wird sich nach C++11 fortsetzen. Der Technical Report 2 (TR2) umfasst schon einige etablierte Bibliotheken, die wiederum aus dem Boost-Umfeld stammen.

Boost, das im Jahr 2000 von Mitgliedern des C++-Standardisierungskomitees gegründet wurde, umfasst gut 100 freie C++-Bibliotheken. Diese zeichnen sich durch die folgenden Punkte aus. Sie

Boost

» sind von weltweit anerkannten C++-Experten programmiert,

» durchlaufen einen formalen Qualitätssicherungsprozess,

» müssen auf den gängigen Plattformen lauffähig sein,

» werden weltweit von vielen Programmierern eingesetzt,

» werden regelmäßig auf den alten und neuen Compilern getestet,

» müssen eine Lizenz besitzen, die weder den kommerziellen noch den nicht kommerziellen Gebrauch einschränkt.

Der Aufruf für neue Vorschläge für den Technical Report 2 startete schon 2005. Die Schwerpunkte in dem Proposal von Howard Hinnant, Beman Dawes und Matt Austern (Hinnant, Dawes, & Austern, 2005) sind:

» Unicode

» XML und HTML

» Netzwerk

» Benutzerfreundlichkeit für Einsteiger und Gelegenheitsprogrammierer

Aus diesem Aufruf zu Vorschlägen sind einige konkrete Proposals hervorgegangen, die Bestandteil des Technical Report 2 sind. Die folgenden Vorschläge haben ihre Ursprünge in der Boost-Bibliothek. Sie sind alle schon länger im Einsatz und haben damit ihre erste Bewährungsprobe mit Bravour bestanden.

21.2.1   Erweiterte Thread-Funktionalität

Der Vorschlag zur erweiterten Thread-Bibliothek 2005 von Kevlin Henney (Henney, Preliminary Threading Library Proposal for TR2, 2005) wurde mittlerweile von der Realität in Form von C++11 eingeholt. Der Vorschlag umfasst drei Stufen von Thread-Unterstützung in C++11:

1. Ein C++-Speichermodell, atomare Datentypen und lock-freie Operationen auf einfachen Datentypen

2. Die Standardwerkzeuge, um Threads zu starten, zu verwalten und zu synchronisieren. Diese Stufe setzt die Stufe 1 voraus.

3. Einen abstrakteren Zugang zum Umgang mit Threads als in Stufe 2 in der Form von Message Queues und Threads Pools

Dem aufmerksamen Leser wird es nicht entgangen sein: Die ersten beiden Punkte sind bereits im vorgestellten Standard enthalten. Sieht man von asynchronen Tasks in C++11 ab, so beschränkt sie die neue Thread-Funktionalität auf den Standardumgang mit Threads.

21.2.2   Netzwerkunterstützung

Der Vorschlag von Christopher Kohloff (Kohloff, 2007) hat seine Ursprünge in der Boost.Asio-Bibliothek (Kohlhoff, 2011). Boost.Asio unterstützt asynchronen IO und so soll es auch die Technical Report 2-Bibliothek erlauben. Einen einfachen Überblick über die angedachte Funktionalität geben die folgenden Stichpunkte:

» TCP, UDP und Multicast-Funktionalität,

» Client- und Server-Anwendungen,

» Skalierbarkeit, um mehrere Verbindungen gleichzeitig zu verwalten,

» IPv4- und IPv6-Unterstützung,

» Namensauflösung (DNS),

» Zeitgeber.

21.2.3 Signale und Slots

Signale und Slots, um Objekte einfach über Nachrichten miteinander kommunizieren zu lassen, sind sicher dem einen oder anderen aus der GUI-Programmierung mit dem Framework Qt (Qt (Bibliothek), 2011) bekannt. Basierend auf der Boost.signals- Bibliothek (Douglas, Boost.Signals, 2004) ist der Vorschlag zu Signal und Slots von Douglas Gregor (Douglas, Signal and Slots for Libary TR2, 2006) Bestandteil des Technical Report 2.

Das Beispiel Hello World mit Signalen und Slots von (Douglas, Boost.Signals, 2004) zeigt in einfacher Weise, wie ein Signal mit einem Slot durch die Funktion connect verbunden wird, so dass der Aufruf des Signals die Aktion im Slot anstößt.

```
struct HelloWorld
{
  void operator()() const
  {
    std::cout << "Hello, World!" << std::endl;
  }
};

// ...

// Signal with no arguments and a void return value
boost::signal<void ()> sig;

// Connect a HelloWorld slot
HelloWorld hello;
sig.connect(hello);

// Call all of the slots
sig();
```
Listing 21.5: Hello World mit Signalen und Slots

21.2.4 Dateisystem-Bibliothek

Basierend auf der Boost-Dateisystem-Bibliothek von Dawes Beman (Dawes, Filesystem Library Version 3, 2011), soll der neue Standard ebenfalls eine Dateisystem-Bibliothek (Dawes, Filesystem Library Update for TR2 (Preliminary), 2011) erhalten. Damit wird es in C++ möglich, Pfade, Dateien und Verzeichnisse abzufragen und zu manipulieren.

21.2.5   Boost Any-Bibliothek

Boost.Any von Kevlin Henney (Henney, Boost.Any, 2009) erlaubt einen typ-
sicheren, generischen Container für einzelne Werte verschiedenen Typs.
Diese Boost-Bibliothek wird häufig eingesetzt, so dass eine *Any*-Bibliothek
(Henney & Dawes, Any Library Proposal for TR2, 2006) ein weiterer Kandidat für den Technical Report 2 ist.

Befüllen eines Containers vom Typ std::list<boost::any> aus (Henney, Boost.
Any, 2009) wird der Container mit Variablen verschiedener Typen befüllt.
Dabei wird das Argument implizit oder explizit nach boost::any konvertiert.

```
#include <list>
#include <boost/any.hpp>

using boost::any_cast;
typedef std::list<boost::any> many;

void append_int(many & values, int value)
{
    boost::any to_append = value;
    values.push_back(to_append);
}

void append_string(many & values, const std::string & value)
{
    values.push_back(value);
}

void append_char_ptr(many & values, const char * value)
{
    values.push_back(value);
}

void append_any(many & values, const boost::any & value)
{
    values.push_back(value);
}

void append_nothing(many & values)
{
    values.push_back(boost::any());
}
```

Listing 21.6: Befüllen eines Containers vom Typ std::list<boost::any>

21.2.6 Bibliothek zur lexikalischen Konvertierung

Genauso häufig wie die Boost.Any-Bibliothek ist die Bibliothek zur lexikalischen Textkonvertierung von Kevlin Henney (Henney, Lexical Cast) bereits im Einsatz. Sie bietet über das `boost::lexical_cast`-Funktions-Template eine bequeme und konsistente Konvertierung von und nach beliebigen Datentypen, solange sie als Text repräsentiert werden.

Das Funktions-Template boost::lexical_cast ist ein Beispiel aus der Boost-Bibliothek (Henney, Lexical Cast) zu sehen, in der numerische Kommandozeilenargumente in den Datentyp short umgewandelt werden.

```
int main(int argc, char * argv[])
{
    using boost::lexical_cast;
    using boost::bad_lexical_cast;

    std::vector<short> args;

    while(*++argv)
    {
        try
        {
            args.push_back(lexical_cast<short>(*argv));
        }
        catch(bad_lexical_cast &)
        {
            args.push_back(0);
        }
    }
    ...
}
```

Listing 21.7: Das Funktions-Template boost::lexical_cast

21.2.7 Neue String-Algorithmen

In Interpretersprachen wie Python oder Perl geht die Stringverarbeitung viel leichter von der Hand als in C++. Mit dem neuen C++11-Standard erhält C++11 eine Bibliothek für reguläre Ausdrücke für die anspruchsvolleren Anwendungsfälle. Für die einfachen Anwendungsfälle sollen die neuen String-Algorithmen die Fähigkeiten von C++ erweitern. Der Vorschlag von Pavol Droba (Droba, Proposal for new string algorithms in TR2, 2006) geht aus der Boost-String-Algorithmen-Bibliothek (Droba, String Algorithms Library, 2010) hervor. Die folgenden Bereiche sollen mit den neuen Algorithmen adressiert werden:

» String-Manipulation und -Erzeugung

» Teilstring-Extrahierung

» Suchen und Ersetzen

» Transformation

» Parsen und Formatieren

» *Trimming* und *Padding*

» String-Prädikate

Teil VI

Anhang

A
Build-Umgebung installieren

Um die Beispielprogramme auszuführen und die Übungsaufgaben zu lösen, sind ein aktueller C++-Compiler und hin und wieder die Boost-Bibliotheken erforderlich. Sowohl die Installation eines aktuellen Compilers als auch der Boost-Bibliotheken will ich kurz skizzieren. Unter Linux ist die Boost-Bibliothek nur für die Beispiele zu den regulären Ausdrücken notwendig. Sind Sie aber daran interessiert, wohin die Entwicklung von C++ geht, sollten Sie mit Boost und seinen vielen Bibliotheken vertraut werden.

Installieren Sie die Boost-Bibliotheken auf Ihrer Plattform. PRAXISTIPP

A.1   Aktueller C++-Compiler

A.1.1   GNU Compiler Collection (GCC)

Verwenden Sie eine hinreichend aktuelle Linux-Distribution, ist der GCC mit großer Wahrscheinlichkeit schon installiert. Ein Aufruf von `gcc -v` verrät Ihnen, wie aktuell Ihr Systemcompiler ist. Falls Sie diesen nicht installiert haben, sollten Sie ihn über Ihr Installationsmedium nachinstallieren.

GCC bauen

Ist Ihr Systemcompiler zu alt, wird die Geschichte zwar nicht schwieriger, aber aufwändiger, denn Sie müssen sich einen neuen GCC bauen. Die typischen Schritte, die dazu notwendig sind, folgen exemplarisch. Der Anschaulichkeit willen werde ich in den nächsten Schritten den FTP-Server der Freien Universität Berlin (`ftp.fu-berlin.de`) und die Quellen des `gcc-4.6.1` verwenden.

1. Laden Sie die GCC-Quellen herunter.

    › Die GCC-Spiegelserver (*mirror*) befinden sich unter http://gcc.gnu.org/mirrors.html.

    › Wählen Sie die neueste Version im Verzeichnis `release` aus.

        › ftp://ftp.fu-berlin.de/unix/languages/gcc/releases/gcc-4.6.1/

    › Laden Sie die GCC-Quellen herunter.

        › Wählen Sie entweder das `gcc-4.6.1.tar.bz2` oder das `gcc-4.6.1.tar.gz` Packet aus.

2. Entpacken Sie die GCC-Quellen:

    › Für das Packet gcc-4.6.1.tar.bz2:

        ```
        bunzip2 gcc-4.6.1.tar.bz2
        tar -xf gcc-4.6.1.tar
        ```

    › Für das Packet gcc-4.6.1.tar.gz

        ```
        tar -xzf gcc-4.6.1.tar.gz
        ```

3. Konfigurieren Sie den GCC.

    ```
    cd gcc-4.6.1
    ./configure
    ```

4. Bauen Sie den GCC.

    › Rufen Sie `make` auf.

    › Trinken Sie mehrere Kannen Tee.

5. Installieren Sie als Benutzer root den GCC als Systemcompiler.

    › Rufen Sie make install auf.

Übersetzen der Beispielprogramme mit dem aktuellen GCC `PRAXISTIPP`

» Durch das Flag -std=c++0x wird der neue C++11-Standard verwendet.

» Für die Zeitfunktionalität sollte zusätzlich das Makro _GLIBCXX_USE_ NANOSLEEP gesetzt werden.

» Für die Threading-Funktionalität ist gegen die Threading-Bibliothek pthread mit -lpthread zu linken.

Exemplarisch ist das Übersetzen und das Linken der Datei mutex.cpp dargestellt.

1. Übersetzen der Quelldatei mutex.cpp in die Objektdatei mutex.o

    ```
    g++ -std=c++0x -D_GLIBCXX_USE_NANOSLEEP -c -o mutex.o mutex.cpp
    ```

2. Linken der ausführbaren Datei mutex

    ```
    g++ -std=c++0x -o mutex mutex.o -lpthread
    ```

A.1.2   Visual C++ 2010 Express

Die Installation des Visual C++ 2010 Compilers geht schnell von der Hand. Unter http://www.chip.de/downloads/Visual-C-2010-Express_24081894. html sind alle notwendigen Schritte beschrieben, um die eingeschränkte Express Edition zu nutzen, die Sie innerhalb von 30 Tagen freischalten sollten.

A.2   Boost-Bibliothek

Im Wesentlichen müssen Sie die vertrauten Schritte aus GCC bauen (siehe GNU Compiler Collection (GCC)) für die Boost-Bibliothek wiederholen. Dies geht schnell und einfach, da die Boost-Bibliothek zu großen Teilen nur aus Header-Dateien besteht und ein Installationsscript mit ausgeliefert wird. Lediglich einzelne Bibliotheken wie die Bibliothek zu den regulären Ausdrücken müssen übersetzt werden.

1. Laden Sie die Bibliothek von http://www.boost.org/users/download/ herunter.

2. Entpacken Sie die Boost-Quellen.

3. In den entpackten Quellen finden Sie eine Datei index.html, die Sie durch die weitere Installation leitet.

PRAXISTIPP

Greifen Sie auf eine Virtualisierungslösung zurück.

Wollen Sie einen *artfremden* Compiler auf Ihrem Rechner testen, ist das einfach möglich. Die Voraussetzungen sind:

1. Ihr PC kann ca. 1GB Arbeitsspeicher entbehren.

2. Sie besitzen ausreichend Festplattenspeicherplatz für ein neues Betriebssystem.

3. Sie besitzen die Installationsmedien für Ihr neues Betriebssystem.

Installieren Sie, falls Sie es nicht schon haben, eine Virtualisierungssoftware wie VirtualBox, VMWare oder auch Virtual PC, um nur ein paar von vielen zu nennen (Virtualisierung , 2011). In diesem Wirt erzeugen Sie einen neuen Betriebssystemgast und fahren anschließend mit dem Installieren der benötigten C++-Compiler und Boost-Bibliotheken fort. Zugegeben, diese Variante, die Build-Umgebung virtualisiert zu verwenden, ist mit Abstand die aufwändigste und anspruchsvollste, aber der Aufwand lohnt sich, denn nun können Sie auf Ihrer realen Hardware ein oder auch mehrere virtualisierte Clients gleichzeitig verwenden.

Diese Arbeit, ein neues Betriebssystem samt dem Compiler zu installieren und zu konfigurieren, können Sie deutlich vereinfachen, indem Sie einen vorkonfigurierten Gast direkt herunterladen und ihn in der Virtualisierungssoftware starten (Vorkonfigurierte Images, 2010).

B
Funktionsobjekte

Ein Funktionsobjekt ist ein Objekt, das sich wie eine Funktion verhält. Erreicht wird dies durch das Überladen des Klammeroperators in C++. Ein
Funktionsobjekt wird in der C++-Community gern auch als Funktor bezeichnet. Dem Python-Programmierer sind Funktionsobjekte unter dem
Namen *callable object* ein Begriff.

Funktor

B.1 Wie funktioniert ein Funktionsobjekt?

Ein Funktionsobjekt lässt sich wie eine Funktion aufrufen. Daher ist es
naheliegend, einem Funktionsobjekt einen Funktionszeiger gegenüberzustellen. Listing B.1 enthält die Funktion `lessLength` und das Funktionsobjekt `GreaterLength`. Beide sind in Aktion im Kapitel Tour de C++11 zu sehen.
Beide sortieren mit Hilfe des STL-Algorithmus `std::sort` den Vektor über
Strings in aufsteigender bzw. absteigender Ordnung.

```
bool lessLength(const std::string& f,
                const std::string& s){
  return f.length() < s.length();
}

class GreaterLength{
  public:
    bool operator()(const std::string& f,
                    const std::string& s) const{
      return f.length() > s.length();
    }
};


// initialising with initializer lists
std::vector<std::string> myStrVec= {"12345","123456","1234","1","12",
"123","12345"};


// sorting with the function pointer
std::sort(myStrVec.begin(),myStrVec.end(),lessLength);

// sorting with the function object
std::sort(myStrVec.begin(),myStrVec.end(),GreaterLength());
```
Listing B.1: Vergleich Funktionszeiger und Funktionsobjekt

operator()

Das Entscheidende für das Verständnis des Funktionsobjekts ist der Klammeroperator `operator()`. Dieser sorgt dafür, dass Objekte dieser Struktur von der C++-Laufzeit als Funktionen behandelt werden. Im Ausdruck `std::sort` wird `GreaterLength()` instanziiert und als Sortierkriterium verwendet. Natürlich müssen die Argumente, die der Algorithmus `std::sort` erwartet, wenn er einen Vektor von Strings sortieren soll, mit den Parametern des Klammeroperators zusammenpassen.

B.2   Welche Vorteile bietet ein Funktionsobjekt?

Die wichtigste Frage bleibt bestehen. Betrachten wir die Funktion `Less-Length` und das Funktionsobjekt `GreaterThen` in Listing B.1 genauer, dann fällt lediglich auf, dass mehr Schreibarbeit notwendig ist, um das Funktionsobjekt zu definieren. Die Antwort auf die Frage »Welche Vorteile bietet ein Funktionsobjekt?« lässt sich vereinfachend auf ein Wort reduzieren: Zustand.

Ein Funktionsobjekt ist ein Objekt mit Methoden und Attributen und kann   Zustand
insofern einen Zustand besitzen. Das einfache Beispiel in Listing B.2 addiert die Werte eines Vektors und stellt das Ergebnis über die Methode
`getSum()` zur Verfügung. Im Attribut `sum` wird der Zustand des Objekts gehalten.

```
01 #include <algorithm>
02 #include <iostream>
03
04 class SumMe{
05   private:
06     int sum;
07
08   public:
09     // init sum with 0
10     SumMe(): sum(0){};
11
12   // add x to sum
13   void operator()(int x){
14     sum +=x;
15   }
16
17   // get the result
18   int getSum(){
19     return sum;
20   }
21
22 };
23
24 int main(){
25
26   std::vector<int> intVec= {1,2,3,4,5,6,7,8,9,10};
27
28   // sum the values up and bind the function object to sumMe
29   SumMe sumMe= std::for_each(intVec.begin(),intVec.end(), Sum-
Me());
30
31   std::cout << "\n";
32   std::cout << "Sum of intVec= " << sumMe.getSum() << std::endl;
33   std::cout << "\n";
34
35 }
```

mySum.cpp

Listing B.2: Summation eines Vektors

Anhang: mySum.cpp

WEBSITE

Der Algorithmus `std::for_each` besitzt die besondere Eigenschaft, dass er
das Funktionsobjekt zurückgibt (Zeile 29), das in diesem konkreten Fall das
Ergebnis der Summation hält.

Das Ergebnis ist relativ unspektakulär:

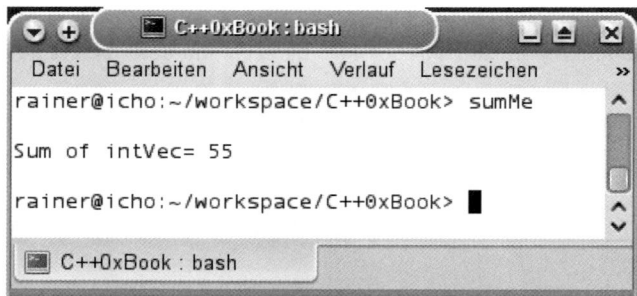

Abbildung B.1: Summation des Vektors

C
Resource Acquisition Is Initialization

Resource Acquisition Is Initialization, kurz RAII, bezeichnet eine beliebte Programmiertechnik in C++, bei der die Ressourcenbelegung und -freigabe an den Lebenszyklus einer Objekts gebunden wird. Konkret heißt dies, dass die Ressource, dies kann ein Mutex, eine Datei oder auch dynamischer Speicher sein, im Konstruktor des Objekts initialisiert und im Destruktor wieder freigegeben wird. Dies ist in C++ möglich, da insbesondere der Destruktor eines Objekts genau dann aufgerufen wird, wenn das Objekt seinen Gültigkeitsbereich verliert.

Dieses deterministische Verhalten lässt sich am besten an einem kleinen Programm aufzeigen:

raii.cpp

```
01 #include <iostream>
02 #include <string>
03
04 class ResourceGuard{
```

```
05   private:
06     const std::string resource;
07   public:
08     ResourceGuard(const std::string& res):resource(res){
09       std::cout << "Acquire the " << resource << "."
                  <<  std::endl;
10     }
11     ~ResourceGuard(){
12       std::cout << "Release the "<< resource << "."
                  << std::endl;
13     }
14 };
15
16 int main(){
17
18   std::cout << std::endl;
19
20   // memoryBlock1 should be guarded by ResourceGuard
21   ResourceGuard resGuard1{"memoryBlock1"};
22
23   std::cout << "\nbefore scope" << std::endl;
24
25   // resGuard2 should only be valid in following scope
26   {
27     // memoryBlock2 should be guarded by ResourceGuard
28     ResourceGuard resGuard2{"memoryBlock2"};
29   }
30   std::cout << "after scope" << std::endl;
31
32   std::cout << std::endl;
33
34 }
```

Listing C.1: Resource Management mit RAII

WEBSITE   Anhang: raii.cpp

In Listing C.1 wird im Konstruktor (Zeile 8) die Ressource gebunden und
im Destruktor (Zeile 11) wieder freigegeben. Als Ressource wird der String
MemoryBlock1 bzw. MemoryBlock2 verwendet. Mit dieser Ressource wird der
ResourceGuard (Zeile 21 und 28) initialisiert. Schön sind in der Abbildung C.1
zwei Punkte zu sehen.

» Bei der Instanziierung von resGuard1 bzw. resGuard2 wird der Konstruktoraufruf ausgeführt.

» Der Destruktor wird automatisch dann ausgeführt, wenn das Objekt
  seine Gültigkeit verliert. Das ist bei resGuard1 am Ende der main-Funktion und bei resGuard2 unmittelbar am Ende des Scope von Zeile 26 – 29
  der Fall.

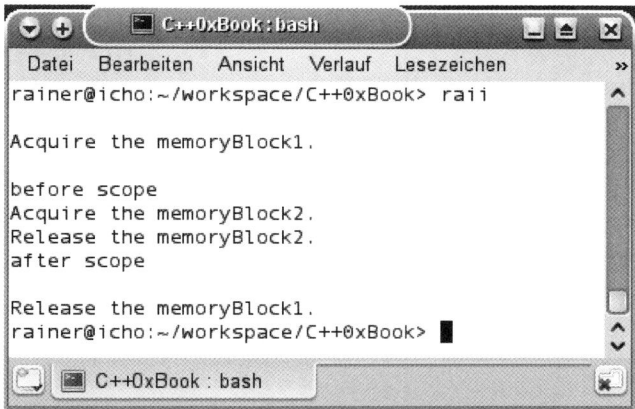

Abbildung C.1: Resource-Management-Verhalten

D
Promotion Trait

Die Idee eines Promotion Trait ist recht einfach. Bestimme den Rückgabetyp des Funktions-Template abhängig von seinen Eingabeargumenten dadurch, dass für jede Typkombination ein Rückgabetyp hinterlegt ist.

An einer generischen Funktion add, die zwei Werte addiert, lässt sich diese Technik einfach darstellen. Das Funktions-Template besitzt die folgende Definition.

Generische
add-Funktion

```
??? add(T1 first, T2 second){
    return first + second;
}
```

Um generisch zu sein, muss der Rückgabetyp von den Argumenten abhängen. Dies lässt sich aber nicht allgemein beantworten, da für zwei Argumente vom Typ double und int der Rückgabetyp double, hingegen für zwei

Typen `long long` und `int` der Rückgabetyp `long long` sein sollte. In Listing D.1 wird der Rückgabetyp aus dem Funktions-Template herausfaktoriert und über ein `typedef` zur Verfügung gestellt. Virtualität zur Compile-Zeit sorgt dafür, dass jedes Funktions-Template zur Laufzeit seinen richtigen Rückgabetyp besitzt.

promotionTrait.cpp

```
01 #include <iostream>
02
03 template<typename T1, typename T2>
04 struct PromotionTrait{
05 };
06
07 template<typename T>
08 struct PromotionTrait<T,T>{
09   typedef  T ResultT;
10 };
11
12 template<>
13 struct PromotionTrait<int,long long int>{
14   typedef long long int ResultT;
15 };
16
17 template<>
18 struct PromotionTrait<long long int,int>{
19   typedef long long int ResultT;
20 };
21
22 template<>
23 struct PromotionTrait<int,double>{
24   typedef double ResultT;
25 };
26
27 template<>
28 struct PromotionTrait<double,int>{
29   typedef double ResultT;
30 };
31
32 template<typename T1, typename T2>
33 inline typename PromotionTrait<T1,T2>::ResultT add(
   T1 first, T2 second){
34    return first + second;
35 }
36
37 int main(){
38
39   std::cout << std::endl;
40
41   std::cout << "add(1,1)= " << add(1,1) << std::endl;
42   std::cout << "add(1,2.1)= " << add(1,2.1)  << std::endl;
43   std::cout << "add(1000LL,5)= " << add(1000LL,5)
                << std::endl;
```

```
44
45   std::cout << std::endl;
46
47 }
```

Listing D.1: Promotion Trait für eine generische Addierfunktion

Anhang: promotionTrait.cpp

Betrachten wir zuerst das Promotion Trait `PromotionTrait` in Zeile 3. Dieses ist nicht vollständig implementiert, da ihm der `typedef` für den Rückgabetyp fehlt. Dieses primäre Template, das keine Einschränkung bezüglich seiner Argumente besitzt, schreibt die C++-Syntax vor. Es folgen die Spezialisierungen des Template. Die Spezialisierung in Zeile 7 wird verwendet, wenn die zwei Argumente vom gleichen Typ sind. Ist dies der Fall, wird genau der Typ der Eingabeargumente als Rückgabetyp über `typedef T ResultT` zurückgegeben. Alle anderen vollständigen Spezialisierungen werden genau dann verwendet, wenn jeweils die Argumenttypen den Parametertypen entsprechen. So wird durch `add(1,2.1)` (Zeile 42) das Template `struct PromotionTrait<int,double>` (Zeile 22) angewandt. Dieses Template gibt über den Aufruf `typename PromotionTrait<T1,T2>::ResultT` den Typ `double` zurück.

Die Ausgabe zeigt das beschriebene Verhalten.

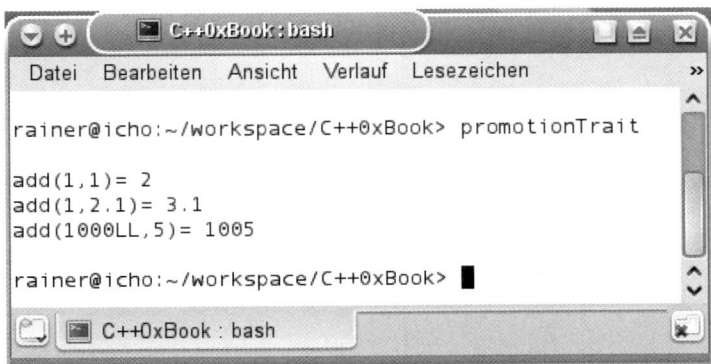

Abbildung D.1: Promotion Trait zur Addition von Werten

Für jeden potenziellen Datentyp eine Spezialisierung von `PromotionTrait` vorzuhalten, besitzt zwei entscheidende Nachteile:

1. Die Kombinationsmöglichkeiten steigen in der Größenordnung n*n, wenn n die Anzahl der Datentypen ist.

2. Für jeden neuen Datentyp müssen alle Spezialisierungen zweimal implementiert werden.

Das geht deutlich einfacher mit `decltype` (siehe Kernsprache).

E
Implizit erzeugte
Methoden und Operatoren

Zuerst die speziellen Methoden anhand der Klasse MyData.

```
struct MyData{
    MyData()= default;
    MyData(const MyData& rhs)= default;
    MyData& operator=(const MyData& rhs)= default;
    ~MyData()= default;
};
```

Listing E.1: MyData mit vom Compiler erzeugten Standardimplementierungen

Methode	Implementierung
Standardkonstruktor	MyData()= default;
Kopierkonstruktor	MyData(const MyData& rhs)= default;

Methode	Implementierung
Zuweisungsoperator	MyData& operator=(const MyData& rhs)= default;
Destruktor	~MyData()= default;

Tabelle E.1: Automatisch vom Compiler erzeugte Methoden

Implizit erzeugte
Operatoren

Es folgen die automatisch vom Compiler erzeugten Operatoren für die Klasse MyData. Um das Beispiel möglichst übersichtlich zu halten, verzichte ich auf die implizit erzeugten Methoden aus Listing E.1. Lediglich eine Variable data vom Typ int ist notwendig.

```
01 #include <iostream>
02
03 struct MyData{
04   int data;
05 };
06
07 int main(){
08   std::cout << std::endl;
09
10   // for new
11   MyData* pMD= new MyData;
12   MyData mD;
13
14   // for &
15   MyData* pMD2= &mD;
16
17   // for *
18   MyData mD2= *pMD2;
19
20   // for ->
21   pMD->data=15;
22   std::cout <<"Value of data= " << pMD->data << std::endl;
23
24   // for ->*
25   int MyData::*pmd = &MyData::data;
26   pMD->*pmd = 20;
27   std::cout <<"Value of data= " << (pMD->*pmd) << std::endl;
28
29   // for delete
30   delete pMD;
31
32   std::cout << std::endl;
33 }
```

Listing E.2: Implizit erzeugte Operatoren für MyData

WEBSITE
Anhang: operatorImplicit.cpp

Die kleine Demonstration der automatisch erzeugten Operatoren der C++-Laufzeit gibt die beiden Werte in Abbildung E.1 aus.

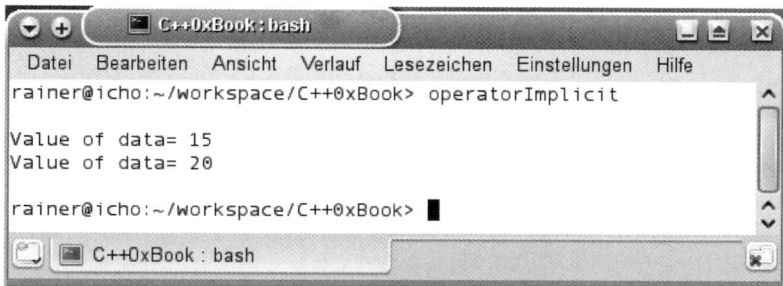

Abbildung E.1: Implizit erzeugte Operatoren im Einsatz

In Tabelle E.2 sind die implizit vom Compiler erzeugten Operatoren zusammengefasst.

Name	Syntax	Beispiel
operator new	new	MyData* pMD= new MyData ;
operator delete	delete	delete pMD;
Adresse von	&	&mD;
Indirektion	*	*pmD2;
Element Zugriff	®	pMD->data=15;
Element Indirektion	®*	pMD->*pmd = 10;

Tabelle E.2: Implizit vom Compiler erzeugte Operatoren

Das ist aber nicht die ganze Geschichte. C++11 bringt die zwei neuen Konstruktoren automatisch mit: den Move-Konstruktor und den Move-Zuweisungsoperator, bei dem die Ressource transferiert wird. Die Standardimplementierungen lassen sich auf die bekannte Art nützen.

Von C++11 implizit erzeugte Methoden

```
struct MyData{
  MyData(MyData&& rhs)= default;
  MyData& operator=(MyData&& rhs)= default;
};
```
Listing E.3: Von C++11 implizit erzeugte Methoden

Tabelle E.1 muss um die zwei Methoden in Tabelle E.3 erweitert werden.

Methode	Implementierung
Move-Konstruktor	MyData(MyData&& rhs)= default;
Move-Zuweisungsoperator	MyData& operator=(MyData&& rhs)= default;

Tabelle E.3: Implizite Move-Konstruktoren mit C++1f2931405891

F
Funktionale Programmierung

PRAXISTIPP

Wie die funktionale Denkweise hilft

Der eine oder andere mag sich vielleicht wundern, was eine solch lange Abhandlung über das funktionale Programmieren in einem Buch über C++11 zu suchen hat. Der Grund ist ganz einfach. Die funktionale Denkweise erlaubt es, die Standard Template Library besser zu nutzen. Der Schlüssel zu diesem Umgang mit C++ auf höherer Ebene sind die funktionalen Ideen, für die nicht nur die C++-Community sehr empfangsbereit ist. Insofern verfolgt dieses Unterkapitel zwei Ziele: zum einen die funktionale Denkweise und zum anderen, den effizienten Umgang mit der STL vorzustellen.

C++11 ist eine Multiparadigmen-Programmiersprache. Neben der objektorientierten, strukturierten, generischen und generativen (Template-Metaprogramming) Programmierung tritt ein Paradigma immer mehr in den Vordergrund: die funktionale Programmierung. Zwar ist C++11 keine funktionale Programmiersprache im engeren Sinn, doch sie unterstützt das Programmieren im funktionalen Stil. Diese Aussage trifft nur auf das klassische C++ zu. Template-Metaprogramming, bei dem zur Übersetzungszeit der resultierende Code erzeugt wird, ist eine eingebettete, rein funktionale Subsprache in der imperativen Programmiersprache C++. Der Begriff der funktionalen Programmierung ist erfahrungsgemäß schwierig zu fassen, daher werde ich die Charakteristiken funktionaler Programmierung vorstellen und sie mit Leben füllen. Es wird spannend, denn für einige Beispiele muss ich Anleihe bei rein funktionalen Programmiersprachen wie Haskell nehmen.

F.1   Programmieren mit mathematischen Funktionen

Funktionale Programmierung lässt sich in einem Satz kurz und bündig definieren.

DEFINITION

Funktionale Programmierung

Funktionale Programmierung ist das Programmieren mit mathematischen Funktionen.

Diese so unscheinbar wirkende Aussage besitzt mächtige Implikationen. Zu allererst sind mathematische Funktionen Funktionen, die bei gleichen Argumenten immer das gleiche Ergebnis liefern. Dies ist ein gefundenes Fressen für den Optimierer, da er für den Funktionsaufruf sein Ergebnis verwenden kann. Natürlich ist er auch frei, die Reihenfolge der Funktionsaufrufe umzustellen oder in einen anderen Thread zu verschieben, denn es gibt keinen gemeinsamen Zustand zu respektieren. Der Programmfluss in der funktionalen Programmierung wird nicht wie in der imperativen Programmierung durch die Sequenz der Anweisungen, sondern durch deren Datenabhängigkeiten vorgegeben. Ein Funktionsaufruf verhält sich wie eine Abfrage in einer unendlich großen Tabelle. Diese Eigenschaft mathematischer Funktionen, einen Ausdruck durch seinen Wert zu ersetzen, ist unter dem Begriff Referenzielle Transparenz (Referenzielle_Transparenz, 2011) bekannt. Die Definition der funktionalen Programmierung über mathematische Funktionen ist zwar leicht einprägsam, sie hilft aber nicht wirklich weiter. Das wird sich gleich ändern.

F.2 Charakteristiken funktionaler Programmierung

Bevor die Charakteristiken der funktionalen Programmierung im Detail unser Thema sind, will ich sie kurz nennen:

» First-class functions

» Funktionen höherer Ordnung

» Reine Funktionen

» Rekursion

» Verarbeitung von Listen

» Bedarfsauswertung

F.2.1 First-class functions

First-class functions sind Daten sehr ähnlich. Diese Funktionen können zur Laufzeit erzeugt, in Variablen gespeichert als Eingabe- oder Rückgabewert einer Funktion verwendet werden. Ein bekanntes Beispiel für die Mächtigkeit von first-class functions sind Dispatch Tables. Eine Dispatch Table ist eine beliebte Technik, eine aufrufbare Einheit hinter einem Schlüssel zu verstecken. Diese aufrufbaren Einheiten können Funktionszeiger, Funktionsobjekte oder auch eine Lambda-Funktion sein. In Listing F.1: Dispatch Table in C++11 wird mit Hilfe einer Dispatch Table eine einfache Rechenmaschine implementiert.

dispatchTable.cpp

```
01 #include <cmath>
02 #include <functional>
03 #include <iostream>
04 #include <map>
05
06 int main(){
07
08   std::cout << std::endl;
09
10   // dispatch table
11   std::map< const char ,
                std::function<double(double,double)>> dispTable;
12   dispTable.insert( std::make_pair('+',
                  [](double a, double b, { return a + b;}));
13   dispTable.insert( std::make_pair('-',
                  [](double a, double b){ return a - b;}));
14   dispTable.insert( std::make_pair('*',
                  [](double a, double b){ return a * b;}));
```

```
15    dispTable.insert( std::make_pair('/',
                        [](double a, double b){ return a / b;}));
16
17    // do the math
18    std::cout << "3.5+4.5= " << dispTable['+'](3.5,4.5)
                << std::endl;
19    std::cout << "3.5-4.5= " << dispTable['-'](3.5,4.5)
                << std::endl;
20    std::cout << "3.5*4.5= " << dispTable['*'](3.5,4.5)
                << std::endl;
21    std::cout << "3.5/4.5= " << dispTable['/'](3.5,4.5)
                << std::endl;
22
23    // add a new operation
24    dispTable.insert( std::make_pair('^',
                [](double a, double b){ return std::pow(a,b);}));
25    std::cout << "3.5^4.5= " << dispTable['^'](3.5,4.5)
                << std::endl;
26
27    std::cout << std::endl;
28
29 };
```

Listing F.1: Dispatch Table in C++11

WEBSITE Anhang: dispatchTable.cpp

Beeindruckt? Abbildung F.1 zeigt das Ergebnis des Programms dispatch-Table.cpp in Listing F.1. Die zentrale Datenstruktur für die Dispatch Table ist die std::map dispTable in Zeile 11. Als Schlüssel wird ein const char, als Wert ein Funktionsobjekt std::function<double(double,double)> verwendet. Dieses Funktionsobjekt nimmt die Lambda-Funktionen, die in Zeile 12 – 15 folgen, an. Um std::function zu verwenden, muss der Header functional in Zeile 2 eingebunden werden. Die Anwendung der Arithmetik ist denkbar einfach. Als Schlüssel wird in den Zeilen 18 – 21 das arithmetische Zeichen verwendet. Die std::map gibt das Funktionsobjekt zurück, in das die Argumente 3.5 und 4.5 eingesetzt werden. Natürlich lässt sich auch nachträglich eine weitere Lambda-Funktion registrieren. Dabei kommt die Funktion std::pow in Zeile 25 zum Einsatz. Die Direktheit einer Interpretersprache kombiniert mit der statischen Typsicherheit von C++, das erlaubt std::function in Zusammenarbeit mit Lambda-Funktionen.

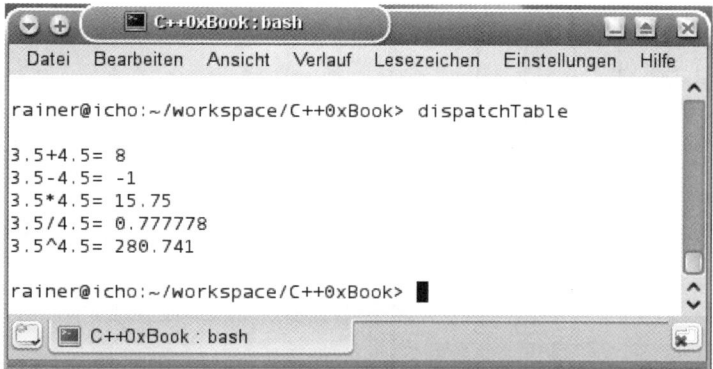

Abbildung F.1: Einfache Arithmetik mit einer Dispatch Table

F.2.2   Funktionen höherer Ordnung

Funktionen, die entweder Funktionen als Argument annehmen oder als Ergebnis zurückgeben können, werden Funktionen höherer Ordnung genannt. Die Klassiker aus der funktionalen Programmierung sind die drei Funktionen map, filter und fold. Diese drei Funktionen höherer Ordnung werden über eine Funktion parametrisiert und wenden diese sukzessive auf die Elemente einer Liste an. Für diese Funktionen kommen gerne Lambda-Funktionen zum Einsatz, da sie die Funktionalität an Ort und Stelle anbieten.

» **map**: Wende eine Funktion auf jedes Element einer Liste an.

» **filter**: Filtere Elemente aus einer Liste heraus.

» **fold**: Reduziere sukzessive eine Liste auf einen Ausgabewert, indem eine binäre Operation auf ein Element der Liste und das vorherige Ergebnis der Operation auf der Liste angewandt wird.

Visualisierung von accumulate   EXKURS

Die Strategie der Funktion fold ist erfahrungsgemäß am schwierigsten zu verstehen. Exemplarisch ist std::accumulate(vec.begin(),vec.end(),0) in Abbildung F.2: Eine schrittweise Visualisierung der Funktion von std::accumulate<myVec.begin(),myVec.end(),0> dargestellt, das sukzessive Paare des Vektors vec zusammenaddiert, bis der Vektor auf ein Ergebnis reduziert ist. std::accumulate ist die C++-Implementierung des fold-Algorithmus und wendet im Standardfall (+) als Operation an. Der Einfachheit halber werde ich den Vektor std::vector<int> myVec{1,2,3,4,5} durch <1,2,3,4,5> darstellen.

EXKURS

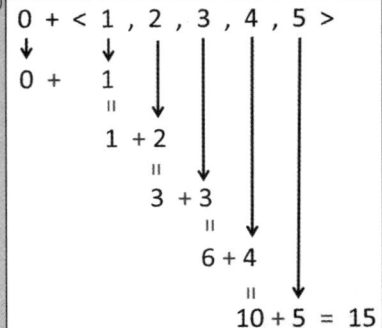

Abbildung F.2: Eine schrittweise Visualisierung der Funktion von
`std::accumulate<myVec.begin(),myVec.end(),0>`

Wird nun in `std:::accumulate` als viertes optionales Template-Argument
eine andere Operation verwendet, findet diese an Stelle von (+) statt.

Dabei beziehen sich die drei Funktionsnamen auf die funktionale Programmiersprache Haskell.

EXKURS

Die Funktionsfamilie fold*

`fold*` bezeichnet keine Funktion in Haskell, sondern eine ganze Funktionsfamilie (Fold, 2011), die es erlaubt, die Liste von vorne oder von hinten, mit
oder ohne Initialwert zu verarbeiten. Die Funktionsfamilie `fold*` kann noch
viel mehr, denn durch sie lassen sich `map` und `filter` implementieren.

Diese drei Operationen repräsentieren die Verarbeitung von Listen in so
typischer Weise, dass sie eine Programmiersprache anbieten wird, die das
Programmieren im funktionalen Stil unterstützt. Die Namen können natürlich variieren. In der Tabelle F.1: map, filter und fold* in Haskell, Python
und C++ sind die Varianten der drei Funktionen `map`, `filter` und `fold*` in Haskell, Python und C++ gegenübergestellt.

Haskell	Python	C++
map	map	std::transform
filter	filter	std::remove_if std::remove_copy_if
fold*	reduce	std::accumulate

Tabelle F.1: map, filter und fold* in Haskell, Python und C++

Die Algorithmen aus Tabelle F.1 können auf die Container der Standard
Template Library angewandt werden. Kombiniert mit den neuen Lambda-
Funktionen lässt sich beeindruckend kompakt in C++11 programmieren
(Listing F.2).

```
01 #include <algorithm>
02 #include <cassert>
03 #include <iostream>
04 #include <list>
05 #include <string>
06 #include <vector>
07
08 template<typename InputIter>
09 std::string join(InputIter begin, InputIter end,
                    std::string sep) {
10
11   // Container must be not empty
12   assert( begin != end);
13   return std::accumulate(++begin,end,
        *begin,
        [sep](std::string a, std::string b)
        { return a + sep + b;});
14
15 }
16
17 int main(){
18
19   std::cout << std::endl;
20
21   std::list<std::string> myList
              {"Programming","in","C++0x","in","a",
               "functional","style."};
22
23   // starting with 10
24   std::vector<int> myVec(20);
25   std::iota(myVec.begin(),myVec.end(),10);
26
27   std::cout << "myVec: ";
28   for (auto i: myVec) std::cout << i << " ";
29   std::cout << std::endl;
30   std::cout << "myList: ";
31   for (auto i: myList) std::cout << i << " ";
32
33   std::cout << "\n\n" << "std::transform" << std::endl;
34
35   // i -> i*i
36   std::transform(myVec.begin(),myVec.end(),
                  myVec.begin(),[](int i){ return i*i; });
37   std::cout << "    myVec: ";
38   for (auto i: myVec) std::cout << i << " ";
39
40
41   // string -> (string,string.length())
42   std::vector<std::pair<std::string,int>> listLength;
43   std::transform(myList.begin(),myList.end(),
      std::back_inserter(listLength),
      [](std::string s){return std::make_pair(s,s.length());});
```

```
44    std::cout << std::endl << "      ";
45    for (auto i: listLength) std::cout << "(" << i.first
                                    << "," << i.second << ") ";
46
47    std::cout << "\n\n"
                 << "std::remove_if and std::remove_copy_if"
                 << std::endl;
48
49    auto it= std::remove_if(myVec.begin(),
         myVec.end(),
         [](int i){ return (i < 200) or( i > 500); });
50    myVec.erase(it,myVec.end());
51    std::cout << "      myVec: ";
52    for (auto i: myVec) std::cout << i << " ";
53    std::cout << std::endl;
54
55    std::string myString
         {"Programming in C++0x in a functional style."};
56    std::string lowerChars;
57
58    // lower -> lowerChars
59    std::remove_copy_if(myString.begin(),myString.end(),
                           std::back_inserter(lowerChars),
                           [](char c){ return std::isupper(c);});
60
61    std::cout << "      lowerChars: " << lowerChars
                 << std::endl;
62
63    std::cout << "\n" << "std::accumulate" << std::endl;
64
65    // mean of myVec
66    double sum= static_cast<double>(std::accumulate(myVec.
begin(),myVec.end(),
                      0,
                      [](int a, int b){ return a+b;}));
67    std::cout << "      mean of myVec: " << sum/myVec.size()
                 << std::endl;
68
69    // join the strings with ":"
70    std::string myListJoin=
         std::accumulate(myList.begin(),myList.end(),
         std::string(""),
         [](std::string a, std::string b){ return a + ":" + b;});
71
72    std::cout << "      joined myList:" << myListJoin
                 << std::endl;
73
74    std::cout << std::endl;
75
76    std::cout << join(myList.begin(),myList.end(),"#");
77
```

```
78    std::cout << std::endl;
79
80    std::cout << join(myList.begin(),myList.end()," => ");
81
82    std::vector<std::string>
                myVec2(myList.begin(),myList.end());
83
84    std::cout << std::endl;
85
86    std::cout << join(myVec2.rbegin(),myVec2.rend()," <= ");
87
88    std::cout << std::endl << std::endl;
89
90  }
```

Listing F.2: Funktionen höherer Ordnung in C++

Anhang: higherOrder.cpp

WEBSITE

Das Verhalten lässt sich am leichtesten in der Abbildung F.3 nachvollziehen. Zuerst werden die Container vorbereitet. In Zeile 21 wird eine Liste über Strings, in Zeile 25 ein Vektor über natürlichen Zahlen initialisiert und ausgegeben. Das Spiel kann beginnen. Der Aufruf von std::tranform in Zeile 36 überschreibt jeden Wert des Vektors mit seinem Quadrat. Dabei wird durch das dritte Argument des Algorithmus (std::vector<int>begin()) der Ausgabeiterator und durch das letzte Argument ([](int i){ return i*i;}) die verarbeitende Funktion angegeben. Wird, wie in Zeile 43, als Ausgabe-iterator ein Iterator auf einen anderen Container spezifiziert, bleibt der ursprüngliche Container unverändert. In der Lambda-Funktion wird der std::string s auf ein Paar (s,s.length()) und anschließend auf listLength geschoben. Das Paar (s,s.length()) ist in der Abbildung F.3 dargestellt. Auf die Transformation folgt das Filtern. std::remove_if in Zeile 49 filtert alle Elemente aus myVec heraus, die kleiner als 200 oder größer als 500 sind. Da dieser Algorithmus als Ergebnis einen Iterator auf das neue logische Ende von myVec zurückgibt, werden die überflüssigen Elemente mit der erase-Funktion entfernt. Dieses bekannte C++-Idiom, zuerst das logische Ende mit std::remove_if zu bestimmen und im zweiten Schritt die Elemente tatsächlich zu löschen, wird gerne in einem Ausdruck geschrieben: myVec.erase(std::remove_if(… ,myVec.end()). std::string ist auch ein Container. Daher lässt sich std::remove_copy_if in Zeile 59 anwenden, um alle kleinen Buchstaben auf den std::string lowerChars zu schieben und auszugeben. Entspricht std::transform der map-, std::remove* der filter-Funktion, so gilt es noch, die fold-Funktion in C++ darzustellen. Dies ist die Aufgabe von std::accumulate. Die Zeile 66 sieht auf den ersten Blick recht komplex aus. In ihr wird die Summe der verbleibenden Zahlen aus myVec berechnet und in der nächsten Zeile, durch dessen Länge geteilt, als Mittelwert ausgegeben. `std::accumulate` iteriert durch den ganzen Eingabebereich (my-Vec.begin,myVec.end()) und addiert die Paare ([](int a, int b){ return a+b;}). Dabei ist das dritte Argument 0 der Initialwert der Anhäufung. Um das Fließkommaergebnis nicht irrtümlich als Ganzzahl auszugeben, wird die Summe nach `double` konvertiert. Die gleiche Verarbeitungslogik auf my-List in Zeile 70 angewandt, verbindet die Elemente der Liste mit einem Doppelpunkt (:). Der Algorithmus besitzt aber noch einen Bug. Nicht nur zwischen den Strings, sondern vor dem ersten String wird der Trenner (:) ausgegeben.

Eine kleine Funktion darum gepackt und die generische Funktion `join` steht in Zeile 8 für Container von Strings zur Verfügung. Die Zusicherung an den Algorithmus ist, dass der Container nicht leer sein darf. Dies wird durch `assert (begin != end)` sichergestellt. Diese Bedingung muss erfüllt sein, denn der erste String `*begin` in Zeile 13 wird als Startwert von `std::accumulate` verwendet. Erst die folgenden Elemente (*begin,end) werden durch das Trennzeichen `sep` verbunden. Dieser kleine Trick bewirkt, dass das Trennzeichen tatsächlich nur als Verbindungsglied der Strings verwendet wird. In den Zeilen 76, 80 und 86 wird `join` angewendet.

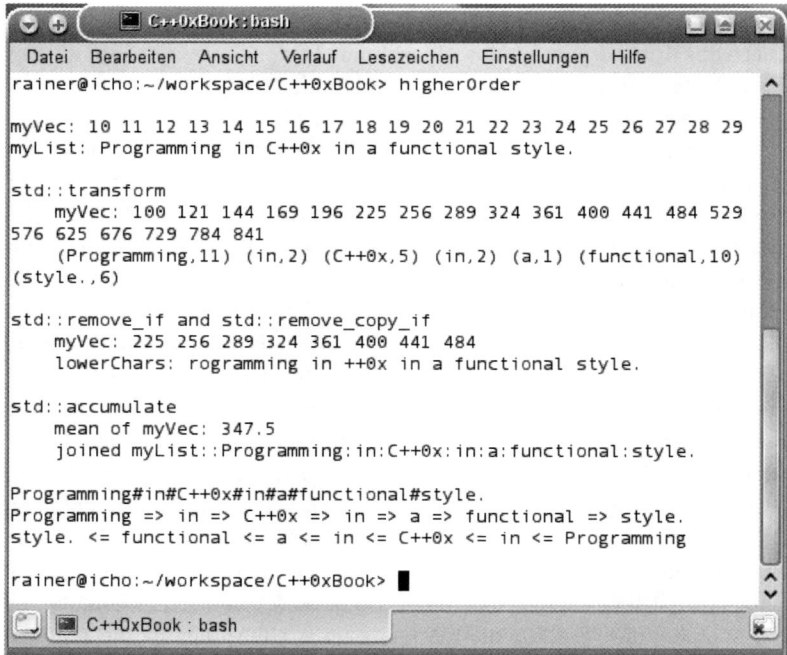

Abbildung F.3: Die Funktionen höherer Ordnung std::transform, std::remove* und std:: accumulate im Einsatz

List Comprehension als syntactic sugar für map und filter

map und filter werden in vielen Programmiersprachen als List Comprehension angeboten. Obwohl genaugenommen nur syntactic sugar, vereinfachen sie den Umgang mit Funktionen höherer Ordnung. Als syntactic sugar wird eine alternative Ausdrucksweise bezeichnet, die einfacher zu lesen und zu schreiben ist. C++11 unterstützt kein List Comprehension, so dass ein kleines Beispiel in Python ausreichen muss. Dabei ist List Comprehension so idiomatisch in Python, dass deren funktionale Wurzeln fast vergessen werden.

```
01 [ i for i in range(1,11) ]
02 [ i*i for i in range(1,11) ]
03 [ i*i for i in range(1,11) if (i%2 != 0) ]
```
Listing F.3: List Comprehension in Python

In Zeile 1 werden auf sehr umständliche Weise die Zahlen von 1 – 10 erzeugt. Dabei wird jede Zahl aus range(1,11) auf i abgebildet und ist somit Element der resultierenden Liste. Interessanter ist da schon die Zeile 2, denn hier tritt die map-Funktionalität von List Comprehension in Aktion. Jede Zahl aus range(1,11) wird auf i*i abgebildet. Die gleiche Abbildungsvorschrift wird ebenso im letzten Ausdruck verwendet. Der Unterschied zur vorherigen List Comprehension besteht darin, dass nur die Elemente aus range(1,11) verwendet werden, für die gilt: i%2 != 0. Der Filter lässt nur die Elemente passieren, die ungerade sind. Die drei Zeilen lassen sich schnell in der Python Interpreter Shell (Abbildung F.4: List Comprehension in der Python Interpreter Shell angewandt) ausführen.

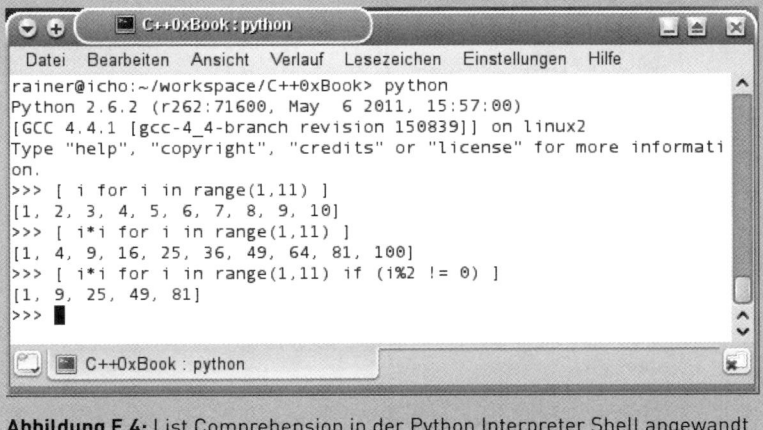

Abbildung F.4: List Comprehension in der Python Interpreter Shell angewandt

F.2.3 Reine Funktionen

Reine Funktionen sind mathematische Funktionen. Dabei besitzen sie noch ein paar weitere Eigenschaften. Reine funktionale Programmiersprachen wie Haskell besitzen nur reine Funktionen. Bryan O'Sullivan, Don Stewart und John Goerzen stellen in ihrem online verfügbaren Buch Real World Haskell (O'Sullivan, Stewart, & Goerzen, 2008) reine den unreinen Funktionen gegenüber.

Reine Funktionen	Unreine Funktionen
Erzeugen bei gleichen Argumenten immer das gleiche Ergebnis.	Können verschiedene Ergebnisse bei gleichen Argumenten erzeugen.
Besitzen keine Seiteneffekte.	Können Seiteneffekte besitzen.
Können den Zustand des Programms nicht verändern.	Können den Zustand des Programms verändern.

Tabelle F.2: Vergleich von reinen und unreinen Funktionen

Eine Funktion, die bei gleichen Eingabewerten immer das gleiche Ergebnis produziert, wird auch als mathematische Funktion bezeichnet. Als Seiteneffekt einer Funktion wird ein Effekt bezeichnet, der außerhalb der Funktion zu Veränderungen führt.

Der Vorteil von reinen Funktionen liegt auf der Hand. Das Programmverhalten wird deutlich transparenter und vorhersagbarer. Diese Vorteile ergeben sich für den Programmierer und den Optimierer.

» Programmierer:

> › Funktionen sind in sich abgeschlossen, da sie von keinem globalen Zustand abhängen.

> › Korrektheitsbeweise sind einfacher durchzuführen.

> › Refactoring und Testen ist einfacher möglich.

» Optimierer:

> › Zwischenergebnisse von Funktionsaufrufen können gespeichert werden (referenzielle Transparenz).

> › Die Ausführungsreihenfolge der Funktion kann umgeordnet werden.

> › Funktionen können in andere Threads oder Prozesse verlagert werden.

Umgang mit Seiteneffekten

Will eine rein funktionale Sprache mit der Außenwelt kommunizieren, muss sie sich für Seiteneffekte öffnen. Die Eingabe von Daten, das Auslesen einer Datei, die zufällige Wahl einer Zahl, all dies kann nicht in reinen Funktionen angeboten werden. Haskell beschreitet hier einen besonderen Weg, denn es bindet die imperative Welt der Seiteneffekte in die reine funktionale Sprache in den Monaden ein. Monaden zeichnen sich durch zwei Eigenschaften aus: In ihnen gilt das sequenzielle Ausführen von Anweisungen. Operationen in ihr sind in sich abgeschlossen und können die Monade nicht verlassen.

F.2.4   Rekursion

Die Kontrollstruktur in der funktionalen Programmierung ist die Rekursion. Der Grund ist ganz einfach. Rein funktionale Programmiersprachen kennen keine Variablen. Schleifen setzen aber Variablen voraus. So wird in `for (int i=0; i <=10, ++i)` die Variable `i` verwendet.

Exemplarisch steht in Listing F.4 die Berechnung der Fakultät mit einer Schleife der durch Rekursion gegenüber. Dies ist auch eine Gegenüberstellung der imperativen und der funktionalen Denkweise.

```
01 #include <iostream>                                    factorial.cpp
02
03 int factorialLoop(int n){
04    int fac=1;
05    for (int i= 2; i <= n; ++i) fac *= i;
06    return fac;
07 }
08
09 template <int N>
10 struct FactorialRec{
11    static int const value= N * FactorialRec<N-1>::value;
12 };
13
14 template <>
15 struct FactorialRec<1>{
16    static int const value = 1;
17 };
18
19 template <>
20 struct FactorialRec<0>{
21    static int const value = 1;
22 };
23
24 int main(){
```

```
25
26    std::cout << std::endl;
27
28    // check at compile time the value
29    static_assert(FactorialRec<5>::value == 120,
                    "Is not available at compile time.");
30    std::cout << "FactorialRec<5>::value: "
                << FactorialRec<5>::value << std::endl;
31
32    std::cout << "factorialLoop(5): "
                << factorialLoop(5) << std::endl;
33
34    std::cout << std::endl;
35
36 }
```

Listing F.4: Berechnung der Fakultät mit Rekursion und einer Schleife

WEBSITE
Anhang: factorial.cpp

factorialLoop in (Listing F.4, Zeile 3) sollte recht vertraut sein. Die Fakultät einer Zahl n wird dadurch berechnet, dass sukzessive die Zahlen von 1 – n zu der Variablen fac hinzumultipliziert werden. Für das imperative Auge ist die funktionale Variante deutlich schwieriger zu erfassen. Zuerst wird das primäre oder auch allgemeine Template in Zeile 9 definiert. Der Wert der Fakultät N bestimmt sich auch N * Factorial<N-1>::value in Zeile 11. Diese Rekursion benötigt natürlich eine Endbedingung. Hier tritt die Template-Spezialisierung für N == 1 in Zeile 14 in Aktion. Der Wert für die Fakultät von 1 ist per Definition 1. Für den Spezialfall N == 0 steht die weitere Template-Spezialisierung in Zeile 19 zur Verfügung. Wird nun in Zeile 29 der Wert FactorialRec<5>::value angefordert, wird der Ausdruck in Zeile 11 instanziiert, bis die Endbedingung N == 1 zutrifft. Zur Laufzeit reduziert sich der Ausdruck auf die Konstante 120. Dies ist der feine Unterschied zu factorialLoop(5) in Zeile 32. Dieser Wert wird zur Laufzeit evaluiert. Kritiker mögen entgegenhalten, dass der entscheidende Nachteil der rekursiven Berechnung deren enormer Speicherbedarf ist, da jede Iteration ihren *stack frame* anlegt. Listing F.4 diente aber nur der Illustration. Funktionale Programmiersprachen sind für die Rekursion optimiert. Ist die letzte Berechnung einer Funktion deren rekursiver Aufruf, so kann der Compiler diese Rekursion so optimieren, dass sie konstante Speicherplatzanforderungen besitzt. Rekursive Funktionen, die dieser besonderen Struktur genügen, werden tail recursive (Tail Recursion, 2011) genannt.

Abbildung F.5: Fakultät von 5 durch Rekursion und durch eine Schleife berechnet

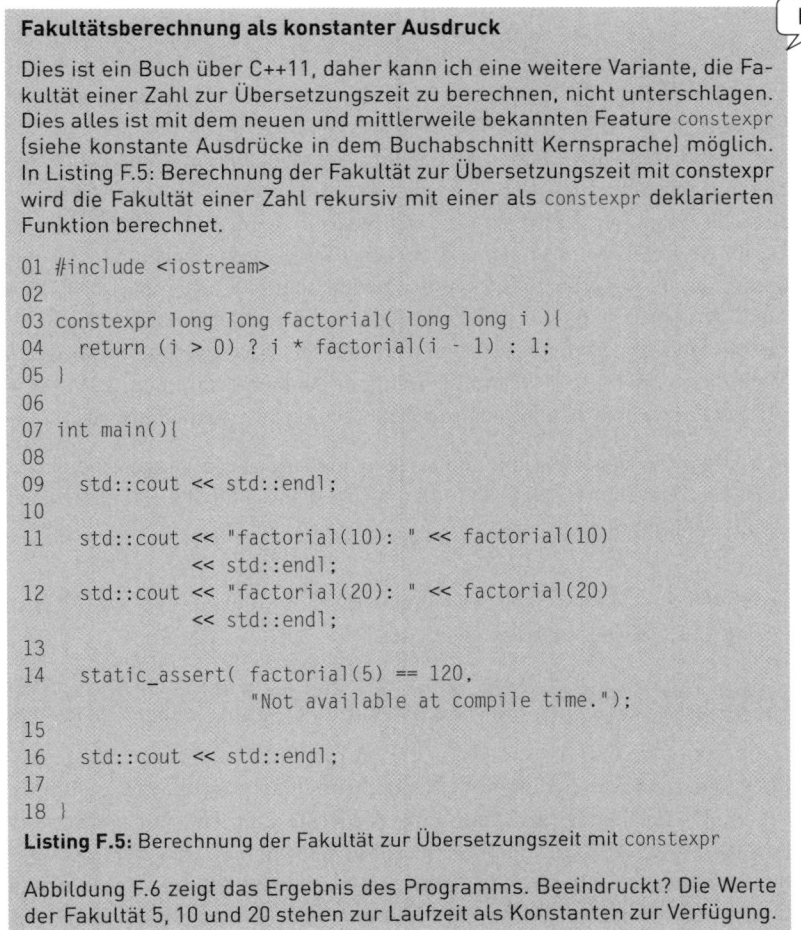

Fakultätsberechnung als konstanter Ausdruck EXKURS

Dies ist ein Buch über C++11, daher kann ich eine weitere Variante, die Fakultät einer Zahl zur Übersetzungszeit zu berechnen, nicht unterschlagen. Dies alles ist mit dem neuen und mittlerweile bekannten Feature constexpr (siehe konstante Ausdrücke in dem Buchabschnitt Kernsprache) möglich. In Listing F.5: Berechnung der Fakultät zur Übersetzungszeit mit constexpr wird die Fakultät einer Zahl rekursiv mit einer als constexpr deklarierten Funktion berechnet.

```
01 #include <iostream>
02
03 constexpr long long factorial( long long i ){
04     return (i > 0) ? i * factorial(i - 1) : 1;
05 }
06
07 int main(){
08
09     std::cout << std::endl;
10
11     std::cout << "factorial(10): " << factorial(10)
                      << std::endl;
12     std::cout << "factorial(20): " << factorial(20)
                      << std::endl;
13
14     static_assert( factorial(5) == 120,
                         "Not available at compile time.");
15
16     std::cout << std::endl;
17
18 }
```

Listing F.5: Berechnung der Fakultät zur Übersetzungszeit mit constexpr

Abbildung F.6 zeigt das Ergebnis des Programms. Beeindruckt? Die Werte der Fakultät 5, 10 und 20 stehen zur Laufzeit als Konstanten zur Verfügung.

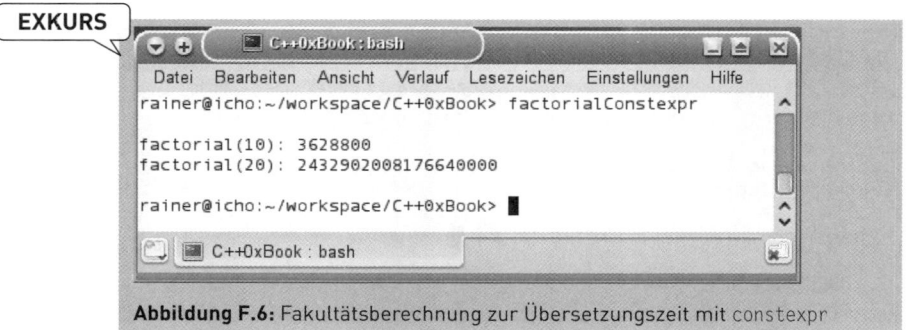

Abbildung F.6: Fakultätsberechnung zur Übersetzungszeit mit constexpr

F.2.5   Verarbeitung von Listen

LISt Processing abgekürzt ergibt Lisp. Nicht nur für die funktionale Programmiersprache Lisp, für funktionale Programmiersprachen im Allgemeinen ist das Verarbeiten von Listen ein wichtiges Charakteristikum. Dies trifft auf das Transformieren einer Liste in eine neue Liste oder auf die Komposition von Listenoperationen zu (Grimm, Haskell – Kurz und bündig, 2011). Hier soll, der Ästhetik willen, ein einfaches Haskell-Beispiel folgen. Zwar lassen sich mit Template-Metaprogramming und Variadic Templates Algorithmen formulieren, die die Verarbeitungslogik der funktionalen Verarbeitung von Listen mit Containern der STL simulieren. Dies ist aber nicht idiomatisch in C++11. Für den interessierten Leser ist in einem Artikel im Linux Magazin Template Metaprogramming 01/11 (Grimm, Template Metaprogramming, 2010) eine map-Funktion implementiert, die zur Übersetzungszeit ausgeführt wird.

In Listing F.6: Berechne die Länge einer Liste wird die Länge einer Liste in Haskell berechnet. Natürlich gibt es für diese einfache Funktion auch Build-in-Funktionen.

length.hs

```
01 myLength []= 0
02 myLength (x:xs)= 1 + myLength(xs)
```

Listing F.6: Berechne die Länge einer Liste

Anhang: length.hs

Die Länge der leeren Liste in Zeile 1 ist per Definition 1. Die Länge der Liste, die mindestens 1 Element besitzt, wird in Zeile 2 rekursiv bestimmt. Sie ist 1 + die Länge der Liste ohne das erste Element. Per Konvention bezeichnet in dem Ausdruck (x:xs) x den Kopf und xs den Rest der Liste. Die Rekursion myLength(xs) wird durch den Spezialfall der leeren Zeile terminiert. Ähnlichkeiten mit der Berechnung der Fakultät in Listing F.4 durch Rekursion sind nicht zufällig. In Abbildung F.7 ist die Anwendung der Funktion in der Haskell-Interpreter Shell zu sehen. Dabei wird durch den Aufruf :load der Quellcode geladen und kompiliert.

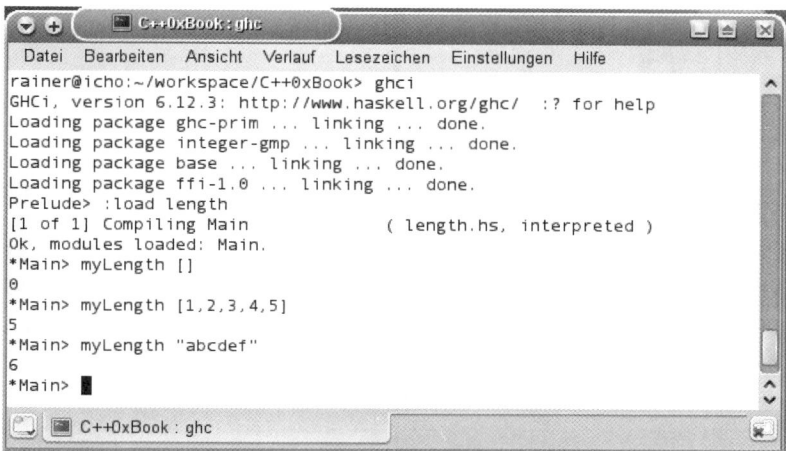

Abbildung F.7: Laden und Ausführen des Listing F.6 in der Haskell-Interpreter Shell

F.2.6 Bedarfsauswertung

Bedarfsauswertung ist in den meisten Programmiersprachen wohl besser unter dem Begriff *Lazy Evaluation* bekannt. Der Gegenbegriff zur *Lazy Evaluation* ist die *Eager Evaluation*. Während die Bedarfsauswertung den Ausdruck erst bei Nachfrage evaluiert, wertet die strikte Auswertung (*Eager Evaluation*) den Ausdruck sofort aus. Imperative Programmiersprachen wie Java oder auch C++ kennen nur die strikte Auswertung, sieht man von der Kurzschlussauswertung ab. Funktionale Sprachen wie Haskell verwenden per Default eine Bedarfsauswertung, lassen aber auch die strikte Auswertung zu. Die Vorteile der Bedarfsauswertung liegen auf der Hand:

1. Ausdrücke werden nur dann evaluiert, wenn sie benötigt werden. Das spart Zeit und Speicher.

2. Unendliche Datenstrukturen können formuliert werden, von denen zur Laufzeit nur endlich viele Elemente angefordert werden.

Als Beispiel soll wieder Haskell dienen. Die Funktion successor in Listing F.7 gibt alle Nachfolger des Arguments i aus.

```
successor i= i: (successor (i+1))
```
succ.hs

Listing F.7: Erzeuge alle Nachfolger von i

Anhang: succ.hs

WEBSITE

In Abbildung F.8 ist das Listing F.7 in Anwendung zu sehen. Durch take 5 (successor 10) werden die 5 Nachfolger der Zahl 10 angefordert. Dabei ist successor i als die Liste bestehend aus i und dem Nachfolger von i definiert.

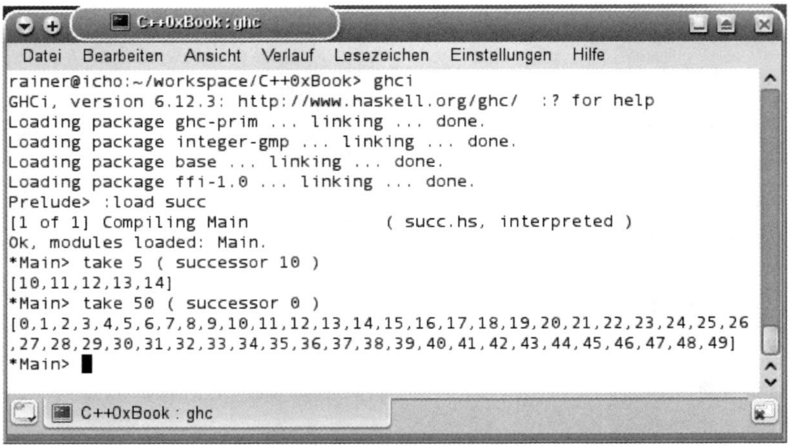

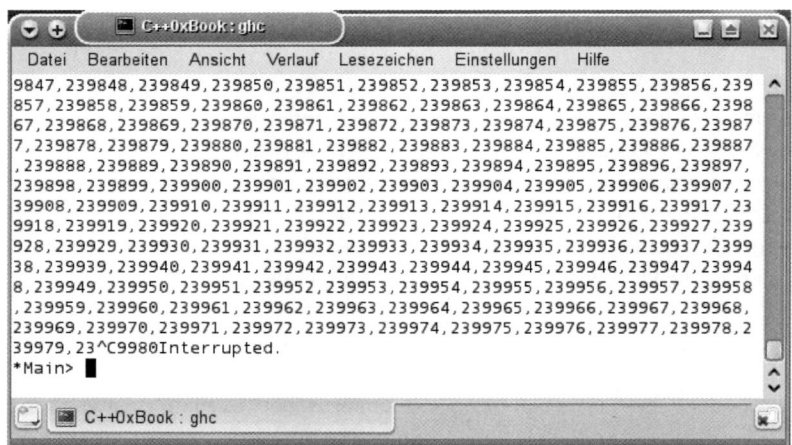

Abbildung F.8: Fordere endlich viele Zahlen eines Datenstroms an

Durch den Aufruf successor i wird die ganze, unendliche Liste angefordert. Dieser Prozess lässt sich nur durch [Strg C] unterbrechen (Abbildung F.9).

Abbildung F.9: Ein unendlicher Datenstrom

In imperativen Programmiersprachen ist die Kurzschlussauswertung (*Short Circuit Evaluation*) bekannt. Sie ist ein Spezialfall der Bedarfsaus- wertung. Durch sie werden logische Ausdrücke nur so weit ausgewertet, bis das Ergebnis des Gesamtausdrucks feststeht. Dies lässt sich schnell in C++ zeigen.

```
01 #include <iostream>
02
03 int main(){
```

```
04
05   std::cout << std::endl;
06
07   if ( 1/0 ) std::cout << "(1/0)" << std::endl;
08   if ( true or (1/0) ) std::cout << "(true or 1/0)"
                                     << std::endl;
09
10   std::cout << std::endl;
11
12 }
```

Anhang: shortCircuitEvaluation.cpp   **WEBSITE**

Wird das kleine Programm übersetzt und ausgeführt, führt dies zum Laufzeitfehler in Abbildung F.10: Division durch Null.

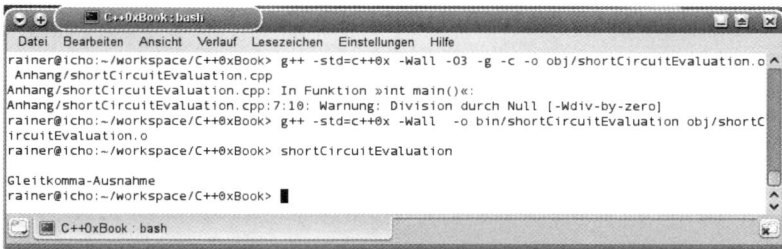

Abbildung F.10: Division durch Null

Der Schuldige ist schnell entlarvt. In der Zeile 7 wird 1 durch 0 geteilt. Wird die Zeile auskommentiert, ist das Programm syntaktisch richtig, denn der logische Ausdruck (true or (1/0)) in Zeile 8 wird nur so weit ausgewertet, bis das Ergebnis des Gesamtausdrucks feststeht. Das Ergebnis des logischen Ausdrucks steht bereits durch true fest (Abbildung F.11).

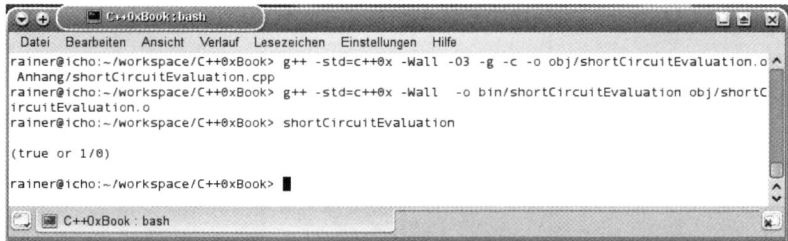

Abbildung F.11: Kurzschlussauswertung in C++

Praxistipps

Wie das Buch zu lesen ist 18

Unterscheiden Sie die Copy- von der Move-Semantik. 55

Rvalues besitzen keinen Namen. 57

Erzeugen Sie einen künstlichen Bereich, um die Lebenszeit einer automatischen Variablen
genau vorzugeben. 75

Berücksichtigen Sie das spezielle Einsatzgebiet der
forward_list. 111

Betrachten Sie ein assoziatives Array als eine Verallgemeinerung eines Arrays. 111

Ziehen Sie im Zweifelsfall auto decltype vor. 127

Beachten Sie die Lebenszeit von Referenzen in Lambda-Funktionen. 137

Einsatz von Lambda-Funktionen 140

Initialisiererlisten bei benutzerdefinierten Typen setzen einen definierten
Sequenzkonstruktor voraus. 149

Unterscheiden Sie die Konstruktoraufrufe von vector. 150

Seien Sie sich der Gefahren des Vererbens von Konstruktoren bewusst. 154

Instrumentalisieren Sie den Compiler für Ihren Nutzen. 157

Regeln für automatisch erzeugte Methoden 158

Rvalue-Referenzen sind spezielle Referenzen. 174

Unterscheiden Sie zwischen Copy- und Move-Semantik. 180

Betrachten Sie die Copy-Semantik als Fallback. 183

Rvalues besitzen keinen Namen. 190

Verwenden Sie move, wenn möglich. 190

Übergeben Sie explizit das Template-Argument bei forward. 194

static_assert verursacht keine Laufzeiteinschränkungen. 203

Kombinieren Sie static_assert und die Type-Traits-Bibliothek. 205

Beachten Sie das Optimierungspotenzial durch konstante Ausdrücke. 209

Verwenden Sie Namensräume für Literale. 232

Praxistipps

Verwenden Sie in Ihrem neuen C++11-Code `nullptr`. 236

Verwenden Sie keine Ausnahmespezifikationen. 240

Schützen Sie Ihre Daten. 252

Unterscheiden Sie Java volatile von C++ volatile. 253

Kopieren Sie Daten per Default in einen Thread. 257

Entscheiden Sie sich im Zweifelsfall für eine Lambda-Funktion. 261

Kümmeren Sie sich um die Lebenszeit Ihrer Threads. 263

Geben Sie Locks wieder frei. 271

Verwenden Sie einen Mutex nicht direkt. 273

Verwenden Sie nicht das Double-Checked Locking Pattern. 284

Ziehen Sie das Meyers Singelton Pattern im Zweifelsfall vor. 286

Denken Sie über den Einsatz von thread-lokalen Daten beim Portieren eines Single-
auf ein Multithreaded-Programm nach. 289

Verwenden Sie wenn möglich async. 301

Verwenden Sie die EMCAScript-Grammatik. 324

Bleiben Sie Ihrem Zeichentyp treu. 334

Ziehen Sie regex_replace match_results::format vor. 349

Verwenden Sie regex_iterator und regex_token_iterator. 352

Prägen Sie sich die Konvention von Template Metaprogramming ein. 371

Repräsentierung des arithmetischen Typs 387

Erzeugen Sie die Ressource im Konstruktoraufruf des Smart Pointer. 411

Ein array ist ein Aggregat, das ein Aggregat enthält. 444

Unterscheiden Sie die Einsatzgebiete von array und vector. 444

Verwenden Sie erase nach remove_if. 472

Ziehen Sie auto und Lambda-Funktionen bind und function vor. 477

Installieren Sie die Boost-Bibliotheken auf Ihrer Plattform. 491

Übersetzen der Beispielprogramme mit dem aktuellen GCC 493

Greifen Sie auf eine Virtualisierungslösung zurück. 494

Wie die funktionale Denkweise hilft 511

Literaturverzeichnis

Abrahams, D., & Gregor, D. (05. 12 2008). *http://www.open-std.org/jtc1/sc22/wg21/docs/papers/ 2008/n2812.html.* Abgerufen am 01.09.2011 von http://www.open-std.org/jtc1/sc22/wg21/docs/papers/2008/n2812.html

Alexandrescu, A. (2001). *Modern C++ Design.* Addison-Wesley.

Bartosz, M. (2009). *The Java Memory Model.* Abgerufen am 15.08.2011 von http://vimeo.com/ 3757991

Becker, P. (2006). *The C++ Standard Library Extension.* Addison-Wesley.

Becker, P. (28.02.2011). Working Draft, Standard for Programming Language C++ (N3242).

Boehm, H. (2011). *Threads and memory model for C++.* Abgerufen am 23.04.2011 von Threads and memory model for C++: http://www.hpl.hp.com/personal/Hans_Boehm/c++mm/

boost. (04.09.2011). Von http://www.boost.org abgerufen

Boost.TR1. Abgerufen am 17.04.2011 von http://www.boost.org/doc/libs/1_46_1/doc/html/boost_ tr1.html

C and C++ Compilers. Abgerufen am 02.09.2011 von http://www-01.ibm.com/ software/awdtools/xlcpp/

C++ 0x FEATURE. (08.04.2011). Von http://wiki.apache.org/stdcxx/C++0xCompilerSupport abgerufen

C++ Standard Komitee. (10.04.2011). *C++ Standard Komitee.* Von http://www.open-std.org/jtc1/ sc22/wg21/docs/standards abgerufen

C++ Technical Report 1. (12.07.2011). Abgerufen am 12.07.2011 von http://en.wikipedia.org/wiki/ C%2B%2B_Technical_Report_1

C++0x Support in GCC 4.6. (08.04.2011). Von http://gcc.gnu.org/gcc-4.6/cxx0x_status.html abgerufen

C++0x Support in GCC. (08.04.2011). Von http://gcc.gnu.org/projects/cxx0x.html abgerufen

Christopher Alexander. (02.06.2011). Abgerufen am 06.08.2011 von http://de.wikipedia.org/wiki/ Christopher_Alexander

Christopher Strachey. (09.07.2011). Abgerufen am 12.08.2011 von http://en.wikipedia.org/wiki/ Christopher_Strachey

Clojure. (2011). Abgerufen am 23.04.2011 von Clojure: http://clojure.org/

Comeau.Computing. (28.07.2008). Von http://www.comeaucomputing.com/ abgerufen

Literaturverzeichnis

Concepts (C++). (30.07.2011). Abgerufen am 31.07.2011 von http://en.wikipedia.org/wiki/
Concepts_(C%2B%2B)

Crowl, L. (22.03.2010). *C and C++ Alignment Compatibility.* Abgerufen am 14.08.2011 von http://www.
open-std.org/jtc1/sc22/wg21/docs/papers/2010/n3093.html

Dawes, B. (20.02.2011). *Filesystem Library Version 3*. Abgerufen am 01.08.2011 von http://www.
boost.org/doc/libs/1_47_0/libs/filesystem/v3/doc/index.htm

Dawes, B. (25.02.2011). *Filesystem Library Update for TR2 (Preliminary)*. Abgerufen am 31.07.2011
von n3229.html: http://www.open-std.org/JTC1/sc22/WG21/docs/papers/2011/n3239.html

de.comp.lang.iso-c++. (30.07.2011). Von https://groups.google.com/forum/?hl=de#!forum/de.comp.
lang.iso-c%2B%2B abgerufen

Dekker, T. (18.07.2011). *de.wikipedia.de*. Von http://de.wikipedia.org/wiki/Dekker-Algorithmus
abgerufen

Douglas, G. (04.05.2004). *Boost.Signals*. Abgerufen am 01.08.2011 von http://www.boost.org/doc/
libs/1_47_0/doc/html/signals.html

Douglas, G. (10.09.2006). *Signal and Slots for Libary TR2.* Abgerufen am 31.07.2011 von n2086.pdf:
http://www.open-std.org/jtc1/sc22/wg21/docs/papers/2006/n2086.pdf

Droba, P. (08.09.2006). *Proposal for new string algorithms in TR2*. Abgerufen am 31.07.2011 von
n2509: http://www.open-std.org/jtc1/sc22/wg21/docs/papers/2006/n2059.html

Droba, P. (10.07.2010). *String Algorithms Library*. Abgerufen am 02.08.2011 von http://www.boost.
org/doc/libs/1_47_0/doc/html/string_algo.html

Edsger_W.Dijkstra. Abgerufen am 12.04.2011 von http://de.wikipedia.org/wiki/Edsger_W._Dijkstra

Entwurfsmuster (Buch). (01.07.2011). Abgerufen am 06.08.2011 von http://de.wikipedia.org/wiki/
Viererbande_(Softwareentwicklung)

Entwurfsmuster. (20.06.2011). Abgerufen am 06.08.2011 von http://de.wikipedia.org/wiki/
Design_Pattern

Erwin Unruh. (01.01.2002). Abgerufen am 13.08.2011 von http://www.erwin-unruh.de/

Euklidscher Algorithmus. (01.07.2011). Von http://de.wikipedia.org/wiki/Euklidischer_Algorithmus
abgerufen

Feher, A. (02.05.2002). *Adding Alignment Support to the C++ Programming Language*. Abgerufen am
14.08.2011 von http://www.open-std.org/jtc1/sc22/wg21/docs/papers/2005/n1877.pdf

Fold. (28.07.2011). Abgerufen am 29.07.2011 von http://en.wikipedia.org/wiki/Fold_(higher-order_
function)

Friedl, J. (2002). *Mastering Regular Expression*. O-Reilly.

Fundamental Concepts in Programming Languages. (27.04.2011). Abgerufen am 12.08.2011 von http://en.wikipedia.org/wiki/Fundamental_Concepts_in_Programming_Languages

Gamma, E., Helm, R., Ralph, J., & Vlissides, J. (1994). *Design Patterns. Elements of Reusable Object-Oriented Software*. Addison Wesley.

GCC 4.7. (28.05.2011). Von http://www.gnu.org/software/gcc/gcc-4.7/changes.html abgerufen

Grimm, R. (02.12.2010). Template Metaprogramming. *Linux Magazin 01/11*, S. 108-114.

Grimm, R. (04/2010). *Erfrischend neu*. Abgerufen am 28.08.2011 von http://www.linux-magazin.de/Heft-Abo/Ausgaben/2010/04/Erfrischend-neu?category=0

Grimm, R. (05/2010). *Reichhaltiges Angebot*. Abgerufen am 28.08.2011 von http://www.linux-magazin.de/Heft-Abo/Ausgaben/2010/05/Reichhaltiges-Angebot?category=0

Grimm, R. (05.06.2011). Haskell - Kurz und bündig. *Linux Magazin 06/11*, S. 94-99.

hash table. (20.07.2011). Abgerufen am 23.07.2011 von http://en.wikipedia.org/wiki/Hash_table

Heap. (06.07.2011). Abgerufen am 26.07.2011 von http://de.wikipedia.org/wiki/Heap_(Datenstruktur)

Heinzen, H.-W. (08/2009). *Was jeder Softwareentwickler mindestens und unbedingt über Unicode und Zeichensätze wissen muss (Kein Pardon!)* . Abgerufen am 14.08.2011 von http://www.bitloeffel.de/DOC/joelonsoftware/Unicode_de.html

Henneberg, J. (24.07.2010). *DER REGEXP-EVALUATOR*. Abgerufen am 20.08.2011 von http://regexp-evaluator.de/evaluator/

Henney, K. (26.07.2009). *Boost.Any*. Abgerufen am 01.08.2011 von http://www.boost.org/doc/libs/1_47_0/doc/html/any.html

Henney, K. (29.08.2005). *Preliminary Threading Library Proposal for TR2*. Abgerufen am 31.07.2011 von n1883.pdf: http://www.open-std.org/jtc1/sc22/wg21/docs/papers/2005/n1883.pdf

Henney, K. *Lexical Cast*. Abgerufen am 01.08.2011 von http://www.boost.org/doc/libs/1_47_0/doc/html/any.html

Henney, K., & Dawes, B. (10.04.2006). *Lexical Conversion Library Proposal for TR2*. Abgerufen am 31.07.2011 von n1973.html: http://www.open-std.org/jtc1/sc22/wg21/docs/papers/2006/n1973.html

Henney, K., & Dawes, B. (24.02.2006). *Any Library Proposal for TR2*. Abgerufen am 31.07.2011 von n1939.html: http://www.open-std.org/jtc1/sc22/wg21/docs/papers/2006/n1939.html

Hinnant, H. E., Stroustrup, B., & Kozicki, B. (12.06.2006). *www.open-std.org*. Von http://www.open-std.org/jtc1/sc22/wg21/docs/papers/2006/n2027.html abgerufen

Hinnant, H., Dawes, B., & Austern, M. (29.04.2005). *Library Extension TR2 Call for Proposals*. Abgerufen am 31.07.2011 von http://www.open-std.org/jtc1/sc22/wg21/docs/papers/2005/n1810.html

Literaturverzeichnis

James Whitcomb Riley. (06.06.2010). Von http://de.wikipedia.org/wiki/James_Whitcomb_Riley abgerufen

Kalev, D. (2004). *InformIT*. Von http://www.informit.com/guides/content. aspx?g=cplusplus&seqNum=216 abgerufen

Kohlhoff, C. (05.07.2011). *Boost.Asio*. Abgerufen am 01.08.2011 von http://www.boost.org/doc/ libs/1_47_0/doc/html/boost_asio.html

Kohloff, C. (11.03.2007). *Networking Library Proposal for TR2 (Revision 1)*. Abgerufen am 31.07.2011 von n2175.pdf: http://www.open-std.org/jtc1/sc22/wg21/docs/papers/2007/n2175.pdf

Komitee, C. S. (08.10.2008). *Draft C++0x standard*. Von http://www2.research.att.com/~bs/SC22-N-4411.pdf abgerufen

Krügler, D. (11.05.2011). *comp . lang . c++ . moderated*. Von https://groups.google.com/d/topic/ comp.lang.c++.moderated/NT6-S4gXKNE/discussion abgerufen

Lamport, L. (05.01.1979). Sequential consistency. In L. Lamport, *How to Make a Multiprocessor Computer That Correctly Executes Multiprocess Programs* (S. 690-691). IEEE Trans. Comput.

Langer, A., & Kreft, K. (2000). *Standard C++ IOStreams and Locales*. Massachusetts: Addison Wesley.

Lavavej, S. (09.04.2010). *Visual C++ Team Blog*. Abgerufen am 24.08.2011 von C++0x Core Language Features In VC10: The Table: http://blogs.msdn.com/b/vcblog/archive/2010/04/06/ c-0x-core-language-features-in-vc10-the-table.aspx

Linux Magazin. Abgerufen am 28.08.2011 von http://www.linux-magazin.de/

locale. Abgerufen am 28.08.2011 von http://www.cplusplus.com/reference/std/ locale/

Manson, J. (21.03.2007). *Java Memory Model*. Abgerufen am 15.08.2011 von Advanced Topics in Programming Language: http://www.youtube.com/watch?v=1FX4zco0ziY

Mersenne Twister. (03.07.2011). Von http://de.wikipedia.org/wiki/Mersenne-Twister abgerufen

Meyers, S., & Andrei, A. (2004). *http://www.aristeia.com*. Von http://www.aristeia.com/Papers/ DDJ_Jul_Aug_2004_revised.pdf abgerufen

O'Sullivan, B., Stewart, D., & Goerzen, J. (2008). *Real World Haskell*. O'REILLY.

Peters, T. (19.08.2004). *The Zen of Python*. Abgerufen am 17.04.2011 von http://www.python.org/ dev/peps/pep-0020/

Qt (Bibliothek). (27.07.2011). Abgerufen am 01.08.2011 von http://de.wikipedia.org/wiki/Qt_ (Bibliothek)

Ralph Johnson. (26.05.2011). Abgerufen am 07.08.2011 von http://de.wikipedia.org/wiki/Ralph_ Johnson

Referenzielle_Transparenz. (04.05.2011). Abgerufen am 28.07.2011 von http://de.wikipedia.org/wiki/ Referenzielle_Transparenz

San Kent, L. S. (20.08.2003). *Singleton Pattern: A review and analysis of existing C++ implementations*. Abgerufen am 18.08.2011 von http://www.codeproject.com/KB/architecture/singleton.aspx

Schablonenmethode. (10.06.2011). Abgerufen am 09.08.2011 von http://de.wikipedia.org/wiki/Scha-blonenmethode

science + computing ag. (2011). Abgerufen am 28.08.2011 von http://www.science-computing.de/

Sequential consistency. (05.01.2011). Von http://en.wikipedia.org/wiki/Sequential_consistency abgerufen

Singleton. (22.07.2011). Abgerufen am 09.08.2011 von http://de.wikipedia.org/wiki/Singleton_ (Entwurfsmuster)

Spline. (03.07.2011). Von http://de.wikipedia.org/wiki/Spline abgerufen

Spolsky, J. (08.10.2003). *The Absolute Minimum Every Software Developer Absolutely, Positively Must Know About Unicode and Character Sets (No Excuses!)* . Abgerufen am 14.08.2011 von http://www.joelonsoftware.com/articles/unicode.html

Stroustrup, B. (06.08.2011). *C++0x - the next ISO C++ standard*. Abgerufen am 08.08.2011 von http://www2.research.att.com/~bs/C++0xFAQ.html

Stroustrup, B. (31.07.2007). C++0x: An Overview. Google.

Sutter, H. (20.07.2002). *A Pragmatic Look at Exception Specifications*. Von http://www.gotw.ca/publications/mill22.htm abgerufen

Sutter, H. (2000). Exceptional C++. In H. Sutter, *Exceptional C++* (S. 154-157). Addison-Wesley.

Sutter, H., & Alexandrescu, A. (2005). C++. In A. A. Herb Sutter, *C++ Coding Standards* (S. 28). Addison-Wesley.

Tail Recursion. (31.07.2011). Abgerufen am 24.08.2011 von http://c2.com/cgi/wiki?TailRecursion

The Haskell Programming Language. (30.11.2011). Abgerufen am 23.04.2011 von The Haskell Programming Language: http://www.haskell.org/haskellwiki/Haskell

Turing-Vollständigkeit. (23.07.2011). Abgerufen am 30.07.2011 von http://de.wikipedia.org/wiki/ Turing-Vollst%C3%A4ndigkeit

Usability. Abgerufen am 11.04.2011 von http://en.wikipedia.org/wiki/ Usability

Van Eerd, T. (09.06.2011). *Lockfree Programming Part 2: Data Structures*. Abgerufen am 15.08.2011 von http://blip.tv/boostcon/lockfree-programming-part-2-data-structures-5258642

Vandevoorde, D. (19.06.2007). *Modules in C++*. Abgerufen am 31.07.2011 von n2316.pdf: http://www.open-std.org/jtc1/sc22/wg21/docs/papers/2007/n2316.pdf

Literaturverzeichnis

Vandevoorde, D., & Josuttis, N. (2002). *C++ Templates.* Amsterdam: Addison-Wesley.

Virtualisierung . (21.09.2011). Abgerufen am 22.09.2011 von http://de.wikipedia.org/wiki/Virtualisierung_(Informatik)

Vorkonfigurierte Images. (02.05.2010). Abgerufen am 22.09.2011 von http://wiki.computerwoche.de/doku.php/virtualisierung/virtual-appliances

Wahrscheinlichkeitsverteilung. (03.07.2011). Von http://de.wikipedia.org/wiki/Wahrscheinlichkeits-verteilung abgerufen

William Opdyke. (31.05.2011). Abgerufen am 07.08.2011 von http://en.wikipedia.org/wiki/William_Opdyke

Williams, A. (2011). *C++ Concurrency in Action: Practical Multithreading.* Manning Publications.

Index

Symbole
-> 128
    Lambda-Funktionen **139**
    Operator 513
    shared_ptr 410
    unique_ptr 399
->*
    Operator 513
... 59, **198**
( )
    Lambda-Funktionen **139**
[]
    array 445
    Lambda-Funktionen **134**
[&]
    Lambda-Funktionen 138
[=]
    Lambda-Funktionen 134, 138
{ }
    Lambda-Funktionen **139**
{{}}
    Aggregat 444
*
    Operator 513
&
    Lvalue-Referenz 55, 174
    Operator 513
&&
    Rvalue-Referenz 55, 174
<<
    Verteilung 380
>>
    Verteilung 67, 380
$´
    Format-Escape-Sequenz 348
$&
    Format-Escape-Sequenz 346, 348
$i
    Format-Escape-Sequenz 347, 348
$ii
    Format-Escape-Sequenz 348
$:Metazeichen 324
0
    Mehrdeutigkeit 234

_1
    Platzhalter 474
_2
    Platzhalter 474
/dev/urandom 379
#error 62
__func__ 67
{}-Initialisiererlisten 142
^:Metazeichen 324
-:Metazeichen 324
?:Metazeichen 324
.:Metazeichen 324
(:Metazeichen 324
):Metazeichen 324
[:Metazeichen 324
]:Metazeichen 324
{:Metazeichen 324
}:Metazeichen 324
*:Metazeichen 324
\:Metazeichen 324
+:Metazeichen 324
|:Metazeichen 324
\u
    Codepunkt 227
\U
    Codepunkt 227

A
Abrahams, David 176
accumulate 203, 519, 523
ACID 70
add_const 371, 372
add_cv 372
add_lvalue_reference 372
add_pointer 372
add_rvalue_reference 372
add_volatile 372
Alexander, Christopher 52
Alexandrescu, Andrei 61, 283, 439
Aliase Templates 62, **206**
alignas **221**
alignment_of 369
alignof 221
all_of 115, **464**, 467

Index

Alternative Funktionssyntax 128
Anonyme Funktionen 40
any_of 115, **464**, 467
array 107, 144, 440, 441
assert 62
Assoziatives Array 111, 448
async 84, **302**, 310
    launch 303
at
    array 443, 445
Atomare Operationen 248
atomic 249, 252
Ausnahme, Spezifikation 240
Austern, Matt 487
auto 38, **122**, 239
auto_ptr 101, 241, 397, 418
awk 324

B
back_inserter 467
basic 324
basic_regex **331**
Becker, Pete 16, 144, 272, 334, 340, 420
Bedarfsauswertung 303, **531**
Bedingungsvariablen **291**
before_begin
    forward_list 111
Beman, Dawes 489
Benutzerdefinierte Literale **230**
bernoulli_distribution 379, 380
bind 115, 260, 471, **472**
bind1st 115, 241, 472
bind2nd 115, 241, 472
binomial_distribution 379
Boehm, Hans 248
Boost 20, 21, 30, 87, 100, 253, 358, 487
    any 490
    asio 488
    signals 489
Bucket 459, 463
bucket_size
    Hashtabelle 463
busy-waiting 383

C
C++0x 16
C++1y 483
C99 67
callable object 499
call_once 79, **284**

capture group 323
C-Array 441
cauchy_distribution 380
cbegin
    Container 468
cend
    Container 468
char16_t 227
char32_t 227
chi_squared_distribution 380
clear
    Hashtabelle 450
Clojure 69
codecvt 228
Compiler
    aktuelle Compiler **20**
    GCC **21**
    Visual C++ 10.0 **23**
Compile-Zeitkonstante 203
Concepts 485
condition_variable 293
condition_variable_any 293
constexpr 64, 231, 286
const_pointer_cast 418
cooked 231
copy 217, 360, 373
copy_if 115, **464**, 467
copy_n 115, **464**, 467
Copy-Semantik 55, 314
    auto_ptr 400
count
    Hashtabelle 450
crbegin
    Container 468
cref 99, **393**, 434
cregex_token_iterator 356
crend
    Container 468
Crowl, Lawrence 221
CRTP siehe Curiously Recurring Template
    Pattern
C++ Standard
    ARM C++ 30
    C++03 30
    C++11 30
    C++98 30
    C99 30
    ISO-Standardisierungskomitee 31
    TR1 30
    TR2 30

Curiously Recurring Template Pattern 417
current_exception 313
Curry, Haskell 475
Currying 474, 475

D
Daemon 263
dangling reference 137
data race 76
Dauer 97
Dawes, Beman 487
Deadlock 272
decltype 38, **126**, 472, 509
default 51, 157, 158
default_random_engine 379
defer_lock 277
deferred
    launch 303, 314
Definition
    Atomare Operation 249
    Aufrufbare Einheit 41
    Closures 135
    Deadlock 274
    Domain-Specific-Embedded-Language 234
    Funktionale Programmierung 516
    Hashtabelle 112
    PerfectForwarding 191
    Race Condition 76
    Regulärer Ausdruck 321
    Sequentielle Konsistenz 246
    Smart Pointer 100
    syntactic sugar \b 38
    Template-Metaprogrammierung 93
    Typumwandlung 129
    Usability 35
    Zeitdauer, Zeitpunkt und Zeitgeber 381
Dekker, Theodorus 245
delete 51, 157, **161**
    Operator 513
    unique_ptr 401
deque 444, 445, 471
detach
    thread 72, 259, 263
Dictionary 111, 448
Die Range-basierte For-Schleife **119**
Dijkstra, Edsger W. 38
Direkte Initialisieren von Klassenelementen
    155
discard_block_engine 378
discrete_distribution 380

Domain-Specific-Embedded-Language 233
Domain-Specific-Language 234
Double-Checked Locking 282
Double-Checked Locking Pattern 281
Droba, Pavol 492
DSEL siehe Domain-Specific-Embedded-
    Language
duration 381
    chrono 98
duration_cast
    chrono 386
dynamic_pointer_cast 418

E
Eager Evaluation **531**
ECMAScript 324
egrep 324
Einfach verkettete Liste 109, 445
Ellipse 198
emplace
    Container 468
emplace_back
    Container 468
emplace_front
    Container 468
enable_shared_from_this 416, 420
enum 65
erase
    Hashtabelle 450
Erfassungsgruppe 323, 335
Exkurs
    allgemeine, partiell spezialisierte und voll-
        ständig spezialisierte Templates 63
    änderbare Lambda-Funktionen 133
    Anwendung der Zufallszahlen-Funk-
        tionalität 373
    Beispielprogramme für die regulären
        Ausdrücke 20
    bind, function und result_of 471
    Buckets, Kapazität und Ladefaktor 459
    C++0x versus C++11 16
    Container und Algorithmen in der Standard
        Template Library 114
    Design Pattern und Idiome 52
    Double-Checked Locking Pattern 281
    Duck-Typing 41
    Einführen von string 220
    enge Verwandtschaft von unique_ptr und
        shared_ptr 411

Index

Fakultätsberechnung als konstanter
    Ausdruck 529
Funktionsfamilie fold* 520
getCycle-Elementfunktion 428
Implementierung von is_integral<T> 362
Initialisieren eines weak_ptr 424
konstante Ausdrücke versus Template
    Metaprogramming 213
List Comprehension als syntactic sugar für
    map und filter 525
Literale 64
Lvalue versus Rvalue 173
move-Implementierung 186
Multiparadigmen-Programmiersprache 34
Namensverwirrung in der Type-Traits-
    Bibliothek 358
neue String-Typen 228
noexcept 240
ratio 384
Refaktorierung 155
Software Transactional Memory 69
Template-Metaprogramming mit tuple 437
Turing-Vollständigkeit 527
unterschiedliche Verwendung der Lösch-
    funktion beim unique_ptr und shared_
    ptr 416
verfügbare Zeitgeber 387
Version 1 und 2 von Rvalue-Referenzen 176
Visualisierung von accumulate 519
weitere Flags, um das Suchverhalten anzu-
    passen 340
Working Draft, Standard for Programming
    Language C++ (N3242) 371
expired
    weak_ptr 423
explicit **169**, 171
explicit operator bool 171
Expliziter Konvertierungsoperator **167**
exponential_distribution 379
export 239
extended 324
externT 228
extreme_value_distribution 380

F
Farkas, Attila 221
Fassette 228
fill 373

filter 519, 520, 525
final 54, **165**
    Klasse **167**
find
    Hashtabelle 450, 454
first
    Hashtabelle 454
First-class functions **517**
fisher_f_distribution 380
flags
    regex 334
fold 203, 519, **520**
for_each 122, 479
    string 43
    vector 501
format_first_only
    regex_constants 346
format_no_copy
    regex_constants 345
format_not_copy
    regex_constants 346
forward 194
forward_list 109, 444, **445**
function 115, 395, 471, **473**, 518
Funktionaler
    Programmierung 515
    Stil 516
Funktionen höherer Ordnung **519**
Funktionsabschluss 135
Funktionsobjekt **499**
Funktor 499
future 83, 85, 302, 310, **313**

G
Gamma, Erich 52, 281
gamma_distribution 380
Gamma-Verteilung 375
Gang of Four 52
Gauß-Verteilung 375
geometric_distribution 379
get
    array 404, 441
    future 302, 313
    Referenz Wrappper 392
    shared_ptr 409
    this_thread 264
    tuple 107, 433
    unique_ptr 399

get_deleter
    shared_ptr 415
get_future
    package_task 307
    promise 85, 316
get_id
    thread 264
getloc
    regex 334
Goerzen, John 526
greater 472
Gregor, Doug siehe Gregor, Douglas
Gregor, Douglas 176, 489
grep 324

H
hardware_concurrency
    thread 264, 265, 266, 303, 310
hash
    Hashfunktion 458
Hashfunktion **455**, 459
Hashtabelle 111, 350, **448**
Hashwert 459
Haskell 38, 69, 128, 155, 203, 475, 485, 516,
    520, 525, 527, 530, 531
has_virtual_destructor 368
Heap **470**
Heinzen, Hans-Werner 229
Helm, Richard 52, 281
Henneberg, Jens 331
Henney, Kevlin 488, 490, 491
high_resolution_clock 381, 387
Hinnant, Howard 192, 487

I
IBM 152
icase
    regex_constants 332
ignore 434
imbue
    regex 334
Implizite Verengung 144
in
    codecvt 228
independent_bits_engine 378
Initialisiererlisten 43
initializer_list **147**, 151
inline 231
internT 228

iota 115, **464**, 467
is_abstract 368
is_arithmetic 204, 364
is_array 362
is_assignable 368
is_base_of 369
is_class 362
is_compound 364
    value 364
is_const 368, 371, 373
is_constructible 368
is_convertible 369
is_copy_assignable 368
is_copy_constructible 368
is_default_constructible 368
is_destructible 368
is_empty 368
is_enum 362
is_explicitly_convertible 369
is_floating_point 362
is_function 362
is_fundamental 364
is_heap 464, 470
is_heap_until 464, 470, 471
is_integral 362, 366
is_literal_type 368
is_member_function_pointer 362
is_member_object_pointer 362
is_move_assignable 368
is_move_constructible 368
is_nothrow_assignable 368
is_nothrow_constructible 368
is_nothrow_copy_assignable 368
is_nothrow_copy_constructible 368
is_nothrow_default_constructible 368
is_nothrow_destructible 368
is_nothrow_move_assignable 368
is_nothrow_move_constructible 368
is_object 364
is_partitioned **464**, 467
is_pod 217, 368
is_pointer 362
is_polymorphic 368
is_reference 358, 362
is_same 369, 371
is_scalar 364
is_signed 368
is_sorted **464**, 467
is_sorted_until **464**

Index

is_standard_layout 368
is_steady
    Zeitgeber 388, 389
is_trivial 368
is_trivially_assignable 368
is_trivially_constructible 368
is_trivially_copyable 368
is_trivially_copy_assignable 358, 361, 368
is_trivially_copy_constructible 368
is_trivially_default_constructible 368
is_trivially_destructible 358
is_trivially_move_assignable 368
is_trivially_move_constructible 368
is_union 362
is_unsigned 368
isupper 121
is_void 362
is_volatile 368
iter_swap 358, 373

J
Java 31, 35, 36, 167, 245, 248, 253
Johnson, Ralph 52, 155
join
    Container 524
    thread 72, 259, 263
joinable
    thread 260, 263
Josuttis, Nicolai 417

K
Kalev, Danny 17, 221
Kapazität 460
Kohloff, Christopher 488
Konstanter Ausdruck 64, **209**, **280**
    Benutzerdefinierte Typen 211
    Funktion 211
    Variable 211
Konstruktor
    constant expression constructor 211
    Delegation 47, 151
    Initialisiererliste 45, **147**
    Konvertierungskonstruktor 167
    Sequenzkonstruktor 147
    Vererbung 49, **152**
Konvertierungsoperator 167
Kozicki, Bronek 192
Kreft, Klaus 229
Krügler, Daniel 213
Kurzschlussauswertung 531, 532

L
L
    Unicode 227
Ladefaktor 460
Lambda-Funktionen 40, **131**
    Argumente 139
    Bindung an den lokalen Bereich 134
    Funktionskörper 139
    Klassenelemente 138
    Rückgabewert 139
    temporäre Funktionsobjekte 132
Lamport, Leslie 246
Landin, Peter J. 38
Langer, Angelika 229
Lavavej, Stephan T. 23
lazy evaluation 303, **531**
linear_congruential_engine 377
Lisp 234, 530
list 122, 444
List Comprehension 525
Literal 64, 211
    benutzerdefinierte Literale 66
    nullptr 66
    Raw-String-Literale 66
    Unicode-String-Literale 66
Literal-Operator 230
lock 276
    mutex 268, 271
    weak_ptr 423, 430
lock_guard 76, 252, **272**, 288, 293
lognormal_distribution 380
long long int 67

M
make_heap 471
make_signed 372
make_tuple 106, 434
make_unsigned 372
Manson, Jeremy 248
map 112, 448, 463, 519, 520, 525
mark_count
    regex 334
match_results 334, 336
    regex 351
match_results.format **346**
Mathematische Funktionen 484
max
    Generator 377
max_load_factor
    Hash 460

memcmp 252
memcpy 65, 215, 217, 252, 360
memmove 65, 215, 217, 360
memset 65, 215, 217
Mersenne-Twister 375
mersenne_twister_engine 377
Metafunktion 357, 373
Meyers, Scott 283, 286
Microsoft 20, 111, 475
Milewskis, Bartosz 248
milliseconds
    chrono 80, 299
min
    Generator 377
minmax **464**
minmax_element **464**, 471
minutes
    chrono 386
Module 484
Monaden 527
move 56, 102, 160, 175, 182, **185**, 194, 217
    unique_ptr 401, 418
Move-Semantik 55, 173, **180**, 259, 314, 468
    auto_ptr 400
multimap 112
multiset 112
mutable 133
mutex 75, 252, **267**
mutual exclusion 75

N
narrowing 144
native_handle
    mutex 268
    thread 264
negative_binomial_distribution 379
new
    Operator 513
noexcept 240
none_of 115, **464**, 467
normal_distribution 380
Normalverteilung 375
nothrow 369
notify_all
    condition_variable 82, 296
notify_one
    condition_variable 82, 292, 294

now
    Zeitgeber 381, 387
NULL
    Mehrdeutigkeit 234
nullptr 66, **234**
Nullzeiger Konstante 66

O
once_flag 79, **284**
Opdyke, William 155
Operator
    literale Operatoren 66, 231
    operator + 191
    placement-new 220
operator <
    Concepts 486
operator()
    Funktionsobjekt **500**
    Hashfunktion 458
operator[] 404
Oracle 31
O'Sullivan, Bryan 525
out
    codecvt 228
override 54, **165**

P
packaged_task **305**, 310
pair 430
Parameter Pack 59
Partielle Ordnung von Operationen 248
partition_copy **464**, 467
partition_point **464**, 467
Perfect Forwarding 57, 173, **191**
Perl 492
Peters, Tim 51
piecewise_constant_distribution 380
piecewise_linear_distribution 380
Plain Old Data 65, **215**
Platzhalter 474
POD siehe Plain Old Data
poisson_distribution 379
Poisson-Verteilung 375
Prädikat 467, 474, 478
prefix
    smatch 89
printf
    Variadic Templates 200

Index

promise 83, 310, **317**
Promotion Trait 129, **507**
pthread 264
Python 31, 35, 36, 41, 51, 66, 139, 195, 203, 349, 356, 440, 492, 499, 520, 525

R

R
  Raw String 227
RAII siehe Resource Acquisation Is Initialization
Ralph, Johnson 281
random_device 379
Range-basierte For-Schleife 36
rank 369
raw 231
Raw-String-Literale **225**, 323, 330
recursive_mutex 267
recursive_timed_mutex 268
reduce 203
ref 99, **393**, 434
reference_wrapper **390**
Referenzielle Transparenz 516
Referenz-Wrapper 98
regex **332**, 334
regex_constants 340
regex_iterator **349**
regex_match 90, 334, **338**
regex_replace 90, **343**, 346
regex_search 90, 334, **340**
regex_token_iterator **354**
register 240
Reguläre Ausdrücke 89
  Alternative 328
  capture groups 328
  Erfassungsgruppen 328
  Gruppierungen 328
  Metazeichen 324
  Rückwärtsreferenzen 330
  Wiederholungen 327
  Zeichen 324
  Zeichenklassen 326
rehash
  Hash 460
Reine Funktionen **525**
Rekursion 527
release
  unique_ptr 399, 411
remove 523
  forward_list 448
remove_all_extents 372

remove_cv 372
remove_extent 372
remove_if 523
  forward_list 448
remove_pointer 372
remove_reference 187, 372
remove_volatile 372
reset
  packaged_task 309
  shared_ptr 410, 415, 418
  unique_ptr 399
  Verteilung 380
Resource Acquisition Is Initialization 76, **503**
result_of 472
result_type
  Generator 377
Return-Value-Optimierung 190
Riley, James Whitcomb 41
Rossum, Guido van 31
runtime_error 313
Rvalue
  Version 1 **176**, 180
  Version 2 **176**, 180
Rvalue Referenzen 54, **173**, **174**
RVO siehe Return Value Optimierung

S

Schablonenmethode 167
Schönfinkel, Moses 475
Schönfinkeln 475
second
  Hashtabelle 454
seed 375
  random_device 96
Sequentielle Konsistenz 246
set 112, 144, 208
set_exception
  future 86
  promise 312
set_value
  future 86
  promise 311, 318
share
  future 314
shared_from_this 416
shared_future 85, 314
shared_ptr 103, **407**, 420
shrink_to_fit
  Container 470, 471
shuffle_order_engine 378

Singleton Pattern 163
Sink and Source-Idiom 401
sizeof 59, 197
sleep
    thread 271
sleep_for
    this_thread 80, 299
    thread 251, 264
sleep_until
    thread 264
Smart Pointer 100
sort
    vector 499
sort_heap 471
Speichermodell 245, **248**
Speichersichtbarkeit 248
splice_after
    forward_list 447
split
    Python 356
Spolsky, Joel 229
sregex_token_iterator 352, 356
stack frame 528
Standard
    C++1y 483
    N3242 25
    N3291 25
    TR2 487
Standardlayout 215
stateT 228
static template metaprogramming 93
static_assert 61, **203**, 210
static_pointer_cast 418
steady_clock 381, 387
Stewart, Don 525
STM siehe Exkurs: Software Transactional
    Memory
Strachey, Christopher 179
Streng typisierte Aufzählungstypen 65, **221**
string 444
    typedef 228
Stroustrup, Bjarne 15, 16, 30, 31, 192, 343, 349,
    483
student_t_distribution 380
sub_match 334, 336
subtract_with_carry_engine 378
Sun 31
Sutter, Herb 61, 240
swap 181
    packaged_task 309

regex 334
thread 265
unique_ptr 399
weak_ptr 423
syntactic sugar 41, 525
system_clock 381, **387**
    chrono 389

T
T&
    Referenz-Wrapper 390
tail recursive 528
Takt 97
Technical Report 1 87
Template Aliases 206
Template Metaprogramming 357
Template Parameter Pack **198**
Template Typedef 206
terminate 240, 263
this
    Lambda-Funktionen 138
thread 71, 197, 255
thread_local 80, **287**
thread-lokaler Speicher 287
tick period 383
tie 434
time_point 381
time_since_epoch
    Zeitpunkt 389
timed_mutex 268
TR1 471, 483
TR2 483, **487**
transfer of ownership 259
transform 523
trivial 216
true_type 361
try_lock 277
    mutex 268
try_lock_for
    mutex 268
    thread 271
try_lock_until
    mutex 268
tuple 58, 106, 197, 203, **430**, 441
tuple_element 437
tuple_size 437
type
    inference 38
    Metatyp 187, **371**, 373, 439
    Traits 93

Index

typedef 207
    atto 384
    centi 384
    cmatch 338
    cregex_iterator 353
    csub_match 338
    deca 384
    deci 384
    default_random_engine 379
    duration 388
    exa 385
    femto 384
    giga 385
    hecto 384
    hours 384
    kilo 385
    knuth_b 378
    mega 385
    micro 384
    microseconds 384
    milli 384
    milliseconds 384
    minstd_rand 378
    minstd_rand0 378
    minutes 384
    mt19937 378
    mt19937_64 378
    nano 384
    nanoseconds 384
    period 388
    peta 385
    pico 384
    ranlux24 378
    ranlux24_base 378
    ranlux48 378
    ranlux48_base 378
    regex 332
    rep 388
    seconds 384
    smatch 338
    sregex_iterator 353
    ssub_match 338
    string 228
    tera 385
    time_point 388
    u16string 228
    u32string 228
    wcmatch 338
    wcregex_iterator 353
    wcsub_match 338
    wregex 332
    wsmatch 338
    wsregex_iterator 353
    wssub_match 338
    wstring 228
typeid 130
Typklassen 485

U
u
    Unicode 227
U
    Unicode 227
u8
    Unicode 227
Unbeschränkte Unions 65, **218**
uncooked 232
Unicode-Unterstützung **226**
uniform_int_distribution 379
uniform_real_distribution 379
unique
    forward_list 447
    shared_ptr 409
unique_lock 78, 80, **273**, 277, 293
unique_ptr 102, 184, **397**
    vector 406
unlock
    mutex 268
unordered_map 112, 448
unordered_multimap 112, 448
unordered_multiset 112, 144, 448
unordered_set 112, 448, 462
Unruh, Erwin 214
use_count
    shared_ptr 409
    weak_ptr 423, 430
using 62, **152**, 206
UTF-8 227
UTF-16 227
UTF-32 227

V
valid
    packaged_task 309
value
    Metawert 200, **371**, 439
Van Eerd, Tony 253
Vandevoorde, David 417, 484
Variadic Templates 58, 195, **197**, 255
vector 144, 441, 445

Verarbeiten von Listen **530**
Vereinheitlichte Initialisierung **142**
Virtualisierung 498
Vlissides, John 52, 281
volatile 253

W
wait
    condition_variable 82, 293
wbuffer_convert 229
wchar_t 338
wcout 342
wcregex_token_iterator 356
weak_ptr 104, **420**
weibull_distribution 380
Wide-Strings 226
Williams, Anthony 16, 253, 260
wregex **332**, 334
wsmatch 342
wsregex_token_iterator 356
wstring 342
    typedef 228
wstring_convert 229

Y
yield
    thread 264

Z
Zeitbibliothek 97
Zeitpunkt 97
Zufallszahlen 96
Zusammenfassung
    char, wchar_t, char16_t und char32_t 231
    Lambda-Funktion 131
    Regeln für die Move-Semantik 184
    Syntax der benutzerdefinierten Literale 230
    Trennung von Interface und Implementie-
    rung 159
Zusicherungen zur Compile-Zeit 62
zyklischen Referenzen 424